Kinder in Gesellschaft. Was wissen wir über aktuelle Kindheiten?

Beiträge zur Reform der Grundschule – Band 130
Herausgeber: Der Vorstand des Grundschulverbandes e.V.
Verantwortlich für diesen Band: Friederike Heinzel

Herausgegeben von Friederike Heinzel

Kinder in Gesellschaft. Was wissen wir über aktuelle Kindheiten?

Grundschulverband e.V.
Frankfurt am Main

Frankfurt am Main
Satz und Gestaltung: novuprint · Agentur für Mediendesign, Werbung, Publikationen GmbH, 30161 Hannover
Fotos: Bert Butzke, Mülheim, sowie von den Autorinnen Ingvelde Scholz (S. 268, 269) und RIta Fürstenau (S. 95, 99, 176, 241)
Titelfoto: Bert Butzke, Mülheim
Druck und Bindung: Beltz Druckpartner, 69502 Hemsbach
ISBN 978-3-941649-01-9 / Best.-Nr. 1087
(Beiträge zur Reform der Grundschule, Band 130)

Inhalt

3. Aus der Praxis für die Praxis

Einführendes Vorwort

»Kinder in Gesellschaft«, so heißt der Titel dieses Bandes und das aus folgenden Gründen:

- Kinder befinden sich in der Grundschulklasse *in Gesellschaft anderer Kinder* und diese Gleichaltrigenbeziehungen bestimmen das Befinden und das Handeln der Kinder ganz wesentlich mit.
- Kinder sind *Mitglieder der Gesellschaft*; dies zeigen viele der Beiträge in diesem Band. Gesellschaftliche Entwicklungen und gesellschaftliche Anforderungen beeinflussen das Leben der Kinder und den Alltag der Grundschule. Zudem wünschen sich Kinder, *in* der *Gesellschaft* und der gesellschaftlichen Institution »Grundschule« mitbestimmen zu dürfen.
- In diesem Band wird zudem immer wieder auf Ergebnisse der sozialwissenschaftlichen Kindheitsforschung verwiesen, die Kinder *als gesellschaftliche Akteure* untersucht und zudem die generationale Ordnung in den Blick nimmt. Ergebnisse dieser Forschung wurden im grundschulpädagogischen Diskurs oft etwas einseitig aufgenommen. Dieser Band soll deshalb auch dazu beitragen, die Forschungsergebnisse der sozialwissenschaftlichen Kindheitsforschung differenzierter zu begreifen.

Im Jahr 1989 erschien in der Reihe »Beiträge zur Reform der Grundschule« ein von Maria Fölling-Albers herausgegebener Band zum Thema »Veränderte Kindheit – Veränderte Grundschule«, der eine große Nachfrage fand und vielfach aufgelegt wurde. In diesem Band werden sowohl der gesellschaftliche Modernisierungsschub und dessen Folgen für die Grundschule thematisiert wie auch die Anforderungen, die daraus für die Grundschule entstehen. Es wurden diese Veränderungen als Herausforderungen für die Grundschule erörtert und Überlegungen dazu vorgestellt, wie die Grundschule auf die Veränderungen reagieren könnte. Die Kinder von damals sind inzwischen etwa 30 Jahre alt und manche von ihnen Lehrerinnen und Lehrer an Grundschulen.

Nicht zuletzt deshalb wurde Maria Fölling-Albers gebeten, den ersten Beitrag für den vorliegenden Band zu verfassen. Sie geht auf die Veränderungen in der Diskussion seit 1989 ein und beschreibt den Wandel von einer defizitorientierten zu einer kompetenzorientierten Perspektive auf Kinder und Kindheit in der Kindheits- und Grundschulforschung sowie den Blickwechsel zum Kind als Akteur und seinem individuellen Lernen.

Sozialwissenschaftliche Kindheitsforschung begreift Kinder als Persönlichkeiten in sich wandelnden gesellschaftlichen Zusammenhängen, die in ihren alltäglichen Kontexten Praktiken des Umgangs mit den sie umgebenden Kindern und Erwachsenen, mit Dingen und Anforderungen ausbilden. Die Forschungsergebnisse zeigen, dass heutige Kindheiten sehr vielfältig und unterschiedlich sind und es wenig Sinn ergibt, über »die Kinder von heute« oder »die Kindheit von heute« zu sprechen. Vielmehr ist eine differenzierte Betrachtungsweise sinnvoll. Vereinfachungen und »falsche Panik« sollten in professionellen Diskursen vermieden, Problembereiche hingegen klar benannt werden. Ein Problem besteht in der sozialen Ungleichheit und damit verbunden in der Bildungsbenachteiligung zahlreicher Kinder. Auch die Mitbestimmungsmöglichkeiten von Kindern in Schule und Gesellschaft stellen eine Herausforderung dar, denn hier stehen Machtverhältnisse zur Diskussion. Bereits in der Grundschule müsste noch deutlicher werden, dass hier Angehörige verschiedener Generationen aufeinander treffen, die nicht nur in hierarchischem Verhältnis zueinander stehen, sondern ihre Lebenserfahrungen austauschen und ihre Interessen aushandeln müssen.

Für Unterstützung und Anregungen bei der Herausgabe dieses Bandes danke ich Sarah Alexi, Bettina Hegemann, Ilka Hutschenreuter und Uta Marini. Außerdem möchte ich allen Autorinnen und Autoren für die gute Zusammenarbeit danken.

Für den Grundschulverband
Friederike Heinzel
Fachreferentin für Grundschulforschung

1 Stand und Diskussion der Forschung

Maria Fölling-Albers

Kinder und Kompetenzen – Zum Perspektivenwechsel in der Kindheitsforschung

Einführung

Kompetenzen haben zurzeit Konjunktur. Der Erziehungsratgeber von Jesper Juul »Das kompetente Kind« (2008) ist mittlerweile in der zehnten Auflage erschienen. In der Säuglingsforschung wurde »Der kompetente Säugling« (Dornes 2001) entdeckt. Die 59. Internationale Pädagogische Werktagung in Salzburg (2010) trägt den Titel »Kompetent für die Welt«. Die Lehrpläne in den Schulen und die Module der seit dem Bologna-Abkommen modularisierten Studiengänge der Hochschulen schreiben zu erreichende Kompetenzen für die Schüler/innen und Studierenden vor: Es sollen nicht einfach nur (verbindliche oder wünschenswerte) Inhalte vermittelt werden. Vielmehr sollen die erworbenen Lerninhalte angewandt, auf neue Situationen übertragen werden können (Vermeidung trägen Wissens).

Auch in der Kindheitsforschung hat es einen (methodologischen) Perspektivenwechsel gegeben, wonach die Kompetenzen der Kinder stärker in den Blick gerückt wurden. Die bis dahin vorherrschende Sozialisationsforschung wurde zwar nicht abgelöst, doch von den 1990er Jahren an geriet eine andere Sicht auf Kinder und Kindheit theoretisch und empirisch stärker in den Fokus der Kindheitsforschung: Kinder seien nicht nur Adressaten der Erziehung und pädagogischer Einrichtungen, sondern aufgrund ihrer Kompetenzen auch Gestalter und Konstrukteure ihrer Lebenswelt – »Kinder als Akteure«. In diesem Beitrag sollen die Hintergründe und Konzepte des veränderten Zugangs auf Kindheit dargestellt und diskutiert werden. Abschließend soll nach der Bedeutung des Perspektivenwechsels für die Grundschulpädagogik gefragt werden.

Zwei theoretische und methodologische Zugänge zur Kindheitsforschung

In der seit den 1980er Jahren rasant angewachsenen sozialwissenschaftlichen Kindheitsforschung lassen sich im Wesentlichen zwei Zugangsweisen unterscheiden. Die eine Perspektive, vor allem der Sozialisationsforschung zuzurechnen, fragt nach den (veränderten) Bedingungen des Aufwachsens für Kinder. Diesem Ansatz liegt die Annahme zugrunde, dass sich diese Bedingungen auf die Entwicklung der Kinder auswirken, die Entwicklung der Kinder somit von diesen abhängig sei. Die zweite Perspektive, die Akteursforschung, geht von der Annahme aus, dass die Umwelteinflüsse nicht einfach ungefiltert auf die Kinder einwirken, sondern dass diese die Anregungen der Umwelt aktiv aufgreifen, sie ggfs. in ihrem Sinne uminterpretieren und auch selbst Mitgestalter ihrer Umwelt seien. Um die Unterschiede zwischen den beiden Konzepten und ihre Bedeutung für die Kindheitsforschung veranschaulichen zu können, sollen die beiden Zugänge in ihren Entstehungshintergründen und spezifischen Merkmalen u.a. exemplarisch an relevanten Schriften dargestellt und diskutiert werden.

Kindheit als Phase der Sozialisierung; Kinder als Sozialisanden

Der Zugang der Sozialisationsforschung und ihre Perspektive auf Kindheit soll an zwei Bänden, die in der Kindheitsforschung einen zentralen Stellenwert hatten und noch haben, veranschaulicht werden.

Kriegskinder, Konsumkinder, Krisenkinder (Preuss-Lausitz u.a. 1983)

Den Band von Preuss-Lausitz u.a. (überarbeitete Auflage 1989) kann man zwar nicht als Geburtsstunde, doch sicherlich als einen zentralen Meilenstein für den nachfolgenden Boom dieses Forschungszweiges ansehen. In der Vorbemerkung beschreiben die Autoren den Hintergrund des Bandes und damit indirekt auch die Entstehung dieser Forschungsrichtung. Eine Arbeitsgruppe der Deutschen Gesellschaft für Soziologie beschäftigte sich 1980 auf einer Tagung mit den Irritationen, die das Verhalten von Kindern und Jugendlichen der 1970er Jahre bei ihnen und bei vielen anderen Erwachsenen auslöste. Dieses Verhalten erschien ihnen in vielerlei Aspekten deutlich anders als das, was sie aus ihrer eigenen Kindheit und Jugend in Erinnerung hatten. Die Irritationen führten zu einer differenzierteren Analyse der Bedingungen des Aufwachsens von Kohorten, die in verschiedenen Phasen in Westdeutschland aufgewachsen waren, und zwar Kinder und Jugendliche, die in den letzten Kriegsjahren und im ersten Jahrzehnt nach dem Zweiten Weltkrieg ihre Kindheit erlebt hatten (»Kriegskinder«); Kinder und Jugendliche, die in der Phase des wirtschaftlichen Aufschwungs der 1960er Jahre aufgewachsen waren (»Konsumkinder«); und Kinder und Jugendliche, die bereits die Zeit der wirtschaftlichen Stagnation und Krisen, z.B. die Ölkrise in den 1970er Jahren, erfahren hatten (»Krisenkinder«). Die Autoren vermuteten Zusammenhänge zwischen den gesellschaftlichen Bedingungen des Aufwachsens und den Verhaltensweisen und Einstellungen der Kinder und Jugendlichen. Es werden im ersten Teil des Bandes als symptomatisch erkannte Merkmale und Veränderungen der genannten Kohorten herausge-

stellt: z. B. die Generation der »Halbstarken« und die Studentengeneration der 68er; die Veränderungen bei den Einstellungen zum Körper oder der Stellenwert der Rockmusik für die Sozialisation. Im zweiten Teil des Bandes werden als typisch wahrgenommene gesellschaftliche Erscheinungsformen beschrieben, an denen die Veränderungen und Umbrüche besonders festgemacht wurden, z. B. Massenkonsum und Massenmedien; die veränderte Raumstruktur (»verinselte Kindheit«) oder die Veränderungen in den Beziehungen zwischen den Generationen (»Vom Befehlen und Gehorchen zum Verhandeln«).

Man kann festhalten, dass mit diesem Band versucht wurde, generationentypische Merkmale von Heranwachsenden mit den sozialisatorischen Bedingungen des Aufwachsens zu verknüpfen.

Kindheit im Wandel – Eine Einführung in die Sozialisation im Kindesalter (Rolff & Zimmermann 1985)

Der Band von Rolff und Zimmermann, 1985 erstmals erschienen (2008 auch als Taschenbuch), kann als Standardwerk der sozialwissenschaftlichen Kindheitsforschung angesehen werden. Dieser Band stellt zunächst theoretische Hintergründe und Erklärungsansätze zu Veränderungen des Verhaltens des »neuen Sozialisationstyps« (aus den 1970er und 1980er Jahren) dar. Der umfangreichste Teil des Bandes beschreibt veränderte Bedingungen des Aufwachsens, z. B. der veränderte Stellenwert der Straßensozialisation; Fernsehkonsum; Kindermedien; stärkere Expertisierung von Erziehung und Betreuung in Kindertageseinrichtungen. Der dritte Teil diskutiert mögliche Folgen des Aufwachsens für Lern- und Entwicklungsprozesse – und hier Aspekte, die gerade in der Grundschulpädagogik besonders intensiv aufgenommen worden sind, z. B. die »Reduktion der Eigentätigkeit durch konsumierende Aneignung der materiellen Kultur« bzw. die Zunahme der »Erfahrungen aus zweiter Hand« (mediatisierte Erfahrungen).

Als kennzeichnend für beide Bände und für zahlreiche nachfolgende Beiträge, die entsprechend diesem Forschungsansatz erstellt worden sind, können folgende Merkmale genannt werden:

- Die (veränderten) Bedingungen des Aufwachsens haben Einfluss auf Einstellungen und Verhaltensweisen der Heranwachsenden.
- Ausgangspunkte für die Analysen waren – z.T. explizit, z.T. implizit – gesellschaftliche Bedingungen und Erfahrungen, die die Generation der Wissenschaftler/innen selbst in ihrer Kindheit und Jugend gemacht hatten. Diese Erfahrungen waren Kriterien und Maßstab für die beobachteten Veränderungen.
- Von der Tendenz her wurden die Veränderungen eher als Gefährdungen für das Aufwachsen denn als Chancen interpretiert. Damit wurden implizit normative Vorstellungen über geeignete bzw. günstige oder nachteilige bzw. ungünstige Bedingungen des Aufwachsens transportiert.
- Kindheit wurde vor allem als Phase der Sozialisation gesehen, in der Kinder heranwachsen und für das Erwachsenenleben vorbereitet werden sollen.
- Die Betroffenen (Kinder und Jugendliche) selbst kamen zunächst kaum zu Wort; es wurde »über sie« berichtet, ihr Verhalten wurde analysiert und interpretiert.
- Die Betroffenen galten vor allem als Rezipienten der Sozialisationseinrichtungen und Sozialisierungsvorgänge; ihre eigene aktive Rolle bei der Gestaltung der Lebenswelt sowie die individuelle Interpretation und Nutzung der Einrichtungen und ihrer Angebote wurde nicht bzw. eher nachrangig berücksichtigt.

Insbesondere die drei letztgenannten Aspekte waren für verschiedene Sozialwissenschaftler Anlass für einen Perspektivenwechsel auf Kinder, Kindheit und Kindheitsforschung. Zwar gingen selbstverständlich auch die Wissenschaftler, die dem Paradigma der Sozialisationsforschung zugerechnet werden können, von aktiven Kindern aus – die sich in der Nachkriegszeit in Gruppen streunend ihren Nahraum eroberten, sich in Banden zusammenschlossen und sich ggf. gegenseitig »bekriegten«, in der Nachbarschaft Streiche ausführten, sich Baumhäuser bauten etc. Doch die Perspektive der Interpretation solcher Aktivitäten bezog sich darauf, welche Bedingungen des Aufwachsens welche Möglichkeiten kindlicher Handlungen zuließen oder hervorriefen. Die (zugedachten) Freiräume wurden dann von den Heranwachsenden genutzt – wenn auch durchaus nicht immer im Sinne der Erwachsenen. Der konstruktive Eigenanteil der Kinder für ihre Sozialisation war jedoch nicht der Kern der Analyse.

Kindheit als eigenständige Lebensphase; Kinder als Akteure

In den 1990er Jahren wurden von verschiedenen Gruppen kritische Einwände gegen den sozialisationstheoretischen Ansatz der Kindheitsforschung vorgebracht. Ein Auslöser war u.a. die 1989 erschienene UN-Konvention über die Rechte der Kinder. Nicht nur die Lebensbedingungen von Kindern gelte es zu untersuchen, sondern auch die Kinder selbst in den Blick zu nehmen: ihre Sicht auf ihre Lebenswelt und ihre Möglichkeiten, ihre Rechte (politisch) einzufordern. Es entstanden erste Kinderparlamente. Dies zeigte, dass Kinder ihre Bedürfnisse artikulieren können.

Als ein besonders entscheidender Ansatz für den Perspektivenwechsel muss allerdings ein veränderter Blick auf die Lebensphase Kindheit gesehen werden. Anstelle des Entwicklungsparadigmas, das bis dahin weitgehend die Vorstellung von Kindheit und Kindsein geprägt hatte (Kindheit als eine »Phase im Übergang«), wurde das Konzept einer Kindheit als eine Lebensphase sui generis entworfen. Kindheit sei eine eigenständige Lebensphase (wie Jugend, Erwachsensein oder Alter auch), mit ihren spezifischen Ausprägungen, wie sie für Kinder kennzeichnend seien. Helga Zeiher formulierte es so: »Die vertraute Vorstellung von Kindheit als Vorbereitungsphase auf das Leben als Erwachsener, als Sozialisationsphase also, wird erweitert und überlagert von einem Verständnis der Kindheit als kulturellem Muster und als einer gesellschaftlichen Lebensform im historischen Wandel; neuerdings rückt die ›Eigenständigkeit der Kindheit im Verhältnis der Generationen‹ in den Blick« (Zeiher 1995, zit. in Honig / Leu / Nissen 1996, S. 10). Das Entwicklungsparadigma, aber auch das pädagogische Paradigma, gehen primär von einem Kind als einem (noch) »unfertigen Wesen« aus, das der Förderung, des Schutzes und der Erziehung bedarf (»Kindheit als Entwicklungs- und Erziehungstatsache«): Die Kindheit als Sozialisierungsphase, in der die soziale und wertebezogene Vorbereitung auf und Eingliederung in die (Erwachsenen-)Gesellschaft erfolgen soll.

Nach dem Ansatz der »Akteursforschung« wurden Kinder als (Mit-) Gestalter ihrer Lebenswelt interpretiert. Sie seien nicht nur Konsumenten der (Kinder-)Kulturangebote – wie z.B. die Nutzung von Förder- und Freizeitangeboten für Kinder –, sondern sie interpretierten und gestalteten ihre Lebenswelt auch selbst: So nutzen sie z.B. Einrichtungen und Gegenstände ihrer Umwelt oftmals anders, als sie von Erwachsenen eigentlich geplant sind (z.B. Randbegrenzungen von Bürgersteigen als Balancierstangen; Bäume oder Zäune als Klettergerüste; Kleiderabteilungen in Kaufhäusern als Verstecke). Es finden somit eigenständige Umdefinitionen statt. Sie konstruieren sich aber auch ihre eigene Welt (im Rollenspiel, aber auch in der Sprache durch die Schaffung eigener Begriffe, Symbole etc.). Auf diese Weise leisten sie einen wesentlichen Anteil ihrer Selbst-Sozialisation, die es, so die Akteursforschung, viel stärker in den Blick zu nehmen gelte. Nach diesem

Ansatz sollten Kinder des Weiteren nicht mehr nur als »Objekte« sozialwissenschaftlicher Forschung wahrgenommen werden, sondern auch als (mit-) gestaltende »Subjekte« (Wilk / Bacher 1994, S. V).

Des Weiteren wurden mit Blick auf Forschungsfragestellungen normative Prämissen auf kindliche Verhaltensweisen und Einstellungen zurückgewiesen, z. B. von Erwachsenen als wünschenswert angesehene Aspekte und Ziele der kindlichen Entwicklung, d. h. als wünschenswert bzw. als günstig angesehene Bedingungen des Aufwachsens, die implizit den Sozialisationsansatz gekennzeichnet hatten. Vielmehr sollten vor allem das »Hier und Jetzt«, das tatsächliche Verhalten der Kinder und ihre Einstellungen auf relevante Bereiche ihrer Lebenswelt, erfasst und erfragt werden.

Der Perspektivenwechsel auf Kinder und Kindheit blieb somit nicht ohne Auswirkungen auf inhaltliche Ausrichtungen der Forschung sowie auf die Forschungsmethodologie. Dabei können im Wesentlichen zwei Trends ausgemacht werden. Zum einen führte die Fokussierung auf Kindheit als eigenständige Lebensphase dazu, dass das Alltagsleben und das Alltagshandeln der Kinder stärker in das Blickfeld des Forschungsinteresses rückte: Der Kinderalltag als »herrschaftsverdünnte Zone«, in der Kinder in hohem Maße ihren Rhythmus selbst gestalten und einen eigenen Rhythmus finden (müssen). Zeiher und Zeiher (1994) haben z. B. in einer eigenen Studie versucht, angesichts der veränderten raum-zeitlichen Kindheitsbedingungen dem eigenständigen Lebensrhythmus der Kinder genauer auf die Spur zu kommen. Dabei soll möglichst die »Perspektive der Kinder« im Zentrum des Forschungsansatzes stehen, ihre Handlungen und Beobachtungen, aber auch ihre Einschätzungen und Wertungen ihrer Lebenssituation. Die Schule, obwohl ein zentraler Teil der Alltagswelt von Kindern, war kein vorrangiges Forschungsfeld dieses Ansatzes. Schließlich kennzeichnet den Unterricht, den Kern des schulischen Arrangements, vor allem eine hierarchische Struktur, in der es im Wesentlichen um Einwirkungen von Erwachsenen (Lehrern) auf Kinder (Schüler) geht. Wenn der Lebensort Schule aus der Perspektive dieses Ansatzes doch als Forschungsfeld berücksichtigt wurde, dann ging es genau nicht um solche unterrichtlichen Belange, wie z. B. Vermittlung von Lehrinhalten oder Lehrer-Schüler-Interaktionen, sondern um Situationen und Interaktionen, die genau nicht diese unterrichtlichen Szenen ausmachen, sondern z. B. um die Inszenierung von Geschlechterbeziehungen im Klassenzimmer (vgl. Breidenstein / Kelle 1998).

Mit dem veränderten Blick auf Kindheit vollzog sich auch ein Perspektivenwechsel bei der Forschungsmethodologie. Zum einen wurden zunehmend die Kinder selbst über ihr Leben befragt – zu ihren Aktivitäten in den verschiedenen Institutionen, vor allem aber wurden ihre Einschätzungen zu verschiedenen Lebensbereichen erhoben. Seit den 1990er Jahren wurde und wird eine Vielzahl an Befragungen mit Kindern durchgeführt – z. B. das LBS-Kinderbarometer, das seit 1997 (zunächst nur in Nordrhein-Westfalen, im Jahre 2006 bereits in sieben Bundesländern) jährlich aktuelle gesellschaftliche Themen aus der Sicht von neun- bis vierzehnjährigen Kindern untersucht; die vom Medienpädagogischen Forschungsverbund Südwest seit 1999 in unregelmäßigen Abständen (etwa alle ein bis drei Jahre) durchgeführten KIM-Studien über Medienerfahrungen und Mediennutzung sechs- bis dreizehnjähriger Kinder; die von Andresen und Hurrelmann konzipierte World-Vision-Studie (2007; 2010), eine repräsentative Befragung acht- bis elfjähriger Kinder über Familie, Peers, Schule und Freizeit; die von Wilk und Bacher (1994) in Österreich initiierte Befragung von Kindern, in denen untersucht wurde, welchen Beitrag die Lebenswelt der Kinder zu ihrem Wohlbefinden leistet und welche Chancen sie zur Mitgestaltung den Kindern einräumt (vgl. S. V). Nicht zuletzt ist die vom Deutschen Jugendinstitut durchgeführte Panel-Studie zu nennen, in der in drei Wellen zwei Kohorten (Kinder im Alter von fünf- bis dreizehn Jahren) im Längsschnitt zu verschiedenen Bereichen ihrer Lebenswelt befragt wurden (z. B. Familie, Freizeit und Schule). Zum Teil wurden in dieser Untersuchung ausschließlich Kinder zu verschiedenen Themen befragt, z. T. wurden Kinderbefragungen ergänzt um Befragungen ihrer Eltern (insgesamt sind zu diesen Erhebungen fünf Bände erschienen; vgl. exemplarisch Band 3, Start in die Grundschule, Alt 2007).

Im Kontext dieser Forschungen kann dazu als besonders relevant hervorgehoben werden, dass die Kinder als Experten ihres Lebens wahrgenommen und akzeptiert werden und ihre Aussagen als eigenständige und gleichwertige Perspektiven im Vergleich zu denen der Erwachsenen gesehen werden, z. B. bei Einschätzungen zu Erfahrungen in relevanten Institutionen für Kinder, wie Schule oder Freizeiteinrichtungen (vgl. zu Methoden der Kindheitsforschung Heinzel 2000; Krüger / Grunert 2002).

Ein wesentliches Ergebnis der Kinderbefragungen ist, dass der Blick der Kinder auf ihr Kinderleben weniger von kritischen und pessimistischen Einschätzungen geprägt ist im Unterschied zu den Aussagen der Erwachsenen über die heutige Kindheit. Die weit überwiegende Zahl der Heranwachsenden fühlt sich in ihrer Lebenswelt wohl oder sehr wohl – insbesondere in ihrem Lebensort Familie. Das ist das übereinstimmende Resultat zahlreicher Untersuchungen (vgl. auch Fölling-Albers 2009). Ca. 15 bis 20 % der Kinder vermerken allerdings eher negative Erfahrungen ihrer Kindheit.

Neben den direkten Befragungen der Kinder als eine wesentliche Folge des Perspektivenwechsels auf Kindheit erfuhr vor allem die ethnographische Methode einen erheblichen Aufschwung in der Kindheitsforschung. Der Forscher / die Forscherin begibt sich direkt ins Feld der Heranwachsenden und lässt sich möglichst unvoreingenommen auf das ein, was sie / er beobachtet – ohne Interpretation und Wertung. Das, was die Kinder tun und / oder äußern, gilt als entscheidende und relevante Datenquelle. Erst in einem nachfolgenden Schritt werden die Beobachtungen auf der Basis kontrollierter Analyseschritte (vorsichtig) interpretiert. Die Untersuchung von Breidenstein und Kelle (1998) kann in zweifacher Hinsicht als symptomatisch für diesen Zugang gesehen werden. Zum einen ist es die Forschungsmethode: Die beiden Forscher beobachteten über einen Zeitraum von vier Jahren neun- bis zwölfjährige Kinder in der Schule – hier: die Laborschule Bielefeld. Etwa zwei Mal wöchentlich zeichneten sie jeweils zwei Stunden lang Äußerungen und Verhaltensweisen der Schüler/innen auf mit Blick auf die Frage, wie diese sich als Mädchen und als Jungen »sortieren«: In welcher Situation, in welcher Weise kommen als geschlechtstypisch geltende Verhaltensmuster zum Ausdruck? Die beiden Forscher versuchen dabei über möglichst genaue Beobachtungen und (zunächst) unkommentierte Beschreibungen des Verhaltens Antworten auf ihre Forschungsfragen zu erhalten. Diese Studie ist auch insofern kennzeichnend für die Kindheitsforschung, als sie zwar in einem für die Kinder sehr relevanten Feld stattfand. Doch der primäre Zweck dieser Institution, die Vermittlung und der Erwerb als relevant definierter Lehr-Lern-Inhalte, war genau nicht der Fokus der Forschung (vgl. entsprechend Krappmann / Oswald 1995). Der Gegenstand dieser Studie liegt somit quer zum »eigentlichen« Anliegen der Institution Schule. Gleichwohl konnte hier sehr anschaulich gezeigt werden, dass und wie neben der offiziellen

Bühne dieser Institution von den Schülerinnen und Schülern gesellschaftlich relevante Kompetenzen aufgebaut werden: die Fähigkeit, die eigene Geschlechtsrolle in unterschiedlichen Situationen angemessen zu interpretieren und geeignete Verhaltensweisen in dieser Hinsicht zu erproben.

Relevanz des Perspektivenwechsels der Kindheitsforschung für die Grundschulpädagogik

Die sozialwissenschaftliche Kindheitsforschung und die Grundschulpädagogik haben es zwar mit derselben Altersgruppe zu tun; doch ihr Blick auf Kinder und Kindheit ist jeweils unterschiedlich. Der Perspektivenwechsel in der Kindheitsforschung hat für die aktuelle Grundschulpädagogik eine besondere Relevanz, da dieser Ansatz akzentuierter als das Konzept der Sozialisationsforschung von Kindern als kompetente Vertreter ihrer selbst ausgeht: Kinder können verlässliche Aussagen über sich selbst machen, sie sind (auch) Subjekte ihrer Sozialisation, nicht nur Objekte. Die vorhandenen Kompetenzen werden zum Ausgangspunkt und Schwerpunkt der Untersuchungen über Kinder und/oder mit Kindern gemacht. Der Stellenwert des Perspektivenwechsels für die Grundschulpädagogik kann in verschiedenen Bereichen festgemacht werden.

- Umfassenderes Bild von Kindern: Der Perspektivenwechsel hat dazu geführt, den Blick auf die »tatsächlichen« Kinder zu schärfen, auf ihre Art der Auseinandersetzung mit ihrer Lebenswelt, denn diese ist jeweils die Grundlage für alle weiteren Prozesse. Hinzu kommt, dass der außerschulische und der schulische Alltag der Kinder eng miteinander verwoben sind (vgl. Fölling-Albers / Haider / Meidenbauer, i. V.).
- Kinder haben Kompetenzen: Die grundlegende Perspektive des Akteursansatzes, dass die vorhandenen Kompetenzen der Kinder stärker in den Blick genommen werden sollten, entspricht dem gegenwärtigen Ansatz in der Grundschulpädagogik – Lehrer/innen sollen die je vorhandenen Kompetenzen der Schüler/innen in den einzelnen Themenfeldern (genauer) zu erfassen suchen und daran anknüpfend und darauf aufbauend neue Inhalte vermitteln und weitergehende Kompetenzen anbahnen (»Förderdiagnostik«). Zu sehr vielen Inhalten, die in der Schule erarbeitet werden, haben die Schüler/innen bereits spezifische (Prä-)Konzepte aufgebaut.
- Kinder eignen sich ihre Umwelt aktiv an: Die Lebensbedingungen der Kinder sind zwar relevant, aber nicht alleinige Auslöser der Sozialisation. Erst durch die eigene und kreative Auseinandersetzung mit der Umwelt kann eine Aneignung und damit Lernen und Entwicklung erfolgen.
- Den pessimistischen Blick auf die aktuelle Kindheit relativieren: Die nach dem Sozialisationsforschungsansatz durchgeführten Untersuchungen zur Kindheit tendierten dazu, eher die Gefährdungen der Kinder in

den Blick zu nehmen (Erfahrungen aus zweiter Hand, reduzierte Bewegungsräume etc.). Die Befragungen der Kinder selbst zeigen, dass sie ihre Kindheit überwiegend als (sehr) positiv wahrnehmen – wie die meisten Erwachsenen das auch für ihre Kindheit sehen. Den eher pessimistischen Blick Erwachsener auf die heutige Kindheit gilt es zu relativieren – sofern nicht tatsächliche Bedrohungen und Belastungen eine gesunde Entwicklung der Kinder gefährden.
- Kinder selbst stärker zu Wort kommen lassen: Es konnte in zahlreichen Untersuchungen gezeigt werden, dass auch jüngere Kinder sehr wohl ein valides Urteil über relevante Aspekte ihrer Lebenswelt und ihre Kompetenzen abgeben können.

Die oben genannten Aspekte entsprechen im Wesentlichen einem (moderat-)konstruktivistischen Lern- und Entwicklungskonzept, das derzeit in der Grundschulpädagogik als relevant angesehen wird (vgl. Einsiedler 2005). Die Grundschulpädagogik ist allerdings auch auf die Perspektive auf Kinder und Kindheit angewiesen, die von der Sozialisationsforschung primär in den Blick genommen wird. Denn in der Schule kann es nicht nur um das »Hier und Jetzt« der Kinder gehen, um ihre je aktuelle Sicht auf relevante Inhalte ihrer Lebenswelt bzw. um ihre bereits vorhandenen Kompetenzen. Die Lehrer/innen müssen gerade auch die künftigen, die noch zu erwerbenden Kompetenzen im Blick haben. Es kann aus pädagogischer Sicht deshalb nicht nur um das Alltagsleben gehen, sondern der Auftrag von Schule ist auch auf Zukunft gerichtet und hat (auch) normativen Zielen von Lerninhalten und gesellschaftlichen Wertvorstellungen zu entsprechen. Es geht in der Schule ja gerade darum, durch pädagogische Interventionen dazu beizutragen, dass die Kinder auf der Grundlage vorhandener Kompetenzen bestmöglich weitere aufbauen.

Hier stellt das Sozialisationsparadigma für die Grundschulpädagogik eine wichtige Ergänzung dar. Dieses fokussiert auf die Bedingungen des Aufwachsens und benennt ggfs. unzureichende oder nachteilige Bedingungen. Es gibt dadurch ggfs. Hinweise auf mögliche und/oder notwendige (pädagogische) Kompensationen. Deshalb sollte die Grundschulpädagogik Forschungsergebnisse, die nach diesem Paradigma erzielt worden sind, nicht ignorieren. Ein weiterer Grund für die Berücksichtigung auch dieses Paradigmas besteht darin, dass es – entsprechend der Grundschulpädagogik – von einer komplementären Erwachsenen-Kind-Beziehung ausgeht: Erwachsene und Kinder haben im Prozess der Sozialisation und Erziehung unterschiedliche, aber aufeinander bezogene, komplementäre Rollen. Beide sind ohne die jeweils andere nicht vorstellbar. In der Grundschulpädagogik ist dieses Verhältnis sogar in doppelter Weise komplementär: als Erwachsenen-Kind-Verhältnis sowie als Lehrer-Schüler-Verhältnis. Die mit diesen Funktionen verknüpften unterschiedlichen Rollen sollten (auch bei einem Perspektivenwechsel) nicht verwischt werden.

Literatur

Alt, C. (Hrsg.) (2007): Kinderleben – Start in die Grundschule. Bd. 3: Ergebnisse aus der zweiten Welle. Wiesbaden: VS Verlag.

Breidenstein, G. / Kelle, H. (1998): Geschlechteralltag in der Schulklasse. Ethnographische Studien zur Gleichaltrigenkultur. Weinheim: Juventa.

Dornes, M. (2001): Der kompetente Säugling. Frankfurt / M.: Fischer.

Einsiedler, W. (2005): Lehr-Lern-Konzepte für die Grundschule. In: Einsiedler, W. / Götz, M. / Hacker, H. / Kahlert, J. / Keck, R. W. / Sandfuchs, U. (Hrsg.): Handbuch Grundschulpädagogik und Grundschuldidaktik. Bad Heilbrunn: Klinkhardt, S. 373 – 385.

Fölling-Albers, M. (2009): Kinderleben heute – aus der Perspektive von Erwachsenen und Kindern. In: Grundschule aktuell. Zeitschrift des Grundschulverbandes, H. 105, S. 9 – 11.

Fölling-Albers, M. / Haider, T. / Meidenbauer, J. (i. V.): Schule ist auch nach der Schule – Schulbezogene Aktivitäten, Gespräche und Gedanken in der unterrichtsfreien Zeit. In: Zeitschrift für Soziologie der Erziehung und Sozialisation.

Heinzel, F. (Hrsg.) (2000): Methoden der Kindheitsforschung. Ein Überblick über Forschungszugänge zur kindlichen Perspektive. Weinheim: Juventa.

Honig, M.-S. / Leu, H. R. / Nissen, U. (Hrsg.) (1996): Kindheit als Sozialisationsphase und als kulturelles Muster. In: Honig, M.-S. / Leu, H. R. / Nissen, U. (Hrsg.): Kinder und Kindheit. Soziokulturelle Muster – sozialisatorische Perspektiven. Weinheim: Juventa, S. 9 – 30.

Juul, J. (2008): Das kompetente Kind. Hamburg: Reinbek.

Krappmann, L. / Oswald, H. (1995): Alltag der Schulkinder. Weinheim u. München: Juventa.

Krüger, H.-H. / Grunert, C. (Hrsg.) (2002): Handbuch Kindheits- und Jugendforschung. Opladen: Leske+Budrich.

Preuss-Lausitz, U. u. a. (1993): Kriegskinder, Konsumkinder, Krisenkinder. Weinheim: Beltz.

Rolff, H.-G. / Zimmermann, P. (1985): Kindheit im Wandel. Weinheim: Beltz.

World Vision Deutschland e. V. (Hrsg.) (2007): Kinder in Deutschland 2007. 1. World Vision Kinderstudie. Frankfurt / M.: Fischer.

World Vision Deutschland e. V. (2010): Kinder in Deutschland 2010. 2. World Vision Kinderstudie. Frankfurt / M.: Fischer.

Wilk, L. / Bacher, J. (Hrsg.) (1994): Kindliche Lebenswelten. Opladen: Leske+Budrich.

Zeiher, H. / Zeiher, H. (1994): Orte und Zeiten der Kinder. Soziales Leben im Alltag von Großstadtkindern. Weinheim: Juventa.

Friederike Heinzel

Schule aus der Sicht von Grundschulkindern

Um die Frage zu beantworten, wie Kinder die Grundschule sehen, lassen sich verschiedene Wege beschreiten. Es ist möglich, sich bei Kindern in Befragungen danach zu erkundigen (Fragebogenerhebungen, Interviews), sie können in Gruppen miteinander ins Gespräch gebracht werden, um ihre Perspektiven auf Schule darzustellen und auszutauschen (Gruppendiskussionen und Kreisgespräche), das konkrete Handeln von Kindern in der Schule wird beobachtet oder es können Kindertexte über Schule und Unterricht inhaltsanalytisch ausgewertet werden.

Im Folgenden werden Dokumente und Ergebnisse vorgestellt, die auf diesen verschiedenen Zugängen beruhen; sie werden verglichen und die Ergebnisse für die grundschulpädagogische Praxis bilanziert.

Kinderbefragungen

Noch in den 1980er Jahren war es unüblich, Kinder zu ihren Ansichten zu befragen, weil ihnen aussagekräftige und zuverlässige Antworten nicht zugetraut wurden. Meist befragte man Erwachsene über Kinder, doch wenn z.B. Lehrer oder Eltern dazu Auskunft geben, wie Kinder die Schule erleben, dann geraten eher deren Betonungen und Bedenken in den Blick (vgl. Andresen und Fölling-Albers in diesem Band).

Hanns Petillon versuchte Anfang der 1990er Jahre erstmals, relevante Sozialereignisse aus der Perspektive von Grundschulkindern durch Interviews zu erfassen. Seine Studie »Das Sozialleben des Schulanfängers. Die Schule aus der Sicht des Kindes« (Petillon 1993) war eine Pionierleistung und erbrachte interessante Ergebnisse. Petillon befragte Kinder in 13 Grundschulklassen in den ersten beiden Schuljahren zu drei Messzeitpunkten. Die Befragung der Kinder ergab, dass der Umgang mit den Mitschülern das »große Thema« für die Schulanfänger ist. Die Person des Lehrers bewegt die Kinder hingegen selten. Sie wird im Zusammenhang mit erlebter Freude in der Schule selten genannt, in wenigen Fällen dann, wenn es um Belohnung für gute Leistungen geht (Petillon 1993, S. 47).

Auch die Schule wird im Vergleich zur Schülergruppe von den Kindern selten erwähnt. Der Beginn von Freundschaft wird von Kindern als wichtiges Sozialereignis dargestellt. Trauer löst der Verlust eines Freundes aus oder der misslungene Versuch, Anschluss zu finden: »Die Heike hat auf einmal gesagt, ich bin dir nicht mehr gut und da bin ich lange in Trauer gegangen« (Petillon 1993, S. 59).

In einer Untersuchung von Fölling-Albers und Meidenbauer (2010) wurden mit 30 Kindern der dritten und vierten Jahrgangsstufe zu drei Erhebungszeitpunkten je eine Woche lang am frühen Abend Interviews (insgesamt 420) zu ihren Unterrichtserfahrungen am gleichen Morgen geführt. Dabei stellte sich heraus, dass Kinder vor allem formale Gesichtspunkte des Unterrichtsgeschehens erinnern und Unterricht als Routine erleben. Obgleich der Unterricht oft als langweilig empfunden wird, wäre ein Alltag ohne Unterricht keine attraktive Alternative für die befragten Kinder. Besonders lernschwachen Kindern gelingt es nicht – so zeigen die Interviews –, die Aufmerksamkeit auf die aus Lehrersicht relevanten Aspekte zu lenken.

Inzwischen liegen auch standardisierte Kinderbefragungen mit großen und repräsentativen Stichproben vor, die u.a. auch die Schulerfahrungen von Grundschulkindern erheben.

Das Siegener Zentrum für Kindheits-, Jugend- und Biografieforschung untersuchte in der Studie »Null zoff & voll busy« die Schul- und Lernfreude von Kindern am Ende der Grundschulzeit. Hier wurden 873 SchülerInnen der 4. Jahrgangsstufe befragt. Die Forscher kamen zu dem Ergebnis, dass die Mehrheit der Kinder im Allgemeinen recht gerne zur Schule geht (Durchschnittswert von 3,1 bei einer Skala von 1 bis 4), Mädchen etwas lieber als Jungen. Die Lernfreude sinkt zwar im Laufe der Grundschulzeit, ist aber am Ende doch immer noch auf recht hohem Niveau vorhanden (2,9). Den Zusammenhalt in den Klassen bewerten die Kinder überwiegend positiv (3,3) und sie sind im Großen und Ganzen auch mit ihren LehrerInnen zufrieden (3,3). Allerdings werden sowohl das Klassenklima als auch die Beziehungen zu LehrerInnen sehr unterschiedlich wahrgenommen.

Insgesamt konnte in der Untersuchung folgender Zusammenhang ermittelt werden: »In Klassen, in denen der Zusammenhalt zwischen den SchülerInnen hoch ist und die SchülerInnen gut mit ihren LehrerInnen auskommen, gehen die SchülerInnen gerne zur Schule und lernen auch gerne. In Klassen, in denen das Sozialklima negativer ausfällt, sinkt auch die Freude an Schule und am Lernen« (Stecher 2003, S. 68). Im DJI-Kinderpanel, einer Längsschnittuntersuchung an drei Messzeitpunkten, in der ca. 2000 Kinder und ihre Eltern mit standardisierten Interviews befragt werden, zeigte sich, dass sich die meisten Kinder in der Grundschule wohlfühlen und sie gerne lernen, doch kommt es bei etwa einem Viertel der Kinder zu Symptomen der Schul- und Leistungsangst. Im Verlauf der Grundschulzeit gehen die Lernfreude und das schulische Wohlbefinden zurück, bleiben aber im positiven Bereich. Allerdings gibt es eine beträchtliche Gruppe von Kindern, die sich durch die Schule mehrfach belastet fühlt; diese kommen zumeist aus niedrigeren sozialen Schichten (Schneider 2005). Andererseits fühlen sich Kinder aus armutsbetroffenen Familien in der Grundschule teilweise besonders wohl, weil sie die Institution Grundschule als einen Ort erfahren, an dem ihnen Zugang zu Ressourcen ermöglicht wird (Gisdakis 2007).

Kinder, die sich in der Schule weniger wohl fühlen, sind vor allem Kinder, die externalisierende Verhaltensweisen zeigen. Deutlich wird, dass die soziale Akzeptanz in der Klasse in Bezug auf das schulische Wohlbefinden eine große Rolle spielt. Außerdem bestätigt sich, dass Schule einen guten Beitrag zu besserem Wohlbefinden leisten kann, wenn Partizipation zugelassen wird, denn der Zusammenhang zwischen schulischem Wohlbefinden und Mitbestimmung bei der Unterrichtsgestaltung und selbstbestimmten Lernen ist hoch (dazu auch Hutschenreuter in diesem Band). Erwähnenswert ist auch, dass ein Drittel der befragten 8- bis 9-Jährigen angibt, dass ihnen die Hausaufgaben Schwierigkeiten bereiten (s. dazu Nieswandt in diesem Band). Ein weiterer Einflussfaktor auf das schulische Wohlbefinden von Kindern ist der Schulerfolg. Kinder mit guten Schulleistungen fühlen sich in der Schule wohler als Kinder mit schlechteren Noten (vgl. Schneider 2005, Gisdakis 2007).

Auch in der zweiten Word Vision Kinderstudie, einer quantitativen repräsentativen Erhebung mit persönlich-mündlicher Befragung von über 2500 Kindern im Alter von sechs bis elf Jahren, wurden Fragen zur Schule gestellt. Dabei ergab sich, dass sich eine deutliche Mehrheit der Kinder (70 %) positiv auf die Schule bezieht, Mädchen sind häufiger positiv eingestellt als Jungen. Insgesamt sind die Kinder mit der Leistung ihrer Grundschullehrerinnen und -lehrer zufrieden. »Sie fühlen sich genügend angeregt und gefördert und haben den Eindruck, gute Voraussetzungen für ihre weitere Schullaufbahn aus der Grundschule mitzunehmen« (World Vision 2010, S. 365). Differenziert nach der Herkunftsschicht fällt der distanzierte Bezug der Kinder aus der Unterschicht zur Schule auf, denn hier ist nur eine knappe Mehrheit (53 %) positiv eingestellt (World Vision 2010).

Die Befragungsergebnisse belegen, dass die Grundschule aus der Sicht der meisten Kinder ihre Aufgaben gut erfüllt. Die Bedeutung des Soziallebens der Kinder sollte aber noch mehr Aufmerksamkeit erhalten und der Umgang mit Kindern, die externalisierendes Verhalten zeigen, muss weiter verbessert werden. Außerdem muss die Grundschule für Kinder aus den unteren sozialen Schichten noch stärker ein Ort werden, an dem sie sich wohlfühlen und gut lernen können, was teilweise bereits gut zu gelingen scheint.

Gruppendiskussionen und Kreisgespräche mit Kindern

Schönknecht und Michalek (2005) haben Gruppendiskussionen mit Kindern der dritten Jahrgangsstufe durchgeführt und stellten fest, dass hier, wenn »Schule« erstmals thematisiert wird, dies meist negativ konnotiert erfolgt.

»I: Also jetzt geht's um die Schule.
Tobias: Üäh
Paul: Um die Schule üäh.
Lukas: Üäh Schule uuuuh.«
(Schönknecht / Michalek 2005)

In der Untersuchung wird zudem deutlich, dass erst auf Nachfragen der Diskussionsleitung auch positive Aspekte genannt werden, die aber nichts mit dem Unterricht zu tun haben, wie die Pausen und besondere Ereignisse. Auf die Frage, was Kindern gut gefällt, werden Lieblingsfächer mit guten Noten genannt.

Wenn Kinder in der Gruppe über die Schule sprechen, dann thematisieren sie positive und negative Erlebnisse mit Freunden. Die Redebeiträge beschreiben oft konkrete Situationen mit MitschülerInnen und zeigen die Freude der Kinder an lustigen Begebenheiten und am Blödsinn-Machen. Außerdem haben Schönknecht und Michalek die Bereiche »Regeln« und »Regelüberschreitung« als großes Thema der Kinder ausgemacht. Kinder weisen z. B. darauf hin, dass Regeln auch für Lehrkräfte gelten müssen, beklagen Ungerechtigkeiten und fordern Mitbestimmung in der Schule ein.

Die Bedeutung der Erlebnisse mit den Mitschülern bestätigt sich auch in eigenen langjährigen Beobachtungen von Kreisgesprächen, besonders Montags- und Morgenkreise sowie Tagesabschlusskreise und Wochenabschlusskreise (Heinzel 2003). Auch diese zeigen, dass Kinder hier den Blick gerne auf die Gleichaltrigenbeziehungen richten, und wenn sie den Unterricht in den Blick nehmen, dann in spezifischer Weise, wie der folgende Auszug zeigt:

Lehrerin: »So, jetzt wollen wir mal, wie immer, auf die Woche schauen (*legt drei Smileys – lächelnd, neutral, traurig – in die Mitte*). Und ihr wisst, es geht jetzt darum, wie euch die Schule, der Unterricht und das Lernen gefallen haben.«
Daniel (*nimmt das lachende Gesicht*): »Wo, wo ich die Zensur in Mathe gekriegt habe. Da hat mein Vati sich ganz besonders gefreut, weil ich nicht sehr gut in Mathe bin. Und da hat er sich richtig gefreut, über die Zwei. Und mir hat eigentlich alles gefallen (*legt das Gesicht zurück*).«
Lehrerin: »Jenny!«

Jenny (*nimmt sich das neutrale Gesicht*): »Ähm, eigentlich hat mir die Woche total gefallen, aber vielleicht zwei Tage oder so, und dann nicht mehr so gut, weil Reik und Rolf, die haben mich immer geärgert, schmutzige Sachen gesagt, Mütze weggenommen und alles.«
Jonas: »Ich nehme erst das lächelnde Gesicht, weil, na weil mir die ganze Woche gut gefallen hat, außer gestern.«
Lehrerin: »Was war denn gestern?«
Jonas: »Da war (*unterbricht*).«
(Peter gibt ihm die Karte mit dem traurigen Gesicht. Es ist unruhig.)
Lehrerin: »Pscht! Ja, erzähl mal.«
Jonas: »Na weil, na wo ich gestern mit Michel und Kai Baseball gespielt hab, da hat Michel mir voll son dicken roten Ball ins Auge geworfen.«
(*Jonas schaut lächelnd zu Michel. Auch Felix lächelt.*)
Jonas: »Das tat weh.«
Peter (*fasst sich an sein linkes Auge*): »Hier, oder wo?«
Jonas: »Hat auch geblutet. Und dass ich meinen Wochenplan nicht geschafft habe. Und dass ich heute noch eine Stunde machen muss.«
Lehrerin: »Das hast du gut eingeschätzt. Da freue ich mich, denn das ist schon was Besonderes, dass du jetzt schon gelernt hast, auch offen darüber zu sprechen. Das find ich gut.«

Wenn es beim Wochenrückblick nicht um die Beziehungen zu den Gleichaltrigen geht, dann bilanzieren die Kinder ihre Schulleistungen und das bewältigte Pensum. Die Gelegenheit der Wochenbilanz wird von den meisten Kindern aber als Wochenfinale vor allem genutzt, um Beziehungen zu festigen, Trennendes zu unterstreichen und die vielen verschiedenen Facetten des Mit- und Gegeneinanders im täglichen Leben ihrer Schulklasse nicht nur zu thematisieren, sondern auch zu inszenieren. In der Klasse pendelt die Aufmerksamkeit der Kinder hin und her: zwischen den Regieanweisungen der Lehrerin und den Inszenierungsvorschlägen der Gleichaltrigen, zwischen den von der Lehrerin für wichtig erachteten Themen und den kinderkulturellen Themen, zwischen schulischen Anforderungen und den Normen der Kinderkultur.

In einer Studie von Karin Bock (2010) wird untersucht, wie Kinder im Alter zwischen sechs und elf Jahren ihren gesamten Kinderalltag im Rahmen von Gruppendiskussionen darstellen. Dabei geraten auch die Schulerfahrungen und der Schulalltag in den Blick. Bock arbeitet verschiedene Typen von Konstruktionen des Kinderalltags durch die Kinder heraus und stellt fest, dass Kinder aus belasteten Kinderwelten in ihren Erzählungen eher auf negative Erlebnisse fokussieren und über Prügeleien, Strafen oder LehrerInnen sprechen, die ihnen Schwierigkeiten machen, während Kinder aus unbelasteten Kinderwelten von reibungslosen Abläufen in der Schule berichten, Heiterkeit bei Schulberichten erzeugen oder den Schulalltag aus ihren Erzählungen nicht selten einfach völlig ausklammern.

Wenn Kinder in Gruppen miteinander reden, dann kommen kollektive bzw. konjunktive Erfahrungen zum Tragen, die auf der gemeinsamen Teilhabe an Situationen beruhen und die Erfahrungswelt von Kindern besonders deutlich dokumentieren. In den Gruppengesprächen mit Kindern wird deutlich, dass Schule und Unterricht keine Themen sind, die man in der Kindergruppe freiwillig wählt, und wenn Schule thematisiert wird, dann geht es um Leistungs- oder Verhaltensanforderungen und deren Bewältigung oder um Mitbestimmungswünsche.

Beobachtungen zum Schüleralltag und Schülerhandeln

Jürgen Zinnecker sprach sich vor 15 Jahren für eine »pädagogische Ethnographie« (1995) aus, die »[…] kindliche Subjektivität, alltägliche Handlungsroutinen, situative, szenische Interaktionen, alltägliche Wissensbestände und Bewältigungsstrategien, kulturelle Praxen und Traditionen von Schülern und Schülerinnen […]« (Zinnecker 1995, S. 21) untersucht.

Seitdem sind einige ethnographische Untersuchungen entstanden, die den Schüleralltag und das Schülerhandeln beschreiben. Die Forscherinnen oder die Forscher begeben sich direkt in die Schulklasse hinein und bemühen sich darum, die Herstellung sozialer Situationen und sinnhafter Ordnungen durch Kinder zu beschreiben. Ihr Blick richtet sich auf die alltäglichen Praktiken der Schülerinnen und Schüler im Umgang mit Lernsituationen, Unterrichtsritualen und materiellen Arrangements im Klassenzimmer. In diesen Beobachtungsstudien werden Schüler und Schülerinnen als Teil einer Gleichaltrigenkultur in der Schule erkennbar, die sich im schulischen Alltag herausbildet und das Unterrichtsgeschehen in eigener Weise interpretiert. Das »Handwerk des Lernens« (Mohn / Wiesemann 2007) und die Bewältigung des »Schülerjobs« durch Kinder und Jugendliche (Breidenstein 2006) werden so erkennbar.

Kellermann (2008) untersucht z. B. in ihrer ethnographischen Studie »Vom Kind zum Schulkind« die Schulanfangsphase und den Erwerb der für Schüler notwendigen Fähigkeiten. Sie zeigt, dass sich Kinder über gemeinsames Tun in die schulspezifischen Regeln, Werte, Normen, Grundhaltungen sowie den akzeptierten Konsens einfinden. Im praktischen Handlungsvollzug des Unterrichts stellen sie zusammen mit ihren Lehrerinnen die soziale Ordnung der Lerngruppe her und eignen sich schulische Sprachmuster, schulische Rituale und Praktiken (z. B. des Meldens) aktiv an.

Für den Grundschulalltag besteht – aus Sicht der Schülerinnen und Schüler – ein Spannungsverhältnis zwischen der kommunikativ-generalisierten Unterrichtsordnung der Grundschule und der durch Mehrdimensionali-

tät gekennzeichneten Peerkultur, wie eine andere Studie von Wagner-Willi (2005) anschaulich zeigt. Außerdem wurde deutlich, dass Kinder in Unterrichtsgesprächen, die vom Frage-Antwort-Rückmeldemuster dominiert sind, häufig in Passivität flüchten.

Breidenstein, dessen Beobachtungen in der Sekundarstufe (im 7. und 8. Schuljahr) vorgenommen wurden, beschreibt sehr anschaulich, was den Schülerjob kennzeichnet. Es geht um wiederkehrende Verrichtungen, Abläufe und Tätigkeiten. Das Verhältnis der Schüler zu ihrem Job beruhe »[…] gleichzeitig auf Teilnahme und Distanznahme […]«, wobei ein gewisser »Unterhaltungswert« gesichert sein müsse (Breidenstein 2006, S. 260). Außerdem beobachtete Breidenstein, dass sich der Unterricht letzten Endes in einer umfassenden Produktorientierung verdichtet. Dies stellt er auch in der Grundschule fest, wenn bei vorgegebenen Wochenplänen das Abhaken von Wochenplanaufgaben in den Vordergrund rückt (Huf/Breidenstein 2009) oder bei selbst geschriebenen Wochenplänen die Planungstätigkeit als lässige Routine oder lästige Pflicht erledigt wird (Dorow/Breidenstein 2010). Er betont den Pragmatismus des Schülerjobs, der weder mit Lustlosigkeit zu verwechseln noch mit dem Theorem der Entfremdung zu erfassen sei. Es gehe nicht darum, die Haltung der Schülerinnen und Schüler zum Unterricht zu beklagen, sondern »[…] in ihrem Pragmatismus zu rehabilitieren […]« (Breidenstein 2006, S. 263).

Die Beobachtung von Kindern, die darauf zielt, ihre Sicht auf Schule zu erfassen, öffnet den Blick für die (mehr oder weniger) routinierte Bewältigung des Unterrichts durch Kinder und für die Suche nach Abwechslung im nicht selten gleichförmigen und eintönigen Schulalltag.

»Die Schule« in Kindertexten

Kindertexte können als Selbstzeugnisse von Kindern verstanden und als Quelle für die Erforschung kindlichen Erlebens genutzt werden, besonders dann, wenn offene Schreibanlässe gegeben werden. Röhner (1997), die freie Kindertexte analysiert hat, kommt zu dem Ergebnis, dass Grundschulkinder in ihren Texten kaum über die Schule schreiben. Das wichtigste Thema, über das sie in den ersten Schuljahren schreiben, sind die anderen Kinder. Häufig werden zudem Erlebnisse und Aktivitäten mit den Eltern und in der Familie dargestellt. Außerdem sind Erfahrungen mit Tieren, mit der Natur oder Auseinandersetzungen mit dem eigenen Körper wichtige Themen der Kinder.

Auch wenn kreative Schreibanlässe geschaffen werden (z. B. Schreiben nach Bildern), kommt die Schule eigentlich nicht vor und wenn doch, dann wird sie eher kritisch betrachtet und ihr Pflichtcharakter oder das schulische Zeitregime werden kritisiert. Dies zeigen über 400 Kindertexte von Kindern im 3. Schuljahr, die in der Vor- und Hauptstudie des Forschungsprojektes KoText (Kooperative Schülerrückmeldungen bei der Textüberarbeitung im Deutschunterricht der Grundschule) an der Universität Kassel entstanden sind. Hier ein Beispiel, wie in einem Text Schule zum Gegenstand gemacht wird.

> »Die Schule
> Ein Kind spielt mit seinen Eltern im Meer Wasserball und sie bauen eine große Sandburg mit Burggraben und am Abend, als die Sonne untergeht, schreit die Lehrerin: ›Aufwachen und eine Stunde nachsitzen‹.«
> Von Laurin 2009

Es können aber auch thematisch eingegrenzte Kindertexte, z. B. zum Thema »Ich bin gerne ein Kind, weil …« und »Ich bin nicht gerne ein Kind, weil …« (vgl. Fürstenau in diesem Band) oder auch zum Thema »Meine Traumschule« oder »Meine Traumlehrerin« angeregt und genauer analysiert werden.

> »Meine Traumschule ist ein Piratenschiff. Wir haben Unterricht an Bord und es gibt auch ganz viel Spielzeug. In der Pause springen wir ins Wasser. Am Wochenende sind wir auf einsamen Inseln. Unsere Hausaufgaben machen Diener auf dem Schiff.«
> Von Alexander
> www.schule-fuchstal.de/Schulleben/2008/Traumschule-Start.htm (10.08.2010)

»Ich stelle mir vor, dass die Schule weiß gestrichen ist mit blauen Kringeln. In unserem Klassenzimmer sind die Wände aus Glas und dahinter schwimmen viele bunte Fische. Wir haben ein Lernzimmer und Hinterzimmer zum Spielen und Lesen. Hier soll es auch ein Trampolin geben. Am Pausenhof wünsche ich mir einen Pool. Außerdem hätte ich gerne einen Schulhund, der draußen auf mich wartet und mit mir spielt. In der Traumschule soll es nicht nur die normalen Unterrichtsfächer geben, sondern auch Reiten und Töpfern. Mit meinen Mitschülern bin ich zufrieden und meine Traumlehrerin heißt Frau Meltretter.«
Von Janine
www.schule-fuchstal.de/Schulleben/2008/Traumschule-Start.htm (10.08.2010)

Das an der Universität Halle-Wittenberg unter Leitung von Eva Maria Kohl entstandene »Archiv für Kindertexte« stellt den Versuch dar, aktuelle wie historisch bedeutsame Kindertexte zu sammeln, zu dokumentieren und der wissenschaftlichen Analyse zugänglich zu machen.

Es beherbergt ca. 80 000, teils veröffentlichte, teils unveröffentlichte Texte aus mittlerweile 100 Jahren des freien und kreativen Schreibens von Kindern. Gemeinsam mit Norbert Schulz hat Eva Maria Kohl auch eine Schreibwerkstatt mit gelenkten Schreibaufgaben und Erzählanlässen für das Schreiben über Schule entwickelt, wie z. B.:

»Eines Tages begegnet das Schulkind im Park einem alten Mann, der es fragt, wie Schule heute sei …« oder
»Eines Tages kann die Schule sprechen und fragt, wie fühlt ihr euch in mir …«
(Kohl / Schulz 2004, S. 6)

Kohl und Schulz haben 15 Schreibwerkstätten mit Kindern durchgeführt und 302 entstandene Kindertexte ausgewertet. In den Texten der Kinder waren insgesamt mehr positive Aspekte (63 %) beschrieben als negative (37 %) (Kohl / Schulz 2004, S. 9). Negative Aspekte beziehen sich auf Langeweile und Eintönigkeit, unbeliebte Lehrpersonen, Hassfächer und uninteressante Themen oder die Unterrichtsmethodik (z. B. Lehrerin erzählt zu viel, Lehrerin drängelt, Lehrerin bringt Falsches bei).

Analysen von freien Kindertexten aus offenen Schreibanlässen demonstrieren, dass es für Kinder wichtigere Themen als die Schule gibt. Analysen von Kindertexten, in denen das Thema Schule vorkommt, zeigen: Kinder gehen in die Schule, weil sie wissen, dass Lernen wichtig ist, und weil es Pflicht ist, in die Schule zu gehen. Sie verbinden mit Schule eine Institution, die umfassende Zeitvorgaben macht und Leistungen verlangt. Dennoch gehen viele Kinder gerne in die Grundschule, weil sie sich auf ihre Freunde und ihr

Klassenleben mit Gleichaltrigen freuen und ihre freundliche, humorvolle, gerechte Lehrerin oder ihren freundlichen, humorvollen, gerechten Lehrer mögen. Wenn sie durch Schreib- oder Erzählaufforderungen gefragt werden, haben Kinder auch viele kreative Vorschläge, wie die Schule verändert werden könnte.

Bilanz und Konsequenzen

Alle skizzierten Zugänge (Kinderbefragungen einzelner Kinder, Gruppendiskussionen, ethnographische Beobachtungen und Analyse von Kindertexten) zeigen, dass Kinder sich in ihren Beschreibungen, Entwürfen und ihrer Kritik an dem orientieren, was sie in ihrem Unterricht, ihrer Klasse und ihrer Schule erleben. Die meisten Kinder fühlen sich in der Grundschule wohl, doch dies gilt leider nicht für alle Kinder. Kinder, die sich nicht wohl fühlen, sind solche, die Verhaltenweisen zeigen, die weniger gut zu den schulischen Anforderungen passen, oder Kinder, die aus den unteren Sozialschichten kommen.

Wenn Kinder unter sich sind, ist Schule nicht so wichtig und wird eher kritisiert, besonders in Bezug auf Leistungs- oder Verhaltensanforderungen, unbefriedigende Mitbestimmungsmöglichkeiten oder misslungene Sozialbeziehungen (zu Lehrpersonen oder Gleichaltrigen).

Kinder wissen sehr genau, dass es sinnvoll, notwendig und darüber hinaus eine gesetzliche Pflicht ist, in die Schule zu gehen. Der Schulalltag wird – nachdem die Kinder sich in der Schule eingefunden haben – oft als lässige Routine oder auch als lästige Pflicht erledigt. Kinder verstehen Unterricht und Lernen in der Schule als Arbeit, auch wenn sie dort nicht erwerbstätig sind.

An ihrem »Arbeitsplatz Schule« wollen sie mitbestimmen und mitgestalten. Im Schulalltag suchen sie nach Abwechslung und nach Möglichkeiten, ihren Beziehungen zu Gleichaltrigen nachzugehen. Gute soziale Beziehungen zu anderen Kindern sind im Grundschulalltag hochbedeutsam.

Ein wertschätzender und würdigender Umgang mit ihren Schülerleistungen ist – aus der Perspektive der Kinder – unbedingt notwendig, denn dies ist der Lohn für die von Kindern geleistete gesellschaftlich notwendige Arbeit in der Grundschule.

Literatur

Bock, K. (2010): Kinderalltag – Kinderwelten. Rekonstruktive Analysen von Gruppendiskussionen mit Kindern. Opladen u. Farmington Hills: Barbara Budrich.

Breidenstein, G. (2006): Teilnahme am Unterricht. Ethnographische Studien zum Schülerjob. Wiesbaden: VS-Verlag.

Dorow, S./Breidenstein, G. (2010): Die Praxis der Wochenplanarbeit an einer Freien Schule – Eine Fallstudie. In: Heinzel, F./Panagiotopoulou, A. (Hrsg.): Qualitative Bildungsforschung im Elementar- und Primarbereich. Entwicklungslinien und Forschungsbefunde. Baltmannsweiler: Schneider Hohengehren, S. 245 – 258.
Fölling-Albers, M./Meidenbauer, K. (2010): Was erinnern Schüler/innen vom Unterricht? In: Zeitschrift für Pädagogik, 56. Jg., H. 2, S. 229 – 248.
Gisdakis, B. (2007): Oh, wie wohl ist mir in der Schule … Schulisches Wohlbefinden – Veränderungen und Einflussfaktoren im Laufe der Grundschulzeit. In: Alt, C. (Hrsg.): Kinderleben – Start in die Grundschule. DJI-Kinderpanel. Band 3. Ergebnisse aus der zweiten Welle. Wiesbaden: VS-Verlag, S. 107 – 136.
Huf, C./Breidenstein, G. (2009): Schülerinnen und Schüler bei der Wochenplanarbeit. Beobachtungen zur Eigenlogik der »Planerfüllung«. In: Pädagogik, 61. Jg., H. 4, S. 20 – 23.
Heinzel, F. (2003): Zwischen Kindheit und Schule – Kreisgespräche als Zwischenraum. Zeitschrift für Qualitative Bildungs-, Beratungs- und Sozialforschung, 4. Jg., H. 1, S. 105 – 122.
Kellermann, I. (2008): Vom Kind zum Schulkind. Die rituelle Gestaltung der Schuleingangsphase. Eine ethnographische Studie. Opladen u. Farmington Hills: Barbara Budrich.
Kohl, E. M./Schulz, N. (2004): Kindertexte als Selbstzeugnisse von Grundschulkindern. In: Grundschulunterricht, H. 11, S. 4 – 10.
Mohn, B./Wiesemann, J. (Hrsg.) (2007): Handwerk des Lernens. Kamera-ethnographische Studien zur verborgenen Kreativität im Klassenzimmer. Göttingen: IWF Wissen und Medien.
Petillon, H. (1993): Das Sozialleben des Schulanfängers. Die Schule aus der Sicht des Kindes. Weinheim: Psychologie-Verlag-Union.
Röhner, C. (1997): Kindertexte im reformorientierten Anfangsunterricht. Baltmannsweiler: Schneider Hohengehren.
Schneider, S. (2005): Lernfreude und Schulangst. Wie es 8- bis 9-jährigen Kindern in der Grundschule geht. In: Alt, C. (Hrsg.): Kinderleben – Aufwachsen zwischen Familie, Freunden und Institutionen. DJI Kinderpanel. Bd. 2. Wiesbaden: VS-Verlag, S. 199 – 230.
Schönknecht, G./Michalek, R. (2005): Kinder sprechen über Schule – Inhalte von Gruppendiskussionen mit Kindern im Grundschulalter. In: Götz, M./Müller, K. (Hrsg.): Grundschule zwischen den Ansprüchen der Individualisierung und Standardisierung. Wiesbaden: VS-Verlag, S. 69 – 75.
Stecher, L. (2003): Schulerleben am Ende der Grundschulzeit. In: Panagiotopoulou, A./Brügelmann, H. (Hrsg.): Grundschulpädagogik meets Kindheitsforschung. Zum Wechsel von schulischem Lernen und außerschulischen Erfahrungen im Grundschulalter. Opladen: Leske+Budrich, S. 55 – 68.
Wagner-Willi, M. (2005): Kinder-Rituale zwischen Vorder- und Hinterbühne – Der Übergang von der Pause zum Unterricht. Wiesbaden: VS-Verlag.
World Vision e. V. (2010): Kinder in Deutschland 2010. 2. World Vision Kinderstudie. Frankfurt/M.: Fischer.
Zinnecker, J. (1995): Pädagogische Ethnographie. In: Behnken, I./Jaumann, O. (Hrsg.): Kindheit und Schule. Kinderleben im Blick von Grundschulpädagogik und Kindheitsforschung. Weinheim: Juventa, S. 21 – 37.

Sabine Andresen

Kinderberichterstattung

»59 % der Kinder in Deutschland fühlen sich sehr wohl, 29 % fühlen sich wohl und 12 % der Acht- bis Elfjährigen fühlen sich unwohl.«
(World Vision 2007)
»59 % der Kinder in Deutschland fühlen sich sehr wohl, 30 % fühlen sich wohl und 11 % der Sechs- bis Elfjährigen fühlen sich unwohl.«
(World Vision 2010)

Einführung

Wie kann man etwas Substanzielles über Kinder erfahren? Wofür sind Informationen von Kindern wichtig? Was unterscheidet das Wissen *von* Kindern von dem Wissen *über* Kinder? In welchem Verhältnis stehen Berichte über das Kinderleben zu Berichten über das Familienleben? Wie beeinflussen Informationen über die Verteilung von Armut und Reichtum in einer Gesellschaft, über den Gesundheitszustand der Bevölkerung, über Gewalt- und Konfliktpotenzial die Datenerhebung zum Kinderleben?

Diese eingangs formulierten Fragen verweisen auf die Herausforderungen einer aussagekräftigen Kinderberichterstattung: Sie muss sowohl Kindern als einem eigenständigen Teil der Bevölkerung nachgehen, als auch Kinder in den Kontexten ihres Aufwachsens berücksichtigen. Dabei gilt es auch im Blick zu behalten, dass diese Kontexte gewachsen sind und nicht genuin »kindlich«. Das heißt, die Erfahrungsräume von Kindern sind durch gesellschaftliche, kulturelle, historische oder ökonomisch bedingte Vorstellungen von Kindheit und dem Generationenverhältnis vorstrukturiert. Moderne Gesellschaften zeichnen sich auch dadurch aus, dass sie möglichst umfassend über Wissen verfügen wollen und komplexe Strukturen über ein Berichtswesen zu ordnen versuchen. Diese Ordnungen erstrecken sich insgesamt auch auf die Prozesse des Aufwachsens und die Qualität von Kinder- und Jugendleben. Die Notwendigkeit, Wissen über die individuelle Situation, über Lebenslagen und Erfahrungsräume von Kindern zu erwerben, wird somit kaum noch hinterfragt. Ausgehend von dem berichteten Wissen werden dann Rückschlüsse auf Familie, Wohnumfeld, Infrastruktur, Sozialpolitik und pädagogische Institutionen gezogen. Das Anliegen der Sozialberichterstattung über Kinder und Jugendliche, wie sie in Deutschland seit vielen Jahren etabliert ist und wofür etwa der in jeder Legislaturperiode veröffentlichte Kinder- und Jugendbericht steht, ist es, Daten zur Verfügung zu stellen und anhand dessen Kinderleben auch zu beurteilen. Diese Form der Datenerhebung und Auswertung über Rahmenbedingungen des Aufwachsens von Kindern hat das sozialpolitische Ziel, Maßnahmen, die Kindheit gestalten sollen, etwa die Kinder- und Jugendhilfe, in ihrer »Wirksamkeit« zu überprüfen. Walter Hornstein hat u. a. darauf verwiesen, dass weder die Regelmäßigkeit noch die Fülle an Informationen allein hilfreiche sozialpolitische Instrumente sind, und er hat außerdem die theoretische Rahmung der Berichterstattung problematisiert (Hornstein 1999). Unklar war beispielsweise lange Zeit die Differenzierung zwischen Kindheit und Jugend sowie zwischen Kindern und Jugendlichen in der Berichterstattung. 1965 startete man mit dem 1. Jugendbericht und erst ab 1998, mit dem 10. Bericht, hat eine programmatische Umbenennung in »Kinder- und Jugendbericht« stattgefunden. Insgesamt ist die Sozialberichterstattung in Deutschland im Vergleich zu anderen Ländern (etwa der Schweiz) aber sehr weit entwickelt und sie liefert zentrale Informationen, nicht zuletzt auch für die Kinder- und Kindheitsforschung.

Neben der gesetzlich vorgeschriebenen Berichterstattung etablieren sich in der nationalen und internationalen Forschung zu Kindern und Kindheit größere Surveys, für die eine Befragung von Kindern zu einem festen Element geworden ist. Beide Formen der »Kinderberichterstattung« sind Gegenstand dieses Beitrags. Im Folgenden sollen exemplarisch die gesetzlich vorgeschriebene Sozialberichterstattung diskutiert und daran anschließend Herausforderungen benannt werden.

Die Sozialberichterstattung der Bundesrepublik

In Deutschland hat sich neben der breiten sozial- und kulturwissenschaftlichen Forschung über Kinder und Jugendliche sowie den schul- und schulleistungsbezogenen, international und national vergleichenden Studien insbesondere die datenbasierte und auf Expertenexpertise beruhende regelmäßige öffentliche Berichterstattung über Kinder und Jugendliche etabliert (Andresen/Hurrelmann 2010). Flankiert werden die Berichte im Auftrag der jeweiligen Regierung auch durch weitere Darstellungen zur Lebenssituation von Kindern und Jugendlichen in Deutschland, so etwa durch den »Kinderreport« des Deutschen Kinderhilfswerks (2004).

Auf der gesetzlichen Grundlage des Kinder- und Jugendhilfegesetzes (§ 84 SGB VIII) muss jede Bundesregierung in einer Legislaturperiode eine Expertenkommission mit dem »Kinder- und Jugendbericht« beauftragen. Die Berichte bieten jeweils einen aktuellen Überblick über die Lebenssituation junger Menschen und konzentrieren sich auf gesellschaftliche Problemfelder und Leistungen, Aufgaben und Perspektiven der Kinder- und Jugendhilfe. Sie erheben meist keine eigenen Daten, sondern werten Statistiken und alle relevanten vorliegenden Sozialdaten aus, geben Expertisen in Auftrag und befragen weitere Experten. Liegt der Bericht der Expertenkommission vor, formuliert die jeweilige Regierung zu den wichtigsten Befunden eine Stellungnahme.

Erst 1998 setzte sich erstmals ein Kinder- und Jugendbericht (1998) explizit mit Kindern und den ihnen zur Verfügung stehenden Hilfen auseinander. Das Anliegen der Autorinnen und Autoren war es, sowohl wissenschaftlich als auch sozialpolitisch stärker zwischen Kindern und Jugendlichen zu differenzieren. Dieser 10. Kinder- und Jugendbericht thematisierte die Lebenssituation der Kinder, fragte nach den Leistungen und Herausforderungen der Kinder- und Jugendhilfe und betrachtete systematisch das Verhältnis der Gesellschaft zu ihren Kindern. Aufmerksamkeit erhielt dieser Bericht, für den der Kindheitsforscher Lothar Krappmann federführend Verantwortung übernommen hat, vor allem auch, weil er die Situation von Kindern in Armut deutlich machte und deren spezielles Erleben durch Kinder in den Vordergrund rückte: »Armut von Kindern ist ein in Deutschland immer noch zu wenig beachtetes Problem. Obwohl Kinderarmut eng mit dem Elternhaus verknüpft ist, ist sie ein eigenes Phänomen. Sie unterscheidet sich von der Eltern- und Erwachsenenarmut erheblich sowohl im Ausmaß als auch in der Qualität, da Kinder besondere Bedürfnisse und Handlungsziele haben. Sie sind daher in spezifischer Weise auf zufriedenstellende und förderliche Lebensbedingungen angewiesen« (BSFSJ 1998, S. 88 – 89).

Der 10. Kinder- und Jugendbericht hat versucht, die Anerkennung der Existenz von Kinderarmut in Deutschland und deren Bekämpfung auf die politische Tagesordnung zu bringen (vgl. auch Mierendorff in diesem Band). Das war 1998 noch nicht in der Form möglich, erst in den letzten Jahren erfährt dieses gesellschaftliche Problem eine größere öffentliche Aufmerksamkeit (World Vision 2007; Andresen 2008 a, 2008 b) Dieser Bericht ist außerdem ein eindrucksvolles Beispiel dafür, wie Wissenschaft und Politik angesichts einer eindeutigen Datenlage zu unterschiedlichen Interpretationen gelangen. 1998 hat sich der politische Mainstream noch weitgehend dagegen gesträubt, die Existenz von Kinderarmut in Deutschland anzuerkennen. In der Stellungnahme der damaligen Bundesregierung heißt es entsprechend: »Die Kommission baut ihre Ausführungen und Wertungen zur Armut von Kindern in der Weise auf, dass sie einerseits am Sozialhilfebezug anknüpft und andererseits die Grenze der Einkommensarmut bei 50 % des durchschnittlich verfügbaren Einkommens des jeweiligen Landes sieht. Sie definiert damit Armut als ›relative Armut‹, d. h. als gesellschaftliche und soziale Benachteiligung von Personen bzw. von Haushalten in Relation zum Durchschnitt der Bevölkerung. Die Bundesregierung ist der Auffassung, dass dieses Messkonzept nicht geeignet ist, soziale Problemlagen von Familien und Kindern zutreffend zu beschreiben« (BSFSJ 1998, S. XII – XIII).

An dieser Kontroverse wird erstens sichtbar, wie wichtig die theoretische Rahmung der Sozialberichterstattung ist und wie zweitens normative Leitbilder sowohl WissenschaftlerInnen als auch PädagogInnen und nicht zuletzt PolitikerInnen leiten. Dabei ist die Definition von Armut besonders brisant und die Effektivität ihrer politischen und ökonomischen Bekämpfung davon abhängig. An diesem Beispiel sind demnach neben der inhaltlichen Kontroverse weitere Grundfragen der Sozialberichterstattung ebenso wie aller empirischen Erhebungen deutlich abzuleiten: Wie werden die Daten interpretiert? Mit welchem theoretischen Ansatz werden Datenerhebung und -auswertung verbunden? Auf welchen Vorstellungen von »guter Kindheit«, »guter Familie«, »richtiger Erziehung« oder »idealer Betreuung« basieren die Berichte? Magdalena Joos hat in einer luziden Analyse des 10. und 11. Kinder- und Jugendberichts deren zugrundeliegenden Kindheitsbilder herausgearbeitet (Joos 2006). Sie zeigt vor dem Hintergrund sozialpolitischer Veränderungen den Wandel von einem »familialistischen Kindheitsbegriff« im 10. Kinder- und Jugendbericht hin zu einer Sozialpädagogisierung von Kindheit im 11. Kinder- und Jugendbericht auf (Joos 2006, S. 111). Mit dem 11. Bericht tritt, so lässt sich diese These weiterführen, eine neue Debatte über das Verhältnis von öffentlicher und familiärer Verantwortung für das Aufwachsen in den Vordergrund, was sich grundlegend auch in der Kinderberichterstattung spiegelt. Insbesondere der 12. Bericht schließlich befasste sich vor diesem Hintergrund mit dem Zusammenwirken von Bildung, Erziehung und Betreuung und von verschiedenen Bildungsarrangements auf die Bildungsbiographie von Kindern. Die Autorinnen und Autoren forderten angesichts der unterschiedlichen Ressourcen in Familien eine größere öffentliche Verantwortung für Kinder (BMFSFJ 2005). In der Entwicklung der Kinderberichterstattung der letzten Jahre manifestiert sich eine Auseinandersetzung mit Verantwortung – die britischen Kindheits- und Familienforscher Carol Vincent und Stephen Ball (BMFSFJ 2006) sprechen vom »sense of responsibility« – und mit der Bedeutung der Familie. Dabei lassen sich anhand der Berichte sowohl konkrete Praktiken etwa von Erziehung und Betreuung rekonstruieren als insbesondere auch die Leitbilder von Teildisziplinen und Professionsfelder wie der Sozialpädagogik und der Kinder- und Jugendhilfe beispielsweise im Vergleich zur Schulpädagogik und der Schule.

Stärker als dies in der metaanalytischen Auseinandersetzung bislang geschehen ist, sollte die Verschränkung der normativen Leitbilder in den verschiedenen Typen der Sozialberichterstattung betrachtet werden. Denn wichtige Daten über Lebenslagen von Kindern in Deutschland liefern auch die Familienberichte ebenso wie die Armuts- und Reichtumsberichte der Bundesregierung. Im siebten Familienbericht (2006) etwa werden ausführlich die kulturellen und sozialen Veränderungen in Familien und die Bedeutung von unterschiedlichen Ressourcen für Kinder beschrieben. Wichtige und aufschlussreiche Themen sind hier die Sichtweisen der einzelnen Familienmitglieder und ihre privaten Vorstellungen von personalen Beziehungen. Ferner wird aufgezeigt, dass eine Neuorganisation von Zeitstrukturen nötig sei ebenso wie eine stärkere Vernetzung zwischen Familien, pädagogischen Institutionen, aber auch Gemeinden, Arbeitsorten und Nachbarschaften. Ein wesentlicher Punkt ist auch hier die vorschulische Kinderbetreuung und Tagesbetreuung von Schulkindern.

In den Armuts- und Reichtumsberichten werden relevante Kinderthemen in den Bereichen Familie und Bildung dargestellt. Im Kontext von Familie werden im Wesentlichen Lebenslagen und Lebensformen untersucht, wobei besonders die Erwerbsbeteiligung als wichtiger Faktor für die soziale Lage und Armut im Mittelpunkt steht. Wesentlich sind hier die Erwerbsbeteiligung der Mütter, die Situation Alleinerziehender und unterschiedliche Formen der Stieffamilie (BMAS 2001). Die Bedeutung der Bildung wird maßgeblich durch die Analyse von Bildungsbeteiligung in den unterschiedlichen Schulformen betrachtet (BMAS 2005). Die Armutsrisiken werden durch die Armutsberichte in unterschiedlichen Dimensionen dargestellt. Wichtige Faktoren sind die mangelnde Vereinbarkeit von Familie und Beruf und die Möglichkeiten der Ganztagsbetreuung von Kindern, die Auswirkungen von Trennung und Scheidung und die Phase der Familiengründung. Die Folgen sozialer Notlagen von Familien wirken sich besonders auf das Selbstwertgefühl und die eigene Identität von Kindern aus. Themen sind in diesem Kontext auch die Gefährdung durch Gewalterfahrungen im sozialen Nahbereich und durch soziale Ausgrenzung. Kinder sind u.a. von erheblichen Einschränkungen beim Konsum z.B. von Schulmaterialien, von einem unzureichenden Gesundheits- und Ernährungsverhalten sowie von einem häufig extrem beengten Wohnraum betroffen (BMAS 2001).

Die Sozialberichterstattung ermöglicht ohne Zweifel Einsichten in die Qualität und Effizienz pädagogischer und sozialer Einrichtungen. Der Kinder- und Jugendbericht, der Familienbericht und der Armuts- und Reichtumsbericht der Bundesregierung und internationale Berichte liefern insgesamt wichtige Hintergrundinformationen, Daten und Erkenntnisse für die Kindheitsforschung. Allerdings, dessen sollte man immer gewahr sein, basieren sie auf normativen Leitbildern, die transparent sein müssen und zu diskutieren sind.

Problematiken der »Dauerbeobachtung«

Was für die öffentliche und gesetzlich vorgeschriebene Sozialberichterstattung gilt, zeigt sich durchaus auch in der Kindheitsforschung und den dort angesiedelten Studien. In diesem Abschnitt soll deshalb anhand einer kritischen Analyse deren Normativität diskutiert werden. Die neueren Surveys zum Kinderleben in Deutschland haben den Anspruch, den Kindern eine Stimme zu geben, sie als Experten und Akteure anzuerkennen und insofern die empirische Datenerhebung mit ihnen durchzuführen (Andresen / Hurrelmann 2007). Gerade für die Forschungen zum Wohlbefinden von Kindern hat Tanja Betz (2008) in einer Sekundäranalyse wiederum die Problematik der Normativität deutlich herausgehoben. Sie geht der Wirkung der Sozialberichterstattung über Kinder »als politiknahe Strategie der Dauerbeobachtung« und als Forschungsinstrument nach (Betz 2008, S. 11).

Betz zielt keineswegs auf eine radikale Kritik und Ablehnung empirisch fundierter »Dauerbeobachtungen«, stattdessen will sie einen systematischen und qualitativ weiterführenden Beitrag zur Etablierung einer Sozialberichterstattung über Kinder und Kindheit und deren Profilierung und Institutionalisierung leisten. Dazu fordert sie ein, dass die Sozialberichterstattung explizit konzeptionelle Überlegungen zur Ungleichheits- und Kindheitsforschung einbeziehen müsse, weil nur so die Analyse miteinander verzahnter Ungleichheitsachsen, nämlich Ethnie und soziale Herkunft, möglich wird. Hieran schließt auch die Frage, welchen Beitrag zur Verstärkung sozialer Ungleichheit eigentlich die Sozialberichterstattung selbst geleistet hat, ob und wie sie zum »Komplizen« – sei es der eigenen Befunde, sei es der Politik – geworden ist, und zwar durch ihre blinden Flecken normativer Annahmen. Verschiedene Studien, auch die von Vincent und Ball (2006), haben den Befund hervorgebracht, dass es auch in der Forschung eine starke, oft implizite Orientierung an den Praktiken der Mehrheitsgesellschaft und der Mittelschicht gibt. Daraus folgt allzu oft, dass davon abweichende Praktiken der Erziehung oder Hilfe deklassiert werden oder zumindest keine Anerkennung erfahren. Betz wirft genau dieses Vorgehen auch der Sozialberichterstattung vor: »Solche ungleichheitslegitimierenden Praktiken, die auch in die Berichtssysteme selbst eingelassen und damit Teil der Wissenschaftspraktiken sind, sind bisher nicht Gegenstand der SBE über Kinder« (Betz 2008, S. 16).

Das von Betz aufgezeigte Problem der »Komplizenhaftigkeit« ist nicht nur in der öffentlichen und sozialpolitisch motivierten Sozialberichterstattung virulent, sondern auch die nationalen und internationalen Surveys über Kinder sind daraufhin kritisch zu hinterfragen. Sie selbst nimmt diese Prüfung anhand des »Kinderpanels« vom DJI (Alt 2005) vor. Als Längsschnittstudie repräsentiert das »Kinderpanel« sicherlich einen wichtigen Meilenstein in der neueren Forschung und bezieht explizit junge Kinder, nämlich die 8- und 9-Jährigen mit in die Befragung ein. Christian Alt betont die Orientierung der Längsschnittuntersuchung über das Aufwachsen von Kindern in Deutschland an der Perspektive der Kinder (Alt 2005). Im DJI Panel stehen dabei die Bereiche Familie, Peers und Schule im Zentrum der Forschung. Damit verbunden ist eine wesentliche Forschungsfrage nach dem Förder-

und Gefährdungspotenzial der psychosozialen Entwicklung von Kindern. Die Untersuchung konzentriert sich aus diesem Grund auf die Übergänge, in denen Kinder im besonderen Maße gefordert sind. Zum einen geht es um die Übergänge in Betreuungssituationen zwischen privaten und institutionellen Arrangements, zum zweiten um den Übergang vom Kindergarten in die Grundschule und zum dritten um den von der Grundschule in die weiterführende Schule.

Der Schwerpunkt von Betz' Analyse liegt nun darin, am Beispiel der Bildungsbedingungen, der kulturellen Praktiken und der bildungsrelevanten Habitus auf die Verschränkungen von sozialer und ethnischer Zugehörigkeit und Bildungsungleichheit sowie auf die damit verbundenen Machtverhältnisse einzugehen. Sie analysiert die charakteristischen Bildungsbedingungen der Milieus im interethnischen Vergleich und nimmt die Einstellungen zu Bildung sowie kulturelle Praktiken in den Blick. Darüber hinaus stellt sie die Frage, warum es in den großen Befragungen insgesamt so hohe Werte zum Wohlbefinden von Kindern gibt und gibt zu bedenken, ob allein die Definition von Wohlbefinden die Daten zumindest mit bedingt. Auch in der Ersten World Vision Kinderstudie (2007) wurde das Wohlbefinden von Kindern zwischen acht und elf Jahren gemessen. Die Definition des Wohlbefindens bezog drei aus Sicht der Verantwortlichen für Kinderleben in Deutschland wesentliche Aspekte mit ein: Elternhaus, Schule, Freunde. Gefragt wurde erstens nach den Freiheiten, die Kindern im Alltag von Eltern gewährt werden (Erziehungsstil), zweitens nach ihrem allgemeinen Wohlbefinden in der Schule (z. B. Umgang mit Leistungsanforderungen, erfahrene Förderung) und drittens nach der Zufriedenheit mit der Anzahl der Freundinnen und Freunde und der Qualität der Freundschaften. Erziehungsstil der Eltern, das Klima in der Schule und die Bedeutung der Freunde zielen auf die Beziehungsqualitäten, die Kinder mit Erwachsenen und Gleichaltrigen erleben. Die Ergebnisse des allgemeinen Wohlbefindens, in dem alle drei Dimensionen berücksichtigt werden (am Anfang dieses Aufsatzes angegeben), sind äußerst eindrucksvoll. Solche Befunde, folgt man der Argumentation von Betz, könnten mit Blick auf Theorie und Methodologie der Studie vielleicht auch skeptisch stimmen. Warum?

Besonders die Frage der Macht und die darauf bezogenen blinden Flecken sind als Problem zu reflektieren. Diese wird auch von Betz thematisiert und problematisiert und sie fordert, dass die generationale Machtverteilung systematisch in die Interpretation einbezogen werden müsse. Darin liegt ein wichtiger Gesichtspunkt der Beziehungen zwischen Kindern und Erwachsenen, denn der Grad des Wohlbefindens könnte durchaus auch mit der Akzeptanz der Machtverteilung auf Seiten der Kinder erklärt werden. Gerade in Fragen der Macht machen sich die Kindheitsforscherin und der Kindheitsforscher möglicherweise besonders häufig zu »Komplizen« bestehender Machtverhältnisse trotz bester Intentionen.

Das Problem der Macht und der Machtverteilung zwischen Kindern und Erwachsenen, aber auch zwischen Kindern unterschiedlicher Herkunft gehört aus meiner Sicht zu den zentralen Herausforderungen der Kindheitsforschung auch dann, wenn sie methodisch und theoretisch einen partizipatorischen Ansatz verfolgt. Macht im Generationengefüge und im sozialen Kontext ist stets sorgsam bei der Interpretation der quantitativ oder qualitativ erhobenen Daten zu berücksichtigen, aber ebenso sind mögliche Machtverhältnisse in Kindergruppen zu beachten. Kinder als von Machtinteressen freie Menschen oder nicht mit unterschiedlicher Macht ausgestattete Personen zu sehen, wäre ein weiterer Beitrag zur Verstärkung ungleicher Kindheiten. Kinderberichterstattung könnte dies stärker in das Berichtswesen einer modernen Gesellschaft integrieren.

Literatur

Alt, C. (2005): Einführung. In: Alt, C. (Hrsg): Kinderleben – Aufwachsen zwischen Familie, Freunden und Institutionen. DJI Kinderpanel. Band 1: Aufwachsen in Familien. Wiesbaden: VS-Verlag, S. 7 – 22.

Andresen, S. (2008 a): Kinder und soziale Ungleichheit. Ergebnisse der Kindheitsforschung zu dem Zusammenhang von Klasse und Geschlecht. In: Prengel, A. / Rendtorff, B.: Jahrbuch Frauen und Geschlechterforschung in der Erziehungswissenschaft. Bd. 4, Opladen u. Farmington Hills: Barbara Budrich, S. 35 – 48.

Andresen, S. (2008 b): Kinder und Armut. Perspektiven der Forschung. In: Sünker, H. / Swiderek, T.: Lebensalter und Soziale Arbeit: Kindheit. Bd. 1. Baltmannsweiler: Schneider Hohengehren, S. 164 – 179.

Andresen, S. / Hurrelmann, K. (2007): Was bedeutet es, heute Kind zu sein? Die World Vision Kinderstudie als Beitrag zur Kinder- und Kindheitsforschung. In: World Vision e. V.: Kinder in Deutschland 2007: 1. World Vision Kinderstudie. Frankfurt / M.: Fischer, S. 35 – 64.

Andresen, S. / Hurrelmann, K. (2010): Kindheit. Weinheim u. Basel: Beltz.

Betz, T. (2008): Ungleiche Kindheiten. Theoretische und empirische Analysen zur Sozialberichterstattung über Kinder. Weinheim u. Basel: Beltz.

Bundesministerium für Arbeit und Soziales (BMAS) (2001): Lebenslagen in Deutschland, Armuts- und Reichtumsbericht der Bundesregierung. Berlin.

Bundesministerium für Arbeit und Soziales (BMAS) (2005): Lebenslagen in Deutschland, der 2. Armuts- und Reichtumsbericht der Bundesregierung. Berlin.

Bundesministerium für Familie, Senioren, Frauen und Jugend BMFSFJ (1998): Bildungsbeteiligung der Kinder. In: Zehnter Kinder- und Jugendbericht, Bericht über Lebenssituation von Kindern und die Leistungen der Kinderhilfen in Deutschland. Bonn.

Bundesministerium für Familie, Senioren, Frauen und Jugend BMFSFJ (2005): 12. Kinder- und Jugendbericht, Bericht über die Lebenssituation junger Menschen und die Leistungen der Kinder und Jugendhilfe in Deutschland. Berlin.

Bundesministerium für Familie, Senioren, Frauen und Jugend BMFSFJ (2006): Siebter Familienbericht: Familie zwischen Flexibilität und Verlässlichkeit, Perspektiven für eine lebenslaufbezogene Familienpolitik. Berlin.
Deutsches Kinderhilfswerk e. V. (Hrsg.) (2004): Kinderreport Deutschland 2004. Daten, Fakten, Hintergründe. München.
Hornstein, W. (1999): Jugendforschung und Jugendpolitik: Entwicklungen und Strukturen in der zweiten Hälfte des 20. Jahrhunderts. Weinheim u. München: Juventa.
Joos, M. (2006): De-Familialisierung und Sozialpädagogisierung. Eine Rekonstruktion der Kindheitsbilder und politischen Leitideen des Zehnten und Elften Kinder- und Jugendberichts. In: Andresen, S. / Diehm, I. (Hrsg.): Kinder, Kindheiten, Konstruktionen. Erziehungswissenschaftliche Perspektiven und sozialpädagogische Verortungen. Wiesbaden: VS-Verlag, S. 109 – 134.
Vincent, C. / Ball, S. (2006): Childcare, Choice and Class Practices. Middle-class parents and their children. London u. New York: Routledge.
World Vision (2007): Kinder in Deutschland 2007. 1. World Vision Kinderstudie. Frankfurt / M.: Fischer.
World Vision (2010): Kinder in Deutschland 2010. 2. World Vision Kinderstudie. Frankfurt / M.: Fischer.

Marianne Krüger-Potratz

Multikulturelle Kindheit

Einleitung

»Multikulturelle Kindheit« bedeutet Kindheit in einer multikulturellen Gesellschaft. In dieser Perspektive verweist das Adjektiv »multikulturell« auf die vielfach mit dem Begriff der »Globalisierung« zusammengefassten tief greifenden ökonomischen und politisch-gesellschaftlichen Veränderungen, die die Kindheit *aller* in Deutschland Aufwachsenden beeinflussen. Auch wenn es zweifellos regionale wie soziale Unterschiede gibt, so wachsen doch heute letztlich *alle* Kinder – und nicht nur diejenigen aus Zuwandererfamilien – in einer sprachlich-kulturell, ethnisch, national und religiös ausdifferenzierten »deutschen« Einwanderungsgesellschaft auf. In diesem Sinne steht »multikulturelle Kindheit« für die *neuen* Herausforderungen, denen sich die Familien wie auch die Bildungseinrichtungen stellen müssen, damit sie weiterhin ihrer *alten* Aufgabe nachkommen können: *Kindern zu helfen, ihre Potenziale und Fähigkeiten bestmöglich zu entwickeln und sich in einer im schnellen Wandel befindlichen Gesellschaft zu orientieren.*

Zwischen »Besonderung« und »Normalität«

In diesem Sinne müsste der Blick nicht allein auf die Kinder aus Zuwandererfamilien, sondern auf die veränderte Kindheit aller gerichtet sein. Dies ist aufgrund der Datenlage, der vielfach noch getrennten Berichterstattung zu Kindheit einerseits und Migration andererseits bestenfalls ansatzweise möglich (vgl. Betz 2006; Herwartz-Emden 2010). Mehrheitlich sind die bisher zum Thema vorliegenden Berichte und Studien so angelegt, dass Kinder aus Zuwandererfamilien nicht als »normaler Teil« der Bevölkerung einer bestimmten Altersgruppe gesehen wird, sondern als *besondere* Gruppe (Alt 2006) und vielfach als besondere *Problem*gruppe (Hurrelmann / Bründel 2003). Seit wenigen Jahren beginnt sich jedoch ein Wandel abzuzeichnen. Erste Belege hierfür sind Berichte oder Studien, für die eine nach Alter und Region ausgewählte Kinderpopulation unter einer bestimmten Fragestellung – z. B. Gesundheit – untersucht wird und die Antworten mit Blick auf die Gesamtheit der Befragten wie auch auf unterschiedlich geschnittene Teilgruppen binnendifferenziert ausgewertet werden.

Dies ist ein wichtiger Schritt, damit die zur Markierung von Zuwanderung genutzten Differenzmerkmale in Zusammenhang mit anderen Merkmalen wie Geschlecht, Sozialstatus, physische und psychische Leistungsfähigkeit, weltanschauliche Orientierung usw. gesehen werden (vgl. Krüger-Potratz 2010 a). In dieser Weise angelegte Studien vermitteln einen Eindruck von der inneren Heterogenität jeder, nach welchen Kriterien auch immer, konstruierten Gruppe, so dass auch multikulturelle Kindheit nicht mehr als »Sonderfall«, sondern *Multikulturalität* als *ein* Merkmal von *Kindheit heute* erfasst werden kann. Zugleich wird der Blick stärker auf die politisch-gesellschaftlichen Bedingungen, unter denen Kinder heute aufwachsen, sowie auf die Institutionen und Strukturen, in denen sie leben und lernen, gelenkt. Die Heterogenität der (multikulturellen) Kinderwelten wird auch dadurch sichtbarer, dass für eine Reihe von Studien inzwischen auch die Kinder als »Experten ihrer Kindheit« befragt werden, so z. B. für die 1. World Vision Studie (World Vision 2007), das LBS-Kinderbarometer (2007) oder die Studie des Deutschen Jugendinstituts zum »Multikulturellem Kinderleben« (siehe DJI 1997 – 2001). Die auf die Menschenrechte bezogene Forderung nach *inklusiver Bildung* (Deutsche UNESCO-Kommission 2009) bzw. nach einer Schule für *alle* weist ebenfalls auf die normale »unterschiedliche Verschiedenheit« von Kindern hin.

Es ist somit festzuhalten, dass »multikulturelle Kindheit« nicht als Sonderfall, sondern als Teil der »normalen« Kindheit(en) in Deutschland zu verstehen ist, und dass die Gruppe der Kinder aus Zuwandererfamilien in sich ebenso heterogen ist wie die Gruppe derer, die als »alteingesessen« gelten. Da es jedoch erst wenige so angelegte Berichte und Studien gibt, kommt der vorliegende Beitrag nicht ohne die eingangs kritisierte Blickverengung aus.

Vom »Ausländerkind« zum »Kind mit Migrationshintergrund«

»Gute Politik braucht gute Statistik«, heißt es in einer Presseerklärung des Statistischen Bundesamtes vom 21.06.2006 (www.destatis.de). Für eine »gute Integrationspolitik« war eine solche jedoch über Jahrzehnte nicht gegeben, denn die amtliche Statistik unterschied allein zwischen »Deutschen« und »Ausländern«, ggf. wurde die Zahl der Aussiedler noch gesondert ausgewiesen. Aber alle Zugewanderten, die die deutsche Staatsangehörigkeit erworben hatten, zählten statistisch als »Deutsche«. Für den Bildungsbereich bedeutete dies, dass Kinder aus Zuwandererfamilien mit deutscher Staatsangehörigkeit i. d. R. nicht mitgezählt wurden, wenn es um die Feststellung von Förderbedarf ging. Mit dem Mikrozensus 2005, der jährlichen Befragung von 1 % der bundesrepublikanischen Haushalte, ist eine neue statistische Bevölkerungsgruppe konstruiert worden: die Personen mit Migrationshintergrund. Zu ihr werden unabhängig von der Staatsbürgerschaft alle »im Ausland Geborenen und nach dem 1. Januar 1950 Zugewanderten, Eingebürgerten sowie Kinder, bei denen mindestens ein Elternteil in eine der genannten Kategorien fällt« gezählt (MuB 2008).

Mit der neuen Zählung wurde offensichtlich, wie stark sich die »deutsche« Gesellschaft ausdifferenziert hat: 2005 waren 7,3 % der Bevölkerung dem Pass nach Ausländer, weitere 11,3 % waren ebenfalls zugewandert, gehörten aber zu den Deutschen mit Migrationshintergrund. Mit der im Jahr 2000 in Kraft getretenen Änderung des Staatsangehörigkeitsgesetzes (§ 4 Abs. 3 StAG) wurde eine neue, im doppelten Sinne junge Gruppe geschaffen: die sog. »ius-soli-Kinder«. Diese Gruppe ist jung, weil sie rechtlich erst seit 2000 existiert und weil es sich um in Deutschland geborene Kinder ausländischer Eltern handelt, die – unter bestimmten Voraussetzungen – zusätzlich zur ausländischen Staatsangehörigkeit der Eltern auch die deutsche erhalten, sich aber zwischen dem 18. und 23. Lebensjahr für eine der beiden entscheiden müssen (www.gesetze-im-internet.de/bundesrecht/rustag/gesamt.pdf, 14.04.2010).

Mit der Einführung des statistischen Konstrukts »Migrationshintergrund« in die amtlichen Statistiken ist zwar der Forderung nach einer differenzierteren Statistik entsprochen worden, doch das Konstrukt ist nicht eindeutig, da nicht durchgängig die gleichen Merkmale abgefragt werden (vgl. u.a. Integration in Deutschland, S. 203 ff.) und die Statistiken nicht zum gleichen Zeitpunkt umgestellt werden. Doch selbst eine noch so differenziert angelegte Statistik kann nicht die eingangs skizzierte innere Heterogenität jeder, wie auch immer konstruierten Gruppe, abbilden. Für die pädagogische Praxis ist die Information zum Migrationshintergrund wichtig, ergänzend ist zu beachten, dass sich Personen mit Migrationshintergrund wie jede andere Bevölkerungsgruppe hinsichtlich der individuellen Lebenslagen und Lebensstile unterscheiden. Das *einzige allen mit Migrationshintergrund gemeinsame Merkmal* ist die Tatsache, dass sie selbst oder eine bzw. zwei Generationen vor ihnen nach Gründung der Bundesrepublik aus dem Ausland zugewandert sind.

»Multikulturelle Kindheit« im Spiegel der Demografie

Aktuell hat schon »gut jede vierte Familie einen Migrationshintergrund«; von den unter 15-Jährigen jeder fünfte Jugendliche und jedes dritte Kind unter sechs Jahren (Projektteam 2008, S. 54). Die Kinder aus Zuwandererfamilien leben vor allem in den großen westdeutschen Städten und Ballungsgebieten, in denen sie bei den unter 6-Jährigen bis zu 60 % ausmachen, in anderen Regionen und in den östlichen Bundesländern ist ihr Anteil deutlich geringer.

Der überwiegende Teil der Kinder aus Familien mit Migrationshintergrund (84,3 %) lebt in einer »klassischen« Mutter-Vater-Kind-Familie, das heißt, zusammen mit beiden (verheirateten) Eltern und vielfach auch Geschwistern; 12,7 % wachsen in einer sog. Ein-Eltern-Familie auf und bei 3,0 % sind die Eltern nicht verheiratet. Bei Kindern ohne Migrationshintergrund betragen diese Anteile 19,1 % bzw. 6,3 % (vgl. Projektteam 2008, S. 56). Hierbei zeigt sich, dass es je nach Herkunft und – damit zusammenhängend – auch je nach Migrationsgeschichte und Migrationsstatus deutliche Unterschiede gibt (Projektteam 2008, S. 56; zu Lebensformen vgl. auch Statistisches Bundesamt 2008, Kap. 29).

Ein weiterer Unterschied ist die Familiengröße. 2007 lebten in 40 % der Familien mit Migrationshintergrund drei minderjährige Kinder, in weiteren 27 % zwei Kinder und in 25 % ein Kind. Beachtenswert sind die Unterschiede zwischen den Zuwanderergruppen: Die statistische Kinderzahl pro Frau in Aussiedlerfamilien und einer Reihe anderer Zuwanderergruppen ist eher derjenigen von Frauen ohne Migrationshintergrund vergleichbar, während die Kinderzahl in den aus der Türkei zugewanderten Familien mehr als doppelt so groß ist, im Schnitt 2,6 Kinder. Festzuhalten bleibt, dass die Chance für Kinder mit Migrationshintergrund, mit verheirateten Eltern und Geschwistern aufzuwachsen, größer ist als für diejenigen, deren Eltern keinen Migrationshintergrund haben.

»Multikulturelle Kindheit« und soziale Lage

Wie sich die jeweilige Familienform auf das Leben von Kindern auswirkt, hängt von vielen Faktoren ab: Eine entscheidende Rolle spielt der sozioökonomische Status der Familie, da dieser die Möglichkeiten der Teilhabe an wichtigen gesellschaftlichen Bereichen wie Arbeit, Wohnen, Gesundheit, Kultur und Bildung mit bestimmt. Dem dritten Armuts- und Reichtumsbericht der Bundesregierung von 2008 zufolge sind Personen mit Migrationshintergrund aufgrund ihres im Durchschnitt geringeren Einkommens mit 28 % einem mehr als doppelt so hohen Armutsrisiko ausgesetzt wie die Personen (12 %), die nicht zu den Zugewanderten rechnen (Lebenslagen in Deutschland 2008, S. 140). »Je nach Schichtzugehörigkeit haben Kinder äußerst unterschiedliche Gestaltungsspielräume. Kinder aus den unteren Herkunftsschichten beginnen ihre Bildungskarriere von vornherein mit größeren Risiken und geringeren Teilhabemöglichkeiten als ihre Altersgenossen aus den mittleren und höheren Schichten. Die schlechteren Startchancen durchziehen und prägen den gesamten Alltag der Kinder und wirken wie ein Teufelskreis« (Hurrelmann / Andresen 2007, Statement, S. 2). Dies wird z. B. auch durch die Daten des 13. Kinder- und Jugendberichts mit dem Schwerpunkt Gesundheit bestätigt, denen zufolge »soziale Benachteiligung und Armut – besonders, wenn sie Heranwachsende mit Migrationshintergrund betrifft – in hohem Maße mit gesundheitlichen Belastungen verbunden sind« (13. KJB 2009, S. 36).

Es wäre jedoch zu kurz gegriffen, wenn man von prekärer sozialer Lage und fehlenden Gestaltungsräumen stets auf geringes Interesse z. B. an Bildung, kulturellen Angeboten oder Gesundheitsvorsorge schließen wollte. Denn wie die 2007 und 2008 von Sinus Sociovision veröffentlichte Studie zu Migrantenmilieus in Deutschland zeigt, haben sich innerhalb der Herkunftsschichten verschiedene, teilweise schichtübergreifende Milieus herausgebildet, die sich hinsichtlich Lebenstil und Wertvorstellungen deutlich voneinander unterscheiden (unter http://www.sociovision.de; Wippermann / Flaig 2009).

Als Folge der Anwerbe- und Ausländerbeschäftigungspolitik der Bundesregierung, die zudem bis Ende der 1990er Jahre in Leugnung der Einwanderungstatsache auf eine Gestaltung von Migration und Integration weitgehend verzichtet hat, wurde – wie Bade (2008, S. 3) es nennt – »eine Art organisierten ›Unterschichtenimport‹ betrieben« bzw. zugelassen: denn insofern die in den 1950er bis 1970er Jahren angeworbenen ausländischen Arbeitskräfte keine bestimmte Qualifikationen, sondern allein die Bereitschaft, einfache, oftmals gefährliche und schlecht bezahlte Tätigkeiten auszuüben, nachweisen mussten, ist bewusst eine relativ starke Zuwanderung »aus bildungsfernen Milieus in Kauf genommen worden, die sich [anschließend] intergenerativ über die Heiratsmigration fortgesetzt hat« (Bade 2008, S. 3). Der »Unterschichtenimport« ist zudem – infolge der ebenfalls ausgrenzenden Bildungspolitik – auch über die Schule intergenerativ »vererbt« worden. Zwar sind im Verlauf der zweiten Hälfte der 1960er Jahre ausländische Kinder erstmals in die allgemeine Schulpflicht einbezogen worden, doch die schulische Eingliederungspolitik war primär darauf ausgerichtet, die Beschulungsfähigkeit der ausländischen Kinder durch Vorbereitungsklassen und andere Zusatzangebote zu sichern und die »deutsche Schule« möglichst frei von Störungen zu halten.

Bei der Interpretation der Daten von *ausländischen* Kindern ist außerdem der Zusammenhang von Aufenthaltsstatus und (fehlenden) Möglichkeiten der Integration zu beachten. Insgesamt haben über ein Viertel aller

in Deutschland lebenden Ausländer kein langfristiges Aufenthaltsrecht bzw. bei »geduldeten« Flüchtlingen ist lediglich die Abschiebung ausgesetzt – ein Zustand, der sich allerdings über Jahre hinziehen kann, denn knapp 40 % der Geduldeten lebten 2007 schon über 8 Jahre in der Bundesrepublik. Die Möglichkeiten dieser Ausländergruppen, ihren Lebensunterhalt zu verdienen, Perspektiven für sich bzw. ihre Familien zu entwickeln und zu realisieren, sich sprachlich sowie sozial zu integrieren, sind deutlich eingeschränkt mit entsprechenden nachteiligen Folgen für die Gestaltung der »multikulturellen Kindheit« ihrer Kinder (siehe auch Integration in Deutschland 2009, S. 18, 71 – 75). Angemerkt sei, dass zur Kindheit einer Gruppe von Migrantenkindern in prekärer sozialer Lage (fast) keine Informationen vorliegen (können): Kinder ohne Aufenthaltstitel (Illegalisierte) können zwar inzwischen in den meisten Bundesländern den Kindergarten und die Schule besuchen, aber über ihre Lebensumstände ist ansonsten kaum etwas zu erfahren.

In Zusammenhang mit der neuen – nachholenden und begleitenden – Integrationspolitik (vgl. Bade 2008) sind erste – kontrovers diskutierte – Ansätze erkennbar, die darauf zielen, den Zusammenhang von Sozialstatus und Migration zu lockern; angefangen von den Initiativen zur frühen Sprachförderung (teilweise auch unter Einbezug der Mehrsprachigkeit) über die Förderung von Ganztagsangeboten bis hin zu den Bemühungen, mehr Lehrkräfte mit Migrationshintergrund auszubilden und einzustellen oder auch mehr Möglichkeiten zur Nachqualifizierung von erwachsenen Einwanderern und zur Anerkennung ihrer Qualifikationen zu schaffen.

Multikulturelle Kindheit und Bildung

Multikulturelle Kindheit wird nicht selten als »bildungsarme Kindheit« beschrieben bzw. als Kindheit, die mit Erfahrungen von Misserfolgen und mit Versagensängsten einhergeht (vgl. dazu TIMSS, PISA oder IGLU sowie Schulstatistiken zur Bildungsbeteiligung ausländischer Schülerinnen und

Schüler). Zwar haben sich über die Zeit die Bildungsdaten der ausländischen Schüler und Schülerinnen verbessert, doch insgesamt gesehen kann man immer noch von einer »stabilen Benachteiligung« sprechen, die in einem gewissen Kontrast zu den Bildungsaspirationen eines Großteils der Zuwandererfamilien steht. Die meisten hätten »einen ausgeprägten Bildungsoptimismus – der allerdings aufgrund von strukturellen Hürden, Informationsdefiziten und Fehleinschätzungen nicht immer in adäquate Abschlüsse und Berufspositionen« münde (Wippermann / Flaig 2009, S. 9 – 10).

Auch wenn hohe Bildungsaspiration nicht automatisch bedeutet, dass Eltern auch bereit sind, in die Bildung ihrer Kinder zu investieren, so ist diese Diskrepanz doch ein deutlicher Hinweis für die Schule, dass sie hier tätig werden und überprüfen muss, was sie ihrerseits tun kann, um strukturelle Hürden abzubauen und Informationsdefizite und Fehleinschätzungen zu verhindern. Ein wichtiger Schritt ist die Auseinandersetzung mit den – unter dem Begriff der institutionellen Diskriminierung zusammengefassten – Formen und Strategien der Problemvermeidung und -minderung mit dem Ziel der Homogenisierung der Lerngruppen, wie sie das hierarchisch gegliederte Bildungssystem ermöglicht, und die sich negativ auf die Bildungskarrieren der Kinder auswirken. Im Fall der Kinder mit Migrationshintergrund bedeutet »Problemvermeidung«, dass tatsächlich gegebene wie auch vermutete Defizite – z. B. hinsichtlich der Kenntnisse und Kompetenzen in der »Sprache der Schule« oder hinsichtlich der Unterstützungsleistungen der Familie – als »Begründung« für die Empfehlung in eine weniger anspruchsvolle Schulform herangezogen werden, wenn aufgrund der insgesamt guten Leistungen eine andere Empfehlung gerechtfertigt wäre.

Wichtig, wenn auch nicht allein ausschlaggebend, ist der Sozialstatus, wie u. a. die Auswertung der IGLU-Daten gezeigt hat: Allerdings, so der Sachverständigenrat in seinem Jahresgutachten 2010, ist ein Gymnasialbesuch »bei Kindern mit Migrationshintergrund aber auch bei einem hohen Sozialstatus der Eltern unwahrscheinlicher als bei Kindern ohne Migrationshintergrund«. Hier dürften – wie schon angedeutet – auch Effekte der Organisation des Bildungssystems, schulische Alltagsroutinen und – auch gesellschaftlich-politisch vermittelte – Einstellungen und Muster des Lehrerhandelns mit ins Spiel kommen, die sich besonders an den zentralen Übergangsschwellen im Verlauf der Schulkarrieren (v. a. Einschulung, Umschulung auf eine Sonderschule, Übergangsempfehlungen für eine Sekundarschulform) auswirken.

Mögen die weiter oben skizzierten Unzulänglichkeiten in den amtlichen Statistiken keine präzisen Angaben erlauben, so zeichnen sie letztlich in der Tendenz immer das gleiche Bild ab: Kinder aus Zuwandererfamilien werden häufiger vom Schulbesuch zurückgestellt als Kinder aus sog. altansässig-deutschen Familien. Sie sind in deutlich höherer Zahl in Hauptschulen vertreten. Beim Realschul- und vor allem beim Gymnasialbesuch kehrt sich das Verhältnis um. Auffällig ist auch die hohe Zahl der ausländischen Kinder, die schon in der Grundschule eine Klasse wiederholen müssen, und besonders erschreckend ist, dass deutlich mehr ausländische Schülerinnen und Schüler (2008: 15 % gegenüber 6 %) ihre Bildungskarriere mit einem Sonderschulabschluss bzw. ohne Abschluss beenden (vgl. Sachverständigenrat 2010, S. 138).

Die vielfach geäußerte Annahme, dass die Bildungsbenachteiligung auch darauf zurückzuführen sei, dass die Eltern mit Migrationshintergrund ihre Kinder nur ungern und viel zu spät vorschulische Einrichtungen besuchen ließen, lässt sich zumindest für die letzten Jahre nicht bestätigen. Auffällig sind starke regionale Unterschiede, die – wie Umfragen in Zusammenhang mit dem »Kinderförderungsgesetz« (2009) ergeben haben – auch darauf zurückzuführen sind, dass in einigen Regionen nicht genügend Plätze zur Verfügung stehen. Vorschulische Bildung, zumindest im letzten Jahr vor der Einschulung, ist mehrheitlich Teil des »multikulturellen Alltags« (vgl. APN 2010).

Ein Vergleich der Bildungs- und speziell der Schuldaten über die Zeit deutet darauf hin, dass sich die Situation langsam bessert. Doch ab wann damit zu rechnen ist, dass sich die Bildungs(miss)erfolgsquoten von Schülerinnen und Schülern mit und ohne Migrationshintergrund soweit angenähert haben, dass nicht mehr von einem spezifischen Zusammenhang von Migration und Benachteiligung gesprochen werden kann, ist nicht abzusehen. Sicher ist jedoch, dass die »multikulturelle Kindheit« für Kinder aus Zuwandererfamilien – also für ein Drittel der nachwachsenden Generation – nur dann eine »normale Bildungskindheit« wird, wenn vielfältige, insbesondere auch strukturelle Änderungen vorgenommen werden: Erfolgversprechende Ansätze sind – ohne Anspruch auf Vollständigkeit – der Auf- und Ausbau von Ganztagsangeboten, eine frühe und durchgängige Sprachförderung, die strukturellen Veränderungen, die auf eine längere gemeinsame Schulzeit abzielen, die Förderung der Kooperation der verschiedenen Bildungseinrichtungen miteinander oder auch die unterschiedlichen Initiativen zur Verbesserung der Zusammenarbeit von Elternhaus und Schule bzw. Kindergarten einschließlich der Bereitstellung von Angeboten zur Qualifizierung der Eltern.

Diese und weitere Ansätze sind einzubinden in ineinandergreifende politische Strategien, die beabsichtigen, Integration als Querschnittsaufgabe in allen Politikfeldern zu realisieren. Für den Bildungsbereich kann nicht darauf gewartet werden, dass die Strukturen verändert werden, sondern um dies zu erreichen, muss im Schulalltag versucht werden, mit der (auch) migrationsbedingten Heterogenität produktiv umzugehen.

Eine zentrale Bedeutung kommt dem Konzept der durchgängigen Sprachförderung (Gogolin 2008) zu: Sie beruht auf dem Konsens, dass die deutsche Sprache die Sprache der Schule ist und dass die »anderen« Sprachen der Kinder als integraler Teil ihres Kinderlebens und als weitere Ressourcen – soweit irgend möglich – auch ihren Platz in der Schule haben müssen.

Multikulturelle Kindheit ist mehrsprachig

Inzwischen ist offensichtlich, dass die »Hoffnung«, Mehrsprachigkeit verschwände mit den Generationen sozusagen von selbst, sich nicht erfüllt. Die »mitgebrachten« Sprachen bleiben vital, wenn auch die Sprachpraktiken in den Familien stark variieren. Mehrsprachigkeit, gerade auch die migrationsbedingte, ist angesichts der Globalisierung eine unverzichtbare wirtschaftliche Ressource, wie z. B. die auf europäischer Ebene durchgeführte ELAN-Studie (2006) ergeben hat.

In Deutschland ist die »zugewanderte Mehrsprachigkeit« über lange Zeit eher als Störfaktor wahrgenommen und auf die Erhebung von Sprachdaten verzichtet worden. Den beiden einzigen bisher vorliegenden Studien zu Sprachenvielfalt, durchgeführt in Essener resp. Hamburger Grundschulen, ist zu entnehmen, dass ca. einhundert Sprachen in den Schulen präsent sind, regional und auf die Grundschulen sehr unterschiedlich verteilt. In beiden Städten lassen sich jedoch um die zwanzig Sprachen ausmachen, deren Sprechergruppen groß genug sind, um über schulische Lernangebote nachzudenken (vgl. u. a. Fürstenau / Gogolin / Yagmur 2003; Chlosta / Ostermann / Schroeder 2003).

Mehrsprachigkeit unter Einschluss des Deutschen ist in der »multikulturellen Kindheit« ein vertrauter Teil des Kinderlebens. Bei allen Unterschieden zwischen den Familien ist die Erstsprache vielfach für die innerfamilialen, auch über die Eltern und Geschwister hinausreichenden Beziehungen

wichtig und nützlich, ebenso wie für die Freundschaftskontakte. Welche Sprache(n) in welchem Kontext dominant ist (sind), hängt von vielen Faktoren ab. Mehrheitlich jedoch wachsen Kinder mit Migrationshintergrund in einem sprachlich heterogenen Umfeld auf, so dass sie früh schon lernen, von einer Sprache in die andere zu wechseln. Je nach Alter der Kinder und Umfeld spielt die deutsche Sprache in mehrsprachigen Kontexten eine unterschiedlich wichtige Rolle. Insgesamt bedeutet Mehrsprachigkeit für die Kinder Kontakt zu vielen Welten, aber auch Probleme in der »Welt der institutionellen Bildung«. Denn, so die Autorinnen der Studie »Multikulturelles Kinderleben«, die anders- resp. mehrsprachigen Kompetenzen der Kinder würden in den Bildungseinrichtungen eher als Problem bzw. Defizit gewertet, so dass die Kinder sich »vorwiegend als Kinder mit Nachholbedarf« erführen (DJI 2001, Bd. 4, S. 2).

Diese Tendenzen stehen in der Tradition der spätestens ab der zweiten Hälfte des 19. Jahrhunderts systematisch verfolgten Politik der Monolingualisierung (vgl. Krüger-Potratz 2010 b). Dagegen steht die seit einigen Jahren nachdrücklich erhobene Forderung, Mehrsprachigkeit als Ressource zu begreifen und Konzepte für einen produktiven und wertschätzenden Umgang mit Mehrsprachigkeit zu entwickeln. Der Streit darüber, wie die Schule auf sprachliche Heterogenität reagieren soll, ist keineswegs abgeschlossen. In der Fachdiskussion ist weitgehend unbestritten, dass die Anerkennung der nicht deutschen Sprachen für die Persönlichkeitsentwicklung der Kinder eine Rolle spielt und dass gesellschaftliche Mehrsprachigkeit auch eine Ressource darstellt. Strittig ist jedoch, ob das Erlernen der deutschen Schul- und Landessprache den absoluten Vorrang haben soll. Gegenstimmen plädieren für eine gesamtsprachliche, durchgängige sprachliche Bildung, die alle Sprachen soweit wie möglich einschließt (zur Kontroverse siehe die Beiträge in: Gogolin / Neumann 2009). Letztere haben im Rahmen des BLK-Modellprogramms »Förderung von Kindern und Jugendlichen mit Migrationshintergrund – FörMig«, an dem zehn Bundesländer beteiligt waren, entsprechende Konzepte entwickelt bzw. ausgebaut und erprobt (siehe unter: http://www.blk-foermig.uni-hamburg.de).

Die derzeit in der Bundesrepublik anzutreffenden schulischen Maßnahmen und Reaktionen auf migrationsbedingte wie europäische Mehrsprachigkeit sind vielfältig: angefangen von Konzepten zur zweisprachigen Alphabetisierung, bilingualen (Grund-)Schulen, auch mit einer der »zugewanderten Sprachen« als Partnersprache zur deutschen, über »Migrantensprachen« als zweite reguläre Fremdsprache bis zum Abitur – so z. B. Türkisch- oder Herkunftssprachenunterricht – als fest in das schulische Curriculum eingebundenes Angebot bis hin zu Arbeitsgemeinschaften, die von Eltern für diejenigen »kleinen Sprachen« angeboten werden, für die die Schule weder Personal noch Mittel hat, wohl aber die Räume bereitstellt. Nur ansatzweise

entwickelt, aber ausbaufähig sind Konzepte wie Language Awareness, mit dem Ziel, allen Kindern – ein- wie mehrsprachig aufwachsenden – Grundkenntnisse und Strategien für einen nicht diskriminierenden, produktiven Umgang mit sprachlicher Heterogenität zu vermitteln.

Zum Abschluss: Multikulturelle Kindheit – Kindheit in der »deutschen« Einwanderungsgesellschaft

Die »multikulturelle Kindheit« der Kinder in Familien mit Migrationshintergrund erhält ihre Besonderheit vor allem dadurch, dass sie von bestimmten, historisch herausgebildeten »Selbstverständlichkeiten« abweicht bzw. abzuweichen scheint: »Normal« erscheint es, mit nur einer Sprache und der Staatsangehörigkeit des Landes aufzuwachsen, und dies in einer vollständigen Familie, die sozial und kulturell der Mittelschicht zuzurechnen ist. »Normal« erscheinen auch bestimmte verinnerlichte Sichtweisen und Regeln, die auf die christlichen Konfessionen, die Aufklärung und Säkularisierung zurückgehen. Diese »Normalitätsvorstellungen« bilden den meist mehr implizit als explizit herangezogenen Maßstab zur Identifizierung von Abweichungen generell, also auch in Bezug auf die nicht zugewanderte Bevölkerung, und speziell, bezogen auf die Zugewanderten. Der Durchgang durch Berichte und Studien zum Thema »multikulturelle Kindheit« zeigt, dass die Besonderheit dieser Kindheit weitgehend unter Heranziehung dieses »Normalitäts-Maßstabs« konstruiert und bewertet wird. Das wirft die Frage auf, wie »normal« denn das »Normalitätskonstrukt« ist. Sieht man genauer hin, so bleibt, dass Kinder mit Migrationshintergrund mehrheitlich in zwei oder mehr Sprachen aufwachsen und dass – sofern sie nicht die deutsche Staatsangehörigkeit haben – ihre »multikulturelle Kindheit« durch einen unsicheren oder gar fehlenden Rechtsstatus eingeschränkt sein kann. In allen anderen Merkmalen weisen sie keine aus ihrem Migrantenstatus allein herzuleitende Besonderheit auf.

Aufzunehmen ist noch einmal die eingangs getroffene Feststellung, dass »multikulturelle Kindheit« auf *alle* Kinder, die in der Einwanderungsgesellschaft aufwachsen, zu beziehen ist. Daher ist die Gestaltung »multikultureller Kindheit« eine gemeinsame Aufgabe von Zugewanderten wie »Alteingesessenen«, denn Kindheit in Gesellschaft ist nicht teilbar: Die Ausgrenzung der einen wirkt nur scheinbar zu Gunsten der anderen; letztlich schwächt ein solches Vorgehen alle. Daher bedarf es vermehrter Anstrengungen und Aufmerksamkeit, um herauszufinden, an welchen Stellen angesetzt werden kann, um die Integrationskraft dieser Gesellschaft zu stärken, damit alle in dieser Gesellschaft Aufwachsenden die größtmöglichen Chancen haben, ihre Fähigkeiten zu entwickeln und in eine den Menschenrechten verpflichtete demokratische Gesellschaft einzubringen.

Literatur

Alt, C. (Hrsg.) (2006): Kinderleben – Integration durch Sprache? Bedingungen des Aufwachsens von türkischen und russlanddeutschen und deutschen Kindern. Bd. 4. Wiesbaden: VS-Verlag.

APN (2010): Kinder mit Migrationshintergrund seltener in Kindertagesstätten. Online: http://nachrichten.t-online.de/statistisches-bundesamt-kinder-mit-migrationshintergrund-seltener-in-kindertagesstaetten/id_41025214/index (17.06.2010).

Bade, K. J. (2008): Nachholende, begleitende und vorausplanende Integrationsförderung: Kernaufgaben der Einwanderungsgesellschaft in Deutschland. In: Bramlage, A. / Schlatermund, H. (Hrsg.): Interkulturelles Einmaleins. Frühkindliche Migrationsförderung. Osnabrück: sec Kommunikation und Gestaltung, S. 3 – 5.

Betz, T. (2006): Ungleiche Kindheiten. Ein (erziehungswissenschaftlicher) Blick auf die Verschränkung von Herkunft und Bildung. In: Zeitschrift für Soziologie der Erziehung und Sozialisation, 26. Jg., H. 1, S. 52 – 68.

Chlosta, C. / Ostermann, T. / Schroeder, C. (2003): Die »Durchschnittsschule« und ihre Sprachen: Ergebnisse des Projekts Spracherhebung Essener Grundschulen (SPREEG). In: ELISe: Essener Linguistische Skripte (elektronisch) 1, S. 43 – 139. Online: http://www.uni-due.de/germanistik/elise/ (17.06.2010).

DJI (1997 – 2001): Deutsches Jugendinstitut: Multikulturelles Kinderleben in unterschiedlichen regionalen Bezügen 1 – 4. Online: http://www.dji.de/ (05.04.2010).

Deutsche UNESCO-Kommisson (2009): Inklusion: Leitlinien für die Bildungspolitik. Bonn.

Dreizehnter KJB (2009): 13. Kinder- und Jugendbericht: Deutscher Bundestag Drucksache 16 / 12860, 16. Wahlperiode, 30. 04. 2009. Online: http://www.dji.de (20.04.2010).

ELAN-Studie (2006): ELAN: Auswirkungen mangelnder Fremdsprachenkenntnisse in den Unternehmen auf die europäische Wirtschaft. Hrsg. vom National Centre for Languages und InterAct International. Online: http://ec.europa.eu/education/policies/lang/doc/elan_de.pdf (19.08.2010).

FörMig (Förderung von Kindern und Jugendlichen mit Migrationshintergrund. BLK Modellprogramm (2004 – 2009). Online: http://www.blk-foermig.uni-hamburg.de/ (19.08.2010). Ab 2010 siehe auch FörMig Kompetenzzentrum Hamburg.

Fürstenau, S. / Gogolin, I. / Yagmur, K. (Hrsg.) (2003): Mehrsprachigkeit in Hamburg. Ergebnisse einer Spracherhebung an den Grundschulen. Münster.

Gogolin, I. (2008): Durchgängige Sprachförderung. In: Bainski, C. / Krüger-Potratz, M. (Hrsg.): Handbuch Sprachförderung. Essen: Neue Deutsche Schule (NDS), S. 13 – 21.

Gogolin, I. / Neumann, U. (Hrsg.) (2009): Streitfall Zweisprachigkeit – The Bilingualism Controversy. Wiesbaden: VS-Verlag.

Herwartz-Emden, L. / Mehringer, V. (2010): Multikulturelle Kindheit. Lebenswelt und Sozialisationsbedingungen von Kindern mit Migrationshintergrund aus der Sicht aktueller Kinderstudien. In: Deutsches Jugendinstitut (DJI) (Hrsg.): Kinder in Deutschland. Eine Bilanz empirischer Studien. Tagungsband.

Hurrelmann, K. / Bründel, H. (2003): Einführung in die Kindheitsforschung. Weinheim u. Basel: Beltz.

Hurrelmann, K. / Andresen, S. (2007): Kinder in Deutschland. 1. World Vision Kinderstudie. Frankfurt / M. Online: http://www.worldvision-institut.de/kinderstudie.php (17.06.2010).

Integration in Deutschland (2009): Erster Indikatorenbericht: Erprobung des Indikatorensets und Bericht zum bundesweiten Integrationsmonitoring. Erstellt für die Beauftragte der Bundesregierung für Migration, Flüchtlinge und Integration vom Institut für Sozialforschung und Gesellschaftspolitik und vom Wissenschaftszentrum Berlin für Sozialforschung gGmbH. Berlin.

Krüger-Potratz, M. (2010 a): Intersektionalität. In: Faulstich-Wieland, H. (Hrsg.): Umgang mit Heterogenität und Differenz (Lehrerwissen kompakt 3). Baltmannsweiler: Schneider Hohengehren, S. 177 – 194. (i. V.)

Krüger-Potratz, M. (2010 b): Mehrsprachigkeit: Historische Perspektiven und bildungspolitische Antworten. In: Fürstenau, S. / Gomolla, M. (Hrsg.): Migration und schulischer Wandel: Mehrsprachigkeit. Wiesbaden: VS-Verlag. (i. Dr.)

LBS-Kinderbarometer Deutschland (2007): Stimmungen, Meinungen, Trends von Kindern in sieben Bundesländern. Herten: ProKids-Institut. Online: http://www.hessenstiftung.de/files/07-09-26_gesamtbericht_kinderbarometer_2007.pdf (22.08.2010).

Lebenslagen in Deutschland (2008): Der 3. Armuts- und Reichtumsbericht der Bundesregierung. Berlin. Online: http://www.bmas.de/ (12.04.2010).

MuB 10 (2008): Deutschland: Definition Migrationshintergrund. In: Migration und Bevölkerung. Newsletter 10, S. 1. Online: http://www.migration-info.de (03.02.2010).

Projektteam (2008): Der Mikrozensus im Schnittpunkt von Geschlecht und Migration. Möglichkeiten und Grenzen einer sekundär-analytischen Auswertung des Mikrozensus 2005. Berichtszeitraum 01.10.2006 – 15.12.2007. Forschungsreihe Bd. 4. Baden-Baden: Nomos.

Sachverständigenrat (2010): Sachverständigenrat deutscher Stiftungen für Integration und Migration: Einwanderungsgesellschaft 2010. Jahresgutachten 2010 mit Integrationsbarometer. Berlin.

Sinus-Sociovision (2007): Die Milieus der Menschen mit Migrationshintergrund in Deutschland. Online: http://www.sociovision.de/uploads/tx_mpdownloadcenter/Zentrale_Ergebnisse_161020-07.pdf (17.06.2010).

Statistisches Bundesamt (2008): Familienland Deutschland. Online: http://www.destatis.de (17.06.2010).

Wippermann, C. / Flaig, B. B. (2009): Lebenswelten von Migrantinnen und Migranten. In: Aus Politik und Zeitgeschichte, H. 5, S. 3 – 11.

World Vision e. V. (Hrsg.) (2007): Kinder in Deutschland 2007. 1. World Vision Kinderstudie. Frankfurt / M.: Fischer.

Andreas Lange / Claudia Zerle

Zwischen Sponge Bob und Sportverein: Freizeitgestaltung von Kindern heute

Auf dem »Catwalk« der Populärkultur: Neue Entwicklungsaufgaben in der Kindheit

Eine ausführliche qualitative Exploration von Rohlfs (2006) bietet einen plastischen Einblick in heutiges Kinderleben: Julia liebt die Natur und malt mit Buntstiften und Wasserfarben Bäche und Blumen, Han Solo lebt in einer Welt des »Sternen-Kriegs« und Fatimas Spielzeug passt problemlos in einen Schuhkarton. Diese Aufzählung zeigt sehr deutlich, dass Kindheit heute sehr unterschiedlich sein kann und voller Unvorhersehbarkeit ist, was auch für die Aspekte Freizeit und Medien gilt. Man kann sich den Alltag, die Freizeit oder Arbeit, Familie oder das Beisammensein mit Freunden nicht mehr ohne die Güter der Konsum- und Unterhaltungsindustrie und schon gar nicht ohne Medien- und Kommunikationstechnologien vorstellen (Livingstone 2009). Nur in einer Konsumgesellschaft im weitesten Sinne ist eine dispositive Lebensführung möglich (Kleinschmidt 2008), in der über die unmittelbare Sicherung der materiellen Existenz hinaus Wahlakte hinsichtlich konkreter Produkte für immer mehr Menschen, tendenziell auch für Kinder, zum selbstverständlichen Teil der Lebenswelten werden.

Die Güter der Konsum- und Populärkultur werden zu Elementen einer »Ästhetisierung des Alltags«, in der Eltern und Kinder auf die Angebote zurückgreifen und diese jeweils eigensinnig für ihre Ziele einsetzen. So kann die Beliebtheit von crossmedial verbreiteten Lizenzprodukten wie »Sponge Bob« oder »Prinzessin Lillifee« insbesondere auch von den Müttern dazu genutzt werden, ungeliebte Alltagstätigkeiten wie das Haarewaschen in ein symbolisch hoch aufgeladenes, dann durchaus angenehm empfundenes »Minievent« zu verwandeln (Götz / Cada 2009).

Das mächtige Konglomerat von Medien- und Populärkultur bestimmt zu einem jeweils empirisch zu erfassenden Anteil über die Lebensführung und über die Sozialisation von Kindern mit. Im Prinzip stellt die »Massenkultur« einen Kontext des Alltags und der Sozialisation von Kindern dar. Man versteht darunter Waren, Dienstleistungen und Aktivitäten, die in modernen Industriegesellschaften der Unterhaltung und Vergnügung vieler dienen (Maase 2003). Wichtig ist dabei, dass der Begriff der Massenkultur in modernen kapitalistischen Industriegesellschaften den Gegenpol zu »Hoch«- oder »Elitenkultur« bildet. Gerade in Bezug auf Kinder sieht man sie oftmals als eher sozialisationsabträglich an und man plädiert für ein »natürliches Aufwachsen« von Kindern, womit man die soziale Konstruiertheit von Kindheit ignoriert (Honig 2009). Freizeittätigkeiten und die Zuwendung zu Produkten der Populärkultur werden also auf öffentlichen Bühnen und im privaten Diskurs in Verbindung gebracht mit den jeweils geltenden Auffassungen über den »guten« oder »idealen« Gebrauch von Zeiten durch die Kinder (Wehr 2009), wobei sich zunehmend Experten und Humanwissenschaftler zu Wort melden (Lange 2009), deren Ratschläge auf Resonanz bei zunehmend Orientierung suchenden Eltern treffen (Henry-Huthmacher 2008).

Nicht von der Hand zu weisen ist als mittelbares Resultat dieser diskursiven Aushandlungsprozesse, dass Kinder und ihre Eltern sowie das pädagogische Personal sich damit auseinandersetzen müssen. Eine treffende Umschreibung dieser Aufgabe und ihrer Konsequenzen stammt von Ekström (2009). Sie vertritt die These, dass sowohl Kinder als auch erwachsene KonsumentInnen nicht nur passiv auf dem »Catwalk des Konsums« mitlaufen, sondern vielmehr aktiv daran teilhaben, indem sie durch ihr Konsumverhalten ihre Identität, ihre Lebensstile und ihre Beziehungen bearbeiten. Diese These lässt sich auf das gesamte Freizeitverhalten übertragen: Auch bei der Auswahl einer Sportart oder eines Musikinstrumentes geht es immer um Aspekte der Selbstkonstitution, der Verortung in der Kultur der Familie und der Peers. Die neuere Kindheitsforschung und die Entwicklungspsychologie treffen sich im Bild des von Beginn an aktiven Kindes. Kinder handeln gerne selbstständig und genießen die freie selbst gestaltbare Zeit ihres Alltags – auch ohne ständige Begleitung von Eltern oder pädagogischem Personal (Roppelt 2003). Ihnen stehen Abschnitte ihres Tagesverlaufs zur freien Verfügung, nicht nur, weil Eltern ihnen zugestehen, in bestimmten Handlungsbereichen erfolgreich und angemessen handeln zu können. Dieses Zugeständnis basiert zudem auf dem sich zunehmend verbreitenden Wissen um die Wichtigkeit zweckfreier Zeiten für die Entwicklung, was überhaupt nicht ausschließt, dass Eltern und Kinder oftmals über bestimmte Zeiten, insbesondere im Umfeld schulischer und familialer Verpflichtungen, heftig und kontrovers verhandeln (Wehr 2009).

Freizeittätigkeiten, Konsum und Umgang mit der Populärkultur stellen »Praktiken der Subjektivierung« dar (Reckwitz 2006): Kinder bearbeiten, mal weniger, mal stärker bewusst, gleichsam ihr Selbst und ihren Körper im Rahmen der vielfältigen Aneignungs- und Nutzungsepisoden über den Tages-, Wochen- und Jahresverlauf. Im Einzelnen ist dann zu eruieren, ob es sich dabei jeweils um eine »souverän-eigensinnige« oder aber »instrumentalisierende« Subjektivierung handelt (Lange / Theunert 2008). Instrumentalisierend verweist darauf, dass in diesen Aneignungs- und Verwendungsakten ökonomische oder politische Interessen den kindlichen Eigensinn sowie insbesondere auch die Herausbildung der Identität (Bauman 2010, S. 27 ff.) überformen können. Eine Konsequenz von aktiven, selbstgewählten Freizeitaktivitäten und damit »souverän-eigensinnigen« Spielarten von Subjektivierungen hingegen ist nach Buchers Synthese der Befunde zum kindlichen Wohlbefinden (2009), dass diejenigen Kinder besonders glücklich sind, die in ihrer Freizeit aktiv und in Bewegung sind, mit Freunden und ihrer Familie viel unternehmen, dafür auch gelobt werden und Anerkennung erfahren. Grundbedingungen für die Förderung von besonders erfüllenden Tätigkeiten, einer »harmonischen Leidenschaft« (Mageau / Vallerand u. a. 2009), sind Identifizierung mit der Freizeittätigkeit, elterliche Wertschätzung sowie Autonomieunterstützung durch die Eltern und die weitere soziale Umwelt. Dient allerdings diese Freizeittätigkeit ausschließlich dem Selbstwert und überakzentuieren die Eltern zusätzlich die Relevanz dieser Freizeittätigkeit, kommt es zu Formen »obsessiver Leidenschaft«, die oftmals mit negativen körperlichen und psychischen Folgen verknüpft sind (Mageau / Vallerand u. a. 2009).

Populärkultur und Freizeitaktivitäten im weitesten Sinne gehören schließlich zu jenen Faktoren, die das Lernen insgesamt verändert haben (Grunert 2005). Sie werden mittlerweile zu den wichtigsten Feldern außerunterrichtlichen Kompetenzerwerbs gezählt: »Es steht außer Frage, dass sich Angehörige aller Altersstufen in mediatisierten Konsumgesellschaften selbstständig, ohne systematische Einführung, Kenntnisse im Umgang mit den Medien, dem Computer, dem Internet aneignen. Sie stehen mit jedem Kauf eines neuen Produkts vor neuen Lernherausforderungen. Komplexität und Selbstanspruch des Lernens haben sich im Konsumbereich erhöht« (Hengst 2008, S. 73).

Allerdings wird auch zu zeigen sein, dass nicht jeder »Catwalk« im Freizeit- und Populärkulturbereich zur gleichen Resonanz im Bildungssystem führt. Bestimmte Tätigkeiten und daraus folgende Fertigkeiten weisen ein besseres »Passungsverhältnis« zum offiziellen Curriculum auf als andere und dieses Passungsverhältnis ist stark gekoppelt an die Milieuherkunft der Kinder (Betz 2008) – ein Sachverhalt, der von immer mehr Eltern aus den mittleren sozialen Lagen neu entdeckt wird. Sie fördern Freizeitaktivitäten nicht alleine wegen des Wohlbefindens ihrer Kinder, sondern weil sie sich davon einen Nutzwert beim zukünftigen Kampf um knapper werdende Arbeitsplätze versprechen (Vincent / Ball 2007). Freizeit- und Medienaktivitäten sind nicht nur, aber immer auch, Mechanismen partieller Reproduktion sozialer Ungleichheit.

Vielfalt und Typik der Freizeit von Kindern heute

Wie sieht nun das Freizeithandeln der Kinder konkret aus? Die oftmals zu lesende Formel von der »Terminkindheit« und des »gehetzten« Kindes (Elkind 1991) suggeriert eine massive Dauereinbindung von Mädchen und Jungen in von Erwachsenen weitgehend vorgebahnte institutionelle Freizeittermine und bringt diese dann mit Stress in Verbindung. Empirische Studien quantitativer wie auch qualitativer Art aus neuerer Zeit zeichnen ein weitaus nüchterneres und gleichzeitig in sich differenziertes Bild des »Tuns« der Kinder.

Die meisten Kinder zwischen 10 und 13 Jahren haben einen, zwei oder drei institutionelle Freizeittermine. Diese werden weitgehend nicht, wie oftmals kolportiert, den Kindern aufgezwungen, sondern sind teilweise von den Kindern selbst ausgesucht, teilweise schlagen die Eltern den Kindern Aktivitäten vor (Wehr 2009). Dabei lassen sich Unterschiede bezüglich der Begründung bestimmter Aktivitäten nachweisen. Die Jungen und Mädchen wählen deshalb institutionalisierte Hobbys, weil sie Freude machen, den individuellen Interessen entsprechen, die Möglichkeit bieten, sich in neuen Lernfeldern zu beweisen. Die Mütter hingegen sehen vor allem die Entlastungs- und Kompensationsfunktion im Vordergrund einer positiven Einschätzung der kindlichen institutionalisierten Freizeittermine. Diese Freizeitwelt stellt nach Wehr (2009, S. 139) eine Gegenwelt zu anderen Welten dar, so zur »bedrohlichen« Welt der Straße und zu den medialen Welten.

Über die einzelnen Termine hinweg interessieren in der Kindheitsforschung Typen und Zusammenhänge: Anhand der Daten des DJI-Kinderpanels ließen sich vier Freizeittypen nachzeichnen, die sich durch ihre Präferenzen in der Freizeitgestaltung unterscheiden (Zerle 2007): Der *institutionalisierte Freizeiter* geht in seiner freien Zeit gerne ins Schwimmbad, ins Kino oder Theater und macht Musik oder unternimmt Ausflüge. Dieser Typ ist mehr in Vereine eingebunden, berichtet über mehr Freunde und macht in seiner Freizeit auch oft etwas mit dem Computer. Der *nicht-institutionalisierte Freizeiter* ist mobil unterwegs und hält sich gerne auf dem Spielplatz oder im Freizeitheim auf, geht ins Einkaufszentrum oder spielt in der Spielstraße. Der *Indoor-Freizeiter* leiht sich Bücher aus der Bibliothek aus, spielt mit der Spielkonsole und sieht gerne fern oder schaut sich Videos an. Der *sportive Freizeiter* geht in seiner freien Zeit vorwiegend sportlichen Aktivitäten nach. Auch er ist häufig in Vereinen aktiv, hat viele Freunde und nutzt in seiner freien Zeit den Computer.

Zusammengefasst ist heutige Kinderfreizeit durch vielfältige Aktivitäten, Pluralisierung und Individualisierung kennzeichenbar, bietet Räume für die Aktivierung und Ansammlung von sozialem und kulturellem Kapital sowie Ansatzpunkte für das Entwickeln einer eigenständigen Identität. Der Freizeitsektor ist damit insgesamt gesehen ein wertvoller Erfahrungsraum

(Hössl 2002). Die kindheitsrhetorische Formel von der Terminkindheit trifft allenfalls für eine verschwindend kleine Minderheit zu (Wehr 2009) – interessanterweise gilt dies auch für die USA (Hofferth 2008).

Vom »spielenden« zum »sportiven« und »medial aktiven« Kind

Sport

Wegen ihrer Prägekraft in den Diskursen und des doch auch widersprüchlichen Bildes postmoderner Kindheiten möchten wir zwei Aspekte etwas näher beleuchten: das Sporttreiben und das Medienhandeln der Kinder.

Schmidt (2008) hat im Rahmen des Zweiten Deutschen Kinder- und Jugendsportberichts herausgearbeitet, dass die Bewegung »vom spielenden zum sportiven Kind« zuerst einmal in der Mitgliedschaft in Sportvereinen besteht. Keine andere soziale Altersgruppe ist so stark in das System des Vereinssports integriert wie Kinder in der späten Kindheit, also die etwa 10- bis 13-Jährigen. Fast neun von zehn Kindern sind in ihrer Kindheit mehrere Jahre Mitglieder in Sportvereinen; andere Vereine bringen es kaum auf 5 %. Gleichzeitig umschreibt »Versportung der Kindheit« unter biographischen Gesichtspunkten im historischen Vergleich eine Vorverlagerung und Verfrühung des Sporttreibens im Verein. Auf der Ebene von Kultur meint diese Formel zusätzlich ein Eindringen sportlicher Symbole und Accessoires in den gesamten Kinderalltag – von den Panini-Sammelkarten über die Turnschuhe bis hin zu den Sportidolen auf dem Schulranzen und als Poster im Kinderzimmer sowie nicht zuletzt den dort präsentierten Sportpokalen.

Sportliche Bewegungsaktivitäten spannen für Kinder ein besonders attraktives Handlungsfeld auf (Podlich 2008). Hier haben sie die Möglichkeit, leistungsthematische Situationen aufzusuchen und ihre Fähigkeiten darin zu erproben. Über sportliche Bewegungsaktivitäten werden weit mehr als nur körperliche und motorische Fähigkeiten entwickelt. Kognitive, soziale, emotionale und motivationale Kompetenzen können ausgeformt und in die Identität integriert werden. Immer mehr wird auch der Bildungswert sportlicher Aktivitäten herausgearbeitet (Heim 2008) und die vielfältigen positiven Konsequenzen für körperliche Fitness und soziale Integration vor allem für das folgende Jugend- und Erwachsenenalter belegt. Spiegelbildlich kristallisieren sich die Nachteile eines zu geringen Grades an Sporttreiben deutlich in der anderen Richtung heraus. Fussan (2006, S. 394) stellte beispielsweise fest, dass Mädchen und Jungen, die in einem Sportverein aktiv sind, seltener angeben, sich als Außenseiter zu fühlen, und weniger Schwierigkeiten haben, einen Freund zu finden.

Burrmann (2008) komplettiert das Bild sportiver Kindheiten mit ihren ebenfalls für den Zweiten Deutschen Kinder- und Jugendsportbericht zusammengetragenen Überlegungen und Daten zum nicht vereins- und schul-

gebundenen informellen Sport. Demnach beteiligt sich die überwiegende Mehrzahl der Kinder auch im informellen Rahmen an der Sportkultur. Im informellen Sport dominieren alltagskulturelle sportliche Praktiken wie Radfahren und Skaten, die sich insbesondere deshalb als alltagstauglich erweisen, weil sie jederzeit in variablen sozialen Konstellationen und in der näheren oder weiteren Wohnumgebung praktiziert werden können. 52 % der Jungen und 48 % der Mädchen sporteln wöchentlich, ohne einen Verein aufzusuchen. Die vor allem von Vertretern kulturkritischer Defizithypothesen vorgebrachte Skepsis bezüglich der Lebens- und Bewegungswelt heutiger Kindergenerationen lässt sich mittels empirischer Befunde zu den Aufenthaltsorten und zur Nutzungsdauer natürlicher Bewegungsräume durch die Kinder nur bedingt aufrechterhalten. Vielmehr muss sozialstrukturell und sozialökologisch differenziert werden.

So erbringt die Auswertung der Daten des »Kinder- und Jugendgesundheitssurveys«, kurz KIGGS (Lampert / Mensink / Rohman / Wolf 2007), dass etwa jedes vierte Kind im Alter von drei bis zehn Jahren nicht regelmäßig und jedes achte Kind nie sportlich aktiv ist. Es ist daher notwendig zu analysieren, um welche Gruppen es sich bei diesen Kindern handelt, um daran orientiert Interventionsmaßnahmen durchführen zu können. Eine simultane Überprüfung der Effekte des Sozialstatus, des Migrationshintergrundes und der Wohnregion zeigt: 1) Jungen aus der niedrigsten Statusgruppe sind 3,1-mal und Jungen aus der mittleren Statusgruppe 1,5-mal häufiger sportlich inaktiv als Jungen aus der höchsten Statusgruppe; 2) auch Jungen mit Migrationshintergrund und aus den neuen Bundesländern üben im Vergleich zu den jeweiligen Referenzgruppen signifikant häufiger keinen oder nur wenig Sport aus; 3) bei Mädchen sind die Effekte des Sozialstatus und des Migrationshintergrundes noch stärker ausgeprägt. Auch im DJI-Kinderpanel hat sich die Zugehörigkeit zu einem Sportverein als stark von der sozialen Herkunft abhängig erwiesen. Während nur 37,4 % der Unterschichtskinder in einem Sportverein aktiv sind, sind 82,7 % der Kinder aus der Oberschicht Mitglied in einem Sportverein (Zerle 2008).

Vertieft werden diese Ergebnisse durch eine subtile Forschungsarbeit von Brandl-Bredenbeck (2009) am Beispiel einer Population 10-jähriger Kölner Kinder. Der Vergleich verschiedener Typen von Wohnumfeldern liefert dabei zahlreiche Hinweise darauf, dass das Leben in benachteiligten Wohngebieten für Kinder auch unabhängig von deren individueller sozialer Herkunft als ein zusätzlicher Risikofaktor für einen ungesunden Lebensstil und wenig Sporttreiben betrachtet werden kann.

Medien

Kinder in der mittleren und späten Kindheit nutzen Medien zeitlich intensiver und selbstbestimmter (Strotmann 2010), als dies in der frühen Kindheit (Lange 2007) der Fall ist. Medien werden dabei nicht nur für Freizeitzwecke genutzt, sondern auch zur Organisation der alltäglichen Lebensführung. Dies geschieht im Zusammenhang mit der gesamten Familie, die heute über Handy und SMS eine potenziell »ständige Verbindung« aufweist (Christensen 2009). Medien werden auch dazu eingesetzt, Schulaufgaben zu erledigen und Termine mit den Peers zu koordinieren. Überdies bieten sie Gesprächsanlässe und gemeinsame Erlebnisse mit Familien und Gleichaltrigen. Wie bei den allgemeinen Freizeitaktivitäten ausgeführt, stellen die konkreten Medienhandlungstypen und -zeiten immer auch, neben den autonomen kindlichen Neigungen und Schwerpunktsetzungen, ein Resultat intergenerationeller Aushandlungsprozesse dar, wobei an oberster Stelle das Thema zeitliche Regulierung zu stehen scheint (Hagen 2007).

Eckwerte der kindlichen Mediennutzung liefert die KIM-Studie des Medienpädagogischen Verbunds Südwest (Feierabend / Klingler 2009). Nach Schätzung der Haupterzieher verbringen die 6- bis 13-Jährigen an einem durchschnittlichen Tag 1,5 Stunden mit dem Fernsehen. Mit dem Computer beschäftigen sie sich 40 Minuten. Die Hälfte der Zeit wird für das Internet verwendet. Radio wird im Schnitt 38 Minuten gehört, eine halbe Stunde am Computer oder an Konsolen gespielt. 23 Minuten beträgt die durchschnittliche Nutzungszeit von Büchern. Jungen nutzen die Medien nach Einschätzung der Haupterzieher insgesamt intensiver als Mädchen. So sehen sie länger fern (94 vs. 88 Min.), nutzen den Computer allgemein sowie Computer- und Konsolenspiele jeweils 12 Minuten länger am Tag und sind etwas länger online (23 vs. 18 Min.). Während das Internet für die Jüngsten noch kaum Relevanz hat, steigt unter anderem mit der Lesefähigkeit auch die Onlinenutzung massiv an (6 – 7 Jahre: 4 Min., 12 – 13 Jahre: 37 Min.). Wichtig und weiterführend ist nun, dass es die neuesten Auswertungen erlauben, Unterschiede nach Milieus herauszuarbeiten – und die können erheblich sein: Kinder aus dem »postmateriellen« Milieu weisen mit 80 Minuten die geringste Fernsehnutzung aus, Kinder der »bürgerlichen« Mitte, der »Konsum-Materialisten« und der »Experimentalisten« sehen eine Viertelstunde länger fern. Kinder aus dem »konsum-materialistischen« Milieu verbringen die wenigste Zeit mit dem Computer und Büchern, die Kinder der Postmateriellen lesen am längsten.

Vertieft werden kann dieser milieuspezifische Blick durch eine qualitative Forschungsarbeit zum Medienalltag in sozial schwachen Lebenslagen. Hier fallen wenig gemeinsame Rezeption der Generationen und wenig Anschlusskommunikation mit einer Fülle von Medienangeboten und einer Überforderung der Eltern in Sachen Erziehung zusammen. Dies führt insgesamt zu eher problematischen Mediennutzungsweisen der Kinder (Paus-Hasebrink / Bichler 2009).

Das LBS-Kinderbarometer 2009 (S. 206 ff.) untersuchte zudem die subjektiven Auswirkungen, die Fernsehen und Computerspielen auf die Kinder haben. Dabei zeigt sich, dass die Kinder fernsehen als lehrreicher empfinden als computerspielen. Oft dient das Fernsehen den Kindern auch nur als Lückenfüller für Leerzeiten oder zur Entspannung. Mehr als 60 % der Kinder planen vorher, welche Sendungen sie sich ansehen möchten, und fast jedes zehnte Kind sieht sich auch weniger interessante Sendungen an, um in der Schule mitreden zu können. Computerspiele machen die Kinder häufiger alleine als zusammen mit anderen Kindern, aber nur wenige spielen, um sich zu trösten. Etwas Besonderes in dem Computerspiel zu erreichen hingegen erfüllt die Kinder mit Stolz; für etwa ein Drittel der Kinder ist das sogar häufig der Fall. Computerspielen und die Hausaufgaben unter einen Hut zu bekommen, ist für die meisten Kinder kein Problem.

Freizeit: Terrain für Vergrößerung sozialer Unterschiede oder komplementärer neuer Bildungsort für alle?

Eingangs wurde schon darauf verwiesen, dass die Freizeit schon längst nicht mehr als ein von den übrigen Handlungsfeldern getrennter Bereich angesehen werden kann. Zu konstatieren ist vielmehr eine Entgrenzung von spielen, lernen und arbeiten (Fölling-Albers 2000). Diese Entgrenzung ist einerseits sicherlich eine begrüßenswerte Option, da sie neue Handlungschancen eröffnet und auch die möglichen positiven Transfers zwischen den unterschiedlichen Bereichen in den Horizont rücken, wie z. B. in Bemühungen um ein »edutainment«.

Aus soziologischer Sicht ist jedoch andererseits abschließend auf das »Überschwappen« von kindlichen Freizeitaktivitäten in institutionelle Kontexte hinzuweisen, das zu Benachteiligungen führen kann. Gemeint ist erstens die unterschiedliche Anschlussfähigkeit der Freizeittätigkeiten und Fertigkeiten der Kinder an das institutionelle Bildungssystem (Betz 2008). Im Prinzip werden die Profile der Freizeitaktivitäten von Kindern aus den

Ober- und Mittelschichten von den Lehrern als Signal einer bestimmten Form von Bildung geschätzt und finden daher eher Anknüpfungspunkte im Curriculum mit der Konsequenz einer Abwertung davon abweichender milieuspezifischer Freizeitaktivitäten (Grundmann 2003). Forciert wird dieser schon lange bekannte Trend aktuell dadurch, dass vor allem gebildete Eltern aus der Mittelschicht einen verstärkten Positionswettkampf wahrnehmen, für den sie ihre Kinder umfassend gerüstet sehen wollen. Freizeit wird so zur Bühne des geplanten Erwerbs von zusätzlichem kulturellen Kapital und der Distinktion, obwohl man »eigentlich« für die Vergrößerung der Chancengleichheit ist (Reay 2008).

Einen solchen ungleichheitssensiblen Blick auf die zeitgenössische Kinderfreizeit werfen Carol Vincent (Direktorin des Instituts für Kritische Bildungsstudien in London) und Stephen J. Ball (Inhaber der Karl Mannheim Professur für Bildungssoziologie an der Universität London). Sie richten ihre Forschungsscheinwerfer auf einen herausgehobenen Bereich der Diskurse und Praktiken der Elternschaft bei den Mittelschichten. Im Rahmen eines Forschungsprojektes, bei dem sie qualitative Interviews mit Mittelschichtmüttern und -vätern geführt haben, sind sie bei diesen Eltern auf eine große Begeisterung für »anreichernde« Tätigkeiten für die Kinder, vor allem im Bereich des Sports und der kreativen künstlerischen Betätigung, gestoßen. Diese Aktivitäten werden als Teil der Reproduktionsstrategien der Mittelschichten in Zeiten raschen und uneindeutigen sozialen Wandels angesehen – als »making up of the middle-class child«. Bemerkenswert ist der dezidierte Versuch der Errichtung von Grenzen gegenüber der Arbeiterschicht. So sorgten sich die befragten Eltern beispielsweise über die potenziell schädlichen Einflüsse, die von ihrem Reinigungs- bzw. Betreuungspersonal, das sich vornehmlich aus der Arbeiterschicht rekrutiert, ausgehen könnte. Insbesondere deren Ernährung, das viele Fernsehen und das »falsche Spielzeug« (nämlich von Toys“R”us statt vom Kunsthandwerker) werden angeführt.

Die Zusatzaktivitäten zielten vordergründig erst einmal nicht auf die Vermehrung formaler Kompetenzen, sondern seien eher im Felde der Anhäufung kultureller Kapitalien zu verorten. Anknüpfend an die Leuchtturmstudien von Anette Lareau (2003) zeigen die Autoren, dass die Mittelschichteltern tatsächlich intensives Fördermanagement betreiben. Dabei haben die Mütter das Förderzepter in der Hand und kaufen sich gezielt Qualitäten und Kompetenzen, die sie selbst nicht bieten können, hinzu. Dabei wird auf ästhetischen Bildungswert und Spaß für die Kinder zugleich geachtet. Auch das Öffnen vielfältiger Optionen ist eine Strategie der Eltern, um ihre Ängste hinsichtlich der Zukunft der Kinder zu bewältigen.

Auch in Deutschland lassen sich solche Prozesse nachweisen. Die Studie der Konrad-Adenauer-Stiftung zu heutiger Elternschaft hält ebenso fest, dass Eltern gehobener Milieus bis in die bürgerliche Mitte hinein der Schule nicht mehr zutrauen, die richtige Bildung und die benötigten Qualifikationen zu vermitteln. Sie bewältigen diesen erlebten Missstand, indem sie die Förderung ihrer Kinder zu einem möglichst frühen Zeitpunkt selbst in die Hand nehmen. Zumeist sei der Beweggrund eine tiefe Verunsicherung, bei der Eltern die Zauberformel »Frühförderung« als Rettungsanker ansehen. Sogar bei Eltern allerkleinster Kinder im Kindergartenalter zeigt sich diese Verunsicherung. »Selbst sie kaufen in der Sorge, dass ihre Kinder im öffentlichen Bildungssystem nicht angemessen und wettbewerbstauglich gefördert werden, bereits in vielfältiger Form Bildung ein« (Henry-Huthmacher 2008, S. 12). Hier deutet sich eine Allgegenwart des Drucks, nur keine Chance auszulassen, an. Dazu kommt das Gefühl, dass es heute unabdingbar ist, einen Vorsprung vor den anderen zu haben.

In Deutschland nutzt über die Hälfte aller Kinder unter sechs Jahren informelle Förderangebote, wie z. B. Eltern-Kind-Gruppen, Kinderturnen oder frühkindliche Musik- und Kunsterziehung. Basierend auf Daten des sozioökonomischen Panels (SOEP) haben Mühler und Spiess (2009) untersucht, welche Faktoren die Inanspruchnahme informeller Förderangebote bei Kindern im Vorschulalter in Ost- und Westdeutschland beeinflussen. Ihre Ergebnisse zeigen, die bisherigen Ausführungen bestärkend, dass Kinder aus westdeutschen Haushalten mit höherem Einkommen und höherem mütterlichen Bildungsniveau eher diese informellen Förderangebote nutzen.

Aus einer sozial- und bildungspolitischen Perspektive bedeuten diese Befunde, die auf ein erneutes Auseinanderklaffen der Chancen von Kindern hindeuten, dass gezielt qualitätsreiche Freizeitangebote für diejenigen Kinder angeboten werden müssen, die von ihren Eltern, aus welchen Gründen auch immer, diese postmodernen kulturellen Kapitalien nicht angeboten bekommen. Auch dies ist letztlich ein wichtiges Argument für Ganztagsschulen im Allgemeinen und ein Argument dafür, speziell die Nachmittagsangebote an dieser Schülerpopulation und ihren Bedürfnissen auszurichten. Allen Kindern ist die Chance zu bieten, in ihrer Freizeit Spaß zu haben, bedeutsame Erfahrungen zu machen, soziale Kontakte knüpfen zu können und vielfältige Lernfelder antreffen zu können – damit der »Catwalk« der modernen Freizeit- und Konsumbühne für möglichst viele zu einem Erfolg wird, im Hier und Jetzt und mit Blick auf die zukünftige Rolle in der Gesellschaft.

Literatur

Bauman, Z. (2010): Wir Lebenskünstler. Frankfurt / M.: Suhrkamp.
Betz, T. (2008): Ungleiche Kindheit. Weinheim: Juventa.
Brandl-Bredenbeck, H.-P. (2009): Lebensstile und Gesundheitsverhalten von Kindern in der Stadt. In: Zeitschrift für Soziologie der Erziehung und Sozialisation, 29. Jg., H. 3, S. 245 – 264.

Bucher, A. (2009): Psychologie des Glücks. Ein Handbuch. Weinheim: Beltz.
Burrmann, U. (2008): Bewegungsräume und informelle Bewegungs-, Spiel- und Sportaktivitäten der Kinder. In: Schmidt, W. (Hrsg.): Zweiter Deutscher Kinder- und Jugendsportbericht. Schwerpunkt: Kindheit. Schorndorf: Hofmann, S. 391 – 408.
Christensen, T. H. (2009): »Connected presence in distributed family life.« New Media and Society, 11. Jg., H. 3, S. 433 – 451.
Ekström, K. (2009): Auf dem Catwalk des Konsums. Kinder und Eltern in der Konsumkultur. Televizion, 22. Jg., H. 2, S. 18 – 22.
Elkind, D. (1991): Das gehetzte Kind. Köln: Bastei-Lübbe.
Feierabend, S. / Klingler, W. (2009): Kinder und Medien: Ergebnisse der KIM-Studie 2008. Media Perspektiven, H. 8, S. 398 – 412.
Fölling-Albers, M. (2000): »Entscholarisierung von Schule und Scholarisierung von Freizeit? Überlegungen zu Formen der Entgrenzung von Schule und Kindheit.« Zeitschrift für Soziologie der Erziehung und Sozialisation, 20. Jg., H. 2, S. 118 – 131.
Fussan, N. (2006): Einbindung Jugendlicher in Peer-Netzwerke: Welche Integrationsvorteile erbringt die Mitgliedschaft in Sportvereinen? In: Zeitschrift für Soziologie der Erziehung und Sozialisation, 26. Jg., H. 4, S. 383 – 402.
Götz, M. / Cada, J. (2009): Die Creme von Lillifee »riecht nach Rosa«. Prinzessin Lillifee im Alltag von Familien. Televizion, 22. Jg., H. 2, S. 30 – 35.
Grunert, C. (2005): Kompetenzerwerb von Kindern und Jugendlichen in außerunterrichtlichen Sozialisationsfeldern. In: Sachverständigenkommission Zwölfter Kinder- und Jugendbericht (Hrsg.): Kompetenzerwerb von Kindern im Schulalter. München: Deutsches Jugendinstitut, S. 9 – 94.
Grundmann, M. (2003): Milieuspezifische Bildungsstrategie in Familie und Gleichaltrigengruppe. In: Zeitschrift für Erziehungswissenschaft, 6. Jg., H. 1, S. 25 – 45.
Hagen, I. (2007): »We can't just sit the whole day watching TV« Negotiations concerning media use among youngsters and their parents. Young, 15. Jg., H. 4, S. 369 – 393.
Heim, R. (2008): Bewegung, Spiel und Sport im Kontext von Bildung. In: Schmidt, W. (Hrsg.): Zweiter Deutscher Kinder- und Jugendsportbericht. Schorndorf: Hofmann, S. 21 – 42.
Hengst, H. (2008): Die (zeitliche) Entgrenzung von schulischem und außerschulischem Lernen. Zum Verlust des Lernmonopols der Schule. In: Zeiher, H. / Schroeder, S. (Hrsg): Schulzeiten, Lernzeiten, Lebenszeiten. Pädagogische Konsequenzen und zeitpolitische Perspektiven schulischer Zeitordnungen. Weinheim: Juventa, S. 71 – 79.
Henry-Huthmacher, C. (2008): Eltern unter Druck. Zusammenfassung der wichtigsten Ergebnisse der Studie in: Henry-Huthmacher, C. / Borchard, M. (Hrsg.): Eltern unter Druck. Selbstverständnisse, Befindlichkeiten und Bedürfnisse von Eltern in verschiedenen Lebenswelten. Stuttgart: Lucius & Lucius, S. 3 – 24.
Hofferth, S. / Kinney, D. A. / Dunn, J. (2008): The »Hurried« Child: Myth vs. Reality. University of Maryland, Department of Family Science. Working Paper.
Honig, M.-S. (2009): Das Kind der Kindheitsforschung. Gegenstandskonstitution in den childhood studies. In: Honig, M.-S. (Hrsg.): Ordnungen der Kindheit. Problemstellungen und Perspektiven der Kindheitsforschung. Weinheim u. München: Juventa, S. 25 – 52.
Hössl, A. (2002): Freizeitaktivitäten und Freizeitlernen. In: Furtner-Kallmünzer, M. / Hössl, A. (Hrsg.): In der Freizeit für das Leben lernen. Eine Studie zu den Interessen von Schulkindern. München: Deutsches Jugendinstitut, S. 37 – 75.

Kleinschmidt, C. (2008): Konsumgesellschaft. Göttingen: Vandehoeck & Ruprecht.
Lampert, T. / Mensink, G. B. M. / Rohman, A. / Woll, A. (2007): Körperlich-sportliche Aktivität von Kindern und Jugendlichen in Deutschland. Ergebnisse des Kinder- und Jugendgesundheitssurveys. Bundesgesundheitsblatt, 50. Jg., H. 5 / 6, S. 634 – 652.
Lange, A. (2007): Das Kind in der Familie. Medienhandeln aus Sicht der Familienforschung. In: Theunert, H. (Hrsg.): Medienkinder von Geburt an. Medienaneignung in den ersten sechs Lebensjahren. München: kopaed, S. 41 – 57.
Lange, A. / Theunert, H. (2008): Popularkultur und Medien als Sozialisationsagenturen. Jugendliche zwischen souverän-eigensinniger und instrumentalisierender Subjektivierung. Zeitschrift für Soziologie der Erziehung und Sozialisation, 28. Jg., H. 3, S. 231 – 242.
Lange, A. (2009): »Wer hat an der Uhr gedreht?« Einblicke in die Zeitverwendung von Kindern und ihren Eltern. In: Heitkötter, M. / Jurczyk, K. / Lange, A. / Meier-Gräwe, U. (Hrsg): Zeit für Beziehungen? Zeit und Zeitpolitik für Familien. Opladen: Barbara Budrich, S. 137 – 157.
Lareau, A. (2003): Unequal Childhoods: Class, Race and Family Life. Berkeley, CA: University of California Press.
LBS Initiative Junge Familie (Hrsg.) (2009): LBS-Kinderbarometer Deutschland. Wir sagen Euch mal was. Stimmungen, Trends und Meinungen von Kindern in Deutschland. Münster.
Livingstone, S. (2009): Junge Menschen und Neue Medien. Prozesse der Verbreitung, Aneignung und Nutzung. In: Schorr, A. (Hrsg.): Jugendmedienforschung. Forschungsprogramme, Synopse, Perspektiven. Wiesbaden: VS-Verlag, S. 301 – 333.
Maase, K. (2003): Massenkultur. In: Hügel, H.-O. (Hrsg.): Handbuch Populäre Kultur. Stuttgart: Metzler, S. 48 – 56.
Mageau, G. / Vallerand, R. / Charest, J. / Salvy, S.-J. / Lacaille, N. / Bouttard, T. / Koestner, R. (2009): On the Development of Harmonious and Obsessive Passion: The Role of Autonomy Support, Activity Specialization, and Identification With the Activity. Journal of Personality, 77. Jg., H. 3, S. 601 – 645.
Mühler, G. / Spieß, K. (2009): Informelle Förderangebote – Eine empirische Analyse ihrer Nutzung in der frühen Kindheit. In: Roßbach, H.-G. / Blossfeld, H.-P. (Hrsg.): Frühpädagogische Förderung in Institutionen. Sonderheft 11 der Zeitschrift für Erziehungswissenschaft. Wiesbaden: VS-Verlag, S. 29 – 46.
Paus-Hasebrink, I. / Bichler, M. (2009): Zur Rolle von Medien in sozial benachteiligten Familien. Televizion, 22. Jg., H. 1, S. 56 – 59.
Podlich, C. (2008): Selbstgewähltes Leisten. Der Einfluss sportlicher Bewegungsaktivitäten auf das Selbstkonzept von Kindern. Weinheim: Juventa.
Reay, D. (2008): Psychosocial Aspects of White Middle-Class Identities: Desiring and Defending against the Class and Ethnic Other in Urban Multi-Ethnic Schooling. In: Sociology, 42. Jg., H. 6, S. 1072 – 1088.
Reckwitz, A. (2006): Das hybride Subjekt. Eine Theorie der Subjektkulturen von der bürgerlichen Moderne zur Postmoderne. Weilerswist: Velbrück.
Rohlfs, C. (2006): Freizeitwelten von Grundschulkindern. Eine qualitative Sekundäranalyse von Fallstudien. Weinheim: Juventa.
Roppelt, U. (2003): Kinder – Experten ihres Alltags? Frankfurt / M.: Peter Lang.
Schmidt, W. (2008): Zur Bedeutung des Sportvereins im Kindesalter. In: Schmidt, W. (Hrsg.): Zweiter Deutscher Kinder- und Jugendsportbericht. Schorndorf: Hofmann, S. 373 – 390.

Strotmann, M. (2010): Medien in der mittleren und späten Kindheit. In: Vollbrecht, R. / Wegener, C. (Hrsg.): Handbuch Mediensozialisation. Wiesbaden: VS-Verlag, S. 133 – 141.

Vincent, C. / Ball, S. J. (2007): »Making Up« the Middle-Class Child: Families, Activities and Class Dispositions. Sociology, 41. Jg., H. 4, S. 1061 – 1077.

Wehr, L. (2009): Alltagszeiten der Kinder. Die Zeitpraxis von Kindern im Kontext generationaler Ordnungen. Weinheim: München.

Zerle, C. (2007): Wie verbringen Kinder ihre Freizeit? In: Alt, C. (Hrsg.): Kinderleben – Start in die Grundschule. Band 3: Ergebnisse aus der zweiten Welle. Wiesbaden: VS-Verlag, S. 243 – 270.

Zerle, C. (2008): Lernort Freizeit: Die Aktivitäten von Kindern zwischen 5 und 13 Jahren. In: Alt, C. (Hrsg.): Kinderleben – Individuelle Entwicklungen in sozialen Kontexten. Band 5: Persönlichkeitsstrukturen und ihre sozialen Folgen. Wiesbaden: VS-Verlag. S. 345 – 368.

Hartmut Giest

Kindheit und Gesundheit

Gesundheitssituation von Kindern in der Bundesrepublik

In den letzten 10 bis 15 Jahren mehren sich Berichte über anwachsende Gesundheitsprobleme bei Kindern (Kolip u. a. 1995; BzgA 1998; Palentien u. a. 1998; Settertobulte 1999; Roth 2000; RKI 2004 u. a.), die nicht nur körperliche, sondern auch psycho-soziale Beeinträchtigungen betreffen, wobei zwischen beiden Momenten eine Wechselbeziehung besteht.

Neben der Zunahme an allergischen Erkrankungen, der psycho-sozialen Auffälligkeiten und Belastungen sowie der Drogen- und Suchtproblematik (u. a. Konsum psychoaktiver Substanzen) werden an vorderster Stelle die Problembereiche Ernährung und Bewegung genannt. Es wird argumentiert, dass Übergewicht, bedingt durch Fehlernährung und Bewegungsmangel, verbunden mit den ebenso veränderten Lebensgewohnheiten der Elterngeneration, dazu geführt hat, dass nicht nur die Rate übergewichtiger und adipöser Kinder zugenommen, sondern auch die körperliche Leistungsfähigkeit (z. B. Ausdauer im Laufen) sowie die Leistungsfähigkeit des Herz-Kreislauf-Systems abgenommen haben.

Vergleicht man allerdings die Meldungen, die durch die Presse gehen, mit Daten aus der Fachliteratur, so wird das dadurch gezeichnete Bild unscharf. Die Meldungen widersprechen sich teilweise, die Erhebungen sind nicht repräsentativ, die Datenlage ist uneinheitlich und unübersichtlich. Aus diesem Grund hat das Robert Koch Institut von 2003 bis 2006 eine für die Bundesrepublik repräsentative Studie zur Gesundheitssituation bei Kindern und Jugendlichen durchgeführt (Kurth u. a. 2002).

Seit Ende 2006 liegen die Ergebnisse des bundesweit durchgeführten Kinder- und Jugendgesundheitssurvey (KiGGS) vor (siehe auch www.kiggs.de).

Untersucht wurden Kinder und Jugendliche im Alter von null bis siebzehn Jahren. Vier ärztlich geleitete Untersuchungsteams untersuchten 17 641 Kinder und Jugendliche (8656 Mädchen und 8985 Jungen) in 167 repräsentativ ausgewählten Städten und Gemeinden. Das Methodenset bestand u. a. aus Befragungen der Eltern und ab elf Jahren auch der Kinder und Jugendlichen, medizinischen Untersuchungen und Tests. Daten wurden erhoben zu den Aspekten körperliche Beschwerden, Befindlichkeit, akute und chronische Krankheiten, Behinderungen, Gesundheitsrisiken und Unfälle, psychische Gesundheit, Lebensqualität, Schutzfaktoren und personale Ressourcen, Ernährung, Essstörungen und Adipositas, Gesundheitsverhalten und

Freizeitaktivitäten, Medikamentenkonsum, Impfstatus, Inanspruchnahme medizinischer Leistungen, Körpermaße, motorische Leistungsfähigkeit, Sehvermögen, Blutdruck, Blut- und Urindiagnostik sowie Schilddrüsengröße. Eine Fortsetzung der Studie läuft gerade (2009 – 2012).

Die Hauptergebnisse dieser Studie

Problembereich Ernährung

15 % der Kinder und Jugendlichen im Alter von neun bis dreizehn Jahren sind übergewichtig (der Body-Mass-Index – Körpergewicht in kg / Quadrat der Körpergröße in m^2 – liegt höher als bei 90 % des Alters- und Geschlechtsgruppendurchschnitts). 85 % sind es aber nicht! Auffällig ist, dass der Anteil der übergewichtigen Kinder im Verlauf des Heranwachsens ansteigt (von 9 % bei den 3- bis 6-Jährigen bis 15 % bei den 7- bis 10-Jährigen bzw. 17 % bei den 14- bis 17-Jährigen). Das sind 1,9 Millionen übergewichtige Kinder und Jugendliche. Betrachtet man Referenzdaten von 1985 bis 1999, so bedeutet das einen Anstieg um 50 %. Adipös sind 2,9 % der 3- bis 6-Jährigen, aber 6,4 % der 7- bis 10-Jährigen (in absoluten Zahlen ca. 800 000, die Quote hat sich verdoppelt).

Auffällig ist der starke Anstieg im Grundschulalter, der nicht ohne pädagogische Reaktionen bleiben darf. Geschlechtsunterschiede oder Unterschiede zwischen alten und neuen Bundesländern wurden nicht festgestellt, wohl aber, dass bei Kindern, die aus sozial benachteiligten Schichten stammen, bei Kindern mit Migrationshintergrund und solchen, die nicht gestillt wurden, oder auch bei Kindern, deren Eltern übergewichtig sind, ein erhöhtes Risiko besteht. Beispielsweise ist der Anteil adipöser Kinder und Jugendlicher in Familien mit hohem Sozialstatus dreimal niedriger als bei solchen mit niedrigem Sozialstatus. Bei Kindern (drei bis dreizehn Jahren) mit Migrationshintergrund ist die Adipositas-Rate knapp doppelt so hoch wie bei Kindern ohne Migrationshintergrund. Adipositas tritt bei Kindern deutlich häufiger auf, wenn ihre Mütter übergewichtig oder adipös sind. Hier wechselwirken genetische und soziale Faktoren bzw. familiäre Lebensbedingungen.

Bei den Essstörungen (wobei hier nicht zwischen den unterschiedlichen Formen differenziert wird, sondern bestimmte Merkmale des Essverhaltens erhoben wurden) sind 21,9 % (28,9 % Mädchen und 15,2 % Jungen) als auffällig klassifiziert worden. Mit zunehmendem Alter werden die Unterschiede zwischen den Geschlechtern größer (20 % im Alter von elf Jahren beide Geschlechter, zu 30,1 % Mädchen im Alter von siebzehn Jahren, aber 12,8 % bei Jungen gleichen Alters). In den unteren sozialen Schichten ist der Anteil Auffälliger doppelt so hoch wie in der oberen Sozialschicht (27,6 % gegen 15,5 %). Insgesamt weisen Kinder mit Essstörungen mehr psychische Belastungen auf.

Bezüglich der Schilddrüsenvergrößerung konnte festgestellt werden, dass 2,4 % der untersuchten Kinder davon betroffen sind, wobei eine Zunahme mit dem Alter, besonders bei Mädchen, beobachtet wurde. Die Analysen der Jodaufnahme zeigen, dass Deutschland zwar kein Jodmangelgebiet ist, dass aber die Jodaufnahme noch nicht optimal erfolgt.

Problembereich Allergie

Bei allergischen Erkrankungen (innerhalb der letzen zwölf Monate vor der Befragung) zeigte sich, dass immerhin 16,7 % aller Kinder und Jugendlichen unter einer aktuellen allergischen Erkrankung leiden (18 % Jungen, 15,4 % Mädchen). Die Erkrankungshäufigkeit wächst mit dem Alter an. Kinder mit Migrationshintergrund sind hier seltener betroffen als solche ohne diesen (13 % zu 17,6 %). Auch Kinder aus sozial schwächeren Familien leiden weniger häufig unter Allergien als die aus der sozialen Oberschicht (13,6 % zu 18,9 %).

Wie bereits aus anderen vergleichbaren Erhebungen (Settertobulte 1999) bekannt, sinkt das Erkrankungsrisiko mit der Anzahl an Geschwistern oder bei frühem Kontakt zu Gleichaltrigen (z. B. in Einrichtungen der Kinderbetreuung). Allerdings spielt auch hier die genetische Prädisposition eine Rolle, denn Kinder mit Eltern, die an allergischen Erkrankungen leiden, sind stärker betroffen als solche, deren Eltern keine Erkrankungen aufweisen. Zwischen den alten und neuen Bundesländern gibt es keine Unterschiede mehr (vgl. hierzu Kolip u. a. 1994), auch Unterschiede zwischen Stadt und Land wurden kaum festgestellt. Unter Heuschnupfen leiden etwa 15 % der Kinder und Jugendlichen, 13,2 % litten oder leiden unter Neurodermitis (aktuell zur Zeit der Untersuchung 7,7 %), 3 % unter Asthma. Und auch hier bestätigen sich die von Settertobulte (1999) berichteten Beobachtungen, dass von Asthma mehr Jungen als Mädchen betroffen sind und in städtischen Regionen die Erkrankungshäufigkeit ansteigt.

40,8 % der Kinder zeigen bei Blutuntersuchungen eine Sensibilisierung gegen mindestens ein Allergen (Pollen, Tierhaare, Hausstaubmilben: 37,2 %; Nahrungsmittel: 20 %). Jungen sind häufiger betroffen als Mädchen (45 % gegen 36,4 %).

Problembereich Bewegung

Ungeachtet der üblichen Horrormeldungen ergab die Erhebung, dass immerhin 77 % der Kinder im Alter von drei bis zehn Jahren fast täglich im Freien spielen, gut die Hälfte wenigstens einmal pro Woche Sport treibt. Täglich sind sie dabei 50 Minuten sportlich aktiv (60 Minuten ist der Richtwert, welchen etwa ein Drittel erfüllen). Während der Unterschied zwischen Mädchen und Jungen gering ist, bestehen wieder größere Unterschiede zwischen Kindern aus unterschiedlichen sozialen Schichten. Kinder mit Migrationshintergrund und aus niedrigen sozialen Schichten sind weniger körperlich aktiv (um den Faktor 2 bis 3). Kinder aus den neuen Bundesländern und Kinder mit Migrationshintergrund und niedrigem sozialen Status treiben weniger Sport.

Genauere Untersuchungen der Motorik zeigen, dass 95 % der 4- bis 17-Jährigen aktiv sind, davon 22 % täglich. Im Schnitt betrifft die körperliche Aktivität an vier Tagen der Woche ca. sechs Stunden insgesamt. 58 % der Kinder und Jugendlichen sind Mitglied in einem Sportverein, wobei die Mitgliederzahlen mit zunehmendem Alter wieder zurückgehen.

Allerdings zeigte sich auch, dass über ein Drittel der Kinder und Jugendlichen keine zwei oder mehr Schritte auf einem 3 cm breiten Balken rückwärts balancieren konnte. Bei der Rumpfbeuge erreichen 43 % nicht das Fußsohlenniveau. Analysen des Standweitsprungs zeigten, dass die Kraftfähigkeit um 14 % seit 1976 zurückgegangen ist. Insgesamt fehlt es jedoch noch an differenzierten Untersuchungen zum Zusammenhang zwischen Motorik, Aktivität und Gesundheit, so dass die mitgeteilten Ergebnisse vor allem darauf hinweisen, dass mehr gezielt zu intervenieren ist.

Problembereich Drogen / Sucht

Obwohl die Belastung durch Umweltgifte insgesamt abgenommen hat, wurde eine gestiegene Belastung durch Passivrauchen festgestellt. Ca. 50 % der Kinder leben in Raucherhaushalten. 13 % der Kinder wiesen einen Hörverlust von 20 dB und 2,4 % von mehr als 30 dB auf, wobei vermutet wird, dass Freizeitlärm hier als Ursache zu benennen ist. Auch hiervon sind Jungen mehr betroffen als Mädchen.

Problembereich Psyche

Alarmierend sind die Ergebnisse bei den psychischen Belastungen. Immerhin wurden bei 22 % der Kinder und Jugendlichen Hinweise auf psychische Auffälligkeiten festgestellt. Bei 10 % von ihnen sind diese Auffälligkeiten hochwahrscheinlich (Störungen des Sozialverhaltens: 10 %, Ängste: 7,6 %, Depressionen: 5,4 %, ADHS: 2,2 %). Auch hier spielt wieder ein niedriger sozio-ökonomischer Status eine wichtige Rolle für eine entsprechende Prävalenz psychischer Belastungen (4-fach erhöhte Wahrscheinlichkeit für psychische Auffälligkeiten) sowie ein ungünstiges familiäres Klima mit vielen Konflikten. Wieder fanden aus der Literatur bekannte Beobachtungen Bestätigung: mit Anwachsen der Anzahl an Risikofaktoren ist ein starker Anstieg der Häufigkeit psychischer Auffälligkeiten verbunden (bis zu 50 % in Hochrisikogruppen).

Deutlich konnte festgestellt werden, dass die gesundheitsbezogene Lebensqualität psychisch auffälliger Kinder und Jugendlicher merklich eingeschränkt ist, aber gleichzeitig längst nicht alle davon Betroffenen in Behandlung sind, sondern nur etwa 48,5 %. Hier wird ganz deutlich, dass die Stärkung der personalen und familiären Ressourcen von Kindern und Jugendlichen zu einem Kardinalziel der Prävention und Intervention werden muss.

Diese Ergebnisse zusammenfassend muss festgestellt werden, dass pauschale Aussagen wohl fehl am Platz sind, dass aber gesundheitsrelevante Problembereiche im Kindes- und Jugendalter existieren, die adressatenspezifisch und problembezogen in der Gesundheitserziehung und schulischen Gesundheitsförderung angegangen werden müssen. Wenigstens in den Bereichen Ernährung, Bewegung und bei den psychischen Belastungen muss wohl von einem Trend zur Zunahme gesundheitsrelevanter Problemlagen ausgegangen werden, wobei im Moment noch unklar ist, ob dieser besonders für die Kinder oder ob er nicht auch analog für die Gesamtbevölkerung zutrifft (vgl. Giest 2007).

Vorstellungen der Kinder von Gesundheit und Krankheit

In einer aktuellen Studie (2007 – 2009) haben wir u. a. 450 Kinder aus sechs Potsdamer und 214 Kinder aus vier Moskauer Schulen (jeweils 3. und 4. Klassenstufe) nach ihren Vorstellungen über Gesundheit und Krankheit mit Hilfe eines Fragebogens befragt. Auf die Frage »Ich werde krank, …« kreuzten aus mehreren Antwortmöglichkeiten

- 20 % (Potsdam) / 21 % (Moskau) der Kinder »… wenn ich Pech habe« und
- 10 % (Potsdam) / 1 % (Moskau) »… wenn ich nicht zum Arzt gehe« an.

Bei der Frage »Ich bleibe gesund, …« antworteten

- 10 % (Potsdam) / 15 % (Moskau) »… wenn ich Glück habe«,
- 8 % (Potsdam) / 2 % (Moskau) »… wenn ich zum Arzt gehe« bzw.
- 7 % (Potsdam) / 17 % (Moskau) »… wenn ich mache, was die Eltern sagen«.

Unabhängig vom Unterschied zwischen beiden Stichproben beim Item »Arztbesuch« und der Orientierung an den Eltern, der wohl auf die Unterschiede in der medizinischen Versorgung in beiden Ländern hindeutet, mussten wir konstatieren, dass ca. ein Drittel der Kinder über einen völlig inadäquaten Gesundheitsbegriff verfügt. Zusammenfassend war aus den Daten dieser Untersuchung zu erkennen, dass ca. zwei Drittel der Kinder sich an einem passiven Gesundheitsbegriff orientieren (z. B. »wenn ich nicht gesund bleibe« / »wenn ich Pech habe und mich anstecke« / »… wenn ich nicht mache, was die Eltern sagen« / »… wenn ich nicht zum Arzt gehe und Medikamente (Medizin) einnehme« / »… wenn ich ungesund lebe« / »… wenn ich Dinge tue, die krank machen können«). Die Auswertung der Daten zu weiteren Fragen zu den Bereichen Ernährungs- und Bewegungsverhalten ergab, dass nur 35 % aller Kinder konkrete Maßnahmen einer gesunden Ernährung und Bewegung identifizieren konnten, die Mehrheit der Kinder orientierte sich lediglich an abstrakten Merkmalen (gesund essen, viel bewegen u. a.).

In einem zweiten Teil der Befragung sollten die Kinder anhand von Bildern auswählen, was gesunde Nahrungsmittel sind und welche Verhaltensweisen und Tätigkeiten (Bereich Bewegung) gesund sind. Dies gelang nahezu allen Kindern. Die Kinder verfügen in ihrer Orientierung bezüglich der Ernährung über adäquates Gesundheitswissen. Dies gilt auch für den Freizeitaspekt und hier die Bedeutung der Bewegung für die Gesundheit und dies, mit kleinen, wenn auch deutlichen Unterschieden, für beide Länder (vgl. Abbildung 1).

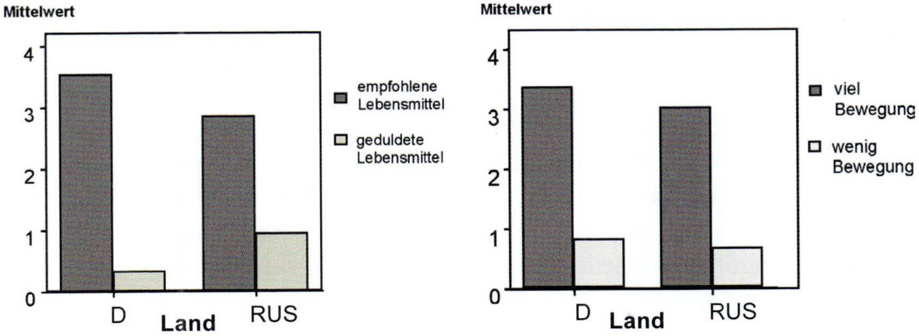

Abb. 1: Auswahlergebnisse beim Zusammenstellen eines gesunden Frühstücks und gesunder Freizeitaktivitäten in beiden Stichproben

In einer zweiten, im Sommer 2010 durchgeführten Untersuchung haben wir ca. 1700 Berliner Schülerinnen und Schüler (48,9 % Jungen, 50,7 % Mädchen) der 3. bis 6. Jahrgangsstufe zum Schulessen befragt. Ungeachtet der Bemühungen der Firmen, Gesundheitsstandards beim Schulessen einzuhalten, zeigte sich:

- die Teilnahme am Schulessen sinkt von der 3. (91 %) bis zur 6. Klasse (45 %) stark ab, die Inanspruchnahme des Imbiss-Angebots an den Schulen (Pausensnacks) nimmt dazu proportional zu,
- dies geschieht, obwohl die Mehrheit der Schülerinnen und Schüler (zwar abnehmend nach Klasse 6) das Essen als (immer oder fast immer) schmackhaft (80 %: Klasse 3; 56 %: Klasse 6) und gesund bewerten (über 80 %: Klassen 3 und 4; über 70 %: Klassen 5 und 6),
- selbst bei den Schülern, die nicht an der Essensversorgung teilnehmen, bewertet mindestens knapp die Hälfte (45 %: Klasse 6; Klassen 3 bis 5 zu einem noch höheren Anteil), dass das Essen schmeckt und gut 70 bis 80 % bewertet sogar, dass es gesund ist, wobei diese Bewertung zur Klasse 6 (81 %) hin ansteigt.

Wir können also auch in dieser Studie davon ausgehen, dass die Schülerinnen und Schüler sich durchaus bewusst sind, dass die Mittagsversorgung gesund ist und zu einem großen Teil auch schmackhaft. Dennoch sucht eine wachsende Zahl an Schülerinnen und Schülern weniger gesunde Alternativen.

Betrachtet man die Nahrungsmittelgruppen (wir haben gefragt nach: Obst, Gemüse, Fleisch, Fisch, Nudeln, Kartoffeln, Reis, Pudding / Süßspeisen), dann zeigt sich, dass die Kinder sich wünschen, dass Fleisch, Nudeln, Pudding, glücklicherweise auch Obst mehr angeboten werden sollen, verzichten würde aber ein großer Teil der Kinder auf Gemüse / Salat, Kartoffeln, Fisch und Reis. Bezieht man diese Daten auf das Konzept der optimalen Mischkost (20 % geduldete und 80 % empfohlene Nahrungsmittel entsprechen einer ausgewogenen Ernährung), dann zeigt sich, dass geduldete Nahrungsmittel (außer Obst) bevorzugt und empfohlene Nahrungsmittel eher abgelehnt werden. Bei Jungen ist dieser Trend noch eindeutiger, Mädchen bevorzugen (bis auf den Fisch) tendenziell mehr empfohlene Lebensmittel (Obst, Gemüse) und etwas weniger Süßspeisen. Bei Kartoffeln und Reis sind sie sich aber in der Ablehnung mit den Jungen einig. Alle Klassenstufen stimmen in der Ablehnung von Fisch, Kartoffeln, Gemüse und Reis (in dieser Rangreihe) sowie in der geschmacklichen Präferenz von Nudeln und Pudding / Süßspeisen überein.

Der im Vergleich zu den vergangenen Jahrzehnten zugenommene Konsum von Obst entspricht dem Nahrungsverhalten der bundesdeutschen Bevölkerung. Auch die in dieser Erhebung festgestellten Präferenzen sind geeignet zu erklären, weshalb weit über die Hälfte der Bundesbürger übergewichtig sind.

In beiden Studien fiel auf, dass die Kinder zwar sehr genau wissen, was »gesund« und was »ungesund« ist oder entsprechend im Unterricht vermittelt wurde. Die erste Studie (Klassenstufe 3 und 4) machte darauf aufmerksam, dass Kinder Lebensmittel antinomisch, entweder nur als »gesund« oder »ungesund« bewerten. Und genau darin liegt das Problem. Schokolade wird beispielsweise als ungesund bezeichnet und Äpfel als gesund, Fernsehen als ungesund und Sport treiben als gesund – und doch, vor die Wahl gestellt, werden viele Kinder wohl die Schokolade oder den Pudding wählen, oder, statt Sport zu treiben, das Fernsehgerät oder den Computer anschalten. Wissen und Verhalten bzw. Wissen über Gesundheit und Präferenzen für Nahrungsmittel bzw. Freizeitverhalten bilden einen Gegensatz. Das aktuell verfügbare Gesundheitswissen führt die Kinder in Konfliktsituationen zwischen »ist gesund« und »esse ich gern« bzw. »ist gesund« und »mache ich gern« (vgl. Abbildung 2 a, b). Damit erweisen sich ein passiver Gesundheitsbegriff, die Polarisierung zwischen gesund / ungesund sowie daraus entstehende Konflikte (»Was gesund ist, macht keinen Spaß«) als Hauptprobleme in den hier untersuchten Aspekten der Gesundheitsbildung – und dies offenbar nicht nur in Deutschland.

Folgerungen für die schulische Gesundheitserziehung

Wir sehen eine Ursache für eine geringe Wirkung der schulischen Gesundheitserziehung in einer Orientierung an einem statischen, passiven und bezogen auf ihre Anforderungen heute unangemessenen Gesundheitsbegriff. Ein wenig entwickelter Gesundheitsbegriff führt zu inadäquaten Vorstellungen über Ursachen von Krankheit und Möglichkeiten des aktiven Gesundheitsverhaltens, wie wir auch mit unserer Untersuchung zeigen konnten (Giest / Hintze 2009 a, b).

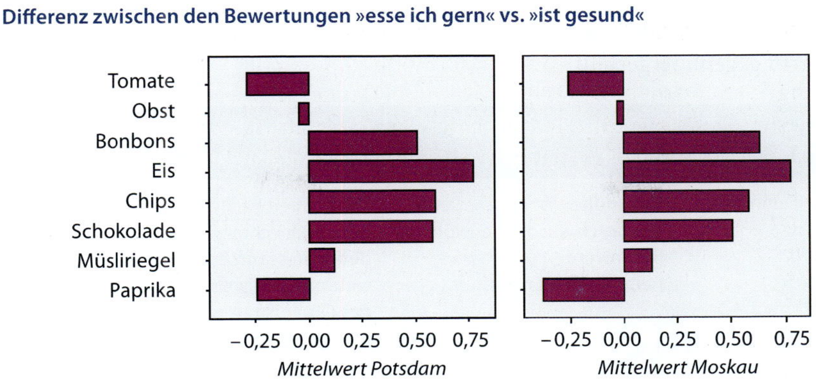

Die Mittelwerte lassen sich wie folgt interpretieren:
– 1: esse ich nicht gern, ist gesund; 0: esse ich gern, ist gesund; 1: esse ich gern, ist ungesund

Abb. 2 a: Bewertung von Nahrungsmitteln

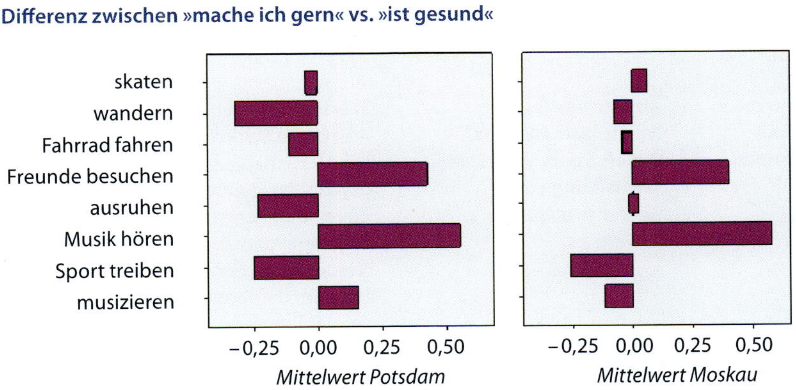

Die Mittelwerte lassen sich wie folgt interpretieren:
– 1: mache ich nicht gern, ist gesund; 0: mache ich gern, ist gesund; 1: mache ich gern, ist ungesund

Abb. 2 b: Bewertung von Freizeitaktivitäten

In der Literatur herrscht Einigkeit darüber, dass Bezug nehmend auf die von Antonowskij (1997, vgl. BZgA 1998) erarbeitete Konzeption der Salutogenese der Hauptansatz der Intervention auf Individualebene in der Stärkung der Persönlichkeit liegt, wobei ein aktiver und dynamischer Gesundheitsbegriff zentral ist (siehe Tabelle 1 auf Seite 76). Diese Konzeption ist aber offenbar außer in Schulen, die eine gesundheitsbetonte Konzeption verfolgen (z. B. Bewegte Schule – Thiel u. a. 2002, Dordel / Breithecker 2003) wenig bekannt und der diesem zu Grunde liegende Gesundheitsbegriff ebenso.

In der Tabelle 1 sind der statische und der dynamische Gesundheitsbegriff gegenübergestellt.

	Statischer Gesundheitsbegriff	Dynamischer Gesundheitsbegriff (nach Antonovskij)
Definition	Gesundheit ist ein Zustand, der durch Ausbleiben von Beschwerden und Krankheiten bestimmt ist.	Gesundheit ist die Möglichkeit, ein Gleichgewicht zwischen den vorhandenen Ressourcen, also den Abwehrmechanismen und Potenzialen des Organismus und der Psyche auf der einen Seite und den »krankmachenden« Einflüssen auf der anderen Seite herzustellen. Gesundheit bezeichnet damit die Fähigkeit eines Menschen, dieses Gleichgewicht zu erhalten bzw. immer wieder herstellen zu können. Dieses aktive Moment bezieht sich einerseits auf den Organismus, andererseits aber auch auf die Persönlichkeit des Menschen.
Interventionsformen	Abwehr von Risiken: Reinlichkeit, Hygiene, Diäten, Sport, Warmhalten, Vermeidung von Überanstrengung u. a.	In erster Linie geht es um die nachdrückliche Stärkung der Persönlichkeit des Menschen, seine physische und psychische Stabilität z. B. durch soziale Zuwendung entsprechend dem psychischen Potenzialcharakter des neuen Gesundheitsbegriffes und in zweiter Linie um die vernunftgeleitete Risikenvermeidung bzw. Risikenabwehr.

Tab. 1: Statischer und dynamischer Gesundheitsbegriff (nach Molderings / Eissing 1989, S. 18)

Am Beispiel »Ernährung und Bewegung« könnte der Unterschied zwischen dem statischen und dem dynamischen Gesundheitsbegriff wie in Tabelle 2 dargestellt aussehen: Statt sich bei der Klassifizierung von Nahrungsmitteln auf die Antinomie »gesund« vs. »krank« zu stützen, bietet das Konzept der »optimalen Mischkost« eine echte Alternative, da hier (oft nicht einzuhaltende und z. T. auch unsinnige) Verbote, »Ungesundes« zu konsumieren, vermieden werden. Auch die Klassifizierung der Freizeitaktivitäten nur unter dem Aspekt »Bewegung ist gut«, »Sitzen ist schädlich« führt zu Konflikten, da insbesondere die psycho-sozialen Aspekte der Gesundheit nicht adäquat beachtet werden.

Ein dynamischer, aktiver, auf das Wesen der Gesundheit orientierter Gesundheitsbegriff stellt neben der Gesundheitsmotivation und dem Gesund-

Alter Gesundheitsbegriff	Neuer Gesundheitsbegriff
gesund vs. ungesund	Optimale Mischkost
Gesundes schmeckt nicht	80 % empfohlene Lebensmittel
Was schmeckt, ist ungesund	20 % geduldete Lebensmittel
Was ich gern mache, ist ungesund	Ausgewogenes Verhältnis zwischen körperlicher und geistiger Anspannung und Entspannung
Gesundes Verhalten macht keinen Spaß	

Tab. 2: Alter und neuer Gesundheitsbegriff – konkret

heitshandeln allerdings nur einen Aspekt einer modernen Gesundheitserziehung dar, dieser ist jedoch von zentraler Bedeutung (Molderings / Eissing 1989).

Fazit

Gesundheitserziehung soll Einsichten in die Bedingungen und Möglichkeiten von Gesundheit vermitteln sowie methodische Entscheidungshilfen für widersprüchliche und belastende Lebenssituationen anbieten (Lohaus 2001). Ein bedeutsamer Aspekt dieser Einsichten ist der Begriff, den jeder Erwachsene und wohl auch jedes Kind von Gesundheit hat. Hierbei ist von besonderer Bedeutung, dass Gesundheit nicht als Schicksal, sondern als aktiv durch Handeln beeinflussbar aufgefasst wird. Ein aktiver Gesundheitsbegriff muss sich als Gegenspieler zum Gewohnten entwickeln, gegen die hier anzutreffenden Modelle Alternativen aufzeigen und Orientierungsgrundlage bewussten gesundheitsförderlichen Verhaltens sein, da der gewöhnliche Alltag diese nicht parat hält. Sicher kann dieser Prozess durch Anleitung zum praktischen Gesundheitsverhalten und die Gewohnheitsbildung im Rahmen eines gesundheitsfördernden schulischen Lebens unterstützt werden, dennoch ist Gewohnheitsbildung aus dieser anthropologischen Sichtweise nicht genug, um das angestrebte und notwendige bewusste Gesundheitsverhalten auszubilden.

Literatur

Antonovskij, A. (1997): Health, stress and coping. New perspectives on mental and physical wellbeing. San Francisco: Jossey-Bass.

Bundeszentrale für gesundheitliche Aufklärung (BzgA) (1998): Was erhält Menschen gesund? Köln: BzgA.

Dordel, S. / Breithecker, D. (2003): Bewegte Schule als Chance einer Förderung der Lern- und Leistungsfähigkeit. In: Haltung und Bewegung, 23. Jg., H. 2, S. 5 – 15.

Giest, H. / Hintze, K. (2009 a): Zur Entwicklung des Gesundheitsbegriffs im Grundschulalter. In: Lauterbach, R. / Giest, H. / Marquardt-Mau, B. (Hrsg.) (2009): Lernen und kindliche Entwicklung. Bad Heilbrunn: Klinkhardt, S. 245 – 252.

Giest, H. / Hintze, K. (2009 b): Zur Entwicklung des Gesundheitsbegriffes bei Kindern – eine vergleichende Studie Deutschland / Russland. In: Röhner, C. / Henrichwark, C. / Hopf, M. (Hrsg.): Europäisierung der Bildung. Jahrbuch Grundschulforschung, Bd. 13. Wiesbaden: VS-Verlag, S. 70 – 74.

Giest, H. (2007): Gesundheitssituation und Gesundheitserziehung im Grundschulalter. Grundschulunterricht, H. 6, S. 2 – 6.

Kolip, P. / Hurrelmann, K. / Schnabel, P.-E. (Hrsg.)(1995): Jugend und Gesundheit. Weinheim u. München: Juventa.

Kolip, P. / Norderlohe, E. / Hurrelmann, K. (1994): Jugend und Gesundheit: Ein Vergleich der gesundheitlichen Lage in West- und Ostdeutschland. Vortrag auf dem 2. gesundheitswissenschaftlichen Kolloquium der Fakultät für Gesundheitswissenschaften der Universität Bielefeld »Prävention und Gesundheitsförderung im Kindes- und Jugendalter«, 28. / 29.01.1994.

Kurth, B.-M. / Bergmann, K. E. / Dippelhofer, A. / Hölling, H. / Kamtsiuris, P. / Thefeld, W. (2002): Die Gesundheit von Kindern und Jugendlichen in Deutschland. Bundesgesundheitsblatt – Gesundheitsforschung – Gesundheitsschutz, 11, S. 852 – 858.

Lohaus, A. (2001): Gesundheitsverhalten und Gesundheitserziehung, In: Rost, D. (Hrsg.): Handwörterbuch der Pädagogischen Psychologie. Weinheim: Beltz, S. 219 – 224.

Molderings, M. / Eissing, G. (1989): Schritt für Schritt mach ich mich fit! Praxisorientierter Leitfaden zur Verbesserung des Ernährungsverhaltens von Kindern in Grundschulen und Kindertageseinrichtungen. Neuried: Care-Line.

Palentien, C. / Settertobulte, W. / Hurrelmann, K. (1998): Gesundheitsstatus und Gesundheitsverhalten von Kindern als Grundlage der Prävention. In: BzgA (Hrsg.): Gesundheit von Kindern. Epidemiologische Grundlagen. Forschung und Praxis der Gesundheitsförderung, Bd. 3. Köln: BzgA, S. 79 – 86.

Robert Koch-Institut (RKI) (Hrsg.) (2004): GBE-Schwerpunktbericht: Gesundheit von Kindern und Jugendlichen. Gesundheitsberichterstattung des Bundes. Berlin.

Roth, M. (2000): Körperliche Beschwerden als Indikator für psychische Auffälligkeiten bei 12- bis 16jährigen Schülerinnen und Schülern der Sekundarstufe 1. In: Psychologie in Erziehung und Unterricht, 47. Jg., H. 1, S. 18 – 28.

Settertobulte, W. (1999): Grundschule und Gesundheit – Die Bielefelder Grundschulstudie. In: Giest, H. / Scheerer-Neumann, G. (Hrsg.): Handbuch Grundschulforschung. Bd. 2. Weinheim: Deutscher Studienverlag, S. 163 – 177.

Thiel, A. / Teubert, H. / Kleindienst-Cachay, C. (Hrsg.) (2002): Die »Bewegte Schule« auf dem Weg in die Praxis. Hohengehren: Schneider Verlag.

Johanna Mierendorff

Kinderarmut in Deutschland

Seit Ende der 1990er Jahre hat das Thema Kinderarmut in den Medien, den politischen Arenen und in den Kinder betreffenden professionellen Fachdiskussionen einen zunehmend hohen Stellenwert eingenommen. Wurde noch Anfang der 1990er Jahre das Vorhandensein von Kinderarmut abgestritten, ist es spätestens seit dem 10. Kinder- und Jugendbericht (BMFSFJ 1998) nicht mehr möglich, vor den steigenden bzw. latent hohen Zahlen die Augen zu verschließen (vgl. Mierendorff 2010 b). Auch in schulischen Kontexten hat das Thema Kinderarmut seit einigen Jahren Beachtung gefunden, wovon eine Reihe von Schwerpunktsetzungen in den einschlägigen Fachzeitschriften und Internetforen zeugen (bspw. das Themenheft Heft 210/2007 der Zeitschrift »Die Grundschulzeitschrift«, das Heft 107/2009 der Zeitschrift »Grundschule aktuell«, der Forderungskatalog auf dem Bundesgrundschulkongress: »Allen Kindern gerecht werden« vom 11./12. September 2009 oder http://www.lehrer-online.de/armut.php). In jüngster Zeit hat das Thema Armut in schulischen Diskussionen allerdings eine neue Ausrichtung erhalten. Während lange Zeit vor allem das Phänomen der materiellen Armut an sich Gegenstand der Debatten war und damit die Verantwortung an sozial- oder jugendhilfepolitische Institutionen verwiesen werden konnte (vgl. Mierendorff 2010 b), ist mit der Fokussierung des Zusammenhangs von ökonomischer Benachteiligung und langfristiger Bildungsarmut (vgl. Hübenthal 2009) die Thematik für Schulen zu einem Gegenstand geworden, der diese in ihrem Kern betrifft. Die Vererbung von Bildungsarmut, die durch Schulbildung nicht durchbrochen werden kann, oder schulische Selektionsmechanismen, die nicht allein mit der Herkunft der Eltern, sondern auch mit der materiellen Ausstattung von Kindern und deren Familien in Zusammenhang zu stehen scheinen, fordern eine Auseinandersetzung auch aus schulischer Perspektive heraus. Der nun folgende Beitrag wird auf die beiden zuletzt genannten Aspekte keine praxeologischen Antworten geben können. Vielmehr ist es das Ziel, einen schmalen Einblick in die aktuellen Forschungsergebnisse zum Thema Kinderarmut aus der Perspektive aktueller Wohlfahrtsstaats- und Kindheitsforschung zu gewähren. Nicht reflektiert wird die klassische Forschung zum Ausmaß und zu den Mechanismen herkunftsbedingter sozialer Ungleichheit im Bildungssystem (vgl. Blossfeld/Shavit 1993; Geißler 2006). Da der Umfang des Beitrages beschränkt ist, wurden vor allem die Themen und Forschungsfelder ausgewählt, von denen die Autorin annimmt, dass diese ein relevantes Wissen über die Lebensbedingungen und Lebenslagen armer Kinder und deren Familien für

Grundschullehrer und Grundschullehrerinnen darstellen könnten – in der Planung von Unterricht und Schulalltag oder aber in der Auseinandersetzung mit Schülerinnen und Schülern sowie deren Eltern.

Begriffsbestimmungen und Forschungszugänge

Der Forschungsgegenstand Kinderarmut ist einer, der nicht leicht zu fassen ist. So ist nicht immer nachzuvollziehen, wovon überhaupt die Rede ist, wenn von armen Kindern gesprochen wird. Sind es Kinder, deren Eltern über so wenig Geld verfügen, dass sie die notwendigen Dinge des Alltags nicht bereitstellen können? Sind es Kinder, die aufgrund der Armut der Eltern Anspruch auf Leistungen nach dem SGB II haben? Oder sind es Kinder, die generell in unterschiedlichster Weise vielfältig benachteiligt sind, d. h. gleichzeitig im ökonomischen, sozialen, kulturellen und gesundheitlichen Bereich?

Übereinstimmung herrscht dahingehend, dass Armut als ein relatives Phänomen betrachtet werden muss. Es wird also davon ausgegangen, dass die ökonomische Position von Menschen in Relation zu den Verhältnissen in einer Gesellschaft interpretiert werden sollte. Von dieser grundlegenden Perspektive ausgehend wird Armut als eine Versorgungslage definiert, in der Menschen weniger als 50 % bzw. 60 % des gesamtgesellschaftlichen Durchschnittseinkommens (gewichtet nach Pro-Kopf-Einkommen), also des sogenannten Nettoäquivalenzeinkommens zur Verfügung steht (vgl. Hübenthal 2009, S. 8 f.). Hierunter fallen derzeit vor allem Menschen, die in der Bundesrepublik Deutschland existenzsichernde staatliche Transferleistung (Arbeitslosengeld II oder Sozialgeld) erhalten. Kinderarmut wird also stets von der ökonomischen Situation einer Familie aus bestimmt – dennoch hat sich in den vergangenen Jahren ein Konzept durchgesetzt, das neben der ökonomischen Lage weitere Dimensionen der Lebenslage einbezieht, nämlich die soziale, die kulturelle wie die gesundheitliche Lage von Kindern und deren Familien (vgl. Holz u. a. 2000; Holz / Skoluda 2003). Interessant am Lebenslagenansatz ist, dass, legt man dieses Armutsmaß an, keinesfalls alle Kinder, die materiell arm sind, zwangsläufig in allen Dimensionen der Lebenslage unterversorgt sind. Nicht alle Kinder gelten demnach als multipel depriviert – einer relativ großen Anzahl von Eltern gelingt es, auch unter ökonomisch sehr schwierigen Bedingungen den Kindern ein Aufwachsen im relativen Wohlergehen zu ermöglichen (vgl. Holz / Skoluda 2003) –, das ist wichtig, denn nicht jedem, der materiell arm ist, steht die Armut ins Gesicht geschrieben, strukturelle Benachteiligungen sind aber dennoch vorhanden. Hans Weiss hat nachgewiesen, dass die Entstehung multipler Deprivation ein komplexer Prozess ist, in dem u. U. so viele überfordernde Situationen zusammenkommen, dass es zu einer Kindeswohlgefährdung kommen kann. Ökonomische Armut selbst führt aber keinesfalls zwangsläufig zur Gefährdung (vgl. Weiß 2000). Uta Meier-Gräwe formuliert deshalb die Aussage, dass Armut viele Gesichter hat (vgl. Meier-Gräwe 2008, S. 65), denn die kulturellen und sozialen Ressourcen, die einer Familie zur Verfügung stehen, um die Armutslage zu bewältigen, sind sehr unterschiedlich – und so auch die Konsequenzen, die ökonomische Armut für Kinder hat, wie auch Chassé, Zander und Rasch (2003) in der Jenaer Armutsstudie aufgezeigt haben.

Kinderarmut – ein Massenphänomen?

Schaut man sich die aktuellen Zahlen zur Verbreitung von Kinderarmut an, ist Folgendes festzustellen: Kinder sind in einem besonderen Ausmaß von materieller Unterversorgung betroffen, sehr viel stärker als andere Altersgruppen. Zum einen sind die Armutsquoten Minderjähriger seit Jahren doppelt so hoch wie die der Erwachsenen, zum anderen sind insgesamt die Armutsquoten Minderjähriger zwischen 1991 und 2004 überproportional gestiegen (vgl. Hübenthal 2009, S. 15). Die Quote aller Minderjährigen unter 15 Jahren, die Hilfeleistungen nach dem SGB II beziehen, lag 2008 bei 16,3 % – zum Vergleich: die Hilfequote in der Gesamtbevölkerung (bis 65 Jahre) lag bei 10,5 % (vgl. Hübenthal, S. 15). Kinder sind also überproportional von Transferleistungen berührt, wobei die Gruppe der 7- bis 11-Jährigen nach der Gruppe der unter 7-Jährigen die am stärksten betroffene Gruppe ist. Irene Becker (2007) weist darauf hin, dass die Quoten der Bezieher staatlicher Transferleistungen keineswegs ein umfassendes Bild der Kinderarmut in Deutschland abbilden, denn auf die derzeit ca. 1,8 Millionen Kinder, die Transferleistungen erhalten, kommen nach ihrer Schätzung ca. 1 Million Kinder, die Anspruch auf Leistungen im Sinne des SGB II hätten, deren Eltern Hilfe aber aus unterschiedlichen Gründen nicht in Anspruch nehmen (vgl. Becker 2007, S. 36 f.; Hübenthal 2009, S. 19). Diese Schätzung ist für Grundschulen insbesondere deswegen interessant, da diese Eltern u. U. keine staatlichen Hilfen für Klassenfahrten, Lehrmittel etc. beantragen (können). Eine solche Ausgangssituation hat erhebliche Konsequenzen für die Teilhabemöglichkeiten am Unterricht und am Schulalltag.

Nicht alle Kinder sind gleichermaßen von einem Armutsrisiko betroffen – vor allem Kinder aus Einelternhaushalten und Kinder in Haushalten mit drei und mehr Kindern sind einem besonders hohen Armutsrisiko ausgesetzt, ebenso Kinder, deren Eltern arbeitslos oder in prekären Beschäftigungsverhältnissen sind (vgl. Hübenthal 2009, S. 17). Die Ursachen für Kinderarmut liegen in der Erwerbssituation, d. h. in dem sehr geringen oder fehlenden Einkommen der Eltern sowie in den nicht ausreichenden staatlichen Transferleistungen. So verfügen bspw. Alleinerziehende in der Regel über nur ein Einkommen, oder, im Falle von Arbeitslosigkeit bzw. wenn die Kinder sehr klein sind und keine adäquate Kinderbetreuung zur Verfügung steht, über kein eigenständiges Einkommen. In Mehrkinderfamilien reicht das Erwerbseinkommen häufig nicht aus, um die Existenz einer mehrköpfigen Familie zu sichern. Ursache für die Inanspruchnahme staatlicher Transferleistungen sind nicht in erster Linie wie in Single-Haushalten Arbeitslosigkeit (vgl. Adamy 2010), sondern vor allem zu geringe Erwerbseinkommen oder aber eine familiäre Situation, in der Eltern nicht dem Arbeitsmarkt zur Verfügung stehen (aufgrund der Pflege von Kindern unter drei Jahren oder aber aufgrund eigener Krankheit). Adamy weist darauf hin, dass bei »jedem dritten hilfebedürftigen Paar mit Kindern [...] mindestens ein Partner« erwerbstätig sei (Adamy 2010, S. 177) und dies mit einem Lohn oberhalb des sozialversicherungsfreien Einkommens von 400 Euro. Diese Tatsache ist insbesondere deswegen von so hoher Bedeutung, weil in den Medien häufig das Bild der Transferleistungen abschöpfenden Eltern gezeichnet wird, die nicht gewillt sind, für die Existenzsicherung ihrer Familien Verantwortung zu übernehmen. Übersehen oder vielmehr verschwiegen wird dabei, dass Einkommen im Niedriglohnbereich in den vergangenen Jahren erheblich zugenommen haben und dass solche Einkommen keinesfalls den Bedarf einer Familie decken. Die jüngst vom IAQ veröffentlichten Daten zeigen darüber hinaus, dass 21 % der derzeit beschäftigten Geringverdiener einen Lohn von weniger als 9,50 Euro die Stunde erhalten, dass darunter mehr als 2 Millionen Beschäftigte sind, die weniger als 6 Euro in der Stunde verdienen, in Ostdeutschland sind Löhne unter 3,42 Euro ermittelt worden (vgl. Kalina / Weinkopf 2010).

Besondere Problemlagen von Familien

Wenn man die zuletzt genannte Aussage vor dem Hintergrund interpretiert, dass in Hartz-IV-Haushalten in der Regel mindestens eine Person oberhalb der Versicherungspflicht beschäftigt ist (vgl. Adamy 2010, S. 177), dann werden die Bedingungen, unter denen arme Eltern die Schulkarriere ihrer Kinder begleiten und vermittelt darüber die Problemlagen armer Schülerinnen und Schüler, plastischer. Es mangelt nicht einfach nur an Geld oder sozialem Kapital, sondern vor allem auch an Zeit und Ruhe, um komplexe familiäre Armutslagen zu bewältigen. Die Komplexität hat unterschiedliche Ursachen: die permanente Sorge um die Zukunft der eigenen Person (Erwerbsarbeit, Alterssicherung) und / oder der Kinder (Schullaufbahn); die bürokratischen Anforderungen, die sich aus jeder in Anspruch genommenen staatlichen Transferleistung ergeben; der Stress, der sich häufig aus prekären Beschäftigungsverhältnissen ergibt; das häufig nicht pünktliche Eingehen von Geld (Lohn und Transferleistungen) –

die Liste ließe sich fortsetzen. Sabine Walper hat bereits in den 1980er Jahren die stressgenerierende Wirkung nachgewiesen, die die Arbeitslosigkeit des Haupternährers aus psychosozialer Perspektive für die ganze Familie nach sich zieht – eine umfassende Längsschnittstudie über die Auswirkung permanenter Beschäftigung in prekären Erwerbsbereichen für das Familienklima und die alltägliche Lebensführung steht derzeit noch aus. Allerdings haben Jurczyk und Lange (2007) in einem anderen Zusammenhang darauf hingewiesen, dass die alltägliche Lebensführung für Familien heute generell sehr komplex geworden und die Koordination der Alltage in einer Familie eine voraussetzungsvolle Tätigkeit ist. Arbeitslosigkeit, prekäre Beschäftigungsverhältnisse oder Krankheiten in der Familie erschweren diesen an sich bereits nicht einfachen Koordinationsprozess erheblich. Generell ist Elternschaft heute schwieriger geworden, worauf der Begriff der verantworteten Elternschaft hinweist (vgl. Engelbert/Kaufmann 2003). Das Damoklesschwert des selbstverschuldeten Scheiterns scheint heute über Elternschaft zu hängen – die Diskurse über arme, bildungsferne und damit den »Bildungskarrieren ihrer Kinder schadenden« Eltern tragen dazu bei, dass der Faden, an dem das Schwert hängt, besonders dünn ist. Darüber hinaus ist zu beachten, dass solche prekären Lebenslagen mit äußerst knappen ökonomischen Ressourcen bewältigt werden müssen – während gut verdienende Angestellte und Beamte im öffentlichen Dienst bspw. einen Babysitter bestellen, eine Putzfrau einstellen oder ein Taxi rufen können. Um in belastenden Situationen Entlastung zu finden, müssen EmpfängerInnen von Hartz IV über ein ausgesprochen gut funktionierendes soziales Netzwerk verfügen, um diese Entlastung auch ohne finanzielle Ressourcen herzustellen. Welche Auswirkungen das gleichzeitige Fehlen materieller und sozialer Ressourcen hat, hat Uta Meier-Gräwe mit Hilfe einer Typologie von Bewältigungsmustern von Armutslagen dargestellt: in einigen Familien (Typ: die verwalteten Armen) ist die Lage so angespannt, dass kein eigener Gestaltungswille mehr besteht und der Alltag vor allem durch professionelle Helfer quasi verwaltet wird (vgl. Meier-Gräwe 2008, S. 66, zuerst Meier-Gräwe u. a. 2003). In drei anderen Typen hingegen wurden durchaus Strategien entwickelt, die Armutslage zu gestalten bzw. zu überwinden. Meier-Gräwe weist darauf hin, dass die Art und Weise, wie Eltern mit der Unterversorgungslage umgehen (können), inwieweit also kulturelles und soziales Kapital zur Verfügung stehen, komplexe Abläufe zu koordinieren, in hohem Maße die Lebenslage der Kinder mitbestimmt (vgl. 2008, S. 65). Insgesamt kann man also sagen, dass das polemisch gezeichnete Bild der auf der faulen Haut liegenden, Chips und Fernsehen konsumierenden, die Kinder vernachlässigenden Hartz IV empfangenden Eltern so nicht stimmt – sicher, solche »Fälle« gibt es, es sind diejenigen, die in Jugendämtern und Schulen auffallen und Hilfeprozesse in Gang setzen –, aber dies sind unter Umständen Fälle einer öffentlichkeitswirksamen Presse und Politik, die eigene Ziele verfolgt (vgl. Bühler-Niederberger 2003).

Ariadne Sondermann (2010) hat in einer Studie über Langzeitarbeitslose auf eine weitere Fehldeutung im öffentlichen Diskurs über arme Eltern hingewiesen: Während in Medien und politischen Debatten häufig ein Bild bildungsferner Eltern gezeichnet wird, die ihre Kinder von institutionellen Bildungsprozessen fernhalten oder diese sogar verhindern, kommt die Autorin zu anderen Ergebnissen. Sie weist die große Sorge arbeitsloser Eltern, vor allem auch alleinerziehender Mütter um die Bildungskarrieren ihrer Kinder nach. Es wird aufgezeigt, was Eltern tun, damit deren Kinder nicht den gleichen Weg einschlagen wie sie selbst, dass diese überhaupt einen Bildungsabschluss erreichen oder aber sogar einen höheren Bildungsabschluss realisieren können. Dies wird auch durch die Jenaer Kinderarmutsstudie bestätigt (vgl. Chassé / Zander / Rasch 2003). Dass solche individuellen elterlichen Bemühungen im deutschen Bildungssystem häufig nicht anschlussfähig sind, da soziale Selektionsmechanismen eine Intensität besitzen, auf die Eltern kaum Einfluss haben, bleibt mit dieser Feststellung allerdings unberührt (vgl. Geißler 2006; ZSL 2006; Betz 2010). Aber der Entstehungszusammenhang wird anders gedeutet – die Schuld für das Nichterreichen von Bildungsanschlüssen kann kaum allein oder generell dem fehlenden elterlichen Anregungs- oder Unterstützungspotential zugerechnet werden.

Die Lebenslagen und Bewältigungsstrategien der Kinder

Im vorangegangenen Abschnitt sind die Bedingungen für Familien unter Verhältnissen materieller Unterversorgung aufgezeigt worden. Die neuere soziologische Kindheitsforschung hat darauf verwiesen, dass die Lebenslage von Familien keinesfalls eins zu eins der Lebenslage der Kinder entspricht. Eltern und Kinder leben in einer Familie – wie sich aber der Alltag für den einen oder anderen darstellt, wie die materiellen Ressourcen in der Familie verteilt sind, ist durchaus sehr unterschiedlich und nicht getrennt von den Positionen als Erwachsener oder als Kind zu sehen (vgl. Mierendorff 2010 a). So haben die Autoren der Jenaer Armutsstudie darauf hingewiesen, dass Kinder und Eltern andere Probleme in der Armutslage zu bewältigen haben und dass ihnen darüber hinaus jeweils ganz unterschiedliche Ressourcen bei der Bewältigung der subjektiv wahrgenommenen Probleme zur Verfügung stehen. Daniela Winter (2006) hat dies am Beispiel der Kindergeburtstage deutlich gemacht: Während Eltern bspw. davon ausgehen, Strategien entwickelt zu haben, damit das Kind den Mangel an Geld für Geschenke nicht bemerkt, formulieren Kinder sehr deutlich, dass sie alles dafür tun, die Eltern von Schuldgefühlen zu entlasten, indem sie eigene Wünsche nicht aussprechen. Als Weiteres arbeitet Winter heraus, dass Kinder ihre belasteten Eltern schützen, indem sie zu Hause nichts von Geld für Schulausflüge oder Unterrichtsmaterialien etc. erzählen. Dies sind Hinweise, die das Dreieck zwischen Eltern, Schülern und Lehrern in einem anderen Licht erscheinen lassen. Kinder nehmen hier eine ausgesprochen aktive Rolle ein, wenn auch diese in der Schule nicht unbedingt honoriert wird. Wie im Unterrichtsalltag damit umgegangen werden kann, wäre zu diskutieren – zumindest reicht die Schuldzuschreibung an Eltern, dass diese die schulischen Prozesse nicht hinreichend unterstützen, nicht aus.

Tess Ridge (2005), britische Kindheitsforscherin, hat aufgezeigt, dass ältere Kinder sehr häufig vor und nach der Schule erwerbstätig sind, um in ihren Peergroups sozial integriert zu bleiben. Für die Integration haben heute Markenartikel und technische Geräte eine hohe Bedeutung. Da Kinder aus ökonomisch schwachen Familien häufig nicht mit der finanziellen Unterstützung der Eltern rechnen können, arbeiten diese neben der Schule. Dies ist fatal in zweierlei Hinsicht: aus der Perspektive der Schule wird Zeit in eine Tätigkeit investiert, die den schulischen Arbeitsprozessen entzogen wird. Aus der Perspektive der Peergroup wird Zeit entzogen, die eigentlich für das Gruppenleben zur Verfügung stehen sollte. Fatal ist die Erwerbsarbeit also, da weder das Ziel der Integration in die Peergroup realisiert werden kann noch den schulischen Erwartungen entsprochen wird. In beiderlei Hinsicht wird die Erwerbstätigkeit nicht honoriert. Deutlich wird aber, wie selbstständig junge Menschen an der Überwindung der Folgen von Armut »arbeiten« – wenn auch nicht immer erfolgreich, da die gesellschaftlichen und gruppenspezifischen Erwartungen an die Phase der Kindheit andere sind.

Abschließende Bemerkungen

In den letzten Jahren wurde an Grundschulen, die alle Kinder unabhängig vom sozialen und kulturellen Hintergrund durchlaufen, häufig unabhängig von staatlichen Strukturreformbemühungen engagiert nach Lösungen für den Umgang mit dem Phänomen Kinderarmut gesucht (vgl. Garlichs 2007). Die bereits oben erwähnten Themenschwerpunkte unterschiedlicher einschlägiger Fachzeitschriften und die dort dokumentierten Projekte zeugen hierfür. Einzelne Maßnahmen sollen an dieser Stelle nicht diskutiert werden. Vielmehr werden abschließend einige grundlegende Überlegungen formuliert:

(1) Kinderarmut ist ein Phänomen, das in erster Linie sozial-, familien- und arbeitsmarktspolitisch behandelt werden muss, das aber, solange auf diesen Ebenen keine umfassenden Lösungen gefunden werden, in den schulischen Alltag hineinwirkt und somit Auswirkungen auf diesen und damit vor allem auch auf die Bildungskarrieren der einzelnen Schülerinnen und Schü-

ler hat. Insofern ist unabhängig von den notwendigen Forderungen zur Bekämpfung von Kinderarmut auch die auf materieller Ungleichheit beruhende ungleichheitstheoretische Dimension der Schule Gegenstand der Reflexion. Die Durchsetzung von Ganztagsschulen, die Eltern die Sicherung des Existenzminimums und gleichzeitig Schülern Selbstbildungsprozesse außerhalb der Familie ermöglichen sollen, wird derzeit als zentrale, nicht immer widerspruchsfreie Antwort diskutiert (vgl. Hübenthal 2009, S. 44). Unabhängig von notwendigen umfassenden bildungspolitischen Reformen erscheint es angesichts der aufgezeigten Problemzusammenhänge notwendig, darüber hinaus die ganz konkreten lokalen Bedingungen der Teilhabe an Unterricht und Schulleben in den Blick zu nehmen.

(2) Da in absehbarer Zeit auch nach dem Bundesverfassungsgerichtsurteil vom Februar 2010, das die Sicherung des Existenzminimums als Voraussetzung für die Teilhabe an schulischer Bildung behandelt, keine grundlegende Veränderung der konkreten ökonomischen Situationen armer Familien in Sicht zu sein scheint, bedeutet dies für die Gestaltung des Schulalltags und des Unterrichts, dass Schüler und Schülerinnen, die unter materiell ausgesprochen belastenden Situationen aufwachsen, nach wie vor die familiären Belastungen und vor allem die Erfahrungen des Mangels in den Lernalltag mit hineinbringen werden. Dies könnte aus zwei Perspektiven an Schulen diskutiert werden:

Erstens: Soll der derzeitige Diskurs über *Bildungspartnerschaften zwischen Familie und Schule* mehr sein als eine bildungspolitische Interessensbekundung, dann wären die aufgezeigten prekären Alltagsbedingungen, unter denen arme Eltern die Bildungsbiographien ihrer Kinder begleiten, Gegenstand der Gestaltung des Verhältnisses zwischen Eltern und Schule. Was dies für die konkreten Organisationsformen bedeutet, muss an jeder Schule, in jeder Klasse verhandelt werden – möglicherweise bieten neue Wege der Schulsozialarbeit, der Gestaltung von Elternarbeit oder die Einrichtung von kollektiven, organisatorisch entlastenden Lehrmittelfonds erste Anhaltspunkte.

Zweitens: Die *kindlichen Armutslagen* selbst müssten bei der Gestaltung der Lernumwelten berücksichtigt werden. Ariane Garlichs hat eindrücklich dargelegt, dass Sensibilität für die Situation der Kinder aufgebracht werden sollte, wenn das Thema Armut selbst im Unterricht behandelt wird oder wenn über die spezifische Förderung armer Kinder nachgedacht wird (vgl. Garlichs 2007). Klischeehafte Zuschreibungen, was ein armes Kind sei, was es könne, was seine Eltern können oder nicht, sind in einem solchen Gestaltungsprozess problematisch.

Alles in allem: Kinderarmut ist ein gesellschaftpolitisches Thema und kann nur sozial-, arbeitsmarkt- und familienpolitisch bekämpft werden – die konkreten Folgen von materieller Unterversorgung finden aber permanent ihren Niederschlag im schulischen Alltag und sind damit ein Gegenstand der permanenten professionellen Auseinandersetzung um die Bedingungen des Lehrens und Lernens.

Literatur

Adamy, W. (2010): Fehlt für kinderreiche Familien der Arbeitsanreiz? Familiäre Situation von arbeitslosen und erwerbstätigen Hartz-IV-Empfängern. Zur These eines zu niedrigen Lohnabstands bei Hilfebedürftigen mit Kindern. In: Soziale Praxis. Zeitschrift für Arbeit und Soziales, 59. Jg., H. 5, S. 174 – 181.

Becker, I. (2007): Armut in Deutschland. Bevölkerungsgruppen unterhalb der ALG II in Germany. SOEP Papers on Multidisziplinary Panel Data Resarch. Berlin. Online: www.diw.de/documents/publikationen/73/5653/diw_sp0004.pdf (12.08.2010).

Betz, T. (2010): Kindertageseinrichtungen, Grundschule, Elternhaus: Erwartungen, Haltungen und Praktiken und ihr Einfluss auf schulische Erfolge von Kindern aus prekären sozialen Gruppen. In: Bühler-Niederberger, D. / Mierendorff, J. / Lange, A. (Hrsg.): Kindheit zwischen fürsorglichem Zugriff und gesellschaftlicher Teilhabe. Wiesbaden: VS-Verlag, S. 117 – 144.

Blossfeld, H. P. / Shavit, S. (1993) : Dauerhafte Ungleichheiten. Zur Veränderung des Einflusses der sozialen Herkunft auf die Bildungschancen in dreizehn industrialisierten Ländern. In: Zeitschrift für Pädagogik, 39. Jg., H. 1, S. 25 – 52.

BMFSFJ (1998): Zehnter Kinder- und Jugendbericht. Bericht über die Lebenssituation von Kindern und die Leistungen der Kinderhilfen in Deutschland. Bonn: Bundesministerium für Familie.

Bühler-Niederberger, D. (2003): Der Wert der Kinder. Die Rechenregeln der Politik. In: Kränzl-Nagl, R. / Mierendorff, J. / Olk, T. (Hrsg.): Kindheit im Wohlfahrtsstaat. Frankfurt / M.: Campus-Verlag, S. 183 – 209.

Chassé, K. A. / Zander, M. / Rasch, K. (2003): Meine Familie ist arm. Wie Kinder im Grundschulalter Armut erleben und bewältigen. Opladen: Leske+Budrich.

Engelbert, A. / Kaufmann, F. X. (2003): Der Wohlfahrtsstaat und seine Kinder. Bedingungen der Produktion von Humanvermögen. In: Kränzl-Nagl, R. / Mierendorff, J. / Olk, T. (Hrsg.): Kindheit im Wohlfahrtsstaat. Frankfurt / M.: Campus-Verlag, S. 59 – 95.

Garlichs, A. (2007): Armut hat viele Gesichter. Was fängt die Schule damit an? In: Die Grundschulzeitschrift, 21. Jg., H. 210, S. 14 – 15.

Geißler, R. (2006): Bildungschancen und soziale Herkunft. In: Archiv für Wissenschaft und Praxis, 37. Jg., H. 4, S. 34 – 49.

Holz, G. / Hock, B. / Simmendinger, J. / Wüstendörfer, W. (2000): Gute Kindheit – Schlechte Kindheit? Armut und Zukunftschancen von Kindern und Jugendlichen in Deutschland. Abschlussbericht zur Studie im Auftrag des Bundesverbandes der Arbeiterwohlfahrt, Frankfurt / M.: ISS Eigenverlag.

Holz, G. / Skoluda, S. (2003): Armut im frühen Grundschulalter. Abschlussbericht der vertiefenden Untersuchung zu Lebenssituation, Ressourcen und Bewältigungshandeln von Kindern im Auftrag des Bundesverbandes der Arbeiterwohlfahrt. Frankfurt / M.: ISS Eigenverlag.

Hübenthal, M. (2009): Kinderarmut in Deutschland. Empirische Befunde, kinderpolitische Akteure und gesellschaftspolitische Handlungsstrategien. Expertise im Auftrag des Deutschen Jugendinstituts. Reihe: Wissenschaftliche Texte des Bundesjugendkuratoriums. München. Online: www.dji.de/bibs/21_expertise_huebenthal_kinderarmut_2009.pdf (12.08.2010).

Jurczyk, K. / Lange, A. (2007): Blurring Boundaries of Family and Work. Challenges for Children. In: Zeiher, H. / Devine, D. (Hrsg.): Flexible Childhood? Exploring Children's Welfare in Time and Space. Odense: University Press of Southern Denmark, S. 215 – 238.

Kalina, T. / Weinkopf, C. (2010): Niedriglohnbeschäftigung 2008: Stagnation auf hohem Niveau – Lohnspektrum franst nach unten aus. Aktuelle Forschungsergebnisse aus dem Institut Arbeit und Qualifikation. Online: www.iaq.uni-due.de/iaq-report/2010/report2010-06.pdf (12.08.2010).

Meier-Gräwe, U. / Preuße, H. / Sunnus, E. M. (2003): Steckbriefe von Armut. Haushalte in prekären Lebenslagen. Wiesbaden: Westdeutscher Verlag.

Meier-Gräwe, U. (2008): Jedes Kind zählt – Armutsprävention als strategisch unterschätzte Zukunftsaufgabe in Deutschland. In: Herz, B. / Becher, U. / Kurz, I. / Mettlau, C. / Treeß, H. / Werdermann, M. (Hrsg.): Kinderarmut und Bildung. Armutslagen in Hamburg. Wiesbaden: VS-Verlag, S. 59 – 75.

Mierendorff, J. (2010 a): Kindheit und Wohlfahrtsstaat. Entstehung, Wandel und Kontinuität des Musters moderner Kindheiten. Weinheim u. München: Juventa.

Mierendorff, J. (2010 b): Arme Kinder – kritische Anmerkungen aus wohlfahrtstheoretischer Perspektive. In: Wittman, S. / Rauschenbach, T. / Leu. H. R. (Hrsg.): Kinder in Deutschland: Eine Bilanz empirischer Studien. Weinheim u. München: Juventa.

Ridge, T. (2005): Kinderarmut und soziale Ausgrenzung in Großbritannien. In: Zander, M. (Hrsg.): Kinderarmut – Einführendes Handbuch für Forschung und soziale Praxis. Wiesbaden: VS-Verlag, S. 14 – 33.

Sondermann, A. (2010): Familie als Ort der Vernachlässigung elterlicher Pflichten? Arbeitslose und die Sorge um die Zukunft der Kinder. In: Bühler-Niederberger, D. / Mierendorff, J. / Lange, A. (Hrsg.): Kindheit zwischen fürsorglichem Zugriff und gesellschaftlicher Teilhabe. Wiesbaden: VS-Verlag, S. 167 – 182.

Weiß, H. (2000): Kindliche Entwicklungsgefährdungen im Kontext von Armut und Benachteiligung. Erkenntnisse aus psychologischer und pädagogischer Sicht. In: Weiß, H. (Hrsg.): Frühförderung mit Kindern und Familien in Armutslagen. München: Reinhardt, S. 50 – 70.

Winter, D. (in Zusammenarbeit mit J. Mierendorff / T. Olk) (2006): Forschungsbericht zum Projekt »Wie erleben und bewältigen Kinder Armut«, Martin-Luther-Universität, Philosophische Fakultät III. (Halle / S.).

Zentrum für Schulforschung und Fragen der Lehrerbildung (ZSL) (Hrsg.) (2006): Mikroprozesse schulischer Selektion bei Kindern und Jugendlichen. Werkstatthefte des ZSL, H. 26, Redaktion: Kramer, T. / Lorenz, A. / Liebold, N. (Halle / S.).

Gudrun Schönknecht / Ruth Michalek

Junge sein – Mädchen sein: Forschungsstand und Perspektiven

In der Bildungsreform der 1970er Jahre geriet die Genderthematik nach vielen Jahrzehnten wieder in die öffentliche, bildungspolitische und pädagogische Fachdiskussion, vor allem befördert durch die seit dieser Zeit entstehende feministische Schulforschung. Theoretische wie empirische Arbeiten fokussierten zunächst auf die Bildungsbenachteiligungen von Mädchen und Frauen in einem koedukativen Schulsystem trotz inzwischen erreichter rechtlicher Gleichstellung. Während in der ersten Koedukationsdebatte im 18. / 19. Jahrhundert vor allem diskutiert wurde, ob gemeinsamer Unterricht von Jungen und Mädchen überhaupt sinnvoll sei, wurde nun untersucht und diskutiert, inwiefern koedukativer Unterricht Vor- oder Nachteile für Geschlechtergruppen aufweist. Schulbuchanalysen belegten einen »heimlichen Lehrplan« der Geschlechtersozialisation. Die Analyse von Interaktion und Kommunikation in der Schule zeigte, dass diese qualitativ und quantitativ nach Geschlecht große Unterschiede aufweisen. Seit den 1990er Jahren wird »Geschlecht« sowohl fachintern als auch in einer in den Medien z. T. sehr plakativ geführten Diskussion in Bezug auf »Jungen als Bildungsverlierer« thematisiert. Bereits Mitte der 1990er Jahre etabliert sich auch eine deutschsprachige überwiegend qualitativ ausgerichtete Jungenforschung.

Im Folgenden geben wir einen systematischen Überblick über theoretische Grundlagen, Forschungsstränge und -konzepte sowie wichtige aktuelle Forschungsergebnisse der Mädchen-, Jungen- und Genderforschung. Abschließend erläutern wir kurz sich daraus ergebende Grundfragen für pädagogische Konzepte.

Forschungsmethoden, Forschungsfelder und theoretische Grundlagen

Forschung zu Jungen und Mädchen im Grundschulalter findet vor allem im Kontext Schule statt. Wenige Studien untersuchen Geschlechterverhältnisse in der Familie und Interaktionen von Peers im außerschulischen Bereich. Während in quantitativen Schulstudien die Kategorie Geschlecht nur als eine unter anderen mit erhoben wird, steht sie in vielen qualitativen Studien im Mittelpunkt. Nur vereinzelt werden aktuell Mädchen untersucht, die Jungenforschung ist derzeit weiter ausdifferenziert. Die englischsprachige Diskussion kann für beide Geschlechter auf eine längere Tradition zurückblicken. In vorwiegend ethnographischen Studien wird dort auf komplexe Interaktionsverhältnisse unter Schüler(inne)n bei der Herstellung von Geschlechterverhältnissen verwiesen.

In der qualitativen und quantitativen Forschung und im Diskurs von Geschlecht und Kindheit können unterschiedliche geschlechtertheoretische Ansätze unterschieden werden. Obwohl sie jeweils in einer historischen Phase dominierten, werden weiterhin auch solche Positionen verwendet, die aus heutiger Sicht nicht mehr angemessen und vertretbar sind.

Im *Defizitansatz* gelten Frauen und Mädchen im Vergleich zu Männern und Jungen als defizitär. Diese androzentrische und patriarchalische Sichtweise wurde vor allem in der Frauenbewegung des 19. Jahrhunderts bearbeitet.

Die *Differenzhypothese* unterstreicht die Verschiedenheit der Geschlechter mit dem Ziel, Gleichheit herzustellen. Mädchen und Frauen seien »anders« als Jungen und Männer. Den Geschlechtern werden jeweils spezifische Eigenschaften und Handlungsweisen zugeschrieben, die als polar, einander ausschließend und sich wechselseitig ergänzend verstanden werden (z. B. Emotionalität – Vernunft). Einige Ansätze unterscheiden hier zwischen »sex« (biologisches Geschlecht) und »gender« (soziales Geschlecht, Geschlechterrolle). Neuere Ansätze betonen, dass sich Unterschiede auch vielfältig überlagern und fordern Diversity-Kompetenz.

Der sozialkonstruktivistische Ansatz des *»doing gender«* überwindet diese binäre Sichtweise. Männlichkeit und Weiblichkeit werden als individuelle und soziale Konstrukte betrachtet. Kinder als aktive Konstrukteure ihrer Wirklichkeiten zeigen in unterschiedlichen Kontexten auch unterschiedliche Konstruktionen von Geschlecht, wie beispielsweise in unserer Studie Jungen in der Grundschule (Michalek 2006; Schönknecht 2006). Parallel zur Konstruktion von Geschlecht finden auch »doing pupil« (die Inszenierung als Schüler/in) oder »doing race« (die Konstruktion von ethnischen Zugehörigkeiten) als darin verwobene Prozesse statt.

Als ein Konzept, das Männlichkeitsverhältnisse unter Jungen und Männern beschreibt, hat die »hegemoniale Männlichkeit« (Connell 1995) weite Verbreitung gefunden. Nach Connell sind solche Interaktionen hegemonial, bei denen eine bestimmte, traditionelle Form von Maskulinität durchgesetzt wird. Jungen und Männer, denen diese Form der Maskulinität nicht zugeschrieben wird oder die sich von dieser distanzieren, werden von hegemonialen Jungen und Männern ausgegrenzt und unterdrückt. Weiblichkeit wird generell untergeordnet. Ein analoger Ansatz, der Weiblichkeitsverhältnisse innerhalb der Gruppe der Mädchen differenzieren kann, fehlt bisher. Wir werden im Folgenden allerdings einzelne Studien vorstellen, die hier erste Befunde aufweisen.

Studien und Forschungsergebnisse

Um die Komplexität der Forschungsfelder und theoretischen Ansätze nicht durch pauschalisierende Aussagen zu verkürzen, werden wir exemplarisch einzelne Studien vorstellen, die uns als charakteristisch für den jeweiligen Forschungsstrang und wichtig für das Nachdenken über pädagogische Konzepte erscheinen. Wir skizzieren zunächst geschlechterdifferenzierende Studien und Studien zu den Unterscheidungspraxen zwischen den Genusgruppen.

Geschlechterdifferenzierende Studien

Bei den geschlechterdifferenzierenden Studien finden sich unterschiedliche Themenstränge: einerseits werden die Interaktionen von Mädchen und Jungen in Gruppen verglichen. Andererseits wird im Kontext Schule häufig differenziert im Hinblick auf Schulleistungen, Selbstvertrauen und Einstellungen gegenüber Schule.

Rose / Rudolph (2006, S. 125 f.) stellen in ihrem Überblicksartikel die Ergebnisse geschlechterdifferenzierender Studien zum Verhalten unter Peers im Kindes- und Jugendalter vor. Viele Studien stammen aus den 90er Jahren des 20. Jahrhunderts – es gibt nur vereinzelte Untersuchungen jüngeren Datums. Trotz vieler widersprüchlicher Ergebnisse finden sich einige Differenzen in den Interaktionen innerhalb der Peergroup.

Für den Kontext Schule weisen Gray / McLellan (2006) auf drei Gruppen von Jungen und Mädchen hin, die in der Diskussion um Gender und Schule meist im Mittelpunkt stehen: angepasste Mädchen, Jungen als Bildungsverlierer sowie Mädchen ohne Selbstvertrauen.

Angepasste Mädchen haben die schulischen Normen internalisiert, verhalten sich in den Augen ihrer Lehrer(innen) wie Modellschülerinnen und treten bisweilen als »quasi-teachers« (Gray / McLellan 2006, S. 652) auf. Sie absolvieren ihre Schullaufbahn erfolgreich. Den angepassten Mädchen stehen die *Jungen als Bildungsverlierer* gegenüber. Im Bildungsbericht 2008 wird parallel zu einer »Erfolgsgeschichte« der Mädchen ein zunehmendes Risiko für Jungen und junge Männer geschildert, in Schule und Ausbildung zu scheitern (vgl. Autorengruppe Bildungsberichterstattung 2008, S. 11 f.).

Die dritte dominante Gruppe der Gender-Diskussion bilden *Mädchen ohne Selbstvertrauen*. Unterschiede in den Erfolgserwartungen, in Selbstkonzept und Selbstvertrauen zwischen Jungen und Mädchen werden häufig als Erklärungsansatz für Differenzen in den schulischen Einstellungen und Leistungen herangezogen. Mädchen haben selbst in den Bereichen, in denen sie höhere Kompetenzen zeigen als Jungen, nicht unbedingt ein positives Selbstbild. Diese Unterschiede im Selbstbild werden meist mit unterschiedlichen Verarbeitungsmustern von Erfolg und Misserfolg erklärt. Allerdings kann auch das geschlechtsspezifische »Image« von Schulfächern zur Einschätzung der Eignung beitragen.

Neben den eben skizzierten drei dominanten Typen werden andere in der Diskussion weniger beachtet: z. B. Mädchen, die sich nicht den schulischen Normen unterordnen, oder Jungen, die leistungsorientiert und sensibel für schulische Normen sind.

Um solche Typen zu identifizieren, befragten Gray / McLellan (2006) in ihrer Studie etwa 10-jährige Schüler(innen) aus 21 Grundschulen zu ihren Einstellungen gegenüber Schule (N = 1310). Sie untersuchten Faktoren wie das Engagement für die Schule, das akademische Selbstwertgefühl, die Beziehungen zur Peer Group, das eigene Verhalten und die Frage des Wohlfühlens in der Schule. Dabei gelangten sie zu fünf Typen oder Clustern. In allen Clustern sind beide Geschlechter zu finden (vgl. Gray / McLellan 2006, S. 663 f.). Die Zusammensetzung unterscheidet sich jedoch: In Cluster 4 (erhöhte Werte in akademischem Selbstwertgefühl, Engagement und Peerbeziehung, niedrige Werte im Verhalten) sind mehr Jungen als Mädchen, in Cluster 2 (sehr hohe Werte in Verhalten und Engagement, niedrige Peer-Werte, unterdurchschnittliches akademisches Selbstwertgefühl) ist es umgekehrt. Diese beiden Gruppen scheinen die beiden oben genannten dominanten der Gender-Diskussion zu sein. Die Gruppe der Mädchen mit starkem Selbstwertgefühl (in Cluster 3) widerspricht dieser Diskussion. Gray / McLellan (2006, S. 664) stellen zudem noch Unterschiede in der Clusterbesetzung zwischen den beteiligten Schulen fest. Der Strang der Aufmerksamkeit auf Unterschiede zwischen Mädchen und Jungen – und damit ein differenztheoretisches Denken – zieht sich bis in die heutige Zeit durch. Dies zeigt sich vor allem darin, dass in Large-scale-Untersuchungen wie PISA, TIMSS und IGLU immer wieder pauschalisierende Aussagen zu Unterschieden zwischen Jungen und Mädchen in der Darstellung der Ergebnisse dominieren, Unterschiede innerhalb der Genusgruppen aber selten thematisiert werden (vgl. z. B. Valtin u. a. 2006).

Die eben dargestellten Studien zeigen deutlich, dass es wichtig ist, die Geschlechter über die Dichotomie hinaus differenzierter zu betrachten.

Geschlechterverhältnisse in der Grundschule

Viele, vor allem ethnographische Studien untersuchen, wie Geschlechterverhältnisse in der Schule hergestellt werden. Exemplarisch stellen wir hier zwei Studien vor: die erste untersucht Peerinteraktionen in einer Schule, die zweite analysiert vergleichend die Interaktionen an drei Grundschulen.

Tervooren (2006) analysiert Differenzen innerhalb der Geschlechtergruppen in einer ethnographischen Studie an einer Brennpunktschule »im Übergang von Kindheit zu Adoleszenz«. Dabei stehen Rituale vor und nach dem Unterricht als Schnittstelle zwischen Schul- und Kinderkultur im Zentrum der Untersuchung. *Geschlechterinszenierungen* finden vor allem in geschlechtshomogenen Peergroups statt. Kinder inszenieren sich als Jungen und Mädchen mittels Stimme, Gesten und Kleidung in verschiedenen Situationen (Alltag, Spiel, gegenüber Erwachsenen), bereits bevor sie körperliche Merkmale entwickeln. Sie erproben ihre Inszenierungen und orientieren sich dabei häufig an Vorbildern aus den Medien. In den Fallbeispielen zeigen sich als wesentliche Elemente dieser Inszenierungen die rituelle Wiederholung, die darin angelegte Veränderungsmöglichkeit und das allmähliche Verfestigen der Geschlechterinszenierungen.

Der Fokus der Studie von Swain (2005) liegt auf den *Interaktionen zwischen den Geschlechtern*. Swain untersucht vergleichend die Geschlechterinszenierungen an drei Grundschulen. Der jeweilige schulische Kontext scheint Auswirkungen auf die Gestaltung der Interaktionen zwischen Jungen und Mädchen zu haben: An der ersten Grundschule sind wenig Interaktionen zwischen Jungen und Mädchen zu beobachten, sie haben kein Interesse aneinander. Die Jungen schließen die Mädchen aus, indem sie diese zusammen mit den untergeordneten Jungen als inkompetent, physisch schwach und albern charakterisieren. Mädchen üben hingegen Macht über Jungen aus, indem sie diese öffentlich bloßstellen.

An der zweiten Grundschule gibt es viel mehr Interaktionen zwischen Jungen und Mädchen. Desinteresse und Abstand sind zwar vorherrschend, eine gemischte Sitzordnung stört jedoch nicht. Trotzdem würde ein Junge ernsthafte Schikanen und Unterordnung provozieren, wenn er sich zu sehr mit Mädchen abgeben würde. An dieser Schule können Mädchen Jungen durch Anspielungen auf das Aussehen bloßstellen. Jungen scheinen an dieser Schule ebenso wie die Mädchen sehr viel Wert auf die körperliche Erscheinung zu legen.

An der dritten Schule gibt es die meisten Interaktionen zwischen den Geschlechtern. Mädchen zu mögen oder nicht zu mögen ist an dieser Schule häufig ein schwieriger und widersprüchlicher Prozess. Obwohl die Geschlechtermischung hier größer ist als an den anderen beiden Schulen, gibt es hier die meisten frauenfeindlichen Kommentare. Die Mädchen dieser Schule tendieren zu mehr Aufmerksamkeit im Unterricht als die Jungen. An den anderen beiden Schulen gab es hier keine Unterschiede. Während in den ersten beiden Schulen niemand für eine erhöhte Mitarbeit und Schulleistung gehänselt wurde, werden in der dritten Schule sowohl Mädchen als auch Jungen für vermeintlich zu hohen Arbeitseinsatz oder zu gute Leistungen schlecht gemacht.

Mädchenforschung

Nachdem im 20. Jahrhundert zunächst die Benachteiligung von Mädchen im Zentrum der Mädchenforschung stand, finden sich nun einzelne differenzierte Analysen der Situation von Mädchen. Wir stellen nachfolgend exemplarisch zwei Studien aus dem angelsächsischen Raum vor.

Reay (2001) identifiziert nach teilnehmender Beobachtung in einer dritten Klasse einer Londoner Grundschule vier Gruppen von Mädchen, die sich in den Interviews und Gruppendiskussionen jeweils selbst und gegenseitig charakterisierten.

Die *nice girls*, die *girlies*, die *spice girls* und die *tomboys* werden hauptsächlich nach den unterschiedlichen Interaktionsweisen mit den Jungen unterschieden. Dabei werden aber auch Zusammenhänge mit den Schulleistungen und Reaktionen von Lehrer(inne)n hergestellt. Reay stellt fest, dass alle Mädchen zur Etablierung herkömmlicher Geschlechterverhältnisse beitragen und männliche Überlegenheit tradieren. Denn obwohl es multiple Maskulinitäten und Feminitäten in der Klasse gibt, führt die hegemoniale Männlichkeit dazu, dass selbst durch Versuche der Mädchen, mächtigere Positionen einzunehmen, dominante Männlichkeit gestärkt wird. Mädchen schaffen sich Freiräume, mischen die Oberfläche der Geschlechterverhältnisse auf, grundlegend bleibt aber immer die Überzeugung, es ist besser, ein Junge zu sein.

Während Reay unterschiedliche Mädchengruppen untersucht, fokussieren Renold / Allan (2006) in einer ethnographischen Studie auf Spannungen und Widersprüche bei akademisch erfolgreichen Mädchen im Alter von etwa zehn Jahren. Die Studie wird an zwei kontrastierenden Primary Schools durchgeführt; eine Schule kann als Brennpunktschule bezeichnet werden, das Einzugsgebiet der anderen umfasst überwiegend weiße Obere-Mittelklasse-Familien. Mädchen sind an beiden Schulen, besonders aber an der Brennpunktschule, täglichen Angriffen ausgesetzt, die ihre Arbeit und Leistungen in Frage stellen. Sie erleben kulturell aufgeladenen gegenderten und rassistischen Spott. Renold / Allan zeigen an drei Fallstudien auf, dass es zwei Wege gibt, Schulerfolg und Weiblichkeit zu vereinbaren:

»Feminine-ization of success«: Akademischer Erfolg darf an einer Schule – in der Erfolg die Ausnahme ist und mit einer Peerkultur, in der »girlie femininities« die Norm darstellen – die normative Weiblichkeit nicht beeinträchtigen und ist immer vermittelt durch diese Weiblichkeit. Der Peer-Diskurs

um Attraktivität, der Wunsch nach Zugehörigkeit zur Freundinnengruppe und die hier vertretene Femininität scheinen wichtiger zu sein als Schularbeit und weiterer Schulerfolg. Trotz zugeschriebener Intelligenz und Schönheit versucht die Schülerin Shamilla gleich wie die anderen zu sein. Sie wertet beständig ihre Leistungen ab, die Peers hingegen heben sie beständig hervor und würdigen sie. Diese gemeinsam konstituierte Lösung, die eigenen Leistungen abzuwerten sowie gegenseitig die Erfolge der anderen zu betonen und so Inklusion herzustellen, ermöglicht es Shamilla, Weiblichkeit mit schulischem Erfolg zu vereinbaren.

»(Post)feminist-ization of success«: Die Fälle Nyla und Libby zeigen, wie sie beständig durch die performative Kultur herausgefordert sind, jedoch auf unterschiedlichem Weg ihre Weiblichkeiten leugnen. Beide suchen aktiv nach Möglichkeiten, ihre Position als »high achievers« zu erhalten. Nyla versucht einen individuellen Weg jenseits traditioneller Weiblichkeiten, Libby versucht einen kollektiven Weg, um Zugang zu eher maskulinisierten Diskursen (müheloser Erfolg) über die Inszenierung von »girly girls« zu erlangen. Nyla hat Erfolg, ist dabei aber häufigem verbalen »bullying« ausgesetzt: »doing clever« und »doing femininity« führen zu Marginalisierung. Libbys Identität als beliebtes und selbstbewusstes erfolgreiches Mädchen wird ständig durch andere Jungen und Mädchen unterminiert.

Studien der Mädchenforschung nehmen, wie an den beiden Beispielen dargestellt, einerseits die Konstruktionsprozesse von Weiblichkeit in den Blick. Andererseits untersuchen sie diese im Kontext der schulischen Leistungsanforderungen und den damit verbundenen Peerkulturen.

Jungenforschung

Im Gegensatz zur Mädchenforschung kann die Jungenforschung auf das von Connell (1995) ausgearbeitete Konzept der Hegemonialen Männlichkeit zurückgreifen, mit dem sich unterschiedliche Männlichkeiten und deren Verhältnis zueinander beschreiben lassen. Internationale, überwiegend qualitative empirische Studien weisen darauf hin, dass Jungen ihre Männlichkeit im Kontext Schule in hegemonialen Strukturen inszenieren, die in der eigenen Peer-Kultur erprobt und tradiert werden. Unsere Studie mit Grundschülern (z. B. Michalek 2006; Schönknecht 2006) und angelsächsische Studien zeigen, dass die Männlichkeitskonzepte der Jungen variabel und vielfältig sind. Sie führen zu unterschiedlichen Ansprüchen an Interaktionsformen, Inszenierungswegen und Verhaltensweisen (z. B. Michalek / Fuhr 2008), die unterschiedliches Konfliktpotential und unterschiedliche Grenzen für Jungen bewirken.

Swain (2003) untersucht ethnographisch Strategien der Unterordnung in drei Junior Schools. Wenn Jungen die hegemoniale Männlichkeitsform nicht verkörpern wollen oder können, werden sie untergeordnet. Inkludiert wird, wer »in the know« (Gelder / Thornton 1997) ist, das heißt, wer hinsichtlich der Themen, des Sprachstils, der Kleidung, der Spiele und der Art, sich zu bewegen, das Richtige tut.

Renold (2004) untersucht in einer ethnographischen Studie an drei Grundschulen die Selbstpositionierungen der Jungen sowie die Positionierungen durch andere Jungen. Es findet sich an den Schulen eine große Pluralität und Veränderlichkeit von Maskulinitäten. Über zwei Drittel der Jungen drücken jedoch Gefühle der Machtlosigkeit und Angst aus bei ihrem Bestreben, die nicht erreichbare Fiktion der hegemonialen Maskulinität zu erreichen. Jungen, die nicht erfolgreich Zeichen der hegemonialen Männlichkeit zeigen, werden oftmals ausgegrenzt und lächerlich gemacht (»gender-based bullying«). Ein Drittel der Jungen waren Opfer von geschlechtsbezogenem Bullying. Distanz zur hegemonialen Männlichkeit ist jedoch möglich, so lange man in irgendeiner Form hegemonialer Männlichkeit engagiert ist. Renold beobachtet, dass untergeordnete Jungen oft auch von Mädchen abschätzig behandelt werden. Diese Beobachtung teilt Swain in seiner Studie nicht. Frosh u. a. (2002, S. 12) stellen fest, dass Jungen ihre Identität auch dadurch stützen, dass sie andere Jungen als Übertreter von Geschlechtergrenzen, also als feminin oder schwul bezeichnen.

Die Studien zeigen, dass es in der Schule parallel unterschiedliche Männlichkeitskonstruktionen gibt. Den Normen ihrer Peergroup entsprechend wählen die Jungen bestimmte Formen der Darstellung von Maskulinität, um Zugehörigkeit zu signalisieren. Dies führt häufig dazu, dass Jungesein und Schülersein in Konflikt geraten (vgl. Keddie 2006, S. 527 f.). Jungen können große Schwierigkeiten in und mit der Schule bekommen, wenn

Männlichkeitskonzept, Bildungsorientierung und Schülersein sich widersprechen. Dies hat Connolly (2004) in einer vergleichenden Studie an zwei Grundschulen rekonstruiert. Er findet an den beiden Schulen unterschiedliche Verhältnisse zwischen Schule und Elternhaus: Die South Park Primary School ist sehr berühmt und genießt einen ausgezeichneten Ruf, weil sie in den nationalen Vergleichstests erfolgreich abschneidet. Den Schulhabitus der Jungen nennt Connolly »fish in water«. Die Jungen akzeptieren die schulischen Routinen und internalisieren Disziplin und Kontrolle. Unter den Jungen gibt es keine »underachiever«, keine Jungen mit zu schwachen Leistungen. Das Männlichkeitskonzept der Jungen entspricht der Wertschätzung von Bildung. Es unterstützt Bildungsniveau und Bildungsabschluss sowie akademischen Erfolg. Für die Jungen gibt es durch die Orientierungen in den Kategorien »middle class«, Schuljunge und Männlichkeit keine Konflikte.

Die North Parade Primary School hingegen ist eine Brennpunktschule: Viele Eltern sind arbeitslos oder alleinerziehend in sozial schwierigen Situationen. Das Männlichkeitskonzept der Jungen lässt sich mit »need to be streetwise« überschreiben. »Fähig zum Kampf sein« und »für sich selbst sorgen können« sind die wichtigsten Elemente. Den Schulhabitus der Jungen nennt Connolly »fish out of water«. Die Jungen haben nicht gelernt, den Wert von Bildung und akademischen Elementen in der Schule zu schätzen. Zudem entspricht das Schulleben dem Alltag zu Hause meist wenig. Das Männlichkeitskonzept der Jungen und ihr im Milieu entwickelter Habitus widersprechen dem geforderten Schülersein. Diese Jungen haben große Schwierigkeiten in und mit der Schule.

Die Jungenforschung weist also deutlich darauf hin, dass Jungesein sehr variabel und kontextabhängig ist. Plurale Männlichkeitsinszenierungen führen zu unterschiedlichen Grenzen und unterschiedlichem Konfliktpotential für Jungen.

Diskussionen, Konzepte und Modelle in der Schule

Aus der Mädchen-, Jungen- und Geschlechterforschung ergeben sich Konsequenzen für die Gestaltung der pädagogischen Praxis. Entscheidend für die Berücksichtigung der Genderperspektive in der Grundschule ist, *von welcher Gendertheorie ausgehend pädagogische Konsequenzen formuliert und realisiert werden.* Differenztheoretische Ansätze bergen die Gefahr, Stereotype zu verstärken oder auch hervorzubringen. Zu favorisierende Ansätze sind solche, die Maskulinität und Feminität variabel und plural fassen.

Dichotomisierende Ansätze in Verbindung mit »boys' underachievement«-Programmen sind im angelsächsischen Raum schon länger verbreitet. Aufgelistet werden meist sehr konkrete Maßnahmen wie eine gemischte Sitzordnung, Ziele setzen, Lob und Belohnung, Ermöglichung körperlicher Aktivität und Einsatz von »hard sports« oder erlebnispädagogische Maßnahmen für alle Jungen. Auch in der deutschen Diskussion sind ähnliche, aber auch Lerninhalte betreffende Vorschläge zu finden: So wird im Rahmen einer zu entwickelnden »Jungenpädagogik« vorgeschlagen, »dass Fußball, Autos und Computer verstärkt zu Unterrichtsinhalten gemacht werden« (Matzner / Tischner 2008, S. 402). Leseförderung wird derzeit in vielen Veröffentlichungen als ein Schwerpunkt der Jungenförderung angeführt (vgl. Richter / Plath 2007). Ignoriert wird dabei, dass Interessen und Fähigkeiten auch innerhalb einer Geschlechtergruppe stark streuen sowie dass sich neben Geschlecht auch andere Faktoren wie Kultur und soziokultureller Hintergrund sowie kognitive Fähigkeiten auf Lesekompetenz auswirken.

Die Entwicklung einer spezifischen »Jungen- oder Mädchenpädagogik« birgt die Gefahr der Reifizierung von Stereotypen durch die Dramatisierung von Geschlecht sowie der Simplifizierung eines sehr komplexen Feldes. Dichotomisierende Positionen können Gender-Stereotype verfestigen und nehmen Subgruppen oder Subkulturen unter Mädchen und Jungen nicht in den Blick.

Auch im aktuellen populär-, aber auch fachwissenschaftlichen Diskurs um die Feminisierung des Lehrberufs sind ähnliche differenztheoretische Sichtweisen verbreitet. Deskriptiv ist mit »Feminisierung« zunächst nur das quantitative Geschlechterverhältnis gemeint, das sich in den letzten Jahrzehnten stark verschoben hat zugunsten von Lehrerinnen, allerdings nicht in Bezug auf Leitungsfunktionen. Zum Teil implizit, teilweise offen wird jedoch damit auch ein differenztheoretischer Ansatz von geschlechterspezifischer Arbeitsteilung verbunden und ein kausaler Zusammenhang zwischen der Anzahl von Lehrerinnen und männlichen Schulversagern konstruiert. Dabei wird auch generell, bisweilen mit simplifizierenden Argumenten, vor »Gefahren feminisierter Bildungseinrichtungen« (Matzner / Tischner 2008, S. 389) gewarnt: »weibliche Lehrkräfte (können) zur Entwicklung einer männlichen Geschlechtsidentität unmittelbar nichts beisteuern« (Matzner / Tischner 2008, S. 389). Männliche Lehrkräfte werden vor allem für die Grundschule gefordert, das schlechte Abschneiden von Jungen in der Schule sei damit zu erklären, dass Lehrerinnen und die Schule insgesamt auf die spezifischen Bedürfnisse von Jungen nicht eingehen.

Empirische Belege für die propagierten Zusammenhänge fehlen. Unterschiede in Schulleistungen zwischen Jungen und Mädchen sind zwar vorhanden, aber keineswegs in allen Kompetenzbereichen zu Ungunsten der Jungen. Schulische Defizite von Jungen sind auch keine neue Erscheinung, sie sind empirisch belegt auch für Zeiten, in denen der Beruf fast ausschließlich von Männern ausgeübt wurde. Gegen die Hypothese spricht auch, dass in den IGLU-Studien (in der Grundschule) Schüler(innen) deutlich bessere Ergebnisse erzielten als in den PISA-Studien (in den Sekundarstufen), obwohl der

Frauenanteil an der Grundschule am höchsten ist. Ein kausaler Zusammenhang, der hier unterstellt wird, ist nicht belegt. Auch die Untersuchungen zur geschlechtsspezifischen Deutung beruflicher Aufgaben zeigen nicht die Dichotomie logotrop (Männer) – paidotrop (Frauen). Lehrerinnen bevorzugen stärker eine Unterrichtsgestaltung, die die Selbstständigkeit von Schüler(inne)n stark unterstützt, kooperieren häufiger und zeigen geringere Bereitschaft, herausgehobene Funktionen zu übernehmen – dies spreche, so resümiert Horstkemper (2010, S. 52) ihren Forschungsüberblick, »ganz und gar nicht für eine mangelnde professionelle Haltung von weiblichen Lehrkräften«. Differenzierende Betrachtungsweisen sind also auch im Blick auf Lehrpersonen unabdingbar, wie z. B. die Studie von Baar, der eine Typologie des Habitus männlicher Grundschullehrer entwickelt (Baar 2010). Zum Einfluss des Geschlechts von Lehrkräften auf Kinder gibt es kaum Studien. Rohrmann zitiert eine große aktuelle britische Studie, in der keinerlei Bezüge zwischen Schulleistung und Geschlecht der Lehrpersonen festgestellt wurden, andererseits von Lehrerinnen unterrichtete Schüler beiderlei Geschlechts deutlich positivere Einstellungen zur Schule hatten (Rohrmann 2008, S. 114 f.).

Schon länger verbreitet sind Empfehlungen und Konzepte zu *zeitweise getrenntem Unterricht von Mädchen und Jungen,* sowohl in eng mit Geschlecht konnotierten Fächern (z. B. Naturwissenschaften, Neue Medien) als auch zur Thematisierung von Geschlecht und sozialem Lernen, z. B. in Jungen- und Mädchenstunden (vgl. Rohrmann 2008; Boldt 2008). Die Wirkungen solcher Arrangements können sehr unterschiedlich sein. In ihrer Untersuchung zur Modifizierung von Geschlechtsstereotypen in mono- oder koedukativen Gruppen zeigt Spreng, dass Stereotype sich in reinen Mädchengruppen eher reduzieren, dagegen kommt es in reinen Jungengruppen zu einer stärkeren Polarisierung (Spreng 2008, S. 83). Solche Angebote können auch dazu führen, dass die Thematik Gender nur dort gesehen und im sonstigen schulischen Alltag nicht mehr thematisiert wird.

Geschlechtersensible oder geschlechtergerechte pädagogische Konzepte müssen sowohl die Auseinandersetzung mit dem eigenen Geschlecht als auch die Förderung von Heterogenität innerhalb der Geschlechtergruppe im Blick haben. Insbesondere die *Variabilität und Pluralität von Geschlechterentwürfen* sind zu berücksichtigen. Es ist erforderlich, Prozesse der Geschlechterkonstruktion und Geschlechterkategorisierungen *in der pädagogischen Arbeit mit Jungen und Mädchen* zu thematisieren; differenzierte, alternative und variable Erprobungen und Inszenierungen von Geschlecht zuzulassen und Gelegenheiten zu schaffen, diese zu reflektieren. Dafür müssen Lehrkräfte sich auch mit den Lebenswelten von Kindern und ihrem soziokulturellen Umfeld auseinandersetzen, um ihnen unterschiedliche und den Individuen angemessene Erfahrungs- und Lernmöglichkeiten bieten zu können. Ein allein kognitiver Zugang ist allerdings nicht ausreichend, gegebenenfalls sogar kontraproduktiv, da auch und vor allem bei allen Beteiligten Einstellungen, Gefühle und ihr Selbstkonzept eine große Rolle spielen.

Pädagogische Fachkräfte brauchen detailliertes Wissen, um zugrundeliegende Theorien (Doing gender, Kinder als Konstrukteure) und Prozesse der Geschlechterkonstruktion wahrzunehmen und differenziert darauf reagieren zu können. Lehrkräfte wirken auch als Rollenvorbilder, geschlechtsstereotype Erwartungen zeigen sich in ihrem Verhalten, z. B. über (Leistungs-) Rückmeldungen, Reaktionen auf Beiträge im Unterricht oder implizite oder explizite Merkmalszuschreibungen. In der Aus- und Fortbildung sind Stereotype, Erwartungen, Einstellungen und Handlungsmuster in Kommunikation und Interaktion zu reflektieren und gegebenenfalls zu verändern (vgl. auch Ludwig 2010).

Die *Schule als Organisation und als Institution* muss in den Blick genommen werden, da sich in den Studien für Einzelschulen sehr unterschiedliche Ergebnisse zeigen. Isolierte, einzelne pädagogische Interventionen sind weniger hilfreich als Programme, welche die ganze Institution betreffen. Skelton (2001, S. 175) stellt vier Schlüsselfragen für Schulen zusammen, die geschlechtersensible Programme entwickeln wollen, die wir hier für geeignet halten:

1. Welche Männlichkeits- und Weiblichkeitsbilder bringen Kinder mit und welche werden in Interaktionen in der Institution ausgedrückt?
2. Welche dominanten Männlichkeits- und Weiblichkeitsbilder präsentiert die Institution den Kindern?
3. Welche Vorbilder erwartet die Institution von den pädagogischen Fachkräften?
4. Welche Initiativen, Strategien und Projekte sollten Pädagogen und Pädagoginnen durchführen, damit Kinder ihre Geschlechterkategorisierungen hinterfragen?

Literatur

Autorengruppe Bildungsberichterstattung (Hrsg.) (2008): Bildung in Deutschland 2008. Ein indikatorengestützter Bericht mit einer Analyse zu Übergängen im Anschluss an den Sekundarbereich I. Bielefeld: Bertelsmann.

Baar, R. (2010): Allein unter Frauen. Der berufliche Habitus männlicher Grundschullehrer. Wiesbaden: VS-Verlag. (i. V.)

Boldt, U. (2008): Jungen und Koedukation. In: Matzner, M. / Tischner, W. (Hrsg.): Handbuch Jungen-Pädagogik. Weinheim: Beltz, S. 137 – 149.

Connell, R. (1995): Masculinities. Cambridge: Polity Press.

Connolly, P. (2004): Boys and schooling in the early years. London: Routledge-Farmer.

Frosh, S. / Phoenix, A. / Pattman, R. (2002): Young masculinities. Understanding boys in contemporary society. Basingstoke u. Hampshire: Palgrave.

Gelder, K. / Thornton, S. (1997): The subcultures reader. London: Routledge-Farmer.

Gray, J. / McLellan, R. (2006): A matter of attitude? Developing a profile of boys' and girls' responses to primary schooling. In: Gender and Education, 18. Jg., H. 6, S. 651 – 672.

Horstkemper, M. (2010): Frauen und Männer im Lehrberuf. Geschlechterdifferenz und Professionalisierung. In: Feindt, A. u. a. (Hrsg.): Friedrich Jahresheft XXVIII, S. 50 – 53.

Keddie, A. (2006): Fighting, anger, frustration and tears: Matthew's story of hegemonic masculinity. In: Oxford Review of Education, 32. Jg., H. 4, S. 521 – 534.

Ludwig, P. (2010): Schulische Erfolgserwartungen und Begabungsselbstbilder bei Mädchen – Strategien ihrer Veränderung. In: Matzner, M. / Wyrobnik, I. (Hrsg.): Handbuch Mädchen-Pädagogik. Weinheim: Beltz, S. 145 – 158.

Matzner, M. / Tischner, W. (2008): Auf dem Weg zu einer Jungenpädagogik. In: Matzner, M. / Tischner, W. (Hrsg.): Handbuch Jungen-Pädagogik. Weinheim u. Basel: Beltz, S. 381 – 409.

Michalek, R. (2006): »Also, wir Jungs sind …«. Geschlechtervorstellungen von Grundschülern. Münster: Waxmann.

Michalek, R. / Fuhr, T. (2008): Hegemonialität und Akzeptanz von Abweichung in Jungengruppen. Empirische Studien zum Umgang mit Opposition. In: Prengel, A. / Rendtorff, B. (Hrsg.): Jahrbuch Frauen- und Geschlechterforschung in der Erziehungswissenschaft. Opladen: Barbara Budrich, S. 121 – 133.

Reay, D. (2001): »Spice Girls«, »Nice Girls«, »Girlies«, and »Tomboys«: gender discourses, girls' cultures and femininities in the primary classroom. In: Gender and Education, 13. Jg., H. 2, S. 153 – 166.

Renold, E. (2004): »Other« boys: negotiating non-hegemonic masculinities in the primary school. In: Gender and Education, 16. Jg., H. 2, S. 247 – 266.

Renold, E. / Allan, A. (2006): Bright and Beautiful: High achieving girls, ambivalent femininities, and the feminization of success in the primary school. In: Discourse: studies in the cultural politics of education, 27. Jg., H. 4, S. 457 – 473.

Richter, K. / Plath, M. (2007): Literatur für Jungen – Literatur für Mädchen? In: Grundschule, 39. Jg., 7 – 8, S. 6 – 8.

Rohrmann, T. (2008): Jungen in der Grundschule. In: Matzner, M. / Tischner, W. (Hrsg.): Handbuch Jungen-Pädagogik. Weinheim: Beltz, S. 109 – 121.

Rose, A. / Rudolph, K. (2006): A Review of Sex Differences in Peer Relationship Processes: Potential Trade-offs for the Emotional and Behavioral Development of Girls and Boys. In: Psychological Bulletin, 132. Jg., H. 1, S. 98 – 131.

Schönknecht, G. (2006): Themen und Inhalte in Gruppendiskussionen mit Jungen – Schwerpunkt Jungen und Schule. In: Schultheis, K. / Strobel-Eisele, G. / Fuhr, T. (Hrsg.): Kinder: Geschlecht männlich. Pädagogische Jungenforschung. Stuttgart: Kohlhammer, S. 186 – 205.
Skelton, C. (2001): Typical Boys? Theorizing masculinity in educational settings. In: Francis, B. / Skelton C. (Hrsg.): Investigating Gender. Contemporary perspectives in education. Buckingham u. Philadelphia: Open University Press, S. 164 – 176.
Spreng, M. (2008): Geschlechtsrollenstereotype von Grundschulkindern: Status-quo und Veränderbarkeit durch eine ko- bzw. monoedukativ durchgeführte Intervention. In: Zeitschrift für Grundschulforschung, 1. Jg., H. 2, S. 73 – 86.
Swain, J. (2003): How young schoolboys become somebody: the role of the body in the construction of masculinity, in: British Journal of Sociology of Education, 24. Jg., H. 3, S. 299 – 314.
Swain, J. (2005): Sharing the same world: boys' relations with girls during their last year of primary school. In: Gender and Education, 17. Jg., H. 1, S. 75 – 91.
Tervooren, A. (2006): Im Spielraum von Geschlecht und Begehren. Ethnographie der ausgehenden Kindheit. Weinheim u. München: Juventa.
Valtin, R. / Wagner, C. / Schwippert, K. (2006): Jungen – benachteiligt? Einige Ergebnisse aus IGLU. In: Die Grundschulzeitschrift, 20. Jg., H. 194, S. 18 – 19.

Heike de Boer

»Weil Freunde wichtig sind« – Gleichaltrige, Freundschaft und Schule

Dash war sich sicher, dass seine beste Freundin Paula ihren Schutzengel verloren hatte. Wir alle haben Schutzengel und bekommen sie zum ersten Geburtstag. Sie passen auf uns auf, dass wir nicht von Bäumen fallen, vom Balkon oder vor Autos laufen. Doch Dash vermutete, dass Paulas Engel längst aufgegeben hatte. In nur einer Woche hatte sich Paula beide Knie aufgeschlagen, den kleinen Finger gebrochen und einen Zahn verloren. Paulas Engel hatte einfach zu viele Einsätze, das hielt selbst der stärkste Engel nicht durch. Ohne Schutzengel wäre Paula allerdings aufgeschmissen, das wusste Dash und begann mit seiner Suche, um den Engel seiner besten Freundin zurückzuholen. (Funke 2009)

Wer hätte nicht gern Dash als Freund, jemanden der sich sorgt, Anteil nimmt und der da ist, wenn etwas schief läuft. Freunde sind wichtig: unter Freunden wird mehr gelacht, zusammen Quatsch gemacht, werden Geheimnisse geteilt, Aufmunterungen vorgenommen und Unterstützung gewährt. Unter Freunden gibt es eher einen Schutz davor, dass Wetteifer in Konkurrenz umschlägt, problematische Aushandlungen rücksichtslos und feindselig gelöst oder Hilfestellungen verweigert werden (vgl. Uhlendorff 2006, S. 97 ff.). Enge Kinderfreundschaften wirken sich positiv auf das Selbstbild von Kindern aus (vgl. Traub 2005, S. 9). So erstaunt nicht, dass vor allem die Zugehörigkeit zu funktionierenden Klassengemeinschaften und Freundschaften als positivste Schulerfahrungen im 8. Kinder- und Jugendbericht in NRW (vgl. Behnken u.a. 2005, S. 19) genannt werden. Auf die Frage, was ihnen besonders gut an der Schule gefalle, wiesen 71 % der Befragten darauf hin, dass sie in der Schule ihre Freunde träfen. Schulalltag aus der Sicht der SchülerInnen hat damit vor allem auch sozialen Ereignischarakter (vgl. Heinzel in diesem Band). Unterrichtliches Handeln geschieht eben im Spannungsfeld von Sach- und Beziehungsfragen. Wie schulisches Lernen gelingt, ist in einer nicht zu vernachlässigenden Weise daran gekoppelt, wie Kinder in soziale Netze eingebunden sind.

Mitte der 1980er Jahre machten Krappmann und Oswald mit ihren Studien zum Alltag der Schulkinder auf die Bedeutung der Peer-Interaktionen für schulische Lernprozesse aufmerksam. Unter den Peers oder auch Gleichaltrigen werden hier die »Gleichen« verstanden, auf die sich Kinder und Jugendliche im Alltag beziehen. Krappmann und Oswald gehen von der entwicklungspsychologischen Annahme aus, dass Gleichaltrige günstige Voraussetzungen haben, um ko-konstruktive Lernprozesse zu vollziehen. Sie heben besonders die Bedeutung von Freundschaften und stabilen sozialen Beziehungen für produktive Problemlösungsprozesse hervor (vgl. Krappmann / Oswald 1995, S. 155). Freundschaften unter Kindern, so zeigen aktuellere Untersuchungen zum Umgang mit Armut, können zugleich eine wichtige Bewältigungsressource (Zander 2007; World Vision 2007) bilden und soziale Unterstützung (Wehner 2006) in schwierigen Lebenslagen bereithalten.

So steht im Mittelpunkt dieses Beitrags die Auseinandersetzung mit der Bedeutung von Gleichaltrigen und Freundschaften für die Entwicklung und das Wohlbefinden von Kindern in der Schule. Zunächst wird reflektiert, welche Rolle Gleichaltrigenbeziehungen für die soziale Entwicklung spielen. Anschließend werden Freundschaften in ihrer Wahrnehmung aus der Kinderperspektive dargestellt. Die Auseinandersetzung mit dem Zusammenhang von familiären Einflüssen und der Bildung und Pflege von Freundschaften folgt und mündet in Reflexionen des Zusammenhangs von sozialer Integration und Freundschaft sowie der zunehmenden Bedeutung der Schule für die Bildung und Pflege von Gleichaltrigenbeziehungen und Freundschaften.

Die Bedeutung der Gleichaltrigen für die soziale Entwicklung

Die Gleichaltrigengruppe, so konstatieren Krappmann und Oswald, ist in den klassischen Sozialisations- und Entwicklungstheorien ein wichtiger Träger sozialisatorischer Einflüsse. In Interaktionen zwischen Gleichaltrigen werden Einsichten, Urteile über Sachverhalte und die Bereitschaft, Verantwortung zu übernehmen, in einem Raum sozialer Erfahrungen entwickelt, in dem Zweifel geäußert, gezögert werden darf und Verantwortlichkeit diskutiert werden kann, ohne schwere Nachteile befürchten zu müssen (vgl. Krappmann / Oswald 1995, S. 21). Eine wichtige Voraussetzung für die sozialisierende Wirkung der Gleichaltrigengruppe sei, dass in der Gleichaltrigenwelt Kinder

- mit neuen Sichtweisen und Standpunkten konfrontiert werden,
- Gemeinsamkeiten und Unterschiede entdecken,
- den Umgang und die Auseinandersetzung mit anderen entwickeln und
- kameradschaftliche und freundschaftliche Beziehungen untereinander bilden können (vgl. ebd.).

Die Gleichaltrigengruppe bietet

- die Rahmenbedingung für Reziprozität,
- die Chance der konsensuellen Verständigung,
- das Erlangen von Wissen, Gedanken, Gefühlen im Umgang mit anderen und

- die Erfahrung einer Sinngemeinschaft und geteilter sozialer Realität (vgl. ebd.).

Piaget wies bereits in seiner Veröffentlichung »Das moralische Urteil beim Kinde« 1932 darauf hin, dass Kinder eine autonome Moral nur in der Aushandlung mit Gleichaltrigen entwickeln können. Er untersuchte die Entwicklung des Regelverständnisses von Kindern am Beispiel der Beobachtung ihres Murmelspiels. Dabei stellte er fest, dass die Autorität des Erwachsenen zur Bildung des Gerechtigkeitssinnes nicht ausreicht. Dieser entwickelt sich, so Piaget, nur im Maße der Fortschritte der Zusammenarbeit unter Kindern und mit der Entstehung der gegenseitigen Achtung unter ihnen (vgl. Piaget 1983, S. 377–378).

Piaget unterscheidet vier verschiedene Stadien:

- ein erstes rein motorisches und individuelles Stadium, gekennzeichnet durch rituelles, symbolisches Tun und der Freude an Regelmäßigkeit,
- ein zweites egozentrisches Stadium, dass durch Nachahmung und individuelle Anwendung der Regeln gekennzeichnet ist (2 bis 5 Jahre),
- ein drittes Stadium der 7- bis 10-Jährigen, welches durch eine beginnende Zusammenarbeit und
- ein viertes Stadium, das durch die Kodifizierung von Regeln gekennzeichnet ist (vgl. Piaget 1983, S. 38–39).

Youniss (1994) kommt in seinen Untersuchungen zu ähnlichen Ergebnissen. In Anlehnung an Piaget bestätigen seine Befunde die Bedeutung der Gleichaltrigenkultur für die Entwicklung gegenseitiger Achtung. Erst durch die fortgesetzte Teilnahme an Gleichaltrigenbeziehungen entstehe gegenseitige Achtung. Er hebt die Notwendigkeit von Beziehungen unter den Peers für soziale Konstruktionsprozesse hervor und macht deutlich, dass innerhalb symmetrischer kommunikativer Beziehungen eine soziale Konstruktion von Wissen entstehe. Youniss weist auf die Herausbildung kindlicher Identität in Aushandlungsprozessen unter Gleichaltrigen hin und macht auf die Ausdifferenzierung unterschiedlicher Perspektiven in sozialen Aushandlungen aufmerksam, die zur Entwicklung von Perspektivenübernahme und Empathie führt. Er arbeitet die Bedeutung von Beziehungen unter Kindern für soziale Konstruktionsprozesse heraus und stellt fest, dass die Ko-Konstruktion innerhalb kommunikativer Beziehungen dazu führt, dass Kinder gleichzeitig die für die Interaktion gültigen Regeln aushandeln. Diese Regeln, so Youniss, würden sich auf Fairness beziehen, um den Bedürfnissen beider Seiten gerecht zu werden. Im Gegensatz zu den Gleichaltrigenbeziehungen unter Kindern sind die Beziehungen zwischen Erwachsenen und Kindern grundsätzlich asymmetrisch und durch ein Ungleichgewicht von Erfahrung, Wissen und Macht gekennzeichnet.

Sie können Ko-Konstruktionsprozesse nicht in gleicher Weise herausbilden.

Was genau macht den Unterschied in der Interaktion zwischen Gleichaltrigen und Kindern und Erwachsenen aus? Kinder verfügen über kindspezifische Problemlösungen und über kindspezifische Bewertungen der Zulässigkeit von Argumentationsmustern bzw. Deutungsmustern. Die Psychologin Stern konstatiert in diesem Kontext, dass ein entscheidender Grund für eine suboptimale Kommunikation zwischen Kindern und Erwachsenen darin liegt, dass sie zwar die gleichen Begriffe verwenden, aber mit unterschiedlichen Bedeutungen ausfüllen (vgl. Stern 2006, S. 48). Diehm und Scholz (2003) stellen dazu fest, dass Grundschulkinder in einer Beziehungswelt leben. Sie verbänden Sachfragen und Sachauseinandersetzungen grundsätzlich mit Beziehungsfragen. »Was man spielt, ist abhängig davon, mit wem man spielt. Was man tut, ist abhängig davon, wer es tut usw. So liegt ein wesentlicher Vorteil des Aushandelns in der Gruppe der Gleichaltrigen darin, dass die Vielfalt der begrifflichen Konzepte, die dort zusammengetragen werden, größer ist und die Konzepte der unterschiedlichen SchülerInnen zueinander näher sind als zu den Konzepten der Erwachsenen. Die jeweilige Konfrontation mit der »Zone der nächsten Entwicklung« (vgl. Wygotsky 1987) ist in der alltäglichen Interaktion der Gleichaltrigen innerhalb der Schulklasse gegeben, in der eine vielfältige Palette von unterschiedlichen Entwicklungsständen und -phasen nebeneinander existieren.

Freundschaften

Peerbeziehungen unterscheiden sich hinsichtlich der Beziehungsintensität und -qualität von Freundschaften. Unter Kinderfreundschaft wird ein stabiler Zusammenschluss nicht verwandter Kinder verstanden, der auf Freiwilligkeit und wechselseitiger Zuneigung beruht (vgl. Köhler 2008, S. 265). In Ergänzung zu diesem eher weiten Freundschaftsbegriff differenzieren von Salisch und Seiffge-Krenke (vgl. 1996, S. 87) Freundschaften als engere Beziehungen aus, in denen Vertrauen und Vertraulichkeiten ausgetauscht werden, Rückhalt in schwierigen Situationen besteht, geteilte Meinungen und Bedeutungen entwickelt werden und eine Beziehung mit einer gemeinsamen Geschichte und gemeinsamen Plänen entsteht. Krappmann und Oswald unterscheiden nach der Intensität der sozialen Formation Gruppen, Geflechte und Interaktionsfelder (vgl. Krappmann / Oswald 1995, S. 80). Während Kinder in Gruppen durch ein gemeinsames Thema verbunden sind und eine klare Grenze nach außen sowie eine innere Struktur mit entsprechenden Rollenausdifferenzierungen haben, zeigen Geflechte keine dauerhafte interne Struktur, auch die Freundschaften innerhalb wechseln. Interaktionsfelder umfassen Kinder, die untereinander häufig interagieren, aber keine engen Beziehungen haben.

Freunde sind wichtig, den Eindruck hinterlässt die World Vision Studie 2007, in der die befragten sechs- bis zwölfjährigen Kinder angeben, zwischen sechs und neun Freunde / Freundinnen zu haben. Befragt nach ihrer persönlichen Bewertung äußern sich 73 % der Kinder positiv und zufrieden mit ihrem Freundeskreis, 21 % wünschen sich mehr Freunde / Freundinnen und 6 % der Kinder finden, ein kleiner Freundeskreis reicht vor allem dann aus, wenn ein besonders guter Freund dabei ist (vgl. World Vision 2007, S. 144). Die befragten Kinder erklären, dass man einen Freund zum Spielen braucht, damit man nicht alleine ist und keine Langeweile hat. Kinder ab acht Jahren rekurrieren außerdem auf die Unterstützung durch Freunde, auf Hilfe und besonders Jungen auf körperlichen Beistand durch Freunde in Auseinandersetzungen. Freunde und Freundinnen sind wichtig, weil sie dem Wunsch der Kinder nach Anerkennung, Geborgenheit, Zugehörigkeit, Sicherheit und Austausch nachkommen (vgl. World Vision 2007, S. 144; vgl. auch Valtin 1991, S. 101).

Aus entwicklungspsychologischer Perspektive zeigte sich in den Untersuchungen Selmans (1984), dass sich im Laufe der kindlichen Entwicklung die Verständnisstruktur von Freundschaft im Sinne der Fähigkeit zum Erkennen und zur Koordination sozialer Perspektiven ändert. Er entwickelt ein fünfstufiges Modell:

Stufe 0: (3 bis 7 Jahre)	»Enge Freundschaft als momentane physische Interaktion« Freundschaft entsteht und vergeht kurzfristig und ist an die situative und gemeinsame Nutzung materieller Güter gebunden.
Stufe 1 (4 bis 9 Jahre)	»Enge Freundschaft als einseitige Hilfestellung« Ein Freund kommt den Wünschen und Bedürfnissen nach.
Stufe 2 (6 bis 12 Jahre)	»Enge Freundschaft als Schönwetter-Kooperation« Die Beteiligten beginnen wechselseitig ihre Perspektiven nachzuvollziehen und die Gefühle und Bedürfnisse zu berücksichtigen.
Stufe 3 (9 bis 15 Jahre)	»Enge Freundschaft als intimer gegenseitiger Austausch« Die Beziehung steht im Mittelpunkt; es geht nicht mehr um einzelne Interessen. Konfliktaushandlungen verfolgen das Ziel, dass jeder auch an Stelle des anderen zufrieden wäre.
Stufe 4 (ab 12 Jahren)	»Enge Freundschaft als Autonomie und Interdependenz« Es wird wechselseitig Autonomie zugestanden und die Freundschaft wird getragen durch das gemeinsame Wissen, sich aufeinander verlassen zu können.

Selman versteht sein Modell als dynamisches; nicht alle Kinder, auch nicht alle Erwachsenen erreichen die beiden letzten Stufen. Die Fähigkeit, Freundschaften zu entwickeln und zu pflegen, zeigt sich als komplexe Aufgabe, die verschiedenen Einflüssen unterliegt.

Freundschaftsbildung und familiäre Einflüsse

Es gibt wichtige Faktoren, die die Ausbildung des Freundschaftsverständnisses beeinflussen. So konnte nachgewiesen werden, dass Schichtzugehörigkeit, familiärer Kontext, sozialer Erfahrungshorizont und kognitiver Entwicklungsstand Einflüsse zeigen auf die Entwicklung von Freundschaften und den Umgang mit Gleichaltrigen. Die Entwicklung des sozialen Verhaltens hängt zum einen von den Möglichkeiten, sich mit Gleichaltrigen verständigen zu können, ab. Damit ist auch entscheidend, ob Kinder und Jugendliche z.B. mit Geschwistern aufwachsen. Dunn (vgl. Dunn / Hughes 1998) macht in ihren Forschungen darauf aufmerksam, dass sich Geschwister und ähnlich alte Kinder gegenseitig abverlangen, die Verschiedenheit der Gefühle wahrzunehmen sowie Vorstellungen über die Gedanken des anderen zu entwickeln. Krappmann (2002) betont, dass SchülerInnen mit intensiven Sozialerfahrungen in vielen Entwicklungsdimensionen einen deutlichen Vorsprung gegenüber Kindern und Jugendlichen aufweisen, die weniger solchen Erfahrungen ausgesetzt sind. Angesichts der wachsenden Zahl von geschwisterlos aufwachsenden Kindern, im Jahr 2002 immerhin 19 % (vgl. Alt 2007), kann angenommen werden, dass etliche im Kindergarten und in der Grundschule diese Erfahrungen nachholen.

Zum anderen brauchen Kinder nicht nur Gelegenheiten, Freundschaften zu schließen, sondern auch die Fähigkeiten, sie aufrechtzuerhalten. Dafür sind u. a. auch die Erfahrungen in der Primärbeziehung innerhalb der Familie bedeutend (vgl. Wehner 2006, S. 132). Aus der Perspektive der Bindungstheorie (Grossmann / Grossmann 2006) spielt die Qualität der Bindung zu den Eltern, erfahrene Unterstützung und Stabilität der Beziehung eine Rolle für die sich entwickelnde Fähigkeit, mit Gleichaltrigen umzugehen und Freundschaften zu schließen. Auch ein Zusammenhang zwischen autoritärem Erziehungsstil und problematischen Gleichaltrigenbeziehungen ließ sich nachweisen (vgl. von Salisch 2000). Zwei Drittel aller Kinder wachsen heute in so genannten »Verhandlungshaushalten« auf (vgl. Grunert / Krüger 2006, S. 81 ff.). Bei Grenzverletzungen durch die Kinder oder Jugendlichen wird nach einer passenden Lösung für beide Seiten gesucht. Sie werden als PartnerInnen ernst genommen und lernen, ihre Ansichten darzustellen und ihre Interessen zu vertreten. Andere Erfahrungen macht ca. ein Drittel aller SchülerInnen, das in so genannten »Befehlshaushalten« aufwächst. Dort werden Lösungen weniger ausgehandelt als von den Erwachsenen bestimmt, kontrolliert und sanktioniert (Grunert / Krüger 2006, S. 81 ff.). Diese unterschiedlichen Bedingungen des Aufwachsens führen zu unterschiedlichen Ausgangssituationen für Kinder und beeinflussen ihre Fähigkeiten miteinander zu kommunizieren, Regeln auszuhandeln, zu kooperieren, die eigenen Interessen zu vertreten und Empathie zu zeigen.

Soziale Integration und Freundschaft

Die Ergebnisse der Word Vision Studie machen sichtbar, dass 28 % der befragten Kinder latent problematisch und 6 % unzureichend integriert sind (weniger Freunde als der Durchschnitt haben oder unzufrieden mit der Zahl der Freunde sind). Eine nähere Analyse dieser Zahlen macht einen deutlichen Zusammenhang zwischen Bedingungen des Aufwachsens und Integration in Freundschaftsbeziehungen sichtbar. Es sind besonders jene Kinder, deren Eltern ein niedriges Bildungsniveau zeigen sowie von Arbeitslosigkeit und finanzieller Armut betroffen sind (vgl. World Vision 2007, S. 146 ff.), die weniger integriert sind. Dieser Effekt spiegelt sich auch in der Selbstwahrnehmung der Kinder. Kinder, die von sich selbst sagen, dass es ihnen schwer fällt, Freundschaften zu schließen, kommen vor allem aus einem Milieu, das durch oben genannte Faktoren bestimmt wird. Weitere Befragungsergebnisse verstärken diesen Zusammenhang und zeigen, dass diese Kinder weniger Zugang zu anderen Begegnungsräumen im Freizeitbereich haben, seltener Mitglied in Sportvereinen sind oder an nachmittäglichen musikalischen Erziehungsangeboten teilnehmen (World Vision 2007, S. 146 ff.). Sie sind damit stärker als andere Kinder auf den Begegnungsraum Schule zur Entwicklung von Gleichaltrigenbeziehungen angewiesen. Auch die Untersuchung von Zander macht darauf aufmerksam, dass besonders Kinder, die in »Multiproblemlagen« (Zander 2007, S. 11) groß werden, in ihren sozialen Kontakten zu Gleichaltrigen in der Schule eingeschränkt und im Klassenverbund eher isoliert sind. Besonders für diese Kinder ist es bedeutsam, ihre Gleichaltrigenbeziehungen zu gestalten und ihr Handlungsrepertoire zu erweitern. Befragungen von Kindern zeigen u. a., dass z. B. aggressiv wirkende Kinder abgelehnt werden und besonders beliebt hingegen solche Kinder sind, auf die man sich verlassen kann, die anderen helfen und die lustig sind (vgl. Zander 2007, S. 11). Das in der World Vision Studie gezeichnete Bild der sozialen Ungleichheit und der damit einhergehenden, sich schwierig gestaltenden sozialen Integration von Kindern aus »Multiproblemlagen« ist alarmierend und verweist einmal mehr auf die Bedeutung der Schule in diesem Kontext und die Notwendigkeit, den schulischen Alltag auch hinsichtlich des sozialen Miteinanders zu gestalten und didaktische Angebote vorzunehmen, die das »Classroom-Management« betreffen.

Schule, Gleichaltrigenbeziehungen und Freundschaften

Die Schule mit ihren institutionellen Rahmenbedingungen und den Lehrenden als Bezugspersonen kann eine förderliche Haltung im Hinblick auf die Gestaltung von Gleichaltrigenbeziehungen einnehmen. Sie greift tagtäglich im Unterrichts- und Klassenleben in das Sozialleben der Kinder ein, indem SchülerInnen zusammen und auseinander gesetzt, Gruppentische gebildet oder Partneraufgaben verteilt werden. Zander plädiert vor dem Hintergrund ihrer Studien zur Kinderarmut dafür, dass alle strukturellen Spielräume im Klassenzimmer genutzt werden sollten, um die Gleichaltrigenbeziehungen zu fördern sowie Kontakt und Interaktionsmöglichkeiten zu bieten (vgl. Zander 2007, S. 12).

Krappmann spricht von dem Potenzial der »Positiven Peerkultur«, die zur wichtigen Kraft werden und verhindern kann, dass sich Kinder und Jugendliche aufgeben oder den Glauben an ihre Möglichkeiten verlieren (vgl. Krappmann 2006, S. 206). Soziale Kontakte zeigen sich als Bewältigungsressource für Kinder in Problemlagen und als Schutzfaktor. Die Qualität der Peerkultur, so Krappmann, spiegelt die Bedingungen wider, unter denen Kinder zusammenkommen und ihre Betätigungsmöglichkeiten finden. Zur »negativen« Peerkultur kann sie werden, wenn die Kinder in der Schule und / oder im Elternhaus vernachlässigt, missachtet, gedemütigt werden und wenig Anerkennung erfahren. Zur positiven Peerkultur kann sie werden, wenn Kinder ein Gehör für ihre Interessen finden, in Gespräche über Normen einbezogen, ihnen eine eigene Meinung und eigene Betätigungsfelder zugebilligt werden (vgl. Krappmann 2006, S. 207).

Dass SchülerInnen in der Klasse miteinander kooperieren und kommunizieren, sich gegenseitig achten und respektieren, sich ausreden lassen und zugleich einander zuhören, hängt auch davon ab, ob es angeregt und

gesteuert wird. Das Miteinander-umgehen-Lernen kann geübt und die Erarbeitung von Regeln für Gespräche und Feedback in der Klasse angeleitet werden. Ist ein Regelgerüst erarbeitet und in der Klasse bekannt, können die Lehrenden Verantwortung abgeben und sich zunehmend aus der Moderation ritualisierter Gespräche, z. B. Morgenkreis, Klassenrat, Kinderparlament, Streitschlichtung oder Ähnlichem, zurückziehen und SchülerInnen die Gelegenheit geben, Gespräche selbstständig zu führen. Doch damit dieses gelingt, ist die Lehrperson herausgefordert:

- mit der Klasse gemeinsam eine positive Gesprächs- und Beziehungsatmosphäre aufzubauen,
- Ordnungen, Strukturen und transparente Regeln zu entwickeln,
- die SchülerInnen in ihren Kompetenzen zu kennen und aufeinander zu verweisen und
- als sichernde und unterstützende Instanz präsent zu sein und dennoch das eigene Lehrbedürfnis zurückzustellen.

Die Bedeutung positiver Gleichaltrigenbeziehungen und die Entwicklung von Freundschaften für die soziale Entwicklung von Kindern auch in der Schule anzuerkennen, heißt damit zum einen, Kinder stärker aufeinander zu verweisen, sie in ihren Beziehungen zu würdigen und falls notwendig mit Angeboten und Vorgehensweisen zur Klärung schwieriger Situationen zu unterstützen. Zum anderen braucht die Schule Freiräume und Gestaltungsmöglichkeiten für Gleichaltrigenbeziehungen. So zeigen aktuelle Befragungen zur Ganztagsschule, dass zwei Drittel aller Befragten angeben, dass sie dort etwas lernen und zugleich ihre Freunde treffen können (vgl. Arnold / Stecher 2007, S. 43). Lernen, Spaß haben und Freunde treffen stehen gleichberechtigt nebeneinander. Gleichzeitig machen die ablehnenden Antworten der befragten SchülerInnen zum Nachmittagsbereich der Schule sichtbar, dass sie vor allem den Verlust der zur Verfügung stehenden freien Zeit befürchten (vgl. Arnold / Stecher 2007, S. 44).

Dies kann dennoch zum anderen nicht bedeuten, dass der Verweis der Gleichaltrigen aufeinander schon ausreicht, um zur Entwicklung positiver Peerbeziehungen beizutragen – auch destruktive, verletzende und beschämende Peerinteraktionen sind Teil der Aushandlungen und erfordern entsprechende Beachtung. Kinder erleben in ihrer schulischen Sozialwelt Zuneigung, Spaß und Triumph, aber auch Streit, Enttäuschung und Demütigung, Erfolge und Niederlagen (vgl. Krappmann 2003, zit. n. Zander 2007). Kinder in diesem Prozess zu sehen und zu unterstützen, bedeutet, eine Gratwanderung zwischen Lenken, Intervenieren, Aufeinanderbeziehen einerseits zu vollziehen. Andererseits abzuwarten, Bewertungen zurückzuhalten, zuzuhören und Zeit und Raum zu geben. Ein Ergebnis dieses Prozesses zeigt sich z. B. in einer konstruktiven Kommunikation im Klassenzimmer, an der Fähigkeit, miteinander zu arbeiten, Konflikte zu besprechen, Einzel- und Gemeinschaftsinteressen miteinander auszutauschen und abzuwägen, Grenzen Einzelner anzuerkennen, Beschämungen zu verhindern und Widersprüche auszuhalten. Die Schulklasse ist ein bedeutender Ort, an dem soziale Beziehungen geknüpft, aber auch bedroht werden. Für Lern- und Leistungsprozesse von Kindern in der Schule sowie für ihr Wohlbefinden (vgl. Gisdakis 2007) macht es einen deutlichen Unterschied, ob Kinder eingebunden in soziale Netze und Freundschaften sind, oder nicht.

Literatur

Alt, C. (Hrsg.) (2007): Kinderleben – Start in die Grundschule. Bd. 3. Ergebnisse aus der zweiten Welle. Wiesbaden: VS-Verlag.

Arnold, B. / Stecher, L. (2007): Ganztagsschule aus der Sicht von Schülerinnen und Schülern. In: Pädagogik, H. 3, S. 42 – 45

Behnken, I. u. a. (2005): Lernen, Bildung, Partizipation. Die Perspektive der Kinder und Jugendlichen. Expertise zum 8. Kinder- und Jugendbericht der Landesregierung NRW. Düsseldorf: Ministerium für Schule, Jugend und Kinder des Landes Nordrhein-Westfalen.

Diehm, I. / Scholz, G. (2003): Vom Lernen der Kinder – ein Paradigmenwechsel in Kindergarten und Schule. In: Laging, R. (Hrsg.): Altersgemischtes Lernen in der Schule. Baltmannsweiler: Schneider Hohengehren, S. 39 – 54.

Dunn, J. / Hughes, C. (1998): Young children's understanding of emotions within close relationships. In: Cognition and Emotion, H. 12, S. 171 – 190.

Funke, C. (2009): Der verlorene Engel. Hamburg: Dresster.

Gisdakis, B. (2007): Oh, wie wohl ist mir in der Schule … Schulisches Wohlbefinden – Veränderungen und Einflussfaktoren im Laufe der Grundschulzeit. In: Alt, C. (Hrsg.): Kinderleben – Start in die Grundschule. Bd. 2. Wiesbaden: VS-Verlag, S. 107 – 137.

Grossmann, K. E. / Grossmann, K. (Hrsg.) (2009): Bindung und menschliche Entwicklung: John Bowlby, Mary Ainsworth und die Grundlagen der Bindungstheorie. Stuttgart: Klett-Cotta.

Grunert, C./Krüger, H.H. (Hrsg.) (2006): Kindheit und Kindheitsforschung in Deutschland. Opladen: Barbara Budrich.
Krappmann, L./Oswald, H. (1995): Alltag der Schulkinder. Weinheim u. München: Juventa.
Krappmann, L. (2002): Untersuchungen zum sozialen Lernen. In: Petillon, H. (Hrsg.): Individuelles und soziales Lernen in der Grundschule – Kinderperspektive und pädagogische Konzepte. 5. Jahrbuch Grundschulforschung. Opladen: Leske+Budrich, S. 89–103.
Krappmann, L. (2006): Das unausgeschöpfte Potential. Eine »Positive Peerkultur« fördert Kinder. In: Opp, G./Unger, N. (2006): Kinder stärken Kinder. Positive Peer Culture in der Praxis. Hamburg: edition Körber-Stiftung, S. 199–213.
Köhler, S. M. (2008): Freundschaftskonstellationen von Kindern und deren methodische Erfassung. In: Krüger, H.-H./Köhler, S.-M./Zschach, M./Pfaff, N. (2008): Kinder und ihre Peers. Freundschaftsbeziehungen und schulische Bildungsbiographien. Opladen: Barbara Budrich, S. 260–280.
Piaget, J. (1936/1986): Das moralische Urteil beim Kinde. München: dtv.
Salisch, M. von (2000): Wenn Kinder sich ärgern … Emotionsregulierung in der Entwicklung. Göttingen: Hogrefe.
Seiffge-Krenke, I. (1996): Freundschaften im Kinder- und Jugendalter. In: Psychologie in Erziehung und Unterricht, H. 2, S. 81–97.
Selman, R. (1984): Die Entwicklung des sozialen Verstehens. Entwicklungspsychologische und klinische Untersuchungen. Frankfurt/M.: Suhrkamp.
Stern, E. (2006): Lernen. Was wissen wir über erfolgreiches Lernen in der Schule? In: Pädagogik, 58. Jg., H. 1, S. 45–50.
Traub, A. (2005): Ein Freund, ein guter Freund. Die Gleichaltrigenbeziehungen der 8- bis 9-Jährigen. In: Alt, C. (Hrsg.): Kinderleben – Aufwachsen zwischen Familie, Freunden und Institutionen. Wiesbaden: VS-Verlag, S. 23–62.
Uhlendorff, H. (2006): Freundschaften unter Kindern im Grundschulalter. In: Alisch, L./Wagner, J. (Hrsg.): Freundschaften unter Kindern und Jugendlichen. Weinheim u. München: Juventa, S. 95–107.
Valtin, R. (1991): Mit den Augen der Kinder. Freundschaft, Geheimnisse, Lügen, Streit und Strafe. Reinbek b. Hamburg: Rowohlt.
Wehner, K. (2006): Freundschaftsbeziehungen von Kindern und Jugendlichen und soziale Unterstützung. In: Alisch, L./Wagner, J. (Hrsg.): Freundschaften unter Kindern und Jugendlichen. Weinheim u. München: Juventa, S. 119–137.
World Vision Deutschland e. V. (Hrsg.) (2007): Kinder in Deutschland 2007. 1. World Vision Kinderstudie. Frankfurt/M.: Fischer.
Wygotsky, L.S. (1987): Ausgewählte Schriften. Bd. 2. Arbeiten zur psychologischen Entwicklung der Persönlichkeit. Köln: Pahl-Rugenstein.
Youniss, J. (1994): Soziale Konstruktion und psychische Entwicklung. Kapitel 7. Frankfurt/M.: Suhrkamp.
Zander, M. (2007): Subjektives Erleben von Armut und Bewältigungsstrategien. In: Grundschulzeitschrift, 21. Jg., H. 12, S. 10–14.

Peter Gansen

Kinderkultur als Forschungsgegenstand

Kulturelle Heterogenität in der Kindheit

Heterogenität prägt sich bereits in den frühesten Bildungsprozessen des Kleinkindalters aus, d. h. in der Familie und in den Betreuungs- und Bildungseinrichtungen für Kleinkinder. Hier liegt gegenwärtig eine große Herausforderung für die erziehungswissenschaftliche Forschung in Deutschland, das Phänomen Heterogenität in seiner Entstehung zu beobachten und dabei kulturelle Unterschiede des Aufwachsens zu analysieren. Familiale Ressourcen sind ein wesentliches Fundament der kindlichen Entwicklung. Insbesondere kindzentrierte Kommunikation und elterliche Unterstützung wirken sich auf die kognitive Entwicklung und andere bildungs- bzw. schulrelevante Eigenschaften der Kinder aus. Im Bildungsverlauf wächst auch die Bedeutung der ökonomischen Ressourcen. Wenn auch die PISA-Ergebnisse so gedeutet werden (müssen), dass schulrelevante Fähigkeiten in hohem Maße durch strukturelle Faktoren (wie Bildung der Eltern, Schichtzugehörigkeit, Migration usw.) beeinflusst werden, zeigen sich diese für den Schuleintritt zunächst scheinbar als weniger bedeutsam (vgl. Haunberger / Teubner 2007). Sicher ist es sehr erfreulich festzustellen, dass es der Grundschule gelingt, »aus der subjektiven Sicht der Kinder (…) als öffentliche Erziehungseinrichtung durch Beziehungsarbeit, Struktur sowie Möglichkeiten zum Erleben und Entfalten (…) [zu geben und so] die Folgen und Auswirkungen der Armut zu kompensieren« (Gisdakis 2007, S. 131). Das darf jedoch nicht über die strukturellen Benachteiligungen für einen wachsenden Teil von Kindern hinwegtäuschen, für die die Schulleistungen und sozialen Anschlussmöglichkeiten ihrer Mitschüler schwer zu erreichen sind. Innerhalb weniger Jahre geraten benachteiligte Kinder deutlich in Rückstand, mit allen Konsequenzen der Schulaversion usw. Hier zeigt sich zum einen das Versagen der Schule, Benachteiligung nachhaltig zu kompensieren, und zum anderen, wie dauerhaft sich die frühen Sozialisationsbedingungen auswirken.

Eine familiale Kultur, die schulischen Anforderungen gegenüber aufgeschlossen ist, wirkt sich nicht nur auf kognitive und sprachliche Leistungen und die Leistungsmotivation der Kinder aus (vgl. Gisdakis 2007, S. 131). Die Habitualisierungsprozesse, die bei der Übernahme sozialer und kultureller Praktiken in der Familie stattfinden, erleichtern den Kindern auch in Form

verinnerlichter Wertvorstellungen und Interaktionsstile das erfolgreiche Einleben in der Schule. Daneben bieten sich ihnen häufig informelle Bildungsanlässe in der Freizeit. Familiäre Armut schlägt sich dagegen häufig auch in Bildungsarmut nieder, die Kinder schon vor Beginn der Schule benachteiligt. In Untersuchungen zur Weitergabe sozialen Erbes in Form unterschiedlicher Lebensstile und kulturbezogener »Bildungsstrategien« in der Familie zeigt sich eine hohe Reproduktion von sozialer Ungleichheit (Brake / Büchner 2003). Peter Büchner und Kathrin Wahl (2005) zeigen am Beispiel der Vermittlung und Aneignung von *information literacy* als Sammelbegriff für eine informelle Grundbildung von Basiskompetenzen und Orientierungen, dass Familien höchst unterschiedliche Formen des generationalen Austauschs von kulturellen Werten und Praktiken haben, die das Aufwachsen der Kinder prägen und ihre Auseinandersetzung mit außerfamiliären Kulturen und Bildungsformen beeinflussen. Die Bildungsinstitutionen haben von einer Kulturrelativität und Kulturgebundenheit der informellen Bildungsformen auszugehen, die bei der Konzeption von Bildungs- und Förderkonzepten zu berücksichtigen sind. Es sollte auch darum gehen, die informellen Bildungsleistungen von benachteiligten Familien anzuerkennen und weiter zu entwickeln. Hier scheinen wichtige Aspekte eines produktiven Umgangs mit Heterogenität und kultureller Differenz angesprochen zu sein. Es wird deutlich, dass einerseits die Aneignung von kulturellen Praktiken und Basiskompetenzen, die in Schule und Berufsleben relevant sind, gefördert werden müssen, dass andererseits aber die eigene (Schul-)Kultur nicht absolut gesetzt, sondern als ein dynamischer sozialer Prozess verstanden werden muss, der offen für die Berücksichtigung und Interpretation vielfältiger Einflüsse ist.

Untersucht man das Ineinandergreifen von informellen und formalen Bildungsformen genauer und betrachtet unterschiedliche Familienkulturen, kann man davon sprechen, dass »schulische Bildung für spezifische Kindergruppen als ›Weiter-Bildung‹ des schon Bekannten oder aber als ›Dekulturation‹ informeller Bildung beschreibbar ist und somit einen Bruch mit den familial geprägten Erfahrungen und Fähigkeiten darstellt« (Betz 2007, S. 164). Aus verschiedenen Untersuchungen der Kindheits- und Bildungsforschung ergibt sich die hier umrissene (familien-)kulturelle Reproduktion von Bildungsungleichheit. Die groß angelegten empirischen Bildungsstudien und vielfältigen Leistungsmessungen dienen allerdings wenig dazu, an den Nahtstellen des Bildungs- *und* Sozialwesens entscheidende Verbesserungsideen zu entwickeln. Es besteht die Notwendigkeit, empirische Bildungsforschung stärker auch als (qualitative) Kindheits- und Jugendforschung aufzufassen und anzulegen (vgl. Grunert 2006). So könnte die Bedeutung familiärer Bildungskulturen noch deutlicher in den Blick geraten, um auf dieser Grundlage über geeignete pädagogische Maßnahmen zur inner- und außerschulischen Kompensation von Bildungsarmut nachzudenken.

Cultural turn und Kinder*kultur*forschung

Im Zuge der jüngeren Forschungen in den *cultural studies* wird Kultur nicht mehr als eine spezifische Bildungssphäre, sondern als ein vielschichtiger sozialer Aushandlungsprozess in einer kulturell dynamischen Wirklichkeit verstanden; »Kultur« umfasst dann allgemein die Lebensweisen und Vorstellungen, durch die Menschen ihr Leben erfahren und gestalten (können) (vgl. Bachmann-Medick 2006; Wimmer 2008). Das bedeutet, es ist von einem pluralistischen und diskursiven Modell von Kultur auszugehen, dass Kultur »als Auseinandersetzung von Menschen mit den Bedingungen ihrer Existenz« begreift und – pädagogisch gewendet – als Ressource, »die Individuen nutzen, um Probleme ihrer Lebensführung zu lösen. Kulturen geben Menschen Orientierung in Bezug auf die dingliche Außenwelt, die soziale Mitwelt und die subjektive Innenwelt. Als symbolische Ordnungen sind sie funktional mit existenziellen Bedürfnissen verbunden und werden umgeschaffen, sobald sich die Lebensbedingungen ändern« (Herzog 2001, S. 117). Damit stellt sich die Frage, wie wir mit dem Prozesscharakter von Kultur umgehen, wie wir sie in ihrer Dynamik erforschen können und ihrer (Um-)Gestaltung durch kulturelle Akteure und deren Bedeutungszuschreibungen gerecht werden. Von der methodologischen Seite her bietet uns hier die qualitative Forschung einige Ansätze, insbesondere an phänomenologische und ethnographische Forschungszugänge ist hier zu denken. In Bezug auf die Forschungsinhalte gilt es, Fragestellungen und Themen zu entwickeln, welche die hier skizzierte Dynamik der Auseinandersetzung mit Kultur besser verstehen und – gleichsam von »innen heraus« – beschreiben lassen.

Die Ansprüche der notwendigen Kulturalität pädagogischen Denkens und Handelns stellen anscheinend noch immer »vergessene Zusammenhänge« dar (vgl. Mollenhauer 1983). In den letzten Jahren hat die Bildungsoffensive seit PISA in der Erziehungswissenschaft eher wieder zu einer Verdrängung kulturbezogener Forschungszugänge zu kindlichen Entwicklungs- und Bildungsprozessen durch eine quantitativ-empirische Schulleistungs- und Evaluationsforschung geführt. Von prominenten Vertretern der empirischen Bildungsforschung (vgl. z. B. Baumert u. a. 2001; Klieme u. a. 2007) werden kulturbezogene und bildungstheoretische Kategorien weitgehend ausgeschlossen. Dabei besteht die Gefahr eines Rückschritts, etwa wenn »Kultur*techniken*« als Vermittlungsziele in den Mittelpunkt gestellt werden. Der Frage, welche Kultur hier überhaupt gemeint sein soll und wie diese von unterschiedlichen Kindern erfahren und angeeignet wird, kann wenig entgegnet werden, wenn man sich nach der altbekannten Vermittlungslogik eines Lehr-Lernkurzschlusses (vgl. Holzkamp 1995; Kolbe / Reh / Wulf 2009) lediglich auf die Übertragung standardisierter Kompetenzen konzentriert. Kulturtechniken hätten selbstverständlich assimilativ und funktionalistisch »dafür zu sorgen, dass heranwachsende Menschen in ihrer Kultur keine Fremden bleiben« (Fend 2006, S. 48). Kulturaneignung wird dann im Wesentlichen als Anpassungsleistung verstanden, die in der »Akkulturation« normierten Wissens und Könnens besteht. Einem solchen utilitaristischen Blick auf das Verhältnis von Lernen und Kultur ist Bildung

als ein Prozess der aktiven Teilhabe der Lernenden an einer als »Bedeutungsgewebe« (Geertz 1987, S. 9) verstandenen Kultur entgegenzuhalten; dies betont die Ausbildung sowohl interpretativer als auch semiotischer Fähig- und Fertigkeiten. Diese müssten folglich auch ein wesentlicher Gegenstand erziehungswissenschaftlicher Kindheits- und Bildungsforschung sein, die sich der Komplexität kultureller Vielfalt stellt und Kinder als kulturelle Subjekte begreift.

Das Aufstreben der Kulturwissenschaften bzw. der umfassende *Cultural Turn* in den Geistes- und Sozialwissenschaften ist nach Aleida Assmann als Antwort auf einen »tief greifenden Wandel unserer Welt(un)ordnung« zu erklären (Assmann 2006, S. 14). Wenn wir Kinder als kulturelle Akteure und gleichsam als (potentielle) Avantgarde kultureller Wandlungsprozesse verstehen, dann wäre den kulturellen Ausdrucksformen des Kinderlebens eine besondere Aufmerksamkeit zu schenken. Das Hauptanliegen kulturwissenschaftlicher Forschungszugänge besteht in der Untersuchung kultureller Alltagpraktiken, die vor allem als »Weisen der Unterscheidung« aufgefasst werden, denn sie »erzeugen Unterscheidungen und werden durch Unterscheidungen erzeugt« (Mecheril / Witsch 2006, S. 13). Forschungen nach den Prinzipien der *Cultural Studies* konzentrieren sich in einem erkenntnispolitischen Interesse dabei auch auf Ungleichheits- und Machtverhältnisse und fragen danach, wie diese konstruiert und im Alltag »prozessiert« werden. Diese Frage hat für die Kindheitsforschung eine besondere Brisanz, denn neben der Heterogenität vielfältiger Kulturen hat sie es mit dem grundlegenden Differenz- und Ungleichheitsverhältnis zwischen Kindern und Erwach-

senen zu tun. Ähnlich wie sich die *Cultural Studies* immer wieder darum bemühen, einen ethnographischen Blick auf bestimmte (Sub)Kulturen am Rande der Gesellschaft zu richten, hätte sie im Sinne einer *child agency* auch dazu beizutragen, dass Kinder angesichts generationaler Abhängigkeitsverhältnisse und einer sie marginalisierenden demographischen Entwicklung als soziale Gruppe mit einer wichtigen kulturellen Produktivkraft wahrgenommen werden und (gemäß der UN-Kinderrechtskonvention von 1989) zu ihren Rechten kommen.

»Kindheiten« werden stets wieder neu entdeckt, tradierte Muster kehren wieder, verändern sich oder verschwinden – in jedem Fall müssen diese mitsamt ihren pädagogischen Implikationen immer wieder neu analysiert werden. Insbesondere der Wandel der Differenzierungsformen zwischen Kindern und Erwachsenen steht dabei im Mittelpunkt der Aufmerksamkeit. Diese Fokussierung auf »Unterscheidungsweisen« (s. o.) legt eine kulturwissenschaftliche Orientierung der Kindheitsforschung nahe – eine solche findet allerdings im deutschsprachigen Raum kaum statt. In umfassenden Überblickswerken zur Kindheitsforschung (vgl. Behnken / Zinnecker 2001; Bründel / Hurrelmann 2003; Krüger / Grunert 2006) findet sich kaum ein Bezug zu kulturwissenschaftlichen Denk- und Forschungsansätzen. Solange es diese Leerstellen gibt, darf der Einschätzung, dass die kritische Aufteilung in eine subjekt- und lebensweltliche Kindheitsforschung und eine sozialstrukturelle »wenig hilfreich« (Krüger / Grunert 2006, S. 30) für die Theoriediskussion sei, deutlich widersprochen werden. Kindheit als Forschungsgegenstand konstituiert sich nach Honig (1999, 2009) als eine Kategorie der Selbstbezüglichkeit Erwachsener und der Sozialstruktur sowie als Kategorie öffentlichen Wissens und der (konfliktträchtigen) Erfahrung sozialer Akteure, nicht zuletzt der Kinder selbst. Diese letzte Kategorie, die nur über kindliche Selbstauskünfte eruiert werden kann, kommt in kindheitswissenschaftlichen Arbeiten de facto allerdings äußerst selten zum Tragen. In der internationalen Forschungsdebatte zur Kindheit werden einige wesentliche Facetten sozialhistorischer Entstehung von moderner Kindheit und die mit diesen einhergehenden (z. T. widersprüchlichen) Einstellungen und Perspektiven in Bezug auf Kinder herausgearbeitet (vgl. Qvotrup 2005). Ziel ist nicht nur eine Reflexion der Generationenperspektive, sondern auch eine stärkere Wahrnehmung sowohl der eigenrechtlichen Individualität des Kindes als kultureller Akteur als auch der Kinder als gesellschaftliche Interessengruppe, der eine größere Teilhabe zuzusprechen sei. Eine solche Art von theoretischer Reflexion kann als Voraussetzung für eine »methodisch kontrollierte« kulturwissenschaftlich begründete Erforschung von Kindern und Kindheit angesehen werden.

Subjekt- und lebensweltorientierte qualitative Forschungen zur *Kultur* der Kinder – insbesondere solche, in denen Kinder selbst zu Wort kommen – sind nach wie vor eine Randerscheinung. Über der Erzeugung empirischer Daten zu den Lebensumständen von Kindern sowie durch den forschungsmethodisch begründeten Ausschluss pädagogischer Fragestellungen und der Distanz zum kindlichen Lebensbereich Schule gerät der – nicht zuletzt naturgegebene – Umstand in Vergessenheit, dass Kinder eben auch »Werdende« und »Sich-Entwickelnde« sind. Duncker, Scheunpflug und Schultheis (2004) haben diesen Kritikpunkt in ihrem Ansatz einer Anthropologie des Lernens im Grundschulalter hervorgehoben; darin werden Kinder »keineswegs als defizitär in Bezug auf Erwachsene gesehen, sondern werden gerade in ihrer Lernfähigkeit, in ihren Ausdrucksmöglichkeiten und hinsichtlich ihrer Potentialität in den Blick genommen [...] (Duncker u. a. 204, S. 13). Das schließt ein Wissen über die Bedeutung der Eigentätigkeit und Selbstständigkeit für das kindliche Lernen ein.« Stellt man die Positionen einer sozialwissenschaftlichen und einer kulturanthropologischen Erforschung des Kinderlebens gegenüber, lässt sich zeigen, dass diese und jene sich in ihrer jeweiligen Akzentuierung auf die Erforschung des Selbstständigwerdens bzw. Selbstständigseins ergänzen (vgl. Lippitz 2003, S. 130). Beiden Perspektiven gemeinsam ist der Versuch, Differenzen sowie Überschneidungen der Kinderwelten mit denen der Erwachsenen herauszuarbeiten, und zwar unter der pädagogisch bedeutsamen Hinsicht des kulturellen Tätigwerdens bzw. -seins von Kindern.

Konsequenzen für die Forschung mit Kindern

Die empirische Kindheitsforschung hat in Deutschland eine stark soziologische Ausprägung, die in den vielfältigen Wandlungsprozessen einer sich rasch modernisierenden Gesellschaft begründet liegt. Die Erforschung sozialstruktureller Gegebenheiten (in Survey-Studien u. Ä.) birgt bei aller gesellschaftspolitischen Relevanz oft das Problem, Kinder nur noch als statistische Anhanggröße der Erwachsenen zu betrachten. In der skandinavischen und angelsächsischen Diskussion zur Kindheit wird seit den 1990er Jahren mit einem kinderpolitischen Impetus eine Diskriminierung von Kindern durch die Kindheitsforschung beklagt, etwa wenn Leena Alanen in einer emanzipatorischen Absicht vorschlägt, analog zur Differenzierung von *sex* und *gender* in der Geschlechterforschung, »natürliche« und »soziale« Kindheit zu unterscheiden. Entsprechend heißt es bei ihr: »Herkömmliches soziologisches Wissen ignoriert Kinder, es diskriminiert oder unterdrückt sie. [...] Sowohl der explizite Ausschluss als auch die scheinbare Berücksichtigung lassen die Kinder selbst, ihr Handeln, ihre Erfahrungen außen vor, bringen ihre Stimmen zum Schweigen. Im Gegensatz dazu fordert die neue Kindheitsforschung, daß Kinder nicht nur als Forschungsobjekte gesehen werden, sondern als sprachbegabte Subjekte mit eigenen Erfahrungen und Wissensformen« (Alanen 1994, S. 93).

Es ist zwar seit den 1990er Jahren eine vermehrte Rezeption qualitativer Forschungsmethoden zu beobachten (vgl. Heinzel 2000) und eine stärkere Hinwendung zum individuellen Kind, das aufgrund konstruktivistischer Denkansätze und einer Revision der Sozialisationstheorie nun als selbsttätiger sozialer Akteur wahrgenommen wird, aber die tatsächliche Umsetzung eines systematischen Einbezugs der »Perspektive von Kindern« (Honig / Lange / Leu 1999) in der Kindheitsforschung verlangt noch viele weitere Forschungsanstrengungen. Günter Mey (2005) kommt angesichts der Methodendiskussion in der Kindheitsforschung zu dem Fazit, dass noch mehr Offenheit und Experimentierfreude in der Anwendung und Variation etablierter sozialwissenschaftlicher Forschungsmethoden gefragt sind und ein stärkeres Bestreben zur Verwendung non-direktiver Verfahren. Auch gälte es, bestimmte Methoden, die beispielsweise aus schulpädagogischen Kontexten kommen (Kreisgespräche, Philosophieren mit Kindern, Schreibanlässe u. Ä.), für die Kindheitsforschung erst zu »entdecken«, um sie dann systematisch aufzuarbeiten und zu diskutieren.

In der Erziehungswissenschaft lassen sich einige anregende Arbeiten zu einer originär pädagogischen Kindheitsforschung finden, die einen Anschluss zur kulturwissenschaftlichen Erforschung kindlicher Perspektiven bieten. Zu erwähnen wäre hier vor allem die Traditionslinie der pädagogischen Anthropologie, insbesondere solche Ansätze, die sich mit symbolischen Ausdrucksformen von Kindern beschäftigen. Es werden in diesen Forschungszugängen verschiedene Ausdrucksformen in Medien oder »Sprachen« interessant, die oft eher abseits von (oder quer zu) Fragestellungen und methodischen Zugängen der sozialwissenschaftlich orientierten Kindheits- oder Sozialisationsforschung liegen. »Sprachen« sind hier als Sammelbegriff für verschiedene Ausdrucksformen zu verstehen: verbale Äußerungen in Gesprächen und Texten, Sammlungen und kommerzielle Erzeugnisse der Kinderkultur, künstlerische Gestaltungsformen wie Bilder und Basteleien, szenische Darstellung, Philosophieren usw. Es haben sich Forschungszugänge herausgebildet, die eine stärker subjekt-, alltags- und lebensweltbezogene Perspektive auf Phänomene des Kinderlebens zu richten versuchen. Reinhard Fatke hat eine solche spezifisch pädagogische Kind*er*forschung von der Kind*heits*forschung abgegrenzt, die er als eher sozialwissenschaftlich versteht. Er plädiert für Studien, die sich – mit phänomenologischer Grundhaltung, lebenswelt- und subjektorientiert sowie mit qualitativer Methodik – auf solche Phänomene konzentrieren, die eine wichtige Rolle im Kinderleben spielen und an denen sich die Perspektive von Kindern herausarbeiten lassen (vgl. Fatke 1994, S. 107 ff.). Solche Arbeiten befassen sich mit Phänomenen und »Ausdrucksformen des Kinderlebens« (Fatke 1994), mit der Kultur und Ästhetik von Kindern (vgl. Neuss 1999; Duncker / Lieber / Neuss / Uhlig 2010), mit »schöpferischen Prozessen« (Stenger 2002) »ästhetischen Erfahrungen« (Mattenklott / Rora 2004) oder metaphorischem Denken (vgl. Gansen 2010) und zielen in dichten Beschreibungen und hermeneutischen Reflexionen auf die Erforschung pädagogisch relevanter Aspekte kindlicher Lebenswelt. Auch der aufwändige Ansatz der Ethnographie, gleichsam die Ursprungsschule qualitativer Forschungsmethodologie, hat mittlerweile eine viel versprechende Anwendung und Diskussion erfahren (vgl. z.B. Schäfer 1997; Scholz 2004; Breidenstein 2006; Heinzel u.a. 2010), wenn auch eher als methodisches Konzept im Rahmen des Bestehenden denn als grundsätzlich anderer Begründungszusammenhang und andere Forschungshaltung zu Kindern. Für die Forschung der außerschulischen Lebenswelt von Kindern gibt es eine US-amerikanische Studie von Lareau (2003), die hierzulande Ihresgleichen sucht. Für das Forschungsfeld der Schule hat Gerold Scholz den Vorschlag gemacht, Schule und Unterricht als Konstruktion »kultureller Tatsachen« zu erforschen; d.h., er fragt nach den »von den Beteiligten gemeinsam gelebten Bedeutungen« und »wie die gesellschaftliche Funktion von Schule eingebettet ist in kulturelle Figurationen« (Scholz 2004, S. 522). Kultur wird dann auf das ethnographische Feld Schule bezogen und als ein Prozess betrachtet, »in dem die Beteiligten fortlaufend aushandeln, wer, wann, was, wo mit wem zusammen auf welche Weise tun, denken, fühlen darf« (Scholz 2004, S. 522). Im Anschluss an eine solche kulturanthropologisch begründete Schulforschung sind noch vielfältige Untersuchungen in den empirischen Feldern Schule und Schulklasse vorzunehmen, welche die Kultur der stattfindenden Kommunikations- und Bildungsprozesse genauer verstehen lassen als bisher.

Literatur

Alanen, L. (1994): Zur Theorie der Kindheit. In: Sozialwissenschaftliche Literaturrundschau, 17. Jg., H. 28, 93 – 112.

Assmann, A. (2006): Einführung in die Kulturwissenschaft. Grundbegriffe, Themen, Fragestellungen. Berlin: Schmidt.

Bachmann-Medick, D. (2007): Cultural Turns. Zur Neuorientierung in den Kulturwissenschaften. Reinbek b. Hamburg: Rowohlt.

Baumert, J. / Klieme, E. / Neubrand, M. / Prenzel, M. / Schiefel, U. / Schneider, W. / Stanat, P. / Tillmann, K.-J. / Weiß, M. (Hrsg.) (2001): PISA 2000: Basiskompetenzen von Schülerinnen und Schülern im internationalen Vergleich. Opladen: Leske+Budrich.

Behnken, I. / Zinnecker, J. (Hrsg.) (2001): Kinder, Kindheit, Lebensgeschichte. Ein Handbuch. Seelze-Velber: Kallmeyer.

Betz, T. (2007): Formale Bildung als »Weiter-Bildung« oder »Dekulturation« familialer Bildung. In: Alt, C. (Hrsg.): Kinderleben – Start in die Grundschule. Band 3: Ergebnisse aus der dritten Welle. Wiesbaden: VS-Verlag S. 163 – 188.

Breidenstein, G. (2006): Teilnahme am Unterricht. Ethnographische Studien zum Schülerjob. Wiesbaden: VS-Verlag.
Brake, A./Büchner, P. (2003): Bildungsort Familie: Die Transmission von kulturellem und sozialem Kapital im Mehrgenerationenzusammenhang. Überlegungen zur Bildungsbedeutsamkeit der Familie. In: Zeitschrift für Erziehungswissenschaft, 6. Jg., H. 4, S. 618–638.
Bründel, H./Hurrelmann, K. (2003): Einführung in die Kindheitsforschung. Weinheim: Beltz.
Büchner, P./Wahl, K. (2005): Die Familie als informeller Bildungsort. Über die Bedeutung familialer Bildungsleistungen im Kontext der Entstehung und Vermeidung von Bildungsarmut. In: Zeitschrift für Erziehungswissenschaft, 8. Jg., H. 3, S. 356–373.
Duncker, L./Scheunpflug, A./Schultheis, K. (2004): Schulkindheit. Anthropologie des Lernens im Schulalter. Stuttgart: Kohlhammer.
Duncker, L./Lieber, G./Neuß, N./Uhlig, B. (Hrsg.) (2010): Bildung in der Kindheit. Das Handbuch zum Lernen für Kindergarten und Grundschule. Seelze: Friedrich Verlag.
Fatke, R. (Hrsg.) (1994): Ausdrucksformen des Kinderlebens. Phantasie, Spiele, Wünsche, Freundschaft, Lügen, Humor, Staunen. Bad Heilbrunn: Klinkhardt.
Fend, H. (2006): Neue Theorie der Schule. Einführung in das Verstehen von Bildungssystemen. Wiesbaden: VS-Verlag.
Gansen, P. (2010): Metaphorisches Denken von Kindern. Theoretische und empirische Studien zu einer pädagogischen Metaphorologie. Würzburg: Ergon.
Geertz, C. (1987): Dichte Beschreibung. Beiträge zum Problem kultureller Systeme. Frankfurt/M.: Suhrkamp.
Gisdakis, B. (2007): Oh, wie wohl ist mir in der Schule … Schulisches Wohlbefinden – Veränderungen und Einflussfaktoren im Laufe der Grundschulzeit. In: Alt, C. (Hrsg.): Kinderleben – Start in die Grundschule. Band 3: Ergebnisse aus der dritten Welle. Wiesbaden: VS-Verlag, S. 107–135.
Grunert, K. (2006): Kompetenzerwerb von Kindern und Jugendlichen in außerschulischen Sozialisationsfeldern. In: Grunert, K./Helsper, W./Hummrich, M. u. a. (Hrsg.): Kompetenzerwerb von Kindern und Jugendlichen im Schulalter. München: Verlag deutsches Jugendinstitut, S. 9–94.
Haunberger, S./Teubner, M. (2007): Familie und Schulstart. Zur Bedeutung intrafamilialer und struktureller Ressourcen für den Eintritt in die Grundschule. In: Alt, C. (Hrsg.): Kinderleben – Start in die Grundschule. Bd. 3: Ergebnisse aus der dritten Welle. Wiesbaden: VS-Verlag, S. 81–106.
Heinzel, F. (2000): Methoden der Kindheitsforschung. Ein Überblick über Forschungszugänge zur kindlichen Perspektive. Weinheim u. München: Juventa.
Heinzel, F./Thole, W./Cloos, P./Köngeter, S. (2010): »Auf unsicherem Terrain«. Ethnographische Forschung im Kontext des Bildungs- und Sozialwesens. Wiesbaden: VS-Verlag.
Herzog, W. (2001): Das Kulturverständnis in der neueren Erziehungswissenschaft. In: Appelsmeyer, G./Billmann-Mahecha, E. (Hrsg.): Kulturwissenschaft: Felder einer prozessorientierten wissenschaftlichen Praxis. Weilerswist: Velbrück-Wissenschaft, S. 9–124.
Holzkamp, K. (1995): Lernen – Subjektwissenschaftliche Grundlegung. Frankfurt/M.: Campus-Verlag.
Honig, M.-S. (1999): Entwurf einer Theorie der Kindheit. Frankfurt/M.: Suhrkamp.

Honig, M.-S. (Hrsg.) (2009): Ordnungen der Kindheit. Problemstellungen und Perspektiven der Kindheitsforschung. Weinheim u. Basel: Beltz.
Honig, M.-S. / Lange, A. / Leu, H. R. (Hrsg.) (1999): Aus der Perspektive von Kindern? Zur Methodologie der Kindheitsforschung. Weinheim: Juventa.
Klieme, E. / Arenarius, H. / Blum, W. / Döbrich, P. / Gruber, H. / Prenzel, M. / Reiss, K. / Riquarts, K. / Rost, J. / Tenorth, H.-E. / Vollmer, H. J. (Hrsg.) (2007): Zur Entwicklung nationaler Bildungsstandards. Eine Expertise. Bonn u. Berlin: Bundesministerium für Bildung und Forschung (BMBF).
Kolbe, F.-U. / Reh, S. / Wulf, C. u. a. (2009): Theorien der Lernkultur. Kulturwissenschaftliche Transformation des Verständnisses von Aneignungs- und Vermittlungsprozessen. In: Melzer, W. / Tippelt, R. (Hrsg.): Kulturen der Bildung. Beiträge zum 21. Kongress der DGfE. Opladen: Barbara Budrich, S. 349 – 359.
Krüger, H.-H. / Grunert, C. (Hrsg.) (2006): Handbuch der Kindheits- und Jugendforschung. Wiesbaden: VS-Verlag.
Lareau, A. (2003): Unequal Childhoods. Class, Race, and Familiy Life. Berkeley, Los Angeles, London: University of California Press.
Lippitz, W. (2003): Differenz und Fremdheit. Phänomenologische Studien in der Erziehungswissenschaft. Frankfurt / M.: Lang.
Mattenklott, G. / Rora, C. (Hrsg.) (2004): Ästhetische Erfahrung in der Kindheit. Theoretische und empirische Forschung. Weinheim u. München: Juventa.
Mecheril, P. / Witsch, M. (2006): Einführung. In: Mecheril, P. / Witsch, M. (Hrsg.): Cultural Studies und Pädagogik. Kritische Artikulationen. Bielefeld: Transcript Verlag, S. 7 – 18.
Mey, G. (2005): Forschung mit Kindern – Zur Relativität von kindangemessenen Methoden. In: Mey, G. (Hrsg.): Handbuch Qualitative Entwicklungspsychologie. Köln: KSV Kölner Studien Verlag, S. 151 – 183.
Mollenhauer, K. (1983): Vergessene Zusammenhänge. Über Kultur und Erziehung. Weinheim u. München: Juventa.
Neuss, N. (Hrsg.) (1999): Ästhetik der Kinder. Interdisziplinäre Beiträge zur ästhetischen Erfahrung von Kindern. Frankfurt / M.: GEP Buch Gemeinschaftswerk der evangelischen Publizistik.
Qvortrup, J. (Hrsg.) (2005): Studies in Modern Childhood. Society, Agency, Culture. Hampshire: Palgrave Macmillan.
Schäfer, G. E. (1997): Aus der Perspektive von Kindern? Von der Kindheitsforschung zur ethnographischen Kinderforschung. In: Neue Sammlung 3, S. 377 – 394.
Scholz, G. (2004): Die »cultural anthropology« als Rahmentheorie für eine Ethnographie der Schule und des Unterrichts. In: Pädagogische Rundschau, H. 5, S. 505 – 526.
Stenger, U. (2002): Schöpferische Prozesse. Phänomenologisch-anthropologische Analysen zur Konstitution von Ich und Welt. Weinheim u. München: Juventa.
Wimmer, A. (2008): Kultur als Prozess. Zur Dynamik des Aushandelns von Bedeutungen. Wiesbaden: VS-Verlag.

2 Konsequenzen für die Grundschule

Hans Brügelmann / Anna Lena Wagener

Der Erwerb fachlicher Kompetenzen – ein biographischer Prozess im sozialen Kontext

Schule – und die Pflicht, sie zu besuchen – zieht ihre Berechtigung daraus, dass sie eigens für die Vermittlung von Wissen und Können außerhalb des Alltagslebens organisiert ist. Die Pflichtschule für alle ist eine der bedeutendsten Erfindungen der modernen Gesellschaft. Sie befreit die Kinder und Jugendlichen von der Verantwortung für ihren eigenen Lebensunterhalt und eröffnet ihnen einen Anregungs- und Schonraum für die Vorbereitung auf ihre Zukunft. Zugleich verändert Schule den Alltag von Kindern und Jugendlichen massiv: »15.000 Stunden« haben englische Kolleg/inn/en ihr einflussreiches Buch über die Bedingungen »guter Schule« genannt (Rutter u. a. 1980). Zwar verbringen deutsche Schüler/innen zurzeit in ihrer Halbtagsschule noch weniger Stunden als englische in ihren Ganztagsschulen, aber auch diese sind ein bedeutsam hoher Teil ihrer Lebenszeit. Zudem ist die Pflichtschulzeit immer länger geworden: von wenigen Schuljahren zu Beginn des 19. Jahrhunderts über acht an dessen Ende bis auf zehn Vollzeitschuljahre heute.

Schüler/inne/n ermöglicht ein erfolgreicher Schulbesuch, die eigenen Lebens- und vor allem Berufschancen zu steigern. Tendenziell sind ihre Aussichten auf dem Arbeitsmarkt umso besser, je mehr sie gelernt und je höhere Abschlüsse sie erworben haben. Aber auch die Teilhabe am öffentlichen Leben und die Wahrnehmung der persönlichen Interessen und Pflichten im privaten Bereich (Steuererklärung, Umgang mit technischen Haushaltsgeräten, Freizeitaktivitäten etc.) werden oft durch entsprechende Fähigkeiten erleichtert. Zu diesen zählen im Übrigen nicht nur fachliche Qualifikationen, sondern auch sog. sekundäre Fähigkeiten und Einstellungen. »Sekundär« heißen sie, weil sie nicht an die fachlichen Inhalte gebunden sind und weil sie meist – gewollt oder nicht – nebenbei erworben werden (z. B. Sorgfalt, selbstständiges Arbeiten, Kooperationsfähigkeit). Andererseits ist die Schule nicht der erste Lernort, und auch ob sie der wichtigste ist, wird kontrovers diskutiert (vgl. Schleicher 2009).

Vor fast 20 Jahren, 1993, erschien das Buch »Der kompetente Säugling« des Entwicklungspsychologen Dornes (1993). Es hat viele Eltern verblüfft, was Babys schon können, ehe man sprachlich mit ihnen kommunizieren kann. Die meisten Erwachsenen hatten Neugeborenen solche Wahrnehmungs- und Deutungsleistungen nicht zugetraut und entsprechende Verhaltensweisen nicht wahrgenommen.

Wenn Kinder in die Schule kommen, haben sie zusätzlich fünf bis sieben Jahre Lernen hinter sich. Und auch Lehrer/innen unterschätzen häufig, was Kinder in den einzelnen Lernbereichen schon können, ehe sie formell unterrichtet werden (vgl. für Mathematik u.a. Hengartner / Röthlisberger 1995). Inzwischen ist schon fast sprichwörtlich, dass der Schulanfang selbst für das fachliche Lernen keine »Stunde Null« ist, wie vor 30 Jahren neben anderen Ferreiro / Teberosky (1979, 1982) auch für den Bereich der Schriftsprache eindrucksvoll nachgewiesen haben.

Die Ergebnisse der Schweizer Kindheitsstudien von Largo (2009) wiederum machen deutlich, wie unterschiedlich der Lern- bzw. Entwicklungsstand von Gleichaltrigen in allen für die Schule relevanten Kompetenzbereichen ist. Mit einer Differenzierung durch Arbeitsblätter oder kleine didaktische Schleifen im Curriculum wird Schule den unterschiedlichen Voraussetzungen in einer Lerngruppe, die drei bis sechs »Entwicklungsjahren« entsprechen, nicht gerecht.

Aber welche Folgen haben diese Erkenntnisse für das institutionalisierte Lernen? Kindheit heute ist von Anfang an eine symbolreiche Erfahrung. Kinder begegnen Zahlen und Schriftzeichen überall in ihrer Umwelt und versuchen, sich ihren eigenen Reim darauf zu machen. Viele Kindergärten nehmen diese Erfahrungen auf und regen sie sogar an – nicht mehr mit Arbeitsblättern zur Mengenerfassung, mit gegenstandsfreien Schwungübungen und Frühlese-Übungen wie in der Vorschulförderung um 1970, sondern »im Gebrauch« (vgl. die vielfältigen Anregungen im Orientierungsplan des Ministeriums für Kultus Baden-Württemberg 2006 oder bei Klein 2005). Krieg (2005) beschreibt eindrucksvoll, wie Kinder in Aktivitäten, die sich an den Prinzipien der Reggio-Pädagogik orientieren, Schrift und Zahlen als Medium der Dokumentation, der Ordnung und der Kommunikation von Erfahrungen innerhalb und außerhalb des Kindergartens erleben. Und in der Schule?

Die Psychologen Deci / Ryan (1995) sehen die Motivation zu lernen in drei Erfahrungen begründet:

- in Freiräumen, so dass man selbst bestimmen oder mitbestimmen kann, was in der Lerngruppe passiert;
- im Erleben, dass man etwas leisten, die Welt verstehen und etwas bewirken kann und
- in der Anerkennung durch andere, mit denen man zusammen ist.

Es lässt sich zwar nicht berechnen, wie viel wir von dem, was wir wissen und können, durch formelle Lernangebote lernen und wie viel beiläufig. Dohmen (2001) und Rauschenbach u.a. (2004) berichten aber von Schätzungen, nach denen wir uns etwa drei Viertel unseres Wissens in informellen Situationen aneignen. Dies stimmt nachdenklich mit Blick auf die Bedeutung von Unterricht. Es muss aber nicht bedeuten, dass schulisches und informelles Lernen unverbunden nebeneinander stehen. Insofern lohnt es sich, genauer hinzuschauen, ob es Beziehungen zwischen diesen beiden »Welten« gibt und welcher Art sie gegebenenfalls sind. Drei mögliche Beziehungen zwischen Kompetenzen und Interessen der Kinder innerhalb und außerhalb der Schule sind besonders interessant:

- Kinder entwickeln Interessen / Kompetenzen in der Familie oder anderen außerschulischen Kontexten, diese spielen aber in der Schule keine Rolle und werden dort auch nicht gefördert.
- Interessen / Kompetenzen entwickeln sich außerhalb der Schule, werden dort aber aufgegriffen bzw. wirksam.
- Die Entwicklung von Interessen / Kompetenzen wird durch die Schule angeregt und außerhalb, z. B. zu Hause, intensiviert.

In unserem Forschungsprojekt »Lernbiografien im schulischen und außerschulischen Kontext« (LISA&KO) an der Universität Siegen untersuchen wir seit 1999 genauer, wie sich schriftsprachliche und mathematische Kompetenzen, Erfahrungen und Interessen von Kindern im Kontext ihrer persönlichen Entwicklung und sozialen Lebenswelt verändern (vgl. Hellermann u. a. 2008; Knorre / Wagener 2009; Brügelmann 2009) sowie die Beiträge in Seidel 2006. Diese Fallstudien leben von der Anschaulichkeit der Kinderporträts, die Studierende aufgrund ihrer mehrmonatigen Begleitung eines Kindes in der Familie, in der Schule, im Verein usw. erstellen.

An einigen Beispielen, die uns von Verfasser/inne/n von Staatsarbeiten zur Verfügung gestellt wurden, möchten wir verdeutlichen, wie hoch bedeutsam und zugleich ambivalent, oft auch problematisch die Beziehung zwischen Erfahrungen von Kindern im Fachunterricht und außerhalb der Schule für ihre Kompetenzentwicklung ist. Solche Fallbeschreibungen unterstellen keine Regelmäßigkeiten oder Häufigkeiten. Vielmehr sensibilisieren sie für Besonderheiten, die angesichts des Üblichen leicht aus dem Blick geraten.

ALEXA: die Schriftstellerin werden will, aber den Deutschunterricht nicht mehr mag

Alexa besucht die fünfte Klasse des Gymnasiums und möchte später einmal Schriftstellerin werden. Bereits jetzt verfasst sie ihr erstes eigenes Buch und nutzt dazu eine alte Schreibmaschine. Ihr Buch soll »wie ein Erwachsenenbuch« gebunden werden. Von ihrer Schwester brachte sie im Zuge dessen auch in Erfahrung, welche Verlage ihr Buch eventuell drucken könnten.

Dieser Wunsch, Schriftstellerin zu werden, ist fast ausschließlich auf ihr privates Interesse und nicht auf ihr schulisches Kompetenzerleben zurückzuführen. Im Alltag zeigt Alexa vielfältiges schriftsprachliches Interesse und das Lesen hat einen hohen Stellenwert in ihrem Leben. Generell sind alle Bücher, in denen es um Elfen, Zauberei, Zwerge und die Unterwelt geht, für Alexa interessant. Empfand sie noch in der Grundschule ihren Sprachunterricht positiv, ist sie hinsichtlich dieses Fachs auf dem Gymnasium entmutigt, da sie in dem eng geführten Unterricht ihre beim privaten Lesen erkennbaren Kompetenzen kaum einbringen und nutzen kann.

Die hohe Bedeutung von persönlichem Interesse und inhaltlichem Engagement zeigt sich in vielen Fallstudien. Wie Schule und Alltag dabei auseinanderfallen können, zeigt das folgende Beispiel.

LUKE SKYWALKER: Schule und Alltag – zwei Welten nebeneinander

Wenn Luke aus der Schule kommt, muss er häufig erst »nachdenken«. Dafür hat er seinen eigenen Ort – einen Trampelpfad hinter dem Haus. Seine Eltern finden dieses Verhalten eher auffällig, denn wenn Luke nachdenkt, müssen vorher alle Türen im Haus geschlossen sein und es darf ihm dann auch niemand zu nahe kommen. Er durchlebt dabei seine Fantasien und erdenkt sich in seinem Kopf Drehbücher, in denen Pokémons, seine Helden aus Star Wars und er selbst vorkommen.

Lukes Lieblingsort ist zurzeit die Spielkonsole im Wohnzimmer. Dort spielt Luke am liebsten das Pokémon-Spiel, das als Merchandising-Produkt zur Fernsehserie »Pokémon« zählt. Dieser Serie widmet Luke nun schon seit einigen Monaten seine gesamte Aufmerksamkeit – ebenso wie seine Klassenkameraden. Luke sammelt zur Zeit gerne alles, was mit Pokémons zu tun hat.

Lukes Selbstbild – die Schule betreffend – ist eher unterdurchschnittlich. Er macht Hausaufgaben aus eigenem Antrieb (meist allerdings zum letztmöglichen Termin) und ist im Fach Deutsch recht erfolgreich; in der Mathematik ist er jedoch schlechter als sein bester Freund Hand diese Gewissheit behindert ihn oftmals in der Arbeit. »Ich bin für die Schule nichts«, sagt er einmal. »Ich bin für die Schule nicht gut.«

Dass Erfahrungen außerhalb der Schule dort nicht wahrgenommen werden, ist das eine; dass sie nicht wertgeschätzt oder gar abgewertet werden, ist für die Betroffenen noch schlimmer. Die mittelschichtgeprägte Schule (Schumacher 2000) tut sich schwer mit diesen nicht hoch-kulturellen Formen der Lektüre – sie erreicht andererseits, wenn sie sich auf biografische und sub-kulturelle Besonderheiten einlässt, oft erstaunliche Erfolge (vgl. für eine produktive Aufnahme beim freien Schreiben die eindrucksvollen Fallberichte bei Bambach 1989; le Bohec 1992 und in Wolf-Weber/Dehn 1993, vor allem S. 110 ff.).

Aber es geht nicht nur um fachliche Kompetenzen. Oft hört man in Gesprächen über Schüler/innen, sie seien »konzentrationsschwach« oder sie »hätten kein Arbeitsverhalten«. Dieser Zuschreibung von Eigenschaften widerspricht die Beobachtung an vielen Kindern, dass solche Verhaltensweisen in hohem Maße vom Gegenstand der Aufgabe und von ihrem Kontext abhängen.

STEPHAN: engagiert und gelangweilt, unsicher und selbstbewusst

Stephan ist sehr wissbegierig und konnte schon vor der Einschulung lesen. Noch heute liest er zu jeder Gelegenheit. Er besitzt eine vollständige Sammlung der Buchreihe »WAS ist WAS« und wirkt aufgrund seines hohen Allgemeinwissens und seines eloquenten mündlichen Sprachverhaltens mit überlegter Wortwahl und strukturiertem Satzbau, frühreif. Geschichte und Latein sind die Lieblingsfächer des Siebtklässlers. Dies überrascht nicht, interessiert er sich doch, angeregt durch seinen Großvater, seit Kindesbeinen für das Mittelalter. In seinen Lieblingsfächern kann er seine häuslichen Interessen und die in diesem Zusammenhang erworbenen Kompetenzen in der Schule nutzen. Tritt er als Experte für das Mittelalter auf, wirkt Stephan selbstsicher und kompetent. Sonst mag er es nicht gern, im Mittelpunkt zu stehen. Da er ein guter Schüler ist und ihm viele Dinge leicht fallen, nutzt er den Unterricht häufig für seine eigenen Interessen und liest währenddessen andere Literatur oder arbeitet vor. Diese Haltung ist für manchen Lehrer störend, wird aber meist geduldet. Bemühungen seitens der Lehrer, Stephans Langeweile zu beheben, seine Kompetenzen zu stärken und zu nutzen, sind nicht erkennbar.

Damit kein falscher Eindruck entsteht, weisen wir darauf hin, dass viele der Beobachtungen den Alltagserwartungen entsprechen, dass außerschulische Interessen schulisches Lernen stützen: etwa Kinder, die bereits im Vorschulalter auf Zahlen oder Schrift neugierig sind und Einsichten in das jeweilige Symbolsystem entwickeln, dieses Interesse und entsprechend überdurchschnittliche Kompetenzen auch in der Schule zeigen; oder andere, die zu Hause ein Instrument spielen oder an Computern basteln und von diesem Wissen und Können auch in der Schule profitieren.

TIM: verantwortungsvoller Hobbyzoologe, aber faul und oberflächlich in der Schule

Der Zehntklässler Tim hat eine seit Jahren andauernde Leidenschaft für Reptilien und andere ungewöhnliche Haustiere. Er hält Warane, Nattern, Blutegel, Spinnen und andere exotische Haustiere. Seine Familie teilt sein Interesse nicht, unterstützt es aber mit verschiedenen Aktivitäten wie beispielsweise Ausflügen in Zoos oder zu Reptilienbörsen. Der Gymnasiast hat sich ein breites Wissen über die Haltung der Tiere angeeignet. Er liest fast ausschließlich in Fachbüchern.

Sein naturwissenschaftliches Wissen kann Tim praktisch und theoretisch in der Schule anwenden. Beispielsweise hielt er ein Referat über Warane, welches er technisch anspruchsvoll aufarbeitete, wofür er viel Mühe und Arbeitszeit investierte.

Gilt er sonst als Schüler mit einer schwachen Arbeitshaltung, fehlendem Einsatz und der Tendenz zum oberflächlichen Arbeiten, erbringt er in seinem Interessensgebiet im Biologieunterricht hervorragende Leistungen und wird entsprechend gewürdigt.

Aber es gibt immer wieder auch Kinder, die erleben, dass außerschulisch erworbene Expertise über Natur oder Technik, dass besondere Kompetenzen in einzelnen Schulfächern, dass Verantwortung für kleinere Geschwister oder Aufgaben im Haushalt in der Schule nicht wahrgenommen werden oder nicht zählen.

ANNA: eine verkannte gute Leserin

Anna, 12 Jahre alt, schätzt ihre Fähigkeiten im Lesen im oberen Bereich ein. Sie könne »super« erzählen, was sie gelesen habe, könne »gut« genau und ohne Fehler lesen, auch lange und schwierige Wörter. Fragen zu einem Text könne sie zwischen »gut« und »super« beantworten. Annas Deutschlehrerin schätzt ihre Leistungen eher im unteren Mittelfeld ein; ihre Eltern legen sich auf »Mittelfeld« fest. Abweichend dazu das Gesamtergebnis des Leseverständnistests ELFE: Anna verfügt danach über ein überdurchschnittlich gut ausgeprägtes Leseverständnis (auf Wort-, Satz- und Textebene). Nur etwa 15 % ihrer Vergleichsgruppe (Kinder in der Mitte des 6. Schuljahres) erreichen ein besseres Testergebnis. Anna liegt damit deutlich im oberen Leistungsviertel. Auch das Salzburger Lese-Screening bescheinigt Anna überdurchschnittliche Leistungen im Bereich Lesen. In ihrer Klasse erreicht Anna beim Stolperwörter-Lesetest (jeweils ein Wort im Satz passt nicht und muss gestrichen werden) Platz 11 unter 28 Kindern. Anna und ihre Lehrerin sind gleichermaßen positiv überrascht von diesem Ergebnis, sie hätten nicht erwartet, dass Anna im Vergleich zu ihrer (nach Angaben der Lehrerin sehr leistungsstarken) Klasse so gut abschneidet.

Der Zusammenhang zwischen Annas Zurückhaltung in der Schule und der Bewertung ihrer Kompetenz durch Eltern und Lehrerin kann vielleicht folgendermaßen erklärt werden: Anna hat in der Familie im Vergleich zu ihrer Schwester einen niedrigen Redeanteil, daraufhin schätzen die Eltern auch ihre Kompetenz, sich zu gegebenen Themen sinnvoll zu äußern, eher durchschnittlich ein. Sie ist im Unterricht still und obwohl die Lehrerin diese Eigenschaft kennt und weiß, dass Anna nicht in allen Situationen so zurückhaltend ist, sucht auch sie den Grund für ihre geringe mündliche Beteiligung intuitiv zunächst in der Kompetenz: eine Frage zu einem Text nicht zu beantworten, bedeutet, »sie vermutlich nicht beantworten können«. Dass es sich ganz anders verhält (und Annas Selbsteinschätzung in diesem Fall daher eher zutrifft), zeigt unabhängig von den Testergebnissen schon ihr Wunsch, sich mit Freunden über die Inhalte von Büchern auszutauschen, was für ihr Alter eher ungewöhnlich scheinen mag.

[...]

Gleich an zweiter Stelle ihrer Lieblingsbeschäftigungen führt Anna Lesen auf. Sie verbringt viel Zeit mit diesem Hobby. Nach dem Zubettgehen liest Anna noch eine ganze Weile heimlich weiter. Wenn sie jemand kommen hört, tut sie so, als schlafe sie bereits. Ein solches Leseverhalten lässt darauf schließen, dass es sich bei dieser Tätigkeit in der Tat um eine große Vorliebe von Anna handelt.

[...]

Nicht nur in der Schule ist Schreiben ein tägliches Thema für Anna. Sie schreibt zu Hause selbst Gedichte und Geschichten, hin und wieder sogar aus eigenem Interesse ein Filmprotokoll. Zurzeit schreibt sie ein eigenes Buch mit dem Titel »Die Freundin«. Das Buch handelt von einem Mädchen, das »erst eine gute Freundin ist und einen dann im Stich lässt«. Anna selbst war in einer solchen Situation und möchte dieses Erlebnis deshalb aufschreiben. Insgesamt verarbeitet sie in Geschichten und Gedichten hauptsächlich das, was sie in ihrem Leben beschäftigt und bewegt. Ein eindrucksvolles Beispiel dafür ist ihr Gedicht »Können Menschen sich verändern?«. Ihre Nachdenklichkeit, ihre Sorgen, aber auch ihre Hoffnungen kommen darin zum Ausdruck. All ihre Produkte sammelt Anna in einer Mappe und verziert die einzelnen Blätter mit vielen Farben, was darauf schließen lässt, dass Selbstgeschriebenes einen hohen Stellenwert für sie hat.

(Auszug aus Schiemann 2010)

Wenn solche Kompetenzen eines Kindes nicht in der Schule wahrgenommen werden, betrifft das seine Wertschätzung als Person, aber oft auch die Möglichkeit, etwas in den betreffenden Fächern einzubringen, was nicht in Schulbüchern steht. Oft sind es auch Erfahrungen, Wissen oder Fertigkeiten, über die die Lehrperson nicht verfügt: zur Lebensweise und Haltung von Tieren, z. B. wenn der Großvater Imker ist; zu anderen Regionen, aus denen die Familie des Kindes stammt oder die es im Urlaub kennengelernt hat; zum technischen Wissen oder Umgang mit Geräten, mit denen Kinder außerhalb der Schule zu tun haben.

BILL GATES: hochbegabter Computerexperte – das Gymnasium als Erlösung

Bill Gates ist Bills (vom Kind gewähltes Pseudonym) großes Vorbild. Computer faszinieren ihn in ähnlicher Weise. Technische Phänomene generell haben seit jeher eine magische Anziehungskraft auf Bill ausgeübt und er hat sich ein bemerkenswertes technisches und naturwissenschaftliches Wissen angeeignet, mit dem er jetzt den Unterricht im Gymnasium bereichert. Die Familie des Siebtklässlers unterstützt seine Technikbegeisterung, indem er eine eigene Werkstatt zur Verfügung gestellt bekommt, in der er gemeinsam mit seinem Onkel Computer zusammenbaut und programmiert. Zudem hat Bill inzwischen alle Fortbildungskurse rund um den Computer in einer nahe gelegenen Stadt besucht sowie an Entwickler- und Technikcamps mit Auszeichnung teilgenommen.

Bill empfand seine Grundschulzeit als sehr negativ und war dort sozial isoliert. Das Gymnasium wirkt sich auf seine Schulfreude und auf seine sozialen Beziehungen positiv aus, Bill ist froh, dass sein Wissensdurst endlich gestillt wird. Trotz einer diagnostizierten Hochbegabung während der Grundschulzeit und der mündlichen Zusage seitens der Lehrer, dies zu berücksichtigen, gab es keine besonderen Angebote oder Fördermaßnahmen in der Grundschule. Seine Gymnasiallehrer wissen nichts von seiner (vermeintlichen) Hochbegabung, schaffen es aber auch ohne dieses Wissen, ihn zu fordern und zu begeistern. Seine Lieblingsfächer auf dem Gymnasium decken sich mit seinen Interessen (Technik, Mathe), obwohl er selten eine Verbindung von schulischen Anforderungen und privatem Wissen herstellen kann.

Lehrer/innen sind unterschiedlich aufmerksam für das, was Kinder mitbringen, und ihr Unterricht bietet den Schüler/inne/n mehr oder weniger Gelegenheit einzubringen, was sie können und wissen.

BEYONCÉ: viersprachig kompetent, aber in der Schule eine »3« in Englisch

Beyoncé spricht vier Sprachen fließend: die afrikanische Stammessprache ihrer Familie, Französisch, Englisch und Deutsch. Wenn die Familie sich zu Hause unterhält, werden alle vier Sprachen verwendet. Ihr gefällt das Sprachendurcheinander, oft mixen die Familienmitglieder auch die unterschiedlichen Sprachen, je nachdem, welches Wort ihnen in welcher Sprache zuerst einfällt. Beyoncé mag Sprachen. Besonders in Deutsch und Englisch fühlt sie sich sehr sicher im Ausdruck und in der

Rechtschreibung. Trotzdem hat die Siebtklässlerin »nur eine Drei« in Englisch, worüber sie sehr enttäuscht ist und was sie sich nicht erklären kann. Sie berichtet von ihrem neuen Englischlehrer, mit dessen Unterrichtsstil sie offenbar nicht zurechtkommt und auf den sie regelrecht wütend ist. Nach dem Wechsel von der Grund- auf die Realschule war Beyoncé noch sehr zufrieden mit dem Englischunterricht (bei einem anderen Lehrer) und erbrachte in der fünften Klasse sehr gute Leistungen.

Andere Kinder wiederum sehen keine Beziehung zwischen dem, was sie fachlich können, und dem, was in der Schule in diesen Fächern erwartet wird. Das bedeutet dann aber auch, dass sie ihre Kompetenzen leicht unterschätzen und nicht selbstwirksam als Ressource für schulisches Lernen nutzen können – wie ihnen auch umgekehrt der Wert bzw. Ertrag von Unterricht für Alltagsanforderungen nicht gegenwärtig ist.

PAUL: der unbewusst Mathematik treibt

Erstaunlicherweise sind sich Kinder bei ihren Tätigkeiten oft kaum bewusst, dass sie sich mit fachlichen Inhalten beschäftigen, die in mehr oder weniger engem Bezug zu ihrem schulischen Lernen stehen. Über den 14-jährigen Paul wird berichtet: »Nach eigenen Angaben kann er ›super‹ zählen, mit Zahlen rechnen, […] mit Geld rechnen und Preise vergleichen. Des Weiteren gibt Paul an, Mengen ›gut‹ abschätzen zu können.« Auffällig an diesen Angaben erscheint der Verfasserin der Fallstudie, »dass sich die beschriebenen Kompetenzen überwiegend auf außerschulische mathematische Tätigkeiten beziehen, denen Paul im Alltag nachgeht. Zu meiner Verwunderung gab Paul jedoch trotz seines regelmäßigen Umgangs mit Zahlen in Form von finanziellen Kalkulationen […] in einem Fragebogen an, sich in seiner Freizeit eher nicht mit Mathematik zu beschäftigen. Möglicherweise ist ihm nicht bewusst, dass z.B. das Berechnen seiner Ersparnisse mit mathematischen Denkprozessen in Verbindung steht. Vermutlich ordnet er dem Begriff Mathematik nur das zu, was er im schulischen Unterricht behandelt.« Dafür würde auch sprechen, dass er in dem Fragebogen die Auffassung vertrat, das im Mathematikunterricht Erlernte nicht im Alltag gebrauchen zu können.

Besonders bedrückend ist die Erfahrung, dass persönliche Kompetenz im Unterricht nicht zählt, wenn sie dazu führt, dass Kinder sich auf den betreffenden Lernbereich nicht einlassen, sich langweilen oder ihn gar ablehnen.

CHIARA: die Geige spielt, aber den Musikunterricht nicht mag

Von den Eltern wird Chiara in ihren Interessen gefördert und unterstützt, aber nicht zur Musik gedrängt. Neben dem Kassettenrecorder in ihrem Zimmer nutzt sie auch im Wohnzimmer die Möglichkeit Musik zu hören, wobei die zur Verfügung stehenden Kassetten und CDs über ein breites Spektrum streuen. Chiaras Lieblingsmusik schließt Rolf Zuckowski, aber auch aktuelle Gruppen (Loona, Spice Girls, etc.) bis hin zur CD von Vanessa Mae ein, durch deren Spiel mit der E-Geige sie sich auch zum Geigelernen inspirieren ließ.

Bei ihren täglichen Übungen mit der Geige wird Chiara von ihrem Vater unterstützt, der sie auf dem Keyboard begleitet. Chiara zeigt bei diesen Übungen Ehrgeiz und gibt sich besonders während der Unterrichtsstunden, zu denen ihre Mutter sie begleitet, Mühe, ihre Stücke richtig zu spielen. Sie verfolgt das Ziel, in einem Orchester spielen zu können.

Vom Musikunterricht in der Schule erwähnte sie während der Erhebungszeit nur das ihr nicht sehr angenehme Vorsingen und dass sie dort ab und zu Flöte spiele. Eine vergleichbare Förderung der musikalischen Interessen und Fähigkeiten wie zu Hause und die Chance, das dort erworbene Können im Unterricht zu nutzen, lässt sich in der Schule nicht beobachten.
(red. bearb. Auszug aus Schumann 2000)

Oft nutzt die Schule auch Aktivitäten/Zugänge nicht, aus denen schulisch relevante Kompetenzen erwachsen (können), oder wertet diese sogar ab.

TOM: der sich »bildungsfern« bildet

Der achtjährige Tom ist ein großer Fan von Computerspielen. Mehrere Stunden verbringt er täglich damit, an seinem Computer oder seiner Spielkonsole zu spielen. Ein weiteres Hobby des Drittklässlers ist das Fernsehen. Er liebt Zeichentrickserien und schaut diese mit seiner Mutter bereits während des Mittagessens. Das Lesen gehört ebenfalls zu den Tätigkeiten, die Toms Alltag bestimmen. Er beschränkt sich dabei allerdings ausschließlich auf Comics, die er jeden Abend vor dem Einschlafen und sonst nur bei Langeweile liest. Neben diesen medialen Hobbys geht Tom keinen weiteren regelmäßigen Aktivitäten nach. Betrachtet man seine schriftsprachlichen Leistungen, fällt auf, dass Tom ein sehr guter Schüler ist, er gehört zu den Klassenbesten. Bei allen im Rahmen der Erhebung durchgeführten Lese- und Schreibtests schneidet er ebenfalls überdurchschnittlich gut ab, beispielsweise ist sein Lesetempo mit dem eines guten erwachsenen Lesers vergleichbar.
(red. bearb. Auszug aus Wagener 2008)

Bertschi-Kaufmann (1998) hat festgestellt, dass Jungen Schriftsprache lieber und produktiver nutzen, wenn sie elektronische Medien nutzen, als wenn sie sich mit denselben Inhalten in Print-Form auseinandersetzen sollen, und spätestens seit der IEA-Lesestudie ist bekannt, dass sie nicht unbedingt schlechter lesen als Mädchen, sondern »anders und anderes« (Lehmann 1994, S. 100).

Lehrer/innen wären überfordert, wollten sie den von ihnen gestalteten Unterricht an den individuellen Biographien ihrer Schüler/innen ausrichten und müssten sie für jeden und jede ein eigenes Programm entwerfen. Es reicht aber aus, wenn sie Räume eröffnen, in denen die Kinder selbst ihre Interessen, Erfahrungen und Kompetenzen verfolgen und entwickeln können:

- als Spezialist/inn/en, die ihre Interessen und Kompetenzen individuell vertiefen, und dann in Aktivitäten der Lerngruppe einbringen;
- als Expert/inn/en für bestimmte Inhalte / Aufgaben in der gemeinsamen Arbeit;
- als Helfer/innen bei Schwierigkeiten in anderen speziellen Bereichen.

Individualisierung bedeutet also nicht Isolierung. Der Unterricht sollte systematisch Gelegenheiten bieten, bei denen die Kinder ihre individuellen Erfahrungen, ihr Wissen und Können für die anderen zugänglich machen (vgl. zur Konkretisierung: Brügelmann / Brinkmann 2008, S. 183 ff.). Damit wird er viel reicher, als es ein schulbuchgebundener oder lehrerzentrierter Unterricht je sein könnte. Die Vielfalt der von den Kindern eingebrachten Inhalte deckt nicht nur die Anforderungen der Lehrpläne ab, sondern geht schnell darüber hinaus, vor allem im Sachunterricht (vgl. Peschel 2002, S. 5; 2003, Kap. 7). Die Authentizität der persönlichen Erfahrung kann diese auch für andere intensivieren (vgl. die engagierten Diskussionen der Kinder untereinander zu Inhalt und Form ihrer Texte in Bambach 1989).

Literatur

Bambach, H. (1989): Erfundene Geschichten erzählen es richtig. Lesen und Leben in der Schule. Konstanz: Ekkehard Faude Verlag.

Bertschi-Kaufmann, A. (1998): Mädchen und Jungen lesen anders und anderes. In: Bertschi-Kaufmann, A. (Hrsg.): Lesen und Schreiben im offenen Unterricht. Zürich: Sabe, S. 117 – 123.

Bohec, le P. (1992): Therapeutische Aspekte der Freinet-Pädagogik. In: Hellmich, A. / Teigeler, P. (Hrsg.): Montessori-, Freinet-, Waldorfpädagogik. Konzeption und aktuelle Praxis. Weinheim: Beltz, S. 141 – 151.

Brügelmann, H. / Brinkmann, E. (2008): Öffnung des Anfangsunterrichts. Theoretische Prinzipien, unterrichtspraktische Ideen und empirische Befunde. Arbeitsgruppe Primarstufe. Universität Siegen.

Brügelmann, H. (2009): Kaleidoskop des Kinderalltags. In: Grundschule aktuell, H. 150, S. 4 f.

Deci, E. L. / Ryan, R. M. (Hrsg.) (1995): Handbook of self-determination research. Rochester u. NY: University of Rochester Press.

Dohmen, G. (2001): Das informelle Lernen. Die internationale Erschließung einer bisher vernachlässigten Grundform menschlichen Lernens für das lebenslange Lernen aller. Bundesministerium für Bildung und Forschung. Bonn. Online: www.bmbf.de / pub / das_informelle_lernen.pdf (29.03.2010)

Dornes, M. (2009): Der kompetente Säugling. Frankfurt / M.: Fischer.

Ferreiro, E. / Teberosky, A. (1982): Literacy before schooling. Portsmouth u. London: Heinemann.

Hellermann, M. / Behnken, I. / Brügelmann, H. / Heymann, H. W. (2008): Das Kind hinter PISA. Wie die junge Generation fühlt, was sie denkt und wie sie lernt. Extrakte (Auszüge aus der Wissenschaft), Nr. 4. Presse- und Informationsstelle der Universität Siegen. Online: www.agprim.uni-siegen.de/inprint/extrakte0408.pdf (29.03.2010).

Hengartner, E. / Röthlisberger, H. (1995): Rechenfähigkeit von Schulanfängern. In: Brügelmann, H. / Balhorn, H. / Füssenich, I. (Hrsg.) (1995): Am Rande der Schrift. Zwischen Mehrsprachigkeit und Analphabetismus. DGLS-Jahrbuch Bd. 6. CH-Lengwil: Libelle Verlag, S. 66 – 86.
Klein, H. (2005): Kinder schreiben. Erste Erfahrungen mit Schrift im Kindergarten. Seelze-Velber: Kallmeyer.
Knorre, S. (2008): Benni liest seinem Wellensittich vor … Wie schulische und außerschulische Erfahrungen beim Erwerb von Kulturtechniken ineinandergreifen. In: Pädagogik, 60. Jg., H. 7 – 8, S. 66 – 69.
Knorre, S. / Wagener, A. L. (2009): Zwischen Freizeit, Schule und Tests. Wie die Kenntnis der Lernbiografie den Zugang zu unterschiedlichen Facetten eines Kindes erschließen helfen. In: Grundschule aktuell, H. 105, S. 18 – 20.
Krieg, E. (2005): Bedeutsamkeit der Schrift erleben. Schrift im Kindergarten. In: Hofmann, B. M. / Sasse, A. (Hrsg.) (2005): Übergänge. Kinder und Schrift zwischen Kindergarten und Schule. Berlin: Deutsche Gesellschaft für Lesen und Schreiben, S. 28 – 51.
Largo, R. (2009): Schülerjahre. München: Piper.
Lehmann, R. H. (1994): Lesen Mädchen wirklich besser? Ergebnisse aus der internationalen IEA-Lesestudie. In: Richter, S. / Brügelmann, H. (Hrsg.): Mädchen lernen anders als Jungen. Geschlechtsspezifische Unterschiede beim Schriftspracherwerb. Bottighofen: Libelle, S. 99 – 109.
Ministerium für Kultus (Hrsg.) (2006): Orientierungsplan für Bildung und Erziehung für die baden-württembergischen Kindergärten. Pilotphase. Weinheim: Beltz.
Peschel, F. (2002): Offener Unterricht – Idee – Realität – Perspektive und ein praxiserprobtes Konzept zur Diskussion. Teil II: Fachdidaktische Überlegungen. Baltmannsweiler: Schneider Hohengehren.
Peschel, F. (2003): Offener Unterricht – Idee, Realität, Perspektive und ein praxiserprobtes Konzept in der Evaluation. 2 Bd. Baltmannsweiler: Schneider Hohengehren.
Rauschenbach, T. / Mack, W. / Leu, H. R. / Lingenauber, S. / Schilling, M. / Schneider, K. / Züchner, I. (2004): Konzeptionelle Grundlagen für einen Nationalen Bildungsbericht – Non-formale und informelle Bildung im Kindes- und Jugendalter. Berlin: Bundesministerium für Bildung und Forschung (BMBF).
Rutter, M. / Mortimer, P. / Maughan, B. / Ouston, J. (1980): Fünfzehntausend Stunden. Weinheim: Beltz.
Schiemann, E. (2010): Sprachkompetenz im biografischen Kontext. In: Pädagogik 62 (i. V.).
Schleicher, K. (2009): Lernen im Leben und für das Leben. Informelles Lernen als Zukunftsaufgabe. Hamburg: Krämer Verlag.
Schumacher, E. (2000): Soziale Milieus von Grundschulpädagoginnen und Grundschulpädagogen. In: Jaumann-Graumann, O. / Köhnlein, W. (Hrsg.) (2000): Lehrerprofessionalität – Lehrerprofessionalisierung. Jahrbuch Grundschulforschung, Bd. 3. Bad Heilbrunn: Klinkhardt, S. 110 – 121.
Schumann, V. (2000): Musikalische Entwicklung im Grundschulalter – Fallstudie im Rahmen des Projekts »Lernbiografien im schulischen und außerschulischen Kontext« (Staatsarbeit No. 3). Arbeitsgruppe Primarstufe: Universität: Siegen.
Seidel, B. (Hrsg.) (2006): Einstein, Luke Skywalker und all' die anderen. Kinder und ihre Lernbiografien – Beiträge aus dem Projekt LISA& KO. Arbeitsgruppe Primarstufe: Universität Siegen.

Wagener, A. L. (2008): Schriftsprachliche und mathematischen Kompetenzen, Erfahrungen und Interessen des 8-jährigen »Tom« im Kontext seiner persönlichen Entwicklung und sozialen Lebenswelt. In: Huisinga, R. (Hrsg.): Beiträge zur empirischen Bildungsforschung. Siegener Studien Band 65. Siegen: Gesellschaft zur Förderung der Lehrerbildung.
Wolf-Weber, I. / Dehn, M. (1993): Geschichten vom Schulanfang. »Die Regensonne« und andere Berichte. Weinheim: Beltz.

Gerald Wittmann

Individuelle Konzepte verstehen lernen

Die Lehrkraft erklärt, die Schülerinnen und Schüler passen gut auf und sprechen oder schreiben nach, was sie hören und sehen; wenn die Lehrkraft ordentlich erklärt und genügend geübt wird, ist der Lernerfolg gesichert und alle lernen dasselbe. So lautet eine traditionelle Sichtweise auf Mathematikunterricht, die allenfalls bei Elternabenden noch manchmal zur Sprache kommt. Natürlich ist die Realität nicht so einfach: Wenn viele Schülerinnen und Schüler in einer Klasse sind, bedeutet dies im Allgemeinen, dass viele verschiedene *individuelle Konzepte* auftreten, was für die betreffende Lehrkraft eine besondere Herausforderung darstellt.

Wodurch lassen sich individuelle Konzepte charakterisieren? Warum entstehen individuelle Konzepte? Wie kann man mit individuellen Konzepten im Mathematikunterricht der Grundschule umgehen? Diese drei Fragen sind im Folgenden leitend, wobei zunächst vier einführende Beispiele typische Aspekte individueller Konzepte aufzeigen.

Brian und die Zahlbilder im Bohnenspiel

Brian (sechs Jahre) spielt im Kindergarten zusammen mit der Erzieherin das Bohnenspiel (vgl. Schuler 2010). Er sucht sich zu Spielbeginn gezielt den Plan aus, der die Zahlbilder nicht in der vom Spielwürfel bekannten Konfiguration wiedergibt (Abb. 1). Beide würfeln abwechselnd und legen dann jeweils die entsprechende Anzahl von Plättchen auf ein passendes Feld auf ihrem Spielplan. Als Brian eine Fünf würfelt, legt er ein Plättchen auf das Feld rechts unten: »So, des sieht aus wie 'ne Fünf.« Wenig später würfelt er eine Eins, legt ein Plättchen auf das zweite Feld von rechts in der untersten Reihe: »Hä, Eins ist verkehrt rum«. Die Erzieherin fragt im Laufe des weiteren Gesprächs nach: »Wie wär' die denn richtig?« Brian deutet auf die Mitte des quadratischen Feldes und antwortet: »So in der

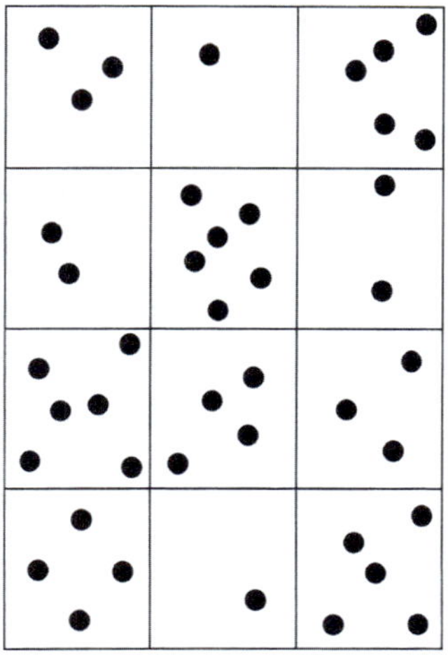

Abb. 1: Spielplan zum Bohnenspiel

Mitte.« An einer anderen Stelle im Spielverlauf ist er sichtlich stolz darauf, dass er alle Zahlbilder erkennt, obwohl »die Teile falsch aussehen«.

Brian ordnet die Punktmuster stets schnell und sicher richtig zu, benennt die Zahlwörter korrekt und zählt auch die erforderliche Anzahl von Plättchen schon im Voraus gezielt ab. Es findet in jedem Fall mehr statt als ein bloßes geometrisch-visuelles Vergleichen von Punktkonfigurationen auf dem Würfel und dem Spielplan. Auffallend ist dabei jedoch seine sprachliche Differenzierung zwischen den Zahlbildern auf dem Würfel und jenen auf dem Spielplan: Erstere werden als Referenz oder Bezugsnorm gebraucht, von der letztere abweichen. Brian erkennt beide Punktmuster zwar als Darstellungen derselben Zahl, aber wohl nicht als gleichwertige. Sein *individuelles Konzept zum Zahlbegriff* weicht diesbezüglich vom kardinalen Aspekt des Zahlbegriffs ab, wonach die Anordnung der Punkte bedeutungslos ist, erweist sich aber als tragfähig, um die Anforderungen des Bohnenspiels bewältigen zu können. Nicht geklärt werden können allerdings die Ursachen des individuellen Konzeptes – auch die gezielten Nachfragen der Erzieherin, die diesbezüglich durchaus sensibel ist, führen hier nicht weiter.

Melissa schreibt Zahlenketten auf

Mitte Klasse 1 stehen Zahlenketten auf dem Programm. Eines der Produkte von Melissa ist dabei in mehrfacher Hinsicht bemerkenswert (Abb. 2; vgl. Sprenger 2010), nicht nur weil sie weit über den Zahlenraum bis 20 hinaus geht. Das Konstruktionsprinzip – Melissa wechselt zwischen der Addition von acht und der Addition der jeweils aktuellen Zahl – erschließt sich erst nach längerem Überlegen, nicht zuletzt deshalb, weil Melissa eine ungewöhnliche Darstellung praktiziert: Während in Schulbüchern üblicherweise nur die Glieder der Kette notiert werden (Abb. 3), schreibt sie zusätzlich auch die Operatoren in die Kette.

Abb. 2: Zahlenkette von Melissa

Abb. 3: Übliche Notation dieser Zahlenkette

Natürlich lassen sich Zahlenketten auch so aufschreiben, wie Melissa dies tut. Die Gegenüberstellung von Melissas Darstellung mit der vertrauten zeigt jedoch, dass es durchaus gute Gründe gibt, die Operatoren nicht oder zumindest außerhalb der eigentlichen Kette zu notieren: Die Darstellung wird übersichtlicher, und die Operatoren lassen sich jederzeit wieder aus den Gliedern der Kette erschließen. Diese Argumente sind Melissa jedoch noch nicht bekannt. Ihr *individuelles Konzept einer Zahlenkette* umfasst eine andere Notationsform als üblich. Es wird deutlich, wie wichtig es ist, dass Melissa ihre Zahlenkette im Unterricht vorstellen und erläutern kann. Es bedarf eines längeren Prozesses, bis sich Melissas Darstellungsform und die von der Lehrkraft intendierte einander annähern.

Katharina schreibt über Vierecke

Die Schülerinnen und Schüler in Klasse 6 eines Gymnasiums erhalten den Arbeitsauftrag, einen Lexikonartikel zum Thema *Vierecke* zu verfassen. Katharina (Abb. 2) hebt im ersten Absatz »zwei ›Sorten‹ von Vierecken: das Quadrat und das Rechteck« hervor, und diese Gliederung behält sie auch im Folgenden bei. Im Gegensatz hierzu sind die drei Figuren rechts oben Indikatoren dafür, dass Katharina auch Vierecke kennt, die sich weder als Quadrat noch als Rechteck einordnen lassen. Im zweiten und dritten Absatz beschreibt Katharina die beiden Grundformen Quadrat und Rechteck näher: Sie zieht zur Charakterisierung sowohl die Anzahl gleich langer Seiten als auch die Anzahl der Symmetrieachsen heran, beim Rechteck ferner noch Winkeleigenschaften zur Begründung des Namens.

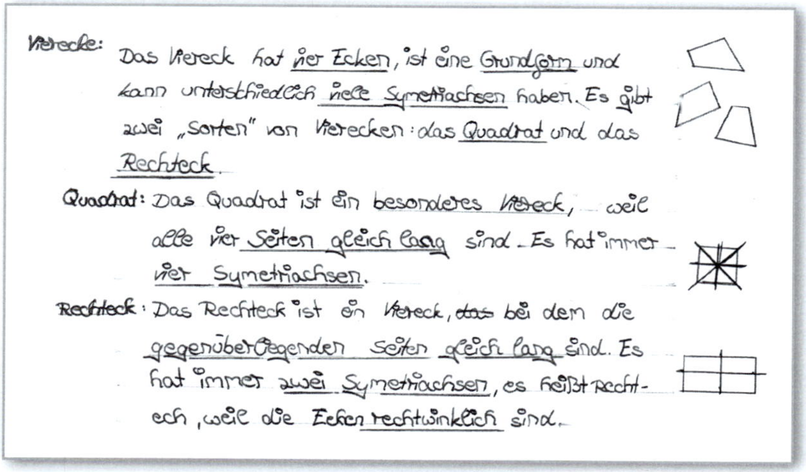
Vierecke: Das Viereck hat vier Ecken, ist eine Grundform und kann unterschiedlich viele Symetriachsen haben. Es gibt zwei „Sorten" von Vierecken: das Quadrat und das Rechteck.

Quadrat: Das Quadrat ist ein besonderes Viereck, weil alle vier Seiten gleich lang sind. Es hat immer vier Symetriachsen.

Rechteck: Das Rechteck ist ein Viereck, ~~das~~ bei dem die gegenüberliegenden seiten gleich lang sind. Es hat immer zwei Symetriachsen, es heißt Recht-eck, weil die Ecken rechtwinklich sind.

Abb. 4: Katharinas Text

Katharinas Text fokussiert hier auf die trennenden Eigenschaften von Quadrat und Rechteck, nicht auf die gemeinsamen. Ihr *individuelles Konzept zu den Vierecksgrundformen* deutet eine *partitionale Klassifizierung* an: Rechteck und Quadrat werden als verschiedene Klassen (»Sorten«) beschrieben, die innerhalb der Klassifizierung auf derselben Ebene angesiedelt sind. In dieser Sichtweise dominiert das Trennende, ein Quadrat wird folglich nicht als Rechteck eingeordnet. Üblicherweise liegt den Vierecksgrundformen jedoch eine *hierarchische Klassifizierung* zugrunde: Das Quadrat bildet eine Unterklasse des Rechtecks, ein Quadrat ist ein spezielles Rechteck. In dieser Sichtweise sind insbesondere auch die gemeinsamen Eigenschaften relevant – ein Quadrat besitzt alle Eigenschaften, die ein Rechteck hat, und darüber hinaus noch einige weitere, mit anderen Worten, ein Quadrat ist stets auch ein Rechteck. Prinzipiell lässt sich auch mittels partitionaler Klassifizierungen eine stimmige Theorie aufbauen, in der Fachwissenschaft Mathematik haben sich allerdings hierarchische Klassifizierungen durchgesetzt, nicht zuletzt aufgrund der Beweisökonomie (vgl. Heinze 2002). Partitionale Klassifizierungen spiegeln eher das Alltagsdenken wieder, was in Formulierungen wie »es ist kein Rechteck, sondern ein Quadrat« zum Ausdruck kommt.

Katharinas individuelles Konzept ist typisch für die Situation im Übergang von der Grundschule zur Sekundarstufe I. In der Grundschule werden die Vierecksgrundformen in erster Linie als ganzheitliche Figuren, als visuelle Schemata erlebt, was eine partitionale Klassifizierung nahe legt, da in visuellen Schemata die Unterschiede gegenüber den Gemeinsamkeiten dominieren (vgl. Roth / Wittmann 2009). In Klasse 5 / 6 kommen Seiten-, Winkel- und Symmetrieeigenschaften hinzu. In Katharinas individuellem Konzept reichern sie die visuellen Schemata um strukturelle Aspekte an, was aber offenbar nicht genügt, um die partitionale Klassifizierung aufzubrechen. Vielmehr benötigt Katharina diesbezüglich weitere Lerngelegenheiten.

Michaela und die Division

Michaela (Klasse drei) besucht einmal pro Woche die Förderstelle einer Hochschule und erhält dort von zwei Studentinnen Einzelunterricht im Rahmen eines förderdiagnostischen Seminars (vgl. König 2010).

Michaela soll während einer Fördereinheit eine Textaufgabe lösen: »Susanne hat 15 Luftballons. Sie bläst noch 6 weitere auf. Wie viele hat sie dann?« Zunächst vermutet Michaela hier eine Malaufgabe, schwenkt dann aber auf eine Plusaufgabe um: »Weil ich hab' gedacht, mal stimmt gar net, weil, wenn's 15 mal 6, dann ist's schwieriger«. In einer anderen Situation wird Michaela eine Handlung vorgespielt: Jona, ihr Lieblingsstofftier, holt 2 mal 3 Klötze, die als zwei Dreier-Türme nebeneinander gestapelt sind. Michaela entscheidet sich letztlich für eine Geteiltaufgabe: »Weil immer, weil mit geteilt durch, dann is' immer gleich groß.«

Die gestellten Aufgaben zielen auf das Operationsverständnis, die Verknüpfung von symbolisch dargestellten Rechnungen mit adäquaten inhaltlichen Vorstellungen, insbesondere Handlungsvorstellungen (vgl. Bönig 1995). Michaelas *individuelle Konzepte zur Multiplikation und Division* lassen sich als Ansammlung isolierter und wenig stabiler Regeln beschreiben. Handlungsleitend ist unter anderem die Orientierung an Signalwörtern (vgl. Prediger 2009) und den im Aufgabentext auftretenden Zahlen. Diese individuellen Konzepte führen zwar bei einem Teil der Aufgaben zu richtigen Lösungen, bleiben aber an der Oberfläche und erfassen die mathematischen Strukturen der Multiplikation und Division nicht, die durch die entsprechenden Grundvorstellungen beschrieben werden (vgl. Gerster / Schultz 2000). Sie sind daher weder aktuell tragfähig noch ausbaufähig für den weiteren Mathematikunterricht.

Charakterisierung individueller Konzepte

Entsprechend der heute allgemein akzeptierten konstruktivistischen Sichtweise gilt *Lernen als ein aktiver Prozess individueller Sinn- und Wissenskonstruktion*, der weitgehend der Steuerung und Kontrolle der einzelnen Schülerinnen und Schüler unterliegt, stets auf schon Gelerntes gründet, in einem situativen Kontext erfolgt und mental geprägt ist (vgl. Gerstenmaier / Mandl 1995; Schütte 2008). Die individuellen Konzepte sind die Resultate (gleichsam die Produkte) der individuellen Lernprozesse, die im Mathematikunterricht und auch außerhalb stattfinden. Aus einer konstruktivistischen Perspektive erscheinen individuelle Konzepte als ein *immanentes Merkmal unterrichtlicher Lernprozesse*: Wenn diese bei jeder Schülerin und jedem Schüler individuell und damit möglicherweise anders verlaufen, können sie in Konsequenz auch zu interindividuell verschiedenen Konzepten führen, die mehr oder minder stark von den intendierten Begriffen und Verfahren abweichen. Sie können zudem auch individuelle Sichtweisen von Mathematik und Mathematikunterricht sowie entsprechende Einstellungen nach sich ziehen (vgl. Wittmann 2004).

Bei individuellen Konzepten handelt es sich um *Konstrukte der fachdidaktischen Forschung*, ihnen müssen keine physiologischen Strukturen entsprechen. Sie können nur in einem – meist mühsamen und schwierigen – Interpretationsprozess aus schriftlichen oder mündlichen Äußerungen von Schülerinnen und Schülern *rekonstruiert* werden. Es bleiben häufig offene Fragen, sie lassen sich nur selten ganz klären. Insbesondere Kinder im Vorschul- und Grundschulalter geraten rasch an die Grenzen ihres sprachlichen Ausdrucksvermögens (vgl. Heinzel 2000). So lässt sich zwar häufig beobachten, *wie* sie vorgehen oder *was* sie äußern, aber weitaus seltener klären, *warum* sie dies tun. Hinzu kommt, dass Schülerinnen und Schüler nicht selten Fachtermini mit eigenen (und darüber hinaus situativ wechselnden) Bedeutungen belegen.

Schülerinnen und Schüler können bereits aus Spiel- und Alltagserfahrungen resultierende *Präkonzepte* in den Mathematikunterricht mitbringen. Aber auch im Laufe des Mathematikunterrichts entstehen individuelle Konzepte: Lerngelegenheiten sind selten eindeutig. So müssen auch die üblichen Veranschaulichungsmittel für den Anfangsunterricht erst erfahren und ihre Bedeutungen gelernt werden (vgl. Söbbeke 2005).

Ein Abweichen individueller Konzepte von den zu lernenden mathematischen Begriffen und Verfahren kann auch in einem sorgfältig geplanten und gut durchgeführten Unterricht stets auftreten und lässt sich weder durch ein sorgfältiges und exaktes Erklären seitens der Lehrkraft noch durch intensives Üben verhindern. Aus einer konstruktivistischen Perspektive erscheinen individuelle Konzepte als ein immanentes Merkmal unterrichtlicher Lehr-Lern-Prozesse.

Innere Logik individueller Konzepte

Während jene Begriffe und Verfahren, die sich in der fachwissenschaftlichen Genese als gültig herauskristallisiert haben, in allen Aspekten stimmig und kohärent sind und letztlich in eine geschlossene Theorie münden, können individuelle Kontexte kontextgebunden und damit von Situation zu Situation unterschiedlich sein sowie Lücken und Brechungen oder gar Widersprüche aufweisen.

Trotzdem zeichnen sie sich häufig – zumindest punktuell – durch eine gewisse Rationalität und Stimmigkeit aus, sie besitzen eine *innere Logik*. Sie spiegeln Erfahrungen der Schülerinnen und Schüler wider, die diese im Umgang mit Mathematik gesammelt haben. So sind sie im Allgemeinen zumindest punktuell oder bei einem Teil der Aufgaben tragfähig und zielführend. Ferner sind individuelle Konzepte häufig *intuitiv* (vgl. Fischbein 1987): Sie sind so nahe liegend und einleuchtend, dass sie nicht hinterfragt werden. In der Konsequenz sind sie dann auch sehr stabil und es erweist sich als schwierig, sie zu überwinden.

Die innere Logik individueller Konzepte ist häufig auch Ausdruck einer *idiosynkratischen Zugangsweise zur Mathematik*. Das mathematische Denken ist gelegentlich völlig anders als das Alltagsdenken und keine Fortsetzung oder Präzisierung des Alltagsdenkens. Individuelle Konzepte zeigen die mathematischen Begriffe und Verfahren aus der Sicht von Schülerinnen und Schülern auf, denen sich die Perspektive der Fachwissenschaft noch nicht erschließt.

Wann sind individuelle Konzepte tragfähig und wann sind sie problematisch?

Für das Reagieren auf individuelle Konzepte im Mathematikunterricht entscheidend ist die Frage, welche Rolle sie für das weitere Mathematiklernen spielen können. Ob individuelle Konzepte tragfähig sind oder nicht, entscheidet sich letztlich am *Erfolg in einer konkreten Situation* des Mathematikunterrichts: Sie sind tragfähig (vgl. Vogel / Wittmann 2010),

- wenn sie *wesentliche mathematische Strukturen* widerspiegeln (Strukturanalogie zu mathematischen Begriffen und Verfahren),
- sich beim mathematischen Arbeiten als *flexibel und übertragbar* erweisen und deshalb eine *Argumentationsgrundlage* für Schlussfolgerungen bilden können (Funktionsanalogie zu mathematischen Begriffen und Verfahren).

Andererseits gibt es individuelle Konzepte, die als *Fehlkonzepte* eingeordnet werden müssen, weil sie eine Sackgasse im Hinblick auf weitere Lernprozesse darstellen. Ein typisches Beispiel hierfür sind Michaelas individuelle Konzepte zur Multiplikation und Division – sie gelten deshalb auch als charakteristische Indikatoren für Rechenstörungen (vgl. Kaufmann / Wessolowski 2006).

Allerdings erweist sich die Bewertung individueller Konzepte im Einzelfall häufig als schwierig und ist nur selten in dieser Klarheit möglich. So ist es oftmals noch nicht problematisch, wenn (aus einer späteren Sicht) defizitäre Konzepte auftreten, kritisch wird vielmehr erst ihre *Verfestigung*. Brians individuelles Konzept zu Zahlbildern (s. oben) ist vermutlich eine normale Zwischenstufe hin zur Entwicklung des Zahlbegriffs, und es ist anzunehmen, dass er sie überwinden kann.

Die Frage »tragfähig oder nicht« lässt sich oftmals nicht im Sinne einer Dichotomie mit »ja« oder »nein« beantworten. Ob individuelle Konzepte eher oberflächlich oder wirklich tief gehend sind, ist nicht immer auf Anhieb zu erkennen. Ferner gibt es ein *breites Kontinuum* auf dem Weg von individuellen Konzepten hin zu fachlich passenden Konzepten (vgl. Gallin / Ruf 1998), dieser Weg erweist sich als ein *langer Prozess*. Der Aufbau tragfähiger Konzepte zu den Vierecksgrundformen lässt sich hier einordnen – es kann auch nicht geklärt werden, wo auf diesem Weg sich Katharina (s. oben) befindet. Individuelle Konzepte können in diesem Sinne zumindest *anknüpfungs- und entwicklungsfähig* im Hinblick auf die intendierten Begriffe und Verfahren sein. Die individuellen Konzepte von Katharina gehören sicher in diese Kategorie.

Auch im weiteren Verlauf des Mathematikunterrichts müssen sich individuelle Konzepte stets *weiter entwickeln*. Dies gilt für die Vierecksgrundformen ebenso wie für die Konzepte zum Rechnen mit Bruchzahlen: Die Vorstellung der Multiplikation als Kurzschreibweise für eine fortgesetzte

Addition und damit verbunden das Konzept »Multiplizieren vergrößert« sind im Bereich der natürlichen Zahlen tragfähig, nicht mehr jedoch, wenn es ab Klasse 6 um Bruchzahlen geht (vgl. Prediger 2006; Wartha 2007).

Individuelle Konzepte zulassen und zu Tage fördern

In einem traditionellen, auf die Lehrkraft zentrierten Unterricht bleiben individuelle Konzepte vielfach verborgen. So werden im Unterrichtsgespräch auftretende Äußerungen häufig nicht oder nur unzureichend geklärt: Wenn eine falsche Antwort auftritt, geht die Lehrkraft inhaltlich nicht darauf ein, sondern signalisiert lediglich, dass sie falsch ist, indem sie weitere Antworten anderer Schülerinnen und Schüler sammelt. Wird nun endlich die erwartete korrekte Lösung gegeben, sind die ursprünglichen fehlerhaften Antworten bereits in Vergessenheit geraten und das Unterrichtsgespräch läuft weiter in Richtung auf das von der Lehrkraft intendierte Ziel. Die hinter den falschen Antworten stehenden individuellen Konzepte werden folglich nicht thematisiert, die betreffenden Schülerinnen und Schüler erhalten keine Gelegenheit zu einer Korrektur oder Weiterentwicklung (»Bermuda-Dreieck der Fehlerkorrektur«; vgl. Oser u. a. 1999, S. 26 f.).

Wenn Lehrkräfte die Äußerungen von Schülerinnen und Schülern nur unzureichend einordnen und korrigieren oder gar im Sinne ihrer Intentionen uminterpretieren, so lässt sich das nicht zuletzt aus dem Handlungsdruck des Unterrichtsgeschehens erklären: Lehrkräfte müssen das Unterrichtsgeschehen am Laufen halten und wollen einzelne Schülerinnen oder Schüler nicht durch eine klare Verbesserung vor der gesamten Klasse brüskieren (vgl. Maier 1996). Auch wenn eine Lehrkraft ihre Intentionen im Verlauf einer Unterrichtsstunde mehrfach den Äußerungen der Schülerinnen und Schüler anpasst, so kann dies einerseits im Sinne eines adaptiven Unterrichtsstils sinnvoll sein, andererseits aber auch zur Verflachung von Lerngelegenheiten führen.

Deshalb ist bei allzu »glatt« verlaufenden Unterrichtsstunden berechtigte Skepsis angebracht. So manches auf den ersten Blick erfolgreiche Unterrichtsgespräch erweist sich bei einer genaueren Analyse als oberflächlich. Gleiches gilt für einen Unterricht, in dem durch eine schnelle Einführung von Verfahren und unmittelbar anschließende Automatisierungsübungen grundlegende Fragen übergangen oder überspielt werden. Individuelle Konzepte können in einem solchen Unterricht nicht zu Tage treten: Sie werden deshalb allerdings nicht vermieden, sondern schlummern »unter der Oberfläche« weiter.

Ein adäquater Umgang mit individuellen Konzepten betrifft zunächst die *Unterrichtsatmosphäre*. Wesentlich ist, dass alle Beteiligten das Lernen von Mathematik als einen langfristig angelegten Prozess verstehen, der viel

Freude und große Erfolgserlebnisse bereiten, aber auch mühevoll sein und erhebliche Schwierigkeiten mit sich bringen kann. In gleicher Weise müssen individuelle Konzepte (und Fehler jeglicher Art) als unabdingbare Elemente des Mathematiklernens akzeptiert werden – dies gilt nicht nur für die Lehrkräfte, manchmal fällt es Schülerinnen und Schülern sowie ihren Eltern sogar noch weitaus schwerer. Im Unterricht muss deshalb genügend Zeit bleiben für eine individuelle Auseinandersetzung mit mathematischen Begriffen und Verfahren, mehr noch, es müssen gezielt Situationen geschaffen werden, in denen individuelle Konzepte zu Tage treten und thematisiert werden können.

Individuelle Konzepte aufgreifen und produktiv einbinden

Darüber hinaus geht es um die Frage, wie individuelle Konzepte zu *Lerngelegenheiten* werden können, und zwar für alle Schülerinnen und Schüler einer Klasse. Diesbezüglich sind mittlerweile verschiedene Ansätze bekannt:

- *Partner- oder Gruppenarbeiten* ermöglichen eine Kommunikation bereits im Lösungsprozess: Nur wenn eigene Konzepte artikuliert werden, ist das Aushandeln einer gemeinsamen Lösung möglich. Voraussetzung hierfür sind Aufgabenstellungen, die eine wirkliche, auch inhaltliche Kooperation nicht nur zulassen, sondern erfordern und damit fördern (vgl. Röhr 1998).
- In *mathematischen Gesprächen* können Schülerinnen und Schüler ihre individuellen Konzepte explizieren, in eine größere Gruppe einbringen

und letztlich einsichtsvoll sowie im Dialog mit anderen weiter entwickeln (vgl. Schütte 2008).

- *Eigenproduktionen* sind von Schülerinnen und Schülern verfasste schriftliche Texte im weitesten Sinne, beispielsweise auch Aufgabenlösungen oder Begriffsklärungen (Selter 1994; Maier / Schweiger 1999). Um diese zu Papier zu bringen, müssen die Schülerinnen und Schüler zunächst ihre individuellen Konzepte klären und formulieren, was Voraussetzung für eine Weiterentwicklung ist.
- Im Zuge einer *Mathekonferenz* reflektiert eine leistungsheterogene Kleingruppe von Schülerinnen und Schülern gemeinsam die eingebrachten individuellen Lösungen einer Aufgabe (vgl. Götze 2007). Eine Mathekonferenz kann sich sowohl mit Rechenwegen befassen (Rechenkonferenz) als auch mit Lösungen, die sich stärker auf das begrifflich-konzeptuelle Denken beziehen (etwa den Lösungen von Textaufgaben, die auf das Operationsverständnis zielen). Entscheidend ist, dass die Schülerinnen und Schüler zuvor eigene Ansätze erarbeitet haben, und dass die Aufgabenstellung dies zulässt oder sogar fördert. Anschließend werden die reflektierten Aufgabenlöseprozesse im Klassenplenum vorgestellt.
- In einem *Lerntagebuch* (Lernwegebuch, Reisetagebuch; vgl. Gallin / Ruf 1998; Fabricius 2009; Selter / Sundermann 2006) dokumentieren die Schülerinnen und Schüler ihre Ideen und Denkwege. Insbesondere kann hier auch Vorläufiges und Unfertiges seinen Platz finden, es können auch offene Fragen und ungelöste Probleme notiert werden. Die Auseinandersetzung über individuelle Konzepte findet hier in erster Linie im schriftlichen Dialog mit der Lehrkraft statt. Diese bietet in ihren Kommentaren keine schnellen Lösungen an, sondern gibt Impulse zum Weiterdenken.
- Mittels *Portfolio* werden im Unterschied hierzu stärker die (Zwischen-) Ergebnisse individueller Lernprozesse präsentiert, weshalb auch die Art der Darstellung von Bedeutung ist (vgl. Gubler-Beck 2010). Häufig ist es auch ein Instrument der Leistungsbewertung (vgl. Selter / Sundermann 2006). Gleichwohl kommt der Reflexion mathematischer Begriffe und Verfahren auch hier eine wichtige Rolle zu.

Allen diesen Ansätzen gemeinsam ist, dass individuelle Konzepte (wie generell die Heterogenität in den Denk- und Arbeitsweisen der Schülerinnen und Schüler) nicht in erster Linie als Problem, sondern als Chance begriffen werden. Allerdings sind die genannten Methoden keine Selbstläufer – alle Beteiligten müssen sie durchführen wollen und auch schätzen lernen. Dies gilt nicht nur für die Schülerinnen und Schüler, sondern auch für die Lehrkraft, die passende Formen einer zurückhaltenden, aber gezielten Begleitung entwickeln muss. Umgekehrt gewinnt sie dadurch wertvolle Einblicke in die individuellen Konzepte ihrer Schülerinnen und Schüler – alle genannten Methoden besitzen ein großes diagnostisches Potenzial.

Individuelle Konzepte – ein Ausblick

Individuelle Konzepte treten nicht nur beim Lernen von Mathematik auf, sondern beispielsweise auch von Sprache (vgl. Gallin / Ruf 1998) oder Naturwissenschaften (»conceptual change«, vgl. Vosniadou 2008) sowie in Bezug auf Gottesbilder (vgl. Hilger / Rothgangel 2000). Die Frage, ob und wie eine Weiterentwicklung individueller Konzepte zu tragfähigen Konzepten gelingen kann, erweist sich demnach als zentral für schulische Lehr-Lern-Prozesse. Lehrkräfte sollten diesbezüglich über ein solides fachdidaktisches Wissen verfügen, um individuelle Konzepte erkennen und einordnen zu können.

Literatur

Bönig, D. (1995): Multiplikation und Division. Empirische Untersuchungen zum Operationsverständnis bei Grundschülern. Münster: Waxmann.

Fabricius, S. (2009): Lerntagebücher im Mathematikunterricht. Wie Kinder auf eigenen Wegen lernen. München: Oldenbourg.

Fischbein, E. (1987): Intuition in science and mathematics. An educational approach. Kluwer: Dordrecht.

Gallin, P. / Ruf, U. (1998): Dialogisches Lernen in Sprache und Mathematik. Bd. 1: Austausch unter Ungleichen. Seelze: Kallmeyer.

Gerstenmaier, J. / Mandl, H. (1995): Wissenserwerb unter konstruktivistischer Perspektive. In: Zeitschrift für Pädagogik, 41. Jg., H. 6, S. 867 – 888.

Gerster, H.-D. / Schultz, R. (2000): Schwierigkeiten beim Erwerb mathematischer Konzepte im Anfangsunterricht. Bericht zum Forschungsprojekt »Rechenschwäche erkennen, vorbeugen, beheben.« Online: http://opus.bsz-bw.de/phfr/volltexte/2007/16/pdf/ gerster.pdf (21.05.2010).

Götze, D. (2007): Mathematische Gespräche unter Kindern. Zum Einfluss sozialer Interaktion von Grundschulkindern beim Lösen komplexer Aufgaben. Hildesheim: Franzbecker.

Gubler-Beck, A. (2010): Lernprozesse mittels Portfolio erfassen: warum und wie? In: mathematica didactica 33, S. 5 – 31.

Heinze, A. (2002): »… aber ein Quadrat ist kein Rechteck«. Schülerschwierigkeiten beim Verwenden einfacher geometrischer Begriffe in Jahrgangsstufe 8. In: Zentralblatt für Didaktik der Mathematik, 34. Jg., H. 2, S. 51 – 55.

Heinzel, F. (Hrsg.) (2000): Methoden der Kindheitsforschung: Ein Überblick über Forschungszugänge zur kindlichen Perspektive. Weinheim: Juventa.

Hilger, G. / Rothgangel, M. (2000): Wahrnehmungsschulung für »Gottesbilder« von Kindern. Ein Werkstattbericht aus der Lehrerbildung. In: Fischer, D. / Schöll, A. (Hrsg): Religiöse Vorstellungen bilden. Erkundungen zur Religion von Kindern über Bilder. Münster: Comenius-Institut, S. 263 – 279.

Kaufmann, S. / Wessolowski, S. (2006): Rechenstörungen: Diagnose und Förderbausteine. Seelze: Kallmeyer.

König, S. (2010): Kinder mit einseitigem Operationsverständnis in der Grundschule – Anregungen zur systematischen Förderung anhand einer Einzelfallanalyse. Wissenschaftliche Hausarbeit zur ersten Staatsprüfung für das Lehramt an Grund- und Hauptschulen. Schwäbisch Gmünd: Pädagogische Hochschule Schwäbisch Gmünd.

Maier, H. / Schweiger, F. (1999): Mathematik und Sprache. Zum Verstehen und Verwenden der Fachsprache im Mathematikunterricht. Wien: öbv & hpt.

Maier, H. (1996): Interpretative Unterrichtsforschung in der Mathematik. In: Ulonska, H. / Kraschinski, S. / Bartmann, T. (Hrsg.): Lernforschung in der Grundschule. Bad Heilbrunn: Klinkhardt, S. 273 – 320.

Oser, F. / Hascher, T. / Spychiger, M. (1999): Lernen aus Fehlern. Zur Psychologie des negativen Wissens. In: Althof, W. (Hrsg.): Fehlerwelten. Vom Fehlermachen und Lernen aus Fehlern. Opladen: Leske+Budrich, S. 11 – 41.

Prediger, S. (2006): Vorstellungen zum Operieren mit Brüchen entwickeln und erheben – Vorschläge für vorstellungsorientierte Zugänge und diagnostische Aufgaben. In: Praxis der Mathematik in der Schule, 48. Jg., H. 11, S. 8 – 13.

Prediger, S. (2009): Verständnis vor Kalkül. Ein didaktisches Prinzip zur Vorbeugung und Förderung bei Rechenschwierigkeiten. In: Fritz, A. / Schmidt, S. (Hrsg.): Fördernder Mathematikunterricht in der Sek. I. Rechenschwierigkeiten erkennen und überwinden. Weinheim: Beltz, S. 213 – 234.

Röhr, M. (1998): Kooperatives Lernen im Mathematikunterricht der Primarstufe. Wiesbaden: Deutscher Universitäts-Verlag.

Roth, J. / Wittmann, G. (2009): Ebene Figuren und Körper. In: Weigand, H.-G. (Hrsg.): Didaktik der Geometrie für die Sekundarstufe I. Heidelberg: Spektrum, S. 123 – 156.

Schuler, S. (2010): Das Bohnenspiel. Ein Regelspiel zur Förderung des Zahlbegriffs im Kindergarten und am Schulanfang. In: Grundschulunterricht Mathematik 1, S. 11 – 16.

Schütte, S. (2008): Qualität im Mathematikunterricht der Grundschule sichern. Für eine zeitgemäße Unterrichts- und Aufgabenkultur. München: Oldenbourg.

Selter, C. (1994): Eigenproduktionen im Arithmetikunterricht der Primarstufe. Grundsätzliche Überlegungen und Realisierungen in einem Unterrichtsversuch zum multiplikativen Rechnen im zweiten Schuljahr. Wiesbaden: Deutscher Universitäts-Verlag.

Selter, C. / Sundermann, B. (2006): Beurteilen und Fördern im Mathematikunterricht. Berlin: Cornelsen Scriptor.

Söbbeke, E. (2005): Zur visuellen Strukturierungsfähigkeit von Grundschulkindern – Epistemologische Grundlagen und empirische Fallstudien zu kindlichen Strukturierungsprozessen mathematischer Anschauungsmittel. Hildesheim: Franzbecker.

Sprenger, J. (2010): Kinder erfinden Zahlenketten. Ein Lernangebot zum Lernen auf eigenen Wegen. In: Grundschulunterricht Mathematik 1, S. 8 – 10.

Vosniadou, S. (Hrsg.) (2008): International handbook of research on conceptual change. New York: Routledge.

Vogel, M. / Wittmann, G. (2010): Mit Darstellungen arbeiten – tragfähige Vorstellungen entwickeln. In: Praxis der Mathematik in der Schule, H. 32, S. 1 – 8.

Wartha, S. (2007): Längsschnittliche Untersuchungen zur Entwicklung des Bruchzahlbegriffs. Hildesheim: Franzbecker.

Wittmann, G. (2004): Zwischen Erwartung und Realität – Sichtweisen zum Mathematikunterricht in Klasse 5. In: mathematik lehren, H. 127, S. 10 – 14.

Herbert Hagstedt

Adaptive Lernkulturen initiieren

In aktuellen Forschungsprojekten steht die Entwicklung und Untersuchung individuell angemessener Lernumgebungen im Mittelpunkt. »Adaptive«, sich an Kinder anpassende Lernkulturen werden als eine viel versprechende Möglichkeit angesehen, »Lernende in Abhängigkeit von ihren Voraussetzungen und Bedürfnissen optimal in ihrer Entwicklung zu unterstützen« (Projektgruppe des DIPF 2009). Um die Heterogenität der Lernenden – bezogen auf ihre kognitiven und psychosozialen Merkmale wie auch auf ihren kulturellen Hintergrund – zu berücksichtigen, werden auf der Ebene der Schulorganisation multiple, maßgeschneiderte Lernumgebungen gestaltet, die »Freiräume für individuelles Lernen« schaffen und dabei unterschiedliche Lerntypen und -strategien berücksichtigen (»custom designed learning«). Gleichzeitig werden gezielte Unterstützungen beim Lernen angeboten und Inhalte an den jeweiligen Wissensstand vom Lernenden selbst angepasst (vgl. Reinmann-Rothmeier / Mandl 1998). Bei einer solchen Projektdarstellung überrascht es dann aber, dass in der Zielbeschreibung für die adaptiven Lernkulturen weiterhin von leistungshomogenen Lerngruppen die Rede ist: »Mit der individuellen Förderung von Schülerinnen und Schülern in adaptiven Lernumgebungen werden keineswegs divergente und individualisierte Lernverläufe angestrebt. […] Die Schulklasse als Ganzes soll ein bestimmtes Lernziel erreichen. Zu den Zielen gehört es somit, das Ausmaß der Heterogenität in den Leistungsständen innerhalb von Klassen und auch innerhalb von Schulen zu verringern« (Projektgruppe des DIPF 2009).

Hier wird die Ambivalenz des Projektansatzes deutlich: Einerseits wird die Gestaltung und Strukturierung multipler Lernumgebungen als zentrale Aufgabe der Lehrkräfte gesehen: »Diese müssen für eine bestmögliche Förderung der Schülerinnen und Schüler deren Voraussetzungen und Bedürfnisse erkennen, sie in ihrem eigenständigen Lernen begleiten und individuell auf sie eingehen« (Projektgruppe des DIPF 2009). Andererseits wird eine Anforderung formuliert, die immer das Risiko einer weiter auseinander gehenden Entwicklungsschere einschließt. Die Projektleiter sind sich bewusst, dass sie mit ihrer Zielsetzung der individuellen Lernförderung die Lehrkräfte überfordern: »Handlungsspielräume und Motivation der Lehrkräfte zur Gestaltung und Strukturierung adaptiver Lernumgebungen hängen davon ab, welche Ressourcen (Zeit, Raum, Förderangebote) die Schule zur Verfügung stellt und welchen Stellenwert sie einer individuellen Förderung beimisst«. Einschränkend heißt es quasi zur Beruhigung der Lehrkräfte: »Möglichkeiten zur Gestaltung und Strukturierung adaptiver Lernumgebungen müssen in Abhängigkeit von den Rahmenbedingungen im Schulalltag betrachtet werden« (Projektgruppe des DIPF 2009). Aber was wäre möglich, wenn auch die Rahmenbedingungen geändert würden? Könnten z.B. externe Kooperationspartner in einem Ganztagsbetrieb dazu beitragen, individuell angemessene Lernumgebungen zu entwickeln und Selbstdifferenzierungsformen zu kultivieren?

Natürlich ist das im Folgenden vorzustellende Projekt nicht übertragbar auf alle Schulen. Wo gelingt es schon, individuelle Lernbegleitungen für alle Kinder zu organisieren? Welche Möglichkeiten hat das Kind im Schulalltag, sich mit einer persönlich bedeutsamen Fragestellung gleichsam »solo« auseinanderzusetzen? Wie viel Rücksichtnahme auf subjektiv bedeutsame Themenfindung und Lernwegsuche kann die Messanstalt Schule überhaupt bieten?

Reformpädagogische Kritiker

Die reformpädagogische Kritik an subjektneutralen Lernkulturen der Schule war schon immer eine Kritik an der Unterrichtsorganisation.

Tami Oelfken fordert 1928 in der Zeitschrift für individualpsychologische Pädagogik und Psychohygiene für die zukünftige Schule einen Lehrer, der es nicht nötig hat, »sich und die Kinder nach genau 45 Minuten aus einer interessanten Tätigkeit herausreißen zu lassen. Im Gegenteil: er ist in der glücklichen Lage, auf den Arbeitsrhythmus der Kinder vollkommen einzugehen […] In einer solchen Arbeitsgemeinschaft sitzt man nicht hintereinander aufgereiht, vor sich einen Rücken. Diese Sitzweise in der Schule, für deren unendliche Komik wir längst abgestumpft sind, hat ihren ganz eindeutigen Sinn: der Lehrer gehört nicht zu den Kindern, sie wieder haben nichts untereinander zu bedeuten. Es geht dich nichts an, daß dein Freund leise spricht, rot wird, erblaßt …« (Oelfken 1928, S. 34 f.). Es ist Unterrichtszeit, Deputatszeit – keine Zeit für Lernsolisten! Haben sich die Lernkulturen 80 Jahre später grundlegend geändert? Wird Schule von den Kindern heute anders erfahren?

Wie kann Schule zu einem Bildungsort werden, der Kindern Raum und Zeit gibt, eigenen Fragen an die Welt nachzugehen?

Wie muss Schule umgestaltet werden, um dem »unaufhörlichen Ansturm des Kindes auf das Unbekannte« (Freinet 1996) gewachsen zu sein?

Wie »unschulmäßig« (Dewey 1968 / 1993) muss die erste Auseinandersetzung des Kindes mit der von ihm selbst definierten Sache organisiert werden?

Welche Möglichkeiten bieten informelle Lernumgebungen am Bildungsort Schule, um Kinder wirklich zu verstehen und ihnen Eigenzeiten, »Intensiv-Reservate« (Wagenschein 1968), zuzugestehen?

Auf dem Weg zur Ganztagsschule

Vor solchen »alten« reformpädagogischen Fragen standen wir in einem Lehrforschungsseminar der Universität Kassel, das im Herbst 2008 startete und bis Februar 2010 lief. In diesem Seminar mit dem Titel »Auf dem Weg zur Ganztagsschule«, erhielten wir das Angebot, als externe Kooperationspartner das Nachmittagsangebot einer städtischen Grundschule zu erweitern. Seit Beginn des Schuljahres 2008/2009 hat die Fridtjof-Nansen-Grundschule umgestellt auf Ganztagsbetrieb mit »pädagogischer Mittagsbetreuung«, Schulaufgabenbetreuung und einem breiten Band von Arbeitsgemeinschaften in der Zeit von 13.30 bis 16 Uhr an vier Tagen der Woche. Da die Seminargruppe relativ groß war (37 Studierende des Lehramts Primarstufe), entschieden wir uns, zwei Arbeitsgemeinschaften auf Nansens Spuren anzubieten:

- »Kulturforscher untersuchen das Leben der Menschen in früheren Zeiten, auf anderen Kontinenten, in fremden Ländern«
- »Naturforscher setzen sich mit erstaunlichen Naturerscheinungen auseinander und versuchen, die Phänomene zu verstehen«

Die beiden Angebote »konkurrierten« mit etwa 30 weiteren Arbeitsgemeinschaften von Hip-Hop-Dancing bis Töpferkurs. Erst später merkten wir, dass die Angebote aller externen Kooperationspartner (Schachclub, Musikschule, Fußballverein, Kirchengemeinde, Naturschutzbund usw.) den Pflichtbereich des Vormittagsunterrichts in keinster Weise tangierten. Die hauptamtlichen Lehrerinnen und Lehrer unterrichteten weiter wie bisher. Freilich – im musisch-ästhetischen Bereich wurde der Themenfächer vielfältig ergänzt (Eschtruth 2010). So konnten auch die Kinder bald gut unterscheiden zwischen dem Pflichtkanon des gängigen Unterrichtsbetriebs und den neu zugewachsenen Handlungsspielräumen in den Arbeitsgemeinschaften: »Wir haben ja jetzt keine Schule«.

In den beiden Forschergruppen gab es von Anfang an kein gemeinsames Thema, sondern die privilegierte Situation, über einen längeren Zeitraum (von Ende Oktober bis zu den Weihnachtsferien) einer eigenen Fragestellung nachzugehen. Da sich insgesamt knapp 40 Kinder aller Altersstufen für die Forscherangebote interessierten, konnten wir eine individuelle Lernbegleitung für jedes Kind garantieren. Diese individuelle Lernbegleitung beruht auf dem Prinzip der nachlaufenden Beratung. Den Lernbegleitern kommt dabei die Aufgabe zu, die Themenfindung ihrer Patenkinder abzuwarten und inhaltlichen Entscheidungen möglichst nicht vorzugreifen. Das ist ein hoher Anspruch an künftige Lehrpersonen, die in ihrer Ausbildung schon die Vorteile detailliert geplanter Unterrichtssequenzen und vorbereiteter Umgebungen erfahren haben. Ihre Aufgabe reduziert sich nicht mehr darauf, Lehr-Lernarrangements zu gestalten, sondern insbesondere die selbst regulierten Lern- und Verstehensprozesse der Kinder sensibel zu begleiten und zu analysieren (vgl. Dignath u. a. 2008).

Ein anderer Blick auf Schule

Für die Studierenden war es eine große Herausforderung, ihre neue Rolle als Lernbegleiter zu finden. Sie sollten weder Unterricht simulieren noch Lernwege vorgeben (»Königsweg-Didaktik«). Die zentrale Aufgabe bestand darin, den Verstehensprozess ihres Patenkindes beim forschenden Lernen aufzuzeichnen. In der dreiwöchigen Vorbereitung wurden verschiedene Dokumentationsmöglichkeiten diskutiert:

- eine Autographensammlung mit Zeichnungen, Texten und Werkstücken der Kinder sollte angelegt werden,
- spontane Äußerungen der Kinder im laufenden Arbeitsprozess konnten durch Audiotranskriptionen festgehalten werden,
- von den Studierenden wurden zunächst Feldnotizen angefertigt, die dann im Lerntagebuch interpretiert wurden.

Für die Strukturierung des Lerntagebuches wurden vier Reflexionsebenen vorgeschlagen:

1. Wie lernen Kinder in dem veränderten institutionellen Kontext?
   - selbst bestimmt und eigenverantwortlich?
   - durch Versuch und Irrtum, Umwege umgehend?
   - im Dialog mit anderen Kindern?
   - aktiv forschend und entdeckend?
2. Wie kann ich »mein« Lernkind individuell fördern?
   - durch eine halb strukturierte oder offene Lernumgebung?
   - durch Dokumentation der persönlichen Lernwege?
   - durch Unterstützung eigener Aufgabenfindungen?
   - durch wertschätzende Rückmeldungen?
3. Wie entwickelt das Kind seinen Lernplan?
   - schätzt es seine persönlichen Lernvoraussetzungen realistisch ein?
   - geht es eigenen Ideen und selbst regulierten Lernstrategien nach?
   - bringt es Alltagswissen und Selbstvertrauen mit?
   - gelingt es ihm, sich als Experte mit seinen Stärken einzubringen?
4. Welche Anforderungen stellt die Lernbegleitung an mich?
   - wie »eng« am Kind muss ich mitforschen?
   - wie kann ich dabei Lernspuren festhalten?
   - wie weit muss ich mich zurücknehmen, um dem Kind einen Forschungsfreiraum zu geben?
   - wie kann ich das Lernen »im Prozess« reflektieren?

Nicht nur für die Studierenden, auch für die Kinder produzierte das von uns gewählte Arrangement eine Vielfalt von Gelegenheiten, Schule neu und anders wahrzunehmen. Vier Fragenkomplexe wurden analysiert:

- Wie reagieren sie darauf, dass sie sich intensiv mit einer von ihnen selbst definierten Sache auseinandersetzen können, zu Hause wie in der Schule?
- Wie reagieren sie darauf, dass sie in der Arbeitsgemeinschaft nicht mit anderen Kindern zusammenarbeiten, weil sie im gleichen Altersjahrgang sind, sondern weil sie am gleichen Thema interessiert sind?
- Wie reagieren sie darauf, dass Schule ohne die gewohnten Belehrungsrituale erfahren werden kann und weder Arbeitsthema noch Arbeitsmethode vorgegeben werden?
- Wie reagieren sie darauf, dass sie die ihnen zugewiesene Lehrperson nicht mit 20 anderen Kindern teilen müssen, sondern eine persönliche Tutorin für die gesamte Projektzeit an ihrer Seite haben?

Wenn die Grenzen zwischen Schulzeit und Freizeit verschwinden

Ein überraschender Befund, der sich in fast jedem dritten Lerntagebuch manifestierte, war, dass die Kinder auch zu Hause, in ihrer Freizeit an dem von ihnen gewählten Thema weiterarbeiteten. Sie nutzten die zwischen den AG-Treffen liegende Woche, um Bücher zur Sache zu lesen, im Internet zu recherchieren oder weiteres Untersuchungsmaterial zu sammeln. Sie kamen meist bestens vorbereitet zum Treffen mit ihren Paten und wollten offenbar das einmal übergebene Steuer in der Hand behalten. Mehrere Kinder versuchten auch, in der Patenbeziehung die führende Rolle zu übernehmen und sich in einer Entscheider-Position zu behaupten (Fallvignette 1).

Wenn die Themenfindung eine Sache des Kindes wird

Themenfindung ist von Geburt an eine ureigenste Sache des Kindes. Aber nicht nur Lehrkräfte, alle Erwachsenen mit Erziehungsmandat – von den Eltern

Fallvignette 1: »Jetzt bin ich der Lehrer«
(Andreas, 3. Schuljahr, 9 Jahre, Inka-Forscher)

Andreas gehört zu jenen Kindern, die sofort die Freiräume erkennen, die ein langfristiges Forschervorhaben einschließlich einer persönlichen Forschungsassistenz bietet. Er nutzt die neuen Handlungsmöglichkeiten und weist seiner Lernbegleiterin weniger attraktive Schreib- und Zeichenaufgaben zu, nachdem er merkt, wie wenig Wissen sie selbst über die Kultur der Inkas hat. Er beschäftigt sich sogar zu Hause intensiv mit dem Thema und glänzt dann mit seiner Recherche gegenüber seiner Lernbegleiterin.

Feldnotiz vom 20.11.2008 aus dem Lerntagebuch:
»Er zeigte mir verschiedene Seiten über die Götter und auch die Kristallschädel aus den Ruinen von Machu Picchu. Ich konnte feststellen, dass Andreas sich schon sehr intensiv mit dem Material auseinandergesetzt hatte. Er wusste die Namen der Götter bereits aus dem Kopf und erklärte mir einiges über die Lage des Machu Picchu und warum sie ›Stadt im Nebel‹ heißt. Diese Fakten wollte ich in irgendeiner Weise festhalten und schlug deshalb vor, ein Bild zu zeichnen, aber dann musste ich selbst Machu Picchu malen …

Ähnlich erging es mir, als ich anregte, ein Informationsblatt über die Kristallschädel zu erstellen. […] letztlich diktierte er mir sein Wissen und ich schrieb es auf […]

Andreas ist für mich der ›ausgewiesene Experte für die Inkas‹. Großartiges zeigte sich dann auch beim Tag der offenen Tür, als alle Kinder ihre Forscherstände aufgebaut hatten. Andreas setzte sich über 90 Minuten an den Tisch und erzählte jedem, der vorbeikam, mindestens 10 Minuten etwas über Inkas, Machu Picchu, Quipu-Schnüre und das Züchten eines Kristalls. Dabei war er wirklich engagiert und blätterte gewissenhaft jede einzelne Seite seines Forscherheftes durch. Andreas zeigte mir hier noch einmal, dass er viel mehr wusste, als ich zunächst vermutet hatte. Während er die Seiten mit den zusätzlichen Materialien und Internet-Ausdrucken zeigte, verinnerlichte er noch mehr Informationen und konnte sie an seine Besucher weitergeben.«

Wie sehr er das »Einmal-selbst-Lehrer-Sein« genoss, zeigte sich daran, dass er darauf bestand, so lang an seinem Stand zu bleiben und zu dozieren, bis es vier Uhr sein würde und die Ausstellung beendet sei. Ganz zum Leidwesen seiner Mutter zog er dies bis zur letzten Minute durch.

und Kita-Betreuerinnen bis zu den Kinderbuchautoren oder den Kinderprogrammmachern des Fernsehens – sehen es als wesentlichen Teil ihrer pädagogischen Verantwortung an, den Kindern vor allem eine Aufgabe komplett abzunehmen: die Themenfindung. Wenn das Kind in die Schule kommt, hat es schon gelernt, auf die Themenfindung ihrer erwachsenen Anwälte zu warten, insbesondere auf ihre Lehrerin, aber auch auf Schulbuchredakteure und Arbeitsblatt-Erfinder. Deshalb erleben wir bereits beim Eintritt in die Schule Kinder, deren Interessenbildung, Wissbegierde und Frageverhalten nachhaltig gestört sein kann. Selbst aufwändige pädagogische Arrangements, offene Lernumgebungen mit inspirierenden Neugierzonen schaffen es nicht, den Kindern ihren Mut zu eigenen Themenfindungen zurückzugeben. Was ihr Thema sein könnte, entscheiden Erwachsene. Einzelne Kinder haben sich neben den oktroyierten Themenkomplexen allerdings ein subjektiv bedeutsames Interessenfeld bewahrt, das sie bei jeder sich bietenden Gelegenheit weiter ausweiten.

Fallvignette 2: »Mein Thema habe ich schon«

(Robin, 1. Schuljahr, 7 Jahre, Höhlenforscher)

Robin gehört zu jenen Kindern, die sich schon vor Beginn der AG »Naturforscher« Gedanken darüber gemacht haben, was sie untersuchen möchten. Robin braucht keine Ideenbörse, keine Gesprächsimpulse und kein Materialbuffet. Er weiß schon, dass er Höhlenforscher werden möchte. Ja, im Selbstverständnis ist er es schon länger.

Bereits beim ersten Zusammentreffen mit seiner Lernbegleiterin wird er gefragt, was er sich unter seinem Thema vorstellt. Dabei entwickelt er gleich eine ganze Reihe von Fragen, mit denen er sich auseinandersetzen möchte.

Feldnotiz vom 31.10.2008 aus dem Lerntagebuch:
»Wir haben uns auf folgende Fragen verständigt:

- Was braucht man, wenn man Höhlen erforscht?
- Womit haben Menschen früher Höhlen gebaut?
- Wohnen Menschen immer noch in Höhlen?
- Warum heißen Tropfsteinhöhlen so?
- Wie bauen Tiere Höhlen?

Am liebsten würde Robin sofort loslegen: ›Wir könnten einen ganz alten Menschen suchen und den einfach fragen! Oder wir fragen einen Wissenschaftler. Die müssen das doch wissen. Sonst würden die ja nicht Wissenschaftler heißen‹.

Am Ende der Sitzung macht er noch zwei Vorschläge: ›Können wir uns morgen schon mal treffen und anfangen?‹ Vor lauter Begeisterung für sein Thema scheint er den schulischen Rahmen um sich herum gar nicht mehr wahrzunehmen. ›Wir könnten uns auch draußen ein Zelt aufbauen und darin schlafen.‹«

Bei Robin war klar, dass nur er die Fragen stellt und diese systematisch beantworten möchte, indem er in diese Richtung forscht. Zusätzlich war wichtig, wie wir das, was wir machen, festhalten wollen. Die Lernbegleiterin vereinbart mit Robin zunächst, anfallende Forschungsbefunde in einer Art »Höhlenzeitung« zu veröffentlichen, obwohl sie weiß, dass Robin noch ganz am Anfang seines Lese- und Schreiblernprozesses steht: »Scheint ihm ein langer Text wichtig zu sein, fragt er mich, ob ich ihm vorlesen kann, ansonsten versucht er, sich sehr viel durch Bilder zu erschließen [...] Robin geht seinen eigenen Ideen nach.«

Die Lernbegleiterin versucht, sich aus der Planung des Kindes weitgehend herauszuhalten: »Robin hat sich selbst immer genauere Vorgaben gemacht und eigene Gebiete (Aufgabenfelder) gefunden, die er als seine Themen bezeichnete und war stolz darauf, mehr über sie zu erfahren.«

Anders als bei jenen Fällen, in denen sich die Sachauseinandersetzung nach 2½ Monaten etwas erschöpfte, war bei Robin selbst nach der Präsentation kein Themenende abzusehen.

Wenn Schule sich nicht über Unterrichtssituationen definiert

Unterricht ist eine Pflichtveranstaltung, zu der es im Schulalltag in der Regel keine Alternative gibt. Auch in der offenen Ganztagsschule bleiben die vormittäglichen Unterrichtsanteile weitgehend unberührt. In vielen Grundschulen gibt es heute kompakte Zeitblöcke, die nur durch Pausen- und Spielzeiten unterbrochen werden. Der Krümelunterricht des Vormittags in 45-Minuten-Häppchen ist abgeschafft, aber die Belehrungsintensität wird auch in den neuen Zeitstrukturen unverändert hoch gehalten. Dadurch entsteht bei den Kindern im offenen Ganztag ein widersprüchliches Bild von Schule; die Kinder nehmen den unterrichtsfreien und sanktionsärmeren Nachmittag ganz anders wahr als das Pflichtprogramm der Vormittagsstunden. Sie entdecken ihre Schule als Spielraum zur persönlichen Gestaltung, als kreatives Feld, als zertifizierungsfreie Situation und als Gelegenheit zum freien Forschen.

Fallvignette 3: »Forschen hat doch nichts mit Unterricht zu tun«

(Anton, 4. Schuljahr, 10 Jahre, Pferdeforscher)

Anton gehört zu jenen Kindern, die es der Lernbegleitung leicht machen, ihnen einen Forschungsfreiraum zu öffnen. Er versteht es einerseits, seine Forschertätigkeit mit seinen Unterrichtsverpflichtungen zu verknüpfen. So nutzt er seine Recherche über Shetland-Ponys gleichzeitig für einen Vortrag in seiner Klasse. Andererseits definiert er selbst sein Forschungsfeld und grenzt seine Tätigkeit in der Forschergruppe klar ab vom auftragsgemäßen Lernen im Kontext des Vormittagsunterrichts.

Feldnotiz vom 13.11.2008 im Lerntagebuch:
»Anton macht sich […] zu jeder Woche selbst Gedanken und ist dementsprechend auch sehr an deren Verwirklichung interessiert, so dass er meist keine Impulse für die Forscherzeit braucht. Auf dem Weg zum Computerraum schauten wir uns an, was die Pferdegruppe der Naturforscher zum Thema erarbeitete. Diese beschäftigten sich anhand von Arbeitsblättern mit der Anatomie des Pferdes. Anton zeigte dafür wenig Interesse und meinte, er habe den ganzen Tag schon Arbeitsblätter ausgefüllt und betonte dann: ›Wir haben ja jetzt keine Schule‹. Ich finde es schön, dass Anton das Nachmittagsangebot als freie Forscherzeit ansieht und nicht das Gefühl hat, ihm würden irgendwelche Aufgaben zur Beschäftigung auferlegt.«

Die Lernbegleiterin sieht es als Vorteil, dass Anton ihr mit seinem Forscherdrang und Fachwissen über Pferde überlegen ist, denn »auf diese Weise bin ich auch angesteckt von seinem Interesse für das Thema und lerne mindestens genauso viel. Des Weiteren werde ich so nie in die Versuchung kommen, ihn zu belehren, sondern kann mit ihm lernen und seine Lernwege dabei gleich mit entdecken, die vielleicht ganz anders verlaufen als meine eigenen«.

In ihrer Reflexion beschreibt die Lernbegleiterin ihre Rolle als ambivalent: »Einerseits will man die Kinder nicht belehren sondern begleiten, was eigentlich ein Miteinander auf einer Ebene bedeutet. Andererseits musste ich Anton an einigen Stellen doch etwas lenken, da er zwischendurch etwas antriebslos war. Ab der fünften Sitzung habe ich dann versucht, Anton zu lenken, jedoch hatte sich dieser schon mit seiner eigenständigen Arbeitsweise angefreundet und gemerkt, dass ich ihm im Grunde Freiraum geben wollte.«

Wenn die Zuwendung der Lehrperson nicht in 20 Teile zerfällt

Kinder lernen es in der Schule vom ersten Schultag an, die Zuwendung ihrer Lehrerin allmorgendlich mit 20, vielleicht 28 anderen Kindern teilen zu müssen. Die Geschichte der Lehrkunst von der Hebammenkunst des Sokrates über die Erziehungsgeschichte des Emile bei Rousseau bis zur Hauslehrerschule bei Berthold Otto mag in ihrer Substanz immer jenen dialogischen Kern enthalten haben, der eine ganz persönliche Zuwendung voraussetzt. Der modernen Frontlehrerin und ihren 20 erwartungsvollen Kindern, die auf eine individuelle Zuwendung warten müssen, suggerieren solche historischen pädagogischen Bezüge nur, dass die moderne Schule möglicherweise doch kein Bildungsort, sondern von ihren Rahmenbedingungen ein pädagogischer Irrtum ist. Wenn Kinder in dieser Schule des ewigen Teilen-Müssens nun plötzlich Gelegenheit bekommen, individuell begleitet zu werden durch eine

Fallvignette 4: »Ich warte gern«

(Nikita, 2. Schuljahr, 8 Jahre, Spinnenforscher)

Beim ersten Gespräch mit seinem Lernbegleiter wirkt Nikita noch sehr zurückhaltend, fast verschüchtert. Erst als er gefragt wird, ob er an einer kleinen Exkursion interessiert wäre, wird er schlagartig etwas gesprächiger und macht von sich aus den Vorschlag, auf dem Schulgelände nach Spinnen zu suchen. Angesichts einer eigenen ausgeprägten Arachnophobie erklärt sein Lernpate ihm, dass Nikita selbst dann aber derjenige sein müsse, der die Spinnen aus ihren Verstecken holt, da seine Angst vor ihnen zu groß sei: »Ich wollte Nikita das Gefühl geben, dass er sozusagen stärker sei als ich. Nachdem wir etliche Holzstücke umgedreht und Steine gewälzt hatten, fanden wir eine Spinnenhaut, die wir im Becherglas mit zurück in die Klasse nahmen«. Nikita ist hocherfreut, dass ein Erwachsener sich scheinbar unbegrenzt viel Zeit für ihn nimmt. Um seinen Lernbegleiter auch weiterhin nur für sich zu haben, dringt er von nun an bei jedem Treffen darauf, das Forscherlabor nach draußen zu verlegen. Obwohl sein Lernpate regelmäßig zu spät kommt, bleibt das Kind geduldig und lehnt Mitmachangebote anderer Gruppen freundlich ab: »Ich warte gern auf Herrn Becker«.

Feldnotiz vom 6.11.2008 im Lerntagebuch: »Sofort nach Betreten der Klasse kam mir Nikita in die Arme gesprungen. Ich hatte das Gefühl, er war froh, ›seinen eigenen Betreuer‹ zu haben, da er ca. 20 Minuten in einer anderen Kleingruppe beschäftigt gewesen war. Diese offene Freude über meine Anwesenheit war m.E. ein Zeichen dafür, dass Nikita im Alltag nicht viel persönliche Zuwendung erhält. Wieder gingen wir den Rest der Stunde ins Freie. Doch war Nikitas Intention nicht vordergründig das Suchen und Sammeln von Tieren, sondern das Genießen der ungeteilten Aufmerksamkeit meinerseits. Ständig wollte er mir zeigen, was für ein guter Sportler er ist und forderte mich unentwegt zu Laufduellen heraus. Doch ich musste feststellen, je mehr (Aufmerksamkeit) ich ihm gab, desto mehr forderte er von mir!«

Mit jedem Treffen versucht das Kind immer stärker, seinen Betreuer ganz für sich zu vereinnahmen. Als dieser sich am Ende des letzten Tages von ihm verabschiedet, will Nikita nicht begreifen, dass die gemeinsame Forschungszeit nicht auch in den Weihnachtsferien fortgesetzt werden kann.

erwachsene Patin, die endlich einmal und kontinuierlich nur für sie da ist, dann genießen sie diesen Zustand, dieses Schulwunder, von der ersten bis zur letzten Minute. Selbst die Aussicht, mit Kindern zusammenarbeiten zu können, die am gleichen Thema interessiert sind, kann sie nicht davon abhalten, das Privileg zu wählen, einen persönlichen Tutor als Forschungsassistenten zu erhalten (Fallvignette 4).

Die hier ausgewählten Fallbeschreibungen skizzieren einen Möglichkeitsraum. Die Entwicklung einer adaptiven Lernkultur steht noch ganz am Anfang. Für die zukünftige Schulentwicklung und Unterrichtsorganisation brauchen wir maßgeschneiderte Lernanzüge, die die Kinder sich selbst auswählen und anziehen können. Eine Schule der Homogenität, die weiterhin das Lernen von der Konfektionsstange organisieren will, macht sich überflüssig. Die geschilderten Fälle von Kindern, die individuell begleitet wurden, zeigen auch, dass die Schule von morgen mit einer erhöhten Präsenz der Lernenden rechnen muss (vgl. Hagstedt 2010). Diese Präsenz manifestiert sich in der eigenen Themen- und Aufgabenfindung, in der kompetenten Weitergabe des erworbenen Wissens an andere, in dem unschulischen Umgang mit Forschungsfreiräumen und nicht zuletzt in dem Wunsch, persönlich auf den Lernwegen begleitet zu werden. Die »allein stehende Lehrerin«, die für zwanzig Kinder planen muss, kann dem Präsenzstreben aller ihrer Kinder nicht gerecht werden. Tutoriale Strukturen, Lernpatenschaften und Doppelbesetzungen in allen Grundschulklassen sind eine dringliche Konsequenz für die moderne Grundschule.

Literatur

Dewey, J. (1968/1993): Demokratie und Erziehung: eine Einleitung in die philosophische Pädagogik. Weinheim u. Basel: Beltz.

Dignath, C./Büttner, G./Langfeldt, H.-P. (2008): How can primary school students learn self-regulated learning strategies most effectively? A meta-analysis on self-regulation training programmes. In: Educational Research Review, 3. Jg., H. 2, Amsterdam, S. 101 – 129.

DIPF – Projektgruppe des Deutschen Instituts für Internationale Pädagogische Forschung (2009): Individuell angemessene Lernumgebungen. Online: http://www.idea-frankfurt.eu/wissen/projekte (15.09.2009).

Eschtruth, S. (2010): Analyse musikpädagogischer Angebote an einer Ganztagsgrundschule. Interviews und Befragungen an der Kasseler Fridtjof-Nansen-Schule, i. Ms., Kassel.

Freinet, C. (1996): Die Sprüche des Mathieu. Eine moderne Pädagogik des gesunden Menschenverstandes. Beiträge Nr. 6, Schriftenreihe des Schuldruck-Zentrums der PH Ludwigsburg.

Hagstedt, H. (2010): Das präsente Schulkind – eine reformpädagogische Projektion? In: Heinzel, F. (Hrsg.): Generationenvermittlung in der Grundschule. Bad Heilbrunn: Klinkhardt. (i. E.)

Oelfken, T. (1928): Landerziehungsheime als Vorstufe der zukünftigen Schule. In: Zeitschrift für individualpsychologische Pädagogik und Psychohygiene, 1. Jg., H. 2, S. 33 – 36.
Reinmann-Rothmeier, G. / Mandl, H. (1998): Implementation konstruktivistischer Lernumgebungen – revolutionärer Wandel oder evolutionäre Veränderung? Forschungsbericht Nr. 100, Ludwig-Maximilians-Universität München.
Wagenschein, M. (1968): Verstehen lernen. Weinheim: Beltz.

Friederike Heinzel

Generationenbeziehungen reflektieren

Demokratisches Bewusstsein für Heterogenität und soziale Ungleichheit

Von Generationenbeziehungen und Generationendifferenz wird in diesem Beitrag vor dem Hintergrund eines erhöhten demokratischen Bewusstseins für Heterogenität und soziale Ungleichheit gesprochen, das in verschiedenen erziehungswissenschaftlichen Fachrichtungen (besonders Genderforschung, Interkulturelle Pädagogik, Integrationspädagogik) seit den 1980er Jahren intensiv diskutiert wurde. Differenztheoretische Ansätze wenden sich gegen Defizitperspektiven, hinterfragen Normalitätskonstrukte und zielen auf eine Pädagogik der Vielfalt (Prengel 1993). Durch die sozialwissenschaftliche Kindheitsforschung wurden differenztheoretische Ansätze auch auf generationale Verhältnisse ausgeweitet.

Daher verstehe ich Lehrer-Schüler-Beziehungen als Generationenbeziehungen, die von Generationendifferenz geprägt sind. Das pädagogische Verhältnis zwischen Lehrern und Schülern ist eine zentrale Figur, die in der Pädagogik und Erziehungswissenschaft immer wieder erörtert wird und als Verhältnis einer mit Erziehung beauftragten Person und einer anderen Person, die erzogen werden soll, zunächst dyadisch bestimmt wird. Allerdings ist Grundschule so organisiert, dass die Lehrerin oder der Lehrer mit einer Gruppe von Kindern arbeitet. Im Unterricht soll mehreren Kindern gleichzeitig der Erwerb von Wissen, Kenntnissen und Fähigkeiten ermöglicht werden. Die Lehrer-Schüler-Beziehung wird im Handlungsraum der Schulklasse konkretisiert und ist weit weniger eine Beziehung zwischen der Lehrerin und einem Schüler oder einer Schülerin als eine Beziehung zwischen Lehrerin und Schulklasse, also einer Gruppe von gleichaltrigen Kindern mit ähnlichen Kindheiten.

In wissenschaftlichen Arbeiten wird zwischen »*Generationenbeziehungen*« und »*Generationenverhältnissen*« unterschieden (Kaufmann 1993). Das *Generationenverhältnis* bezieht sich auf aufeinander folgende Altersgruppen und umschreibt die Makroperspektive von Generationsbezügen. Im Zusammenleben zwischen verschiedenen Altersgruppen bildet sich ein spezifisches Generationenverhältnis heraus, das sowohl von den gesellschaftlichen Bedingungen als auch von der historischen Situation abhängig ist. Mit *Generationenbeziehungen* sind die Verbindungen jüngerer und älterer Menschen auf der Mikroebene, also im sozialen Nahraum gemeint, die konkreten Interaktionen in der Familie, im Freundes- und Bekanntenkreis und auch die Lehrer-Schüler-Beziehungen. Diese Generationenbeziehungen beinhalten spezifische Erziehungspraktiken, die sich in der historischen Entwicklung wandeln und auch kulturell bedingt sind.

So wie im Umgang mit Differenz und Heterogenität wurden auch beim Umgang mit der Generationendifferenz unterschiedliche Konzepte und deren Kombination entworfen: (1) der strukturbezogene Diskurs mit dem Generationenbegriff als machtbezogener Relation (z. B. Alanen 1994, 2005), (2) das handlungsbezogene Insistieren auf Differenz und der Bedeutung soziokultureller Muster sowie auf der Verantwortung der Erwachsenen (z. B. Winterhager-Schmid 2000; Honig 2009 oder Helsper u. a. 2009) sowie (3) die Betonung von Ähnlichkeiten und Gemeinsamkeiten in den Mikrowelten von Kindern etwa durch Medienerfahrungen (z. B. Hengst 2009).

Kindheit und Schule in der generationalen Ordnung

Generationenbeziehungen und Generationendifferenz können besser verstanden werden, wenn Kindheit und Erwachsenheit als generationale Konstrukte reflektiert werden. Zu einem solchen Verständnis hat die sozialwissenschaftliche Kindheitsforschung beigetragen. Als Schlüsselbegriff dieser Kindheitsforschung gilt das Konzept der generationalen Ordnung, in Anlehnung an das Konzept der Geschlechterordnung. Es geht davon aus, dass das Soziale (auch) generational strukturiert ist und betont die generationale Beschaffenheit des Phänomens Kindheit. Die komplementäre Stellung von Kindern und Erwachsenen wird demnach immer wieder neu gesellschaftlich reproduziert. Dabei beeinflusst die generationale Struktur – wie andere soziale Strukturen auch – die Handlungen und wird durch diese beeinflusst (vgl. Alanen 1994, 2005).

In der generationalen Ordnung von Schule oder Unterricht spielen die kollektiven Kategorien »Kinder« und »Erwachsene« auf der strukturellen Ebene eine Rolle, wobei in der Schulpraxis Kinder Schülerhandeln und Erwachsene Lehrerhandeln ausprägen und beide Gruppen sowohl intergenerational als auch intragenerational agieren. Schülersein und Kindsein sowie Lehrersein und Erwachsensein werden in der Schule und im Unterricht also ständig erzeugt, reproduziert und verändert. Dies geschieht auf der strukturellen Ebene und auf der Ebene des Alltagshandelns. Damit bringt das Konzept der generationalen Ordnung schulische Institutionalisierungsformen als Generationenverhältnisse in den Blick, Lehrer-Schüler-Beziehungen als pädagogische Generationenbeziehungen und zudem richtet es die Aufmerksamkeit auf die kollektiven habituellen Prägungen der Handelnden.

In Bezug auf Strukturen in der Grundschule lässt sich dies am Beispiel der Jahrgangsklasse konkretisieren (vgl. Heinzel 2007). Wenn ein Kind einer bestimmten Jahrgangsklasse zugeordnet wird, dann sind damit Rollen- und Entwicklungserwartungen verbunden. Sowohl das Überspringen einer Klasse als auch das Zurückbleiben sind nicht populär. Diese Alterskategorisierung auf der Grundlage des biologischen Alters erfüllt die Funktion, bestimmte Rechte und Pflichten zuzuteilen und die Autorität der Älteren zu begründen. Für das Kind wird die Altersstufe sogar Bestandteil der Selbstbeschreibung und legt Rollenerwartungen gegenüber jüngeren und älteren Kindern und gegenüber den erwachsenen Lehrpersonen fest. Durch die Jahrgangsklasse wird im System der Schule Generationendifferenz hergestellt und sozialer Status zugewiesen. Für die Ausbildung des kollektiven Habitus von Kindern ist ihre Einbindung in konkrete Gleichaltrigenbeziehungen im Rahmen der Schulklasse zentral, wobei diese auch von kulturellen Kontexten abhängig sind.

In Bezug auf Politik und Ökonomie lässt sich das Konzept der generationalen Ordnung daran verdeutlichen, dass in der Schule die Erwachsenen arbeiten und Kinder unter den Bedingungen der gesetzlich geregelten Schulpflicht und Prinzipien der rationalen Zeitbewirtschaftung lernen. Die Arbeit der Kinder in der Schule ist keine Erwerbsarbeit und Kinderarbeit

Warum über Generationenbeziehungen nachdenken?

1. Wie schon Bernfeld (1925) formulierte, steht der Erzieher vor zwei Kindern, dem zu erziehenden vor ihm und dem verdrängten in ihm.
2. In der Schule soll – so argumentieren bereits Schleiermacher (1826) oder Litt (1927) – Kultur von der älteren Generation vermittelt und von der jüngeren Generation angeeignet werden. Dieses gesellschaftliche Interesse legitimiert das Bestehen der Schule. Allerdings wird heute davon ausgegangen, dass Wissen nicht einfach durch Instruktion vermittelt werden kann, sondern Kinder sich dieses Wissen in von Lehrkräften vorbereiteten Lernumgebungen aktiv aneignen und Lernen daher als Konstruktionsprozess zu verstehen ist.
3. Kinder und Erwachsene sind aufeinander bezogen, in konkreten Schüler-Lehrer-Beziehungen und im gesellschaftlich geformten Verhältnis »Kind« und »Erwachsener«.
4. Ein grundlegender Wandel der Generationenbeziehungen geht mit Veränderungen im Kompetenz- und Machtgefälle einher. Kinder haben in manchen Bereichen ein gegenüber Erwachsenen beachtliches Expertentum entwickelt. Die Verschiebung der Machtbalance zugunsten von Kindern zeigt sich besonders deutlich in den Veränderungen im familiären Erziehungsstil: Von Befehlen und Gehorchen zum Verhandeln (Büchner 1983, S. 200).
5. Lehrerinnen und Lehrer reagieren oft mit Befremden auf Veränderungen und die Ausdifferenzierung kindlicher Lebenswelten. Sie entwerfen häufig ein eher pessimistisches und besorgtes Bild heutiger Kindheiten und – obgleich dies von ihnen vehement gefordert wird – fällt es ihnen schwer, ihren eher defizitorientierten in einen kompetenzorientierten Blick auf Kinder und Kindheit zu verwandeln.

zudem in westlichen Gesellschaften – aus guten Gründen – verboten. Wenn aber das Lernen in der Schule als Arbeit anerkannt würde, könnte damit dem Pflichtcharakter der Schule besser entsprochen werden, auch wenn es sich bei ihrer Schularbeit nicht um Lohnarbeit handelt.

Für Kinder konkretisieren sich die großen Kollektive »Kindheit« und »Erwachsenheit« in ihren Netzwerken, in ihren handlungs- und beziehungsrelevanten Mikrowelten des Alltags, in ihrer Familie, in ihren Cliquen und in der Schulklasse. Diese Erfahrungen sind bedeutsam für ihre kollektiven habituellen Prägungen und Identitätskonstruktionen.

Lehrer-Schüler-Beziehungen als Generationenbeziehungen

Mit der Lehrer-Schüler-Beziehung befasste sich schon Sokrates. Das von ihm praktizierte philosophische Gespräch, der nach ihm benannte sokratische Dialog, begreift erstmals den Lernenden als Subjekt seines Lernprozesses, das durch Fragen zum Denken angeregt werden soll. Jean-Jacques Rousseau (1712 – 1778) entwirft in seinem 1762 veröffentlichten Erziehungsroman »Emile« den Erzieher als eine Person, die einen Lebensraum schafft, in dem sich das Kind entwickeln kann.

Der Pädagoge Herrmann Nohl (1879 – 1960) setzte sich in seinem Hauptwerk »Die pädagogische Bewegung in Deutschland und ihre Theorie« mit dem pädagogischen Bezug intensiv auseinander. Hier findet sich die häufig zitierte Aussage: »Die Grundlage der Erziehung ist also das leidenschaftliche Verhältnis eines reifen Menschen zu einem werdenden Menschen, und zwar um seiner selbst willen, daß er zu seinem Leben und seiner Form komme« (Nohl 1935, S. 134). Für Nohl bleibt, trotz des Eigenrechtes des Kindes und des Jugendlichen, ein erzieherisch relevantes Verhältnis zwischen den Generationen unerlässlich und er geht von einem grundsätzlich unterschiedlichen Entwicklungsniveau aus, wobei sich das erzieherische Handeln am Zögling orientieren soll (vgl. auch Nohl 1914).

Sechzig Jahre später entwirft der Soziologe Ulrich Oevermann (1996) die Lehrer-Schüler-Beziehung in einer häufig zitierten Passage als pädagogisches Arbeitsbündnis: »Die diffusen Komponenten der Sozialbeziehung bestehen darin, dass sich dieses Kind dem Lehrer in der Ungeschütztheit seines Nichtwissens als ganze Person so anvertrauen kann, dass der Lehrer aus diesem Nichtwissen nicht eine gegen das Kind gerichtete negative Einschätzung, Ablehnung oder Verspottung macht, sondern es zum Anlass nimmt, dem Kind ein schlüssiges Angebot zu machen, wie es diesen Mangel beheben kann« (Oevermann 1996, S. 153). Für ihn ist der Wissensvorsprung der Lehrperson grundlegend für die Lehrer-Schüler-Beziehung, doch begründe nicht dieser Wissensvorsprung den möglichen Machtmissbrauch in der Lehrer-Schüler-Beziehung, sondern die gesetzliche Schulpflicht bilde

hierfür den Rahmen. Deshalb nennt Oevermann die Abschaffung der Schulpflicht als wichtigste Voraussetzung, damit ein autonomes pädagogisches Arbeitsbündnis überhaupt entstehen kann.

Der Erziehungswissenschaftler Werner Helsper sieht pädagogische Generationenbeziehungen in der Spannung von Imaginärem (Mythen, Bildern, Narrationen), Symbolischem (sprachvermittelten Interaktionen) und Realem (ökonomische oder rechtliche Strukturen) verankert. Sein Forscherteam betont die unersetzbare Bedeutung der Lehrer-Schüler-Beziehungen in modernen Gesellschaften und den Einfluss der Lehrpersonen als generative und generalisierte Andere, die neue Welt- und Selbstdeutungen zu eröffnen vermögen (Helsper u. a. 2009).

In psychologischen Arbeiten zur Lehrer-Schüler-Interaktion werden häufig emotional-motivationale Bedingungen der Lehrer-Schüler-Beziehung untersucht. In neueren Studien, die sich an konstruktivistischen Lernkonzepten orientieren, wird davon ausgegangen, dass Lernen durch Zusammenarbeit stattfindet und in den Lehrer-Schüler-Interaktionen ko-konstruiert wird. Es wurde belegt, dass eine von positiven Gefühlen bestimmte Beziehung zwischen Lehrern und Schülern für die Lernmotivation des Kindes wichtig ist. Schülerinnen und Schüler fühlen sich bei Lehrpersonen, die zu ihnen ein Verhältnis pflegen, das sich durch emotionale Wärme auszeichnet, zufriedener und weniger ängstlich. Das Vertrauen zwischen Lehrern und Schülern gilt in pädagogisch-psychologischen Untersuchungen als eine zentrale Variable für die Qualität der pädagogischen Beziehung. Auf Lehrerseite sind – so zeigen verschiedene Studien – unterrichtsmethodische und kommunikative Kompetenz sowie eine ausgeprägte Haltung des Zu- und Vertrauens grundlegende Bedingungen für das Lehrer-Schüler-Verhältnis (vgl. Schweer 2008).

Zusammenfassend kann herausgestellt werden, dass von der Lehrer-Schüler-Beziehung zwischen zwei Personen ein institutionelles Lehrer-Schüler-Verhältnis zu unterscheiden ist, welches an die Rolle von Schülern und Lehrern in der Institution Grundschule gebunden ist.

Weiter ist zu berücksichtigen, dass das gesamte Schulsystem von einer hierarchischen Ordnung geprägt ist. Die generationale Ordnung und kollektive Erfahrungen durchdringen die Ausgestaltung der Beziehungen im Klassenzimmer und das konkrete Schüler- und Lehrerhandeln. Die Beziehungen zwischen Lehrern und Schülern werden also von der gesellschaftlichen Umwelt beeinflusst, aber auch von den Beteiligten ausgehandelt und ihre Ausformung ist durch biographische und generationale Erfahrungen mitbestimmt. Auch deshalb kann die Frage nach gutem Unterricht nicht nur aus der Perspektive der Lehrperson, der Qualität der Unterrichtsprozesse und der unterrichtlichen Effekte beantwortet werden, sondern muss auch das Schülerhandeln und die Generationenbeziehungen berücksichtigen.

Im pädagogischen Diskurs werden Versuche einer Nivellierung der Generationendifferenz kritisch betrachtet und vor immer früheren Selbstständigkeitsansprüchen und Autonomieforderungen auch gewarnt. Die Grundstruktur des Angewiesenseins wird als Kern pädagogischer Differenz betont und die Notwendigkeit einer komplementären Vermittlungsstruktur in pädagogischen Arbeitsbündnissen hervorgehoben (Winterhager-Schmid 2000; Lüscher 2005; Helsper u. a. 2009). Da jeder Mensch immer wieder in die Situation kommen kann, in der er Anleitung oder Fürsorge benötigt, rechtfertigt die Asymmetrie pädagogischer Beziehungen keinen Machtmissbrauch. Die Anerkennung gesellschaftlicher Normen und Werte durch die Schüler, die das Ziel pädagogischer Arbeit ist, bedarf keiner Herrschaftsvermittlung, wenn menschliche Entwicklung in der Autonomie des Subjekts gesehen wird. Wenn Lernen als selbstbestimmter Prozess gestaltet wird, kommt sowohl der Beziehung der Lernenden zueinander als auch der Lehrer-Schüler-Beziehung wesentliche Bedeutung zu. Als Problem besteht, was geschehen soll, wenn einzelne Kinder sich den schulischen Anforderungen verweigern.

Reflexion als professionelle Kompetenz

In der Diskussion um Lehrerprofessionalität wird Reflexivität inzwischen als eine Schlüsselkompetenz betrachtet, auch deshalb, weil Analysen zu Binnenstrukturen und typischen Handlungsproblemen des Lehrerberufs ein beachtliches Maß an Nichtsteuerbarkeit, Undurchschaubarkeit und Ungewissheit des pädagogischen Handelns erkennen lassen. Daher ist eine reflexive Auseinandersetzung mit den widersprüchlichen Praxiserfahrungen naheliegend und wünschenswert (Combe / Kolbe 2004, S. 834 f.).

Reflexivität als Fähigkeit, sich selbst zu thematisieren, geht mit aktiver Distanzierung einher und ist mit einem Rückblick verbunden, wenn eigene Erfahrungen oder eigenes Handeln überdacht werden. Reflexion ist dabei eingebettet in biographische und generationale Bezüge und wird von subjektiven Theorien, Alltagstheorien und wissenschaftlichen Theorien beeinflusst. Ihr Ziel besteht im Lehrerberuf meist darin, die eigenen Handlungsmöglichkeiten zu erweitern und zu verbessern.

Grundsätzlich können *Selbstreflexion* und *fachliche (grundschuldidaktische) Reflexion* unterschieden werden. *Selbstreflexion* bezieht sich auf die eigene Person und eigene Biographie, auf die »inneren Gefühle, Phantasien, Erfahrungen aus der Vergangenheit und Erwartungen an die Zukunft« (Dauber / Zwiebel 2006, S. 13). Die *fachliche Reflexion* erfolgt im Schulalltag oft fall- oder situationsbezogen und erfordert fachliche Offenheit, Flexibilität und Analysefähigkeit. Das Ziel besteht im Bedenken der jeweiligen Handlungssituation, mit dem Ziel, dass sich Lehrkräfte als fachliche und persönliche Ansprechpartner der Kinder verstehen und sensibel mit den heterogenen Lernvoraussetzungen der Kinder umgehen.

Wenn Beziehungen zwischen Lehrern und Schülern als Kommunikations- und Interaktionsbeziehungen verstanden werden, in denen Menschen unterschiedlicher Generationen ihre Weltzugänge vergleichen, zueinander in Beziehung setzen und voneinander abgrenzen, dann sollten Kindern vielfältige Gelegenheiten eingeräumt werden, das Wort zu ergreifen, da sie nie sicher sein können, dass sie so verstanden werden, wie sie es beabsichtigt hatten.

Auf Lehrerseite besteht ein zentrales Element bei der Reflexion der Generationenbeziehungen in der Auseinandersetzung mit eigenen Kindheits- und Schulerfahrungen. Zur pädagogischen Professionalität von Lehrenden gehört, dass sie »das Kind in sich« wahrnehmen und sich aktiv mit diesem Kind auseinandersetzen. Wer die Prägungsformen seiner eigenen Generation kennt, dem gelingt es besser, Anteil an den Erfahrungen anderer Generationen zu nehmen, kulturell bestimmte Wertungen zu erkennen, den Blick für die Praktiken von Kindern und Kindergruppen zu öffnen und die je aktuelle Kinderkultur auch als Potential und nicht nur als Quelle von Störungen zu sehen (vgl. Heinzel 2002).

In diesem Sinn kann auch die Reflexion des eigenen Blicks auf heutige Kindheit zur Verbesserung der Generationenbeziehungen im Unterricht beitragen. Eine Revision von defizitorientierten Sichtweisen auf das Kind, eine Orientierung an den Kompetenzen von Kindern und die Sicht auf »Kinder in Gesellschaft« (der Titel dieses Buches) sind dann leichter möglich. Die Analyse der eigenen Normen und Konstruktionen, der Perspektivwechsel und das Erwägen von Handlungsalternativen sowie auch die distanzierte Betrachtung der Beziehungen im pädagogischen Feld sind von zentraler Bedeutung für pädagogische Professionalität.

Für Lehrerinnen und Lehrer ist es darüber hinaus wichtig zu erfassen, wie Kinder und Erwachsene in der Grundschule pädagogische Generationenbeziehungen gestalten und wie Kinder in der Grundschule zu Kindern gemacht werden. Ihre Aufmerksamkeit sollte sich auch darauf richten, wie notwendige Sorge und Verantwortung von Pädagoginnen und Pädagogen mit einer Unterscheidungspraxis verbunden werden, die Differenz zwischen Erwachsenen und Kindern erzeugt.

Da die Würde des Schülers ebenso wie die Würde des Lehrers antastbar ist, müssen in der Schule »achtsame« Beziehungen gestaltet werden (vgl. Singer 2009). Hierzu gehören ein lernförderliches Unterrichtsklima und eine angstfreie Lernatmosphäre in der Schulklasse sowie ein wertschätzender Umgang im Kollegium. Hierzu gehört aber auch, sich als Lehrerin oder Lehrer immer wieder zu fragen, ob man mit den intergenerationalen, pädagogischen Beziehungen zu den Kindern und den intragenerationalen Beziehungen im Kollegium zufrieden ist. Ein positives Klima gilt als grundlegend für das Lernen der Kinder wie auch für die Arbeitszufriedenheit der Lehrerinnen und Lehrer.

Konsequenzen für das Lehrerhandeln bei der Gestaltung von Generationenbeziehungen im Klassenraum

1. Kinder nicht als »Werdende« begreifen, sondern als »Kinder in Gesellschaft« anerkennen.
2. Das Lernen von Kindern als Arbeit würdigen.
3. Vermittlung und Aneignung nicht einfach den Generationen zuweisen, sondern Unterricht als Dialog und Austausch arrangieren.
4. Die Prägungen der eigenen Generation erkennen und eigene Kindheitserfahrungen reflektieren.
5. Kindern Zeit lassen und sie nicht beschämen.
6. Kindern zuhören, sie zum Unterricht befragen und Mitbestimmung zulassen.
7. Die Schulklasse als kollektiven Erfahrungsraum von Kindern respektieren und die Beziehungen und Netzwerke der Kinder beachten.
8. Anerkennen der Kinder als Generation mit eigenen Spielen, Freizeitbeschäftigungen, Ansichten und Verhaltensweisen.
9. Kinderkulturelles Leben nicht nur als Beeinträchtigung des Unterrichts betrachten.
10. Über die Geschichten der zur Klasse versammelten Kinder und jedes einzelnen Kindes wertschätzend berichten.

Literatur

Alanen, L. (1994): Zur Theorie der Kindheit. Die »Kinderfrage« in den Sozialwissenschaften. In: Sozialwissenschaftliche Literatur Rundschau, 17. Jg. H. 28, S. 93 – 112.

Alanen, L. (2005): Kindheit als generationales Konzept. In: Hengst, H. / Zeiher, H. (Hrsg.): Kindheit soziologisch. Wiesbaden: VS-Verlag, S. 65 – 82.

Bernfeld, S. (1925): Sisyphos oder die Grenzen der Erziehung. Wien: Internationaler Psychoanalytischer Verlag.

Büchner, P. (1983): Vom Befehlen und Gehorchen zum Verhandeln. Entwicklungstendenzen von Verhaltensstandards und Umgangsformen seit 1945. In: Preuss-Lausitz, U. u. a.: Kriegskinder, Konsumkinder, Krisenkinder. Zur Sozialisationsgeschichte seit dem Zweiten Weltkrieg. Weinheim u. Basel: Beltz, S. 196 – 212.

Combe, A. / Kolbe, F.-U. (2004): Lehrerprofessionalität: Wissen, Können, Handeln. In: Werner, H. / Böhme, J. (Hrsg.): Handbuch der Schulforschung. Wiesbaden: VS-Verlag, S. 833 – 851.

Dauber, H. / Zwiebel, R. (Hrsg.) (2006): Professionelle Selbstreflexion aus pädagogischer und psychoanalytischer Sicht. Bad Heilbrunn: Klinkhardt.

Heinzel, F. (2002): Der Blick auf die Kinder und der Blick zurück. In: Grundschulunterricht, H. 9, S. 9 – 12.

Heinzel, F. (2007): Alterstufen, Altersmischung und Generationenbeziehungen in der Grundschule. In: Burk, K. / de Boer, H. / Heinzel, F. (Hrsg.) (2007): Lehren und Lernen in jahrgangsgemischten Klassen. Beiträge zur Reform der Grundschule, Bd. 123. Frankfurt / M.: Grundschulverband – Arbeitskreis Grundschule, S. 32 – 44.

Helsper, W. / Kramer, R. T. / Hummrich, M. / Busse, S.: (2009): Jugend zwischen Familie und Schule. Eine Studie zu pädagogischen Generationenbeziehungen. Wiesbaden: VS-Verlag.

Hengst, H. (2009): Generationale Ordnungen sind nicht alles. Über kollektive Identität und Erfahrungskonstitution heute. In: Honig, M. S. (2009): Ordnungen der Kindheit. Problemstellungen und Perspektiven der Kindheitsforschung. Weinheim u. München: Juventa, S. 53 – 77.

Honig, M. S. (2009): Das Kind der Kindheitsforschung. Gegenstandskonstitution in den childhood studies. In: Honig, M. S. (2009): Ordnungen der Kindheit. Problemstellungen und Perspektiven der Kindheitsforschung. Weinheim u. München: Juventa, S. 25 – 51.

Kaufmann, F.-X. (1993): Generationenbeziehungen und Generationenverhältnisse im Wohlfahrtsstaat. In: Lüscher, K. / Schultheis, F. (Hrsg.): Generationenbeziehungen in »postmodernen« Gesellschaften. Konstanz: Universitätsverlag, S. 95 – 108.

Litt, T. (1927 / 1964): Führen oder Wachsenlassen: Eine Erörterung des pädagogischen Grundproblems. Stuttgart: Klett.

Lüscher, K. (2005): Ambivalenz – Eine Annäherung an das Problem der Generationen. In: Jureit, U. / Wildt, M. (Hrsg.): Generationen. Zur Relevanz eines wissenschaftlichen Grundbegriffs. Hamburg: Hamburger Edition, S. 53 – 78.

Nohl, H. (1914): Das Verhältnis der Generationen in der Pädagogik. In: Die Tat, 6. Jg., S. 137 – 149.

Nohl, H. (1935 / 1970): Die pädagogische Bewegung in Deutschland und ihre Theorie. Frankfurt / M.: Schulte Bulmke.

Oevermann, U. (1996): Skizze einer revidierten Theorie professionalisierten Handelns. In: Combe, A. / Helsper, W.: Pädagogische Professionalität. Untersuchungen zum Typus pädagogischen Handelns. Frankfurt / M.: Suhrkamp, S. 70 – 182.

Prengel, A. (1993): Pädagogik der Vielfalt. Verschiedenheit und Gleichberechtigung in Interkultureller, Feministischer und Integrativer Pädagogik. Opladen: Leske+Budrich.

Rousseau, J.-J. (1762 / 1998): Emil oder Über die Erziehung. Paderborn: Schöningh.

Schleiermacher, F. E. D (1826 / 1983): Ausgewählte pädagogische Schriften. Paderborn: Schöningh.

Schweer, M. (Hrsg.) (2008): Lehrer-Schüler-Interaktion. Inhaltsfelder, Forschungsperspektiven und methodische Zugänge. Wiesbaden: VS-Verlag.

Singer (2009): Die Schulkatastrophe. Schüler brauchen Lernfreude statt Furcht, Zwang und Auslese. Weinheim: Beltz.

Winterhager-Schmid, L. (2000): »Groß« und »Klein« – Zur Bedeutung der Erfahrung mit Generationendifferenz im Prozeß des Heranwachsens. In: Winterhager-Schmid, L. (Hrsg.): Erfahrungen mit Generationendifferenz. Weinheim: Beltz, S. 15 – 37.

Bernd Overwien

Informelles Lernen als Potential

»Bildung als Prozess der umfassenden Entwicklung eines handlungsfähigen Subjekts kann nicht mehr nur in der Schule und auch nicht mehr nur in formalen Bildungsinstitutionen erworben werden. So unbestritten die Bedeutung der Schule für die Bildung von Kindern und Jugendlichen auch weiterhin ist, so wird in der politischen, der öffentlichen und der wissenschaftlichen Diskussion doch zugleich die Möglichkeit unterschätzt, dass andere Bildungsorte und Lernwelten für die Bildung von Kindern und Jugendlichen bedeutsam, vielleicht sogar unerlässlich geworden sind.« (BMFSFJ 2005, S. 119)

Informelles Lernen – (k)ein grundschulpädagogisches Thema?

Die Grundschule ist ein wesentlicher Lernort für Kinder, doch lernen Kinder noch mehr in informellen Lernprozessen. Informelles Lernen erfolgt im außerschulischen Alltag der Kinder, in der Familie und Freizeit. Aber auch im Rahmen der Grundschule findet nicht nur formales, sondern auch informelles Lernen statt. Zwar gehört es inzwischen zu den schulpädagogischen Wissensbeständen, dass Schülerinnen und Schüler auch außerhalb geplanten Unterrichts lernen, dass es etwa einen »heimlichen Lehrplan« der Reproduktion gesellschaftlicher Verhältnisse gibt oder auch dass ein nicht unerhebliches Lernen in Gleichaltrigengruppen stattfindet (vgl. Nuthall 2004, s. auch de Boer in diesem Band). Dennoch ist mit Blick auf die Grundschule die Diskussion um informelles Lernen – in Abgrenzung zu formalem Lernen – zunächst noch ungewohnt.

Informelles Lernen beeinflusst allerdings in vielfältiger Weise schulisches Lernen. So entwickeln Kinder und Jugendliche vielgestaltige Interessen in Familie und Freizeit, die oft auch Lerninteressen und Lernmotivationen enthalten. Sie suchen Herausforderungen und verbinden oft ganz bewusst Spaß mit Leistung. Dies ergab eine vor zehn Jahren durchgeführte repräsentative Studie des Deutschen Jugendinstitutes, in der auf vielfältige Potentiale der Verbindung von Schulen und Freizeitaktivitäten hingewiesen wurde (vgl. Lipski 2000). Bildungsprozesse innerhalb des formalen Bildungssystems bauen ganz wesentlich auf vorherigen oder gleichzeitig stattfindenden informellen Lernprozessen auf. Diese sind nicht zwangsläufig positiv und fördernd, wenn man an die Reproduktion sozialer Ungleichheit denkt, die auch in informellen Lernprozessen ihren Ausdruck findet. Ein integratives Bildungsverständnis, das von den Fähigkeiten der Kinder ausgeht und

ihnen den Aufbau von Wissen und Kompetenzen ermöglicht, sollte ein Bewusstsein über die Zusammenhänge verschiedener Orte des Kompetenzerwerbs zur Grundlage haben (vgl. BMBF 2004, S. 27–30). Nur dann kann es gelingen, auch ein Repertoire an Methoden und auch an Kooperationsmöglichkeiten zwischen Schulen und Trägern außerschulischer Bildung aufzubauen, das mehr als bisher den veränderten Modalitäten des Aufwachsens gerecht wird. Mit Blick auf die Grundschule ist die Diskussion um die Bedeutung außerschulischer Lernorte oder dem Zusammenspiel von Lernorten eigentlich gar nicht so neu, auch wenn der Begriff in grundschulpädagogischen Kontexten kaum genutzt wird. Die Diskussion um informelles Lernen und informelle Bildung kann aber dazu beitragen, das Bewusstsein über Potentiale von Lernorten und Lernweisen zu vertiefen.

Der Ursprung der Debatten um informelles Lernen liegt in Deutschland aus bildungsbiographischer Perspektive weit vom Grundschulalter entfernt. Der Begriff ist zunächst in der Erwachsenenbildung und der betrieblichen Berufsbildung heimisch geworden. Schon früh zeigte sich in den 1980er Jahren in deutschen Unternehmen, dass neue Arbeitskonzepte eine umfassendere Kompetenzentwicklung und damit auch ein verstärktes Lernen in der Arbeit erfordern. In Deutschland wurden die damit verbundenen Lernprozesse zunächst eher als Erfahrungslernen charakterisiert. Im internationalen Kontext wird spätestens seit den 1990er Jahren der Begriff des informellen Lernens zur Charakterisierung aller jener Lernprozesse genutzt, die am Arbeitsplatz, in der Freizeit, im ehrenamtlichen Engagement, im Rahmen der häuslichen Arbeit oder anderswo außerhalb schulischer Lernarrangements stattfinden. Die mit dem informellen Lernen verbundenen Prozesse sind Teil eines in sich differenzierten pädagogischen Verständnisses von Lernen geworden (vgl. Göhlich u. a. 2007).

Auch angesichts des ökonomischen wie technischen Strukturwandels findet neben dem Lernen am Arbeitsplatz der Kompetenzerwerb in sozialen Bewegungen, im Bereich neuer Medien, im Rahmen von Museen und Science Centern und in der Verbindung von schulischem und informellem Lernen zunehmend Beachtung. Im Zusammenhang damit, aber auch im Sinne eines umfassenderen Bildungsverständnisses, weitet sich der Blick auf die betrachteten, ja auch gestaltbaren Lernumgebungen für informelles Lernen.

So werden mit Blick auf Kinder und Jugendliche in letzter Zeit die verschiedenen Settings des Lernens bewusster im Verhältnis zueinander diskutiert, wie die folgende Abbildung zeigt (BMFSFJ 2005, S. 130).

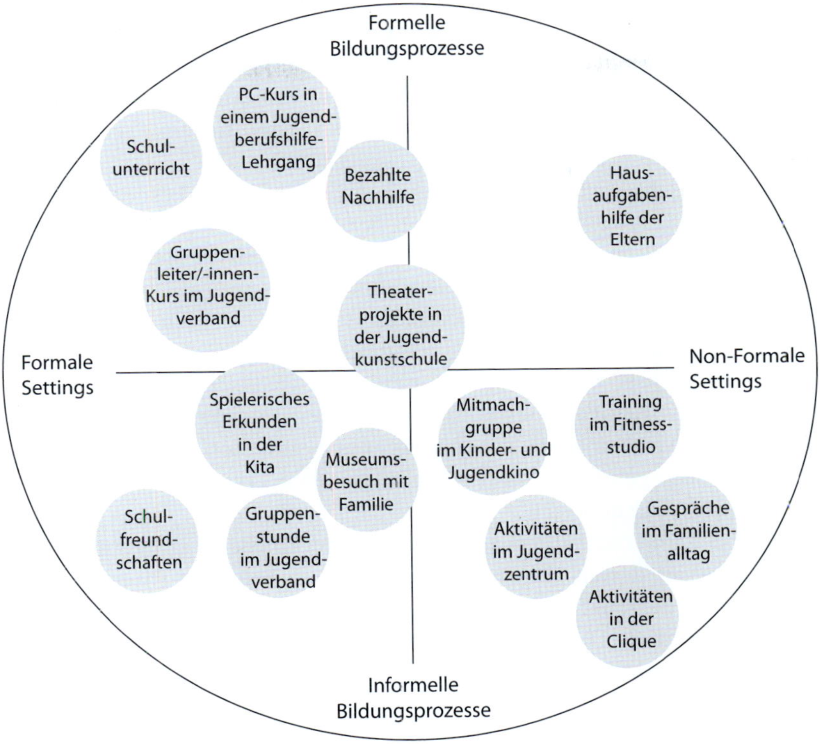

Abb. 1: Bildungsmodalitäten (BMFSFJ 2005, S. 130)

Informelles Lernen: Phänomen und Definitionen

Der Begriff des informellen Lernens kam zunächst aus den USA nach Europa und findet im Werk des Erziehungswissenschaftlers und Philosophen John Dewey seine vermutlich erste Erwähnung. Dewey sieht »informal education« als wesentliche Grundlage und als Umfeld für formale Bildung. Die Zunahme von Komplexität, so schreibt Dewey Anfang des 20. Jahrhunderts, sei es, die zu einem verstärkten Bedarf an formaler Bildung führe. Als deren Basis, so konstatiert er, seien informelle Lernweisen zu sehen (Dewey 1997, S. 9). In der US-amerikanischen Erwachsenenbildung begegnet uns der Begriff des informellen Lernens in den fünfziger Jahren erneut, wobei lange Zeit teils von »informal education«, teils von »informal learning« die Rede ist (Knowles 1951). Anfang der siebziger Jahre betont die Faure-Kommission der UNESCO die besondere Bedeutung informellen Lernens. Es handele sich um ein Erfahrungslernen in allen biographischen Phasen und in jeweils sehr verschiedenen Lebensbereichen. Unter Verweis auf bereits damals sichtbare grundsätzliche Veränderungen der Arbeitswelt wird gefordert, dieses Lernen in Bildungsanstrengungen einzubeziehen (Faure u. a. 1972). Auf die Faure-Kommission soll auch die Aussage zurückgehen, nach der informelles Lernen siebzig Prozent allen menschlichen Lernens ausmache (vgl. Rohs 2009).

Die englischsprachige Forschung zum informellen Lernen wird in Deutschland lange kaum zur Kenntnis genommen. Notwendige neue und flexible Lernweisen angesichts der »Wissensgesellschaft« und die Kompetenzdiskussion rücken dieses Lernen nun auch in den Mittelpunkt deutschen erziehungswissenschaftlichen Interesses (vgl. Overwien 2005). Mit der Einführung eines Deutschen Qualifikationsrahmens, der auf acht Niveaus die Lernergebnisse im ganzen Bildungssystem vergleichbar und über den Europäischen Qualifikationsrahmen europaweit transparent machen soll, sollen auch Mechanismen der Anerkennung und Zertifizierung solcher Lernergebnisse gefunden werden, die informellen Lernprozessen zuzuordnen sind (vgl. Dehnbostel u. a. 2009).

Viele der unterschiedlichen Sichtweisen informellen Lernens setzen in erster Linie an dessen Organisationsform an und sind in ihrer Definitionstiefe eher begrenzt. Informell ist danach jenes Lernen, das seinen Platz außerhalb formaler Institutionen oder nonformal organisierter Prozesse hat und auch nicht von dieser Seite finanziert wird (Watkins / Marsick 1990, S. 12 ff.). Marsick und Watkins gehen in ihren Überlegungen zur Gestalt des informellen Lernens davon aus, dass dies nicht routinemäßig, sondern eher problemgeleitet in ungewöhnlichen oder konflikthaften Situationen stattfinde. Teile davon seien unbewusst. Informelles und inzidentelles (beiläufiges) Lernen unterscheiden sich danach voneinander im Grad der Absicht. Informelles Lernen sei in erster Linie intentional, beiläufiges Lernen ein nicht geplanter Vorgang (Watkins / Marsick 1990, S. 215).

Informelles und inzidentelles Lernen ist danach durch folgende Faktoren gekennzeichnet:

- integriert in die Arbeit und tägliche Routine,
- durch inneren und äußeren Anstoß ausgelöst,
- kein sehr bewusster Prozess,
- oft zufällig veranlasst und beeinflusst,
- es beinhaltet einen induktiven Prozess von Reflexion und Aktion und
- es ist mit dem Lernen anderer verbunden.

(Marsick u. a. 1999, S. 90)

Informelles Lernen kann durch verschiedene Maßnahmen unterstützt werden:

- Zeit und Raum für Lernen schaffen,
- Umfeld auf (Lern-) Gelegenheit überprüfen,
- Aufmerksamkeit auf Lernprozesse lenken,
- Reflexionsfähigkeit stärken und
- Klima von Zusammenarbeit und Vertrauen schaffen.

(Marsick u.a. 1999, S. 91)

Eine in Deutschland verbreitete Definition informellen Lernens kommt aus der Erwachsenenbildung:

- Formales Lernen ist institutionell geprägtes, planmäßig strukturiertes Lernen mit anerkannten Zertifikaten,
- Nicht-formales Lernen oder nonformales Lernen in Kursen etc. hat seinen Platz außerhalb dieser Sphäre und
- Informelles Lernen findet ungeregelt im Lebenszusammenhang statt; zusätzlich gibt es inzidentelles oder implizites Lernen, ein unbewusstes Gelegenheitslernen, das Nebenprodukt anderer Tätigkeiten ist.

(Dohmen 2001, S. 18 ff.)

Im Rahmen der EU-Debatte um lebenslanges Lernen setzt sich bezogen auf Lernen nun auch die dreiteilige Begrifflichkeit formal, nonformal und informell durch. Informelles (und nicht-formales) Lernen wird als Teil eines komplementären Verhältnisses verschiedener Formen des Lernens gesehen, also keinesfalls dem formalen Lernen gegenübergestellt (Europäische Kommission 2001, S. 9 u. 32 f.).

Lange wurden innerhalb der englischsprachigen Diskussion mögliche Unterschiede zwischen informellem Lernen (»informal learning«) und informeller Bildung (»informal education«) ignoriert und beide Begriffe eher synonym verwendet. David Livingstone (2006, S. 205), der eine reflektierte und differenzierte Einführung in das begriffliche Feld liefert, schlägt als Merkmal der Unterscheidung vor, informelles Lernen finde in vielfältigen Lernumgebungen statt, informelle Bildung hingegen immer dann, wenn von professionellem Personal Lernsituationen gestaltet würden. Informelle Bildung (»informal education«) sei dann gegeben, wenn Lehrende oder Mentoren Verantwortung dafür übernehmen, dieses Lernen zu gestalten (Livingstone 2001). Der Begriff »informal education« wird seit langer Zeit in England und den USA auch zusammen mit den Begriffen »open education« und – übersetzt – »offener Unterricht« verwendet (vgl. Greif/Kurz 1998, S. 48). Kernig definiert für die Schule »informal education and teaching« als »Aktivitäten, die in einer geplanten Umgebung stattfinden, die so arrangiert ist, dass jedes Kind frei ist, Zeit, Raum, Materialien und Hilfe eines kompe-

tenten Erwachsenen zu nutzen, um Lernfortschritte entlang des Weges zu machen, der durch seine eigenen Interessen und seinen eigenen Lebensstil angezeigt ist« (Kernig 1997, S. 42).

In der Diskussion um informelles Lernen wird der Begriff der Lernumgebung als Ausdruck der äußeren Bedingungen des Lernens verwendet. Die Lernumgebung – im weiteren Sinne – bestimmt demnach ganz wesentlich die Richtung mit, die ein Lernprozess nimmt (vgl. Zürcher 2007, S. 56 f.). Wenn das informelle Lernen als Lernen in definierbaren und gestaltbaren Lernumgebungen (Settings) betrachtet wird, richtet sich der Blick darauf, welche Lernumgebungen ein selbstbestimmtes Lernen stimulieren und welche dies weniger leisten (vgl. Overwien 2001, S. 365).

Anbieter, Angebote und Kooperation

Es stellt sich nun die Frage, wie die Grundschule mit Anbietern von Lernumgebungen kooperieren kann, aber auch, wie lernhaltig solche Angebote überhaupt sind. Die Kinder- und Jugendhilfe gehört zweifelsohne zu den wichtigen Kooperationspartnern, denn sie stellt ein breites Bildungsangebot zur Verfügung mit Angeboten und Diensten, die einen spezifischen Erfahrungs-, Erlebnis- und Erkenntnisraum für Kinder eröffnen (BMBF 2004). Doch gerade in Bezug auf die Kooperation von Ganztagsschule und außerschulischen Trägern gibt es noch Berührungsängste und Unklarheiten. Nicht selten fühlen sich öffentliche und freie Träger der Jugendhilfe zu Pausenfüllern degradiert und empfinden sich nicht als gleichwertige Kooperationspartner.

Neben der Kinder- und Jugendhilfe gibt es auch Partner, mit denen eher kürzer kooperiert wird, wie z.B. Museen, botanische Gärten, Zoos, Bauernhöfe oder Umweltbildungszentren. Wissenschaftliche Untersuchungen zum Lerngehalt von Angeboten solcher Partner sind inzwischen zu finden. So entwickeln z. B. Museen mehr und mehr ein Selbstverständnis, das weit über die schlichte Präsentation hinausgeht und denken über die Wechselbeziehung zwischen Lernen und der Gestaltung der Lernumgebung gezielt nach. Insgesamt wird davon ausgegangen, dass es darauf ankomme, informelle und formelle Lernsituationen so zu gestalten, dass sie sich gegenseitig verstärken (Paris 1997; Rombach 2006). Dies gilt auch für botanische Gärten, die sich ebenfalls mehr und mehr für Schulen öffnen, indem sie im Rahmen »grüner Schulen« oder Rallyes durch Tropengewächshäuser Angebote von eher offenen Lernumgebungen offerieren (vgl. Hethke u. a. 2010). Wohlers arbeitet über Lernangebote von Zoologischen Gärten und umweltbezogenen Freizeitangeboten und stellt ein sich vergrößerndes Feld fest, Boeckmann untersucht, in welcher Weise und in welchem Umfang Biohöfe im Rahmen unterschiedlicher Aktivitäten informelle Bildungsangebote zur Verfügung stellen und entdeckt vielfältig nutzbare Angebote (Wohlers 2009; Boeckmann 2009).

Der Frage des Lernertrags und der Nachhaltigkeit der Lernergebnisse im Ehrenamt oder freiwilligen Engagement ging eine Studie von Düx u. a. (2008) nach, die aber mit Jugendlichen durchgeführt wurde. Analysiert wird das Engagement beispielsweise bei der freiwilligen Feuerwehr oder im Technischen Hilfswerk, im Rahmen der Evangelischen Jugend oder bei den Pfadfindern, bei der Gewerkschaftsjugend oder der DLRG. Ein breiter quantitativ-repräsentativer Teil der Untersuchung (1500 ehemals Engagierte) wird durch einen qualitativen Interviewteil (ca. 90 Interviews) ergänzt. Dabei geht es jeweils um Voraussetzungen und Selektionsmechanismen, um das soziale und kulturelle Kapital (Bourdieu) der Herkunftsfamilien und um die spezifischen Rahmenbedingungen der Jugendarbeit. Untersucht wird die Bedeutung des Engagements bezogen auf den Kompetenzerwerb auch im Vergleich zu anderen Lernorten, die Rolle der Verantwortungsübernahme für die Identitätsentwicklung und auch die nachhaltige Wirkung des Kompetenzerwerbes durch informelles Lernen. Die Forschergruppe kann nachweisen, dass wichtige personale, kulturelle, soziale und auch instrumentelle Kompetenzen erworben werden. Deutlich wird auch, dass im Vergleich zum schulischen Lernen hier ein anderes, wichtiges Lernfeld vorliegt, in dem informelles Lernen innerhalb der Organisationen eine herausragende Rolle spielt. Individuelles und kollektives Lernen kommen hier produktiv zusammen. Gerade auch demokratierelevante Kompetenzen werden durch Verantwortungsübernahme oder die Arbeit in der Gruppe erworben. Den Lernprozessen kann eine dauerhafte Wirkung bescheinigt werden (vgl. Düx u. a. 2008).

Die Frage nach Brücken zwischen informellem Lernen und organisiertem pädagogischen Herangehen an Lernsituationen ist sicher mehrdimensional zu beantworten. Das »Arrangement der Umstände« (Müller 1993, S. 81) kann jedenfalls bewusst gestaltet werden oder es kann auf bewusste Gestaltungen anderer zurückgegriffen werden.

Informelles Lernen im Schulkontext

Informelles Lernen ist – wie bereits ausgeführt – stark durch die Lernumgebung beeinflusst. Insofern sind Aspekte der Gestaltung von Lernräumen im übertragenen wie im konkreten Sinn nicht zu unterschätzen. Eigentlich liegt es auf der Hand, dass Schularchitektur Lernen beeinflusst, zuweilen wird der Schulraum ja auch als »dritter Pädagoge« bezeichnet (vgl. Böhme 2009). Wenn also Architektur und Pädagogik »heiraten«, kann im Schulraum viel Neues, Förderndes geschehen (Lücke 2007). So werden im Rahmen der Internationalen Bauausstellung in Hamburg explizit auch Prozesse der informellen Bildung auf der Zielebene der Gestaltung eines neuen Bildungszentrums »Tor zur Welt« genannt (s. Rahmenkonzept 2007, S. 4 u. 11). Hierbei geht es nicht nur um die Einbeziehung von Science-Center-Ansätzen (z. B. Mathematikum in Gießen, Phäno in Wolfsburg, Multimar Wattforum in Tönning) innerhalb der naturwissenschaftlichen Bildung, sondern auch um die Lernförderlichkeit des gesamten Ensembles. Innerhalb der derzeit erfolgenden konkreten Umsetzung werden dazu auch die jeweils Beteiligten in den Gestaltungsprozess einbezogen.

Beispielhaft sind auch Projektansätze innerhalb der Universität Lüneburg, die sich auch auf Schule als Lernraum übertragen lassen. Hier soll die gesamte Bildungseinrichtung als »informeller Lernkontext« innerhalb einer Bildung für nachhaltige Entwicklung gesehen werden. Dabei geht es beispielsweise auch um ein Umweltkonzept der Hochschule, dass an vielen Stellen sichtbar wird und durch das praktizierte gute Beispiel lernförderlich wirken soll. Auch die Essensversorgung wird dabei in die Überlegungen einbezogen. Was hier vorbildlich geschieht, hat mit dem Lernkontext zu tun. Die Projektverantwortlichen beziehen sich dabei auf britische Überlegungen zum Zusammenhang von formal-expliziten und informell-impliziten Lernprozessen. Auch das eher unbewusste Lernen wird dabei durch die Gestaltung der Lernumgebung als beeinflussbar gesehen (vgl. Adomßent u. a. 2009, S. 249; Adomßent u. a. 2008). Gerade bezogen auf den Nachhaltigkeitsdiskurs sollen Anregungen und Alltagserfahrungen formale Lernprozesse unterstützen. Auch an Grundschulen gibt es vielfach Aktivitäten, die auf diese Weise angelegt sind, etwa wenn sie sich in der Menschenrechtsbildung engagieren oder als »Umweltschulen« oder »Ökologische Schulen« profilieren.

Die Frage nach der Relevanz informellen Lernens für die Grundschule, so viel kann resümierend festgehalten werden, stellt sich hinsichtlich der Vorbereitung von Schülerinnen und Schülern auf die damit verbunden Lernweisen, was für Schulen vor allem methodische Konsequenzen hat. Ohne Zweifel geschieht dies gerade in Grundschulen bereits an vielen Orten. Darüber hinaus geht es aber auch um eine Ausweitung von Kooperationen mit außerschulischen Partnern.

Literatur

Adomßent, M. / Godemann, J. / Michelsen, G. (2008): Ein Blick zurück und nach vorn: Die Universität Lüneburg und die Herausforderung einer nachhaltigen Entwicklung. In: Michelsen, G. / Adomßent, M. / Godemann, J. (Hrsg.): »Sustainable University« Nachhaltige Entwicklung als Strategie und Ziel von Hochschulentwicklung. Frankfurt / M.: VAS-Verlag, S. 29 – 52.

Adomßent, M. / Michelsen, G. / Rieckmann, M. / Stoltenberg, U. (2009): Die »Sustainable University« als informeller Lernkontext. In: Brodowski, M. / Devers-Kanoglu, U. / Overwien, B. / Rohs, M. / Salinger, S. / Walser, M. (Hrsg.) (2009): Informelles Lernen und Bildung für eine nachhaltige Entwicklung. Beiträge aus Theorie und Praxis. Leverkusen: Opladen: Verlag Barbara Budrich.

BMBF (2004): Konzeptionelle Grundlagen für einen Nationalen Bildungsbericht – Non-formale und informelle Bildung im Kindes- und Jugendalter. Berlin u. Bonn: Bundesministerium für Bildung und Forschung (BMBF).

BMFSFJ (Hrsg.) (2005): Zwölfter Kinder und Jugendbericht. Bericht über die Lebenssituation junger Menschen und die Leistungen der Kinder- und Jugendhilfe in Deutschland. – Zwölfter Kinder- und Jugendbericht – Bildung, Betreuung und Erziehung vor und neben der Schule. Bonn: Bundesministerium für Bildung und Forschung (BMBF).

Boeckmann, T. (2009): Potenziale von Bio-Höfen als informelle Wissensvermittler im ländlichen Raum. In: Brodowski, M. / Devers-Kanoglu, U. / Overwien, B. / Rohs, M. / Salinger, S. / Walser, M. (Hrsg.) (2009): Informelles Lernen und Bildung für eine nachhaltige Entwicklung. Beiträge aus Theorie und Praxis. Opladen: Barbara Budrich, S. 209 – 216.

Böhme, J. (Hrsg.) (2009): Schularchitektur im interdisziplinären Diskurs. Wiesbaden: VS-Verlag.

Dehnbostel, P. / Neß, H. / Overwien, B. (2009): Der Deutsche Qualifikationsrahmen (DQR) – Positionen, Reflexionen und Optionen. Gutachten im Auftrag der Max-Traeger-Stiftung, Frankfurt / M.

Dewey, J. (1997): Democracy and Education. New York: Cornell University Press.

Dohmen, G. (2001): Das informelle Lernen. Die internationale Erschließung einer bisher vernachlässigten Grundform menschlichen Lernens für das lebenslange Lernen aller. Bonn: Bundesministerium für Bildung und Forschung (BMBF).

Düx, W. / Prein, G. / Sass, E. / Tully, C. (2008): Kompetenzerwerb im freiwilligen Engagement. Eine empirische Studie zum informellen Lernen im Jugendalter. Wiesbaden: VS-Verlag.

Europäische Kommission, Generaldirektion Bildung und Kultur, Generaldirektion Beschäftigung und Soziales (2001): Mitteilung der Kommission: Einen europäischen Raum des Lebenslangen Lernens schaffen. Brüssel.

Faure, E. / Herrera. F. / Kaddura, A.-R. (1972): Learning to Be: The World of Education Today and Tomorrow. Paris.

Göhlich, M. / Wulf, C. / Zirfas, J. (Hrsg.) (2007): Pädagogische Theorien des Lernens. Weinheim: Beltz.

Greif, S. / Kurtz, H.-J. (Hrsg.) (1998): Handbuch selbstorganisiertes Lernen (Reihe Psychologie und innovatives Management). Göttingen: Verlag für Angewandte Psychologie.

Hethke, M. / Menzel, S. / Overwien, B. (2010): Das Potenzial von Botanischen Gärten als Lernorte zum Globalen Lernen. In: Zeitschrift für internationale Bildungsforschung und Entwicklungspädagogik, 33. Jg., H. 2, S. 16 – 20.

Kernig, W. (1997): Informal Education. Die englischen Wurzeln des offenen Unterrichts. In: Göhlich, M. (Hrsg.): Offener Unterricht, Community Education, Alternativschulpädagogik, Reggiopädagogik. Die neuen Reformpädagogiken. Geschichte, Konzeption, Praxis. Weinheim: Beltz, S. 39 – 52.

Knowles, M. S. (1951): Informal Adult Education. A Guide for Administrators, Leaders and Teachers. New York: Association Press.

Lipski, J. (2000): Für das Leben lernen – aber wo? Anmerkungen zum Verhältnis zwischen informellem und schulischem Lernen. In: Projekt »Lebenswelten als Lernwelten« (Hrsg.): Projektheft 2: Informelles Lernen in der Freizeit. Erste Ergebnisse des Projekts »Lebenswelten als Lernwelten«. München: Deutsches Jugendinstitut, S. 43 – 51.

Livingstone, D. (2001): Adults' Informal Learning: Definitions, findings, Gaps and Future Research. NALL Working Paper 21.

Livingstone, D. (2006): Informal Learning: Conceptual Distinctions and Preliminary Findings. In: Bekermann, Z. / Burbules, N. C. / Silberman-Keller, D. (Hrsg.): Learning in Places. The Informal Education Reader. New York, S. 203 – 227.

Lücke, S. (2007): Willkommen in der Schule. Wenn Architektur und Pädagogik »heiraten«, kann Wunderbares passieren. In: Erziehung und Wissenschaft, Zeitschrift der Bildungsgewerkschaft GEW, H. 2, S. 6 – 9.

Marsick, V. J. / Volpe, M. / Watkins, K. E. (1999): Theory and Practice of Informal Learning in the Knowledge Era. In: Marsick, V. J. / Volpe, M. (Hrsg.): Informal Learning on the Job. (Advances in Developing Human Resources). San Francisco: Berrett-Koehler Publishers, S. 80 – 95.

Müller, C. W. (1993): »… Der Figur vom ›Arrangement der Umstände‹ treu geblieben«. Über Klaus Mollenhauer. In: Lenzen, D. (Hrsg.): Verbindungen. Vorträge anlässlich der Ehrenpromotion von Klaus Mollenhauer an der FU Berlin am 15.1.1993, S. 81 – 90.

Nuthall, G. (2004): Relating Classroom Teaching to Student Learning: A Critical Analysis of Why Research Has Failed to Bridge the Theory-Practice Gap. Harvard Educational Review, 74. Jg., H. 3, S. 273 – 306.

Overwien, B. (2001): Debatten, Begriffsbestimmungen und Forschungsansätze zum informellen Lernen und zum Erfahrungslernen. In: Senatsverwaltung für Arbeit, Soziales und Frauen (Hrsg.): Tagungsband zum Kongress? Der flexible Mensch? Berlin: BBJ-Verlag, S. 359 – 376.

Overwien, B. (2005): Stichwort: Informelles Lernen. In: Zeitschrift für Erziehungswissenschaft, H. 3, S. 339 – 355.

Paris, S. G. (1997): Situated Motivation and Informal Learning. In: Journal of Museum Education, 22. Jg., H. 2 / 3, S. 22 – 27.

Rahmenkonzept für das Bildungszentrum »Tor zur Welt« (2007). Online: https://schule276.schul-cms.eu/index.php/file/download / 2007 und http://www.tor-zur-welt.hamburg.de/ (26.05.2009).

Rohs, M. (2009): Quantitäten informellen Lernens. In: Brodowski, M. / Devers-Kanoglu, U. / Overwien, B. / Rohs, M. / Salinger, S. / Walser, M. (Hrsg.) (2009): Informelles Lernen und Bildung für eine nachhaltige Entwicklung. Beiträge aus Theorie und Praxis. Opladen: Verlag Barbara Budrich, S. 33 – 41.
Rombach, J. (2006): Kultureinrichtungen als informelle Lernorte: aufgezeigt am Beispiel des Museums. Hamburg.
Watkins, K. / Marsick, V. (1990): Informal and Incidental Learning in the Workplace. London.
Wohlers, L. (2009): Informelle Umweltbildung in Urlaub und Freizeit. In: Brodowski, M. / Devers-Kanoglu, U. / Overwien, B. / Rohs, M. / Salinger, S. / Walser, M. (Hrsg.): Informelles Lernen und Bildung für eine nachhaltige Entwicklung. Beiträge aus Theorie und Praxis. Opladen: Barbara Budrich, S. 122 – 128.
Zürcher, R. (2007): Informelles Lernen und der Erwerb von Kompetenzen. Theoretische, didaktische und politische Aspekte. Wien: Bundesministerium für Unterricht, Kunst und Kultur. Online: http://beta.erwachsenenbildung.at/downloads/service/nr2_2007_informelles_lernen.pdf (26.05.2009).

3

Aus der Praxis für die Praxis

Ulrike Becker / Annedore Prengel

Kindern institutionell Halt geben – Strukturen für »schwierige Kinder« in inklusiven Grundschulen

Die Arbeit mit »schwierigen Kindern«, in anderen Worten, mit Kindern mit Beeinträchtigungen in der emotionalen und sozialen Entwicklung, stellt eine der größten Herausforderungen für die Grundschule dar. Lehrkräfte fühlen sich durch diese Kinder oft überfordert (Heinzel 2004; Stähling 2006) und andere Kinder lehnen sie häufig ab (Oswald 2009). Die Analyse ihrer schulischen Biografien zeigt darüber hinaus: Kinder mit Verhaltensproblemen profitieren von den attraktiven Angeboten im Unterricht einer modernen Grundschule eher selten (Becker 2008; Garlichs 1990). Die Unterrichtung »schwieriger Kinder« wird vor allem von den Klassenlehrerinnen und -lehrern als eine erhebliche Belastung empfunden. Sie äußern häufig: »Das halt ich nicht mehr aus. Das ist unzumutbar. Ich kann nicht mehr« (Becker 2006). Erleichterung der angespannten Situation ist auch von den Familien nicht zu erwarten, denn ein Teil der Eltern der betroffenen Kinder hat selbst negative Schulerfahrungen gemacht, die an die Kinder weitergegeben werden. Oft handelt es sich um Eltern, die aufgrund ihrer Biografie sehr große Schwierigkeiten bei der Umsetzung ihres Erziehungsauftrages haben. Hier wird deutlich, dass weder die »schwierigen Kinder« noch ihre Eltern einen Zugang zum schulischen Lernen haben. Lehrerinnen und Lehrer werden in der Schule mit den daraus resultierenden Konsequenzen, die sich in Verhaltensstörungen darstellen, konfrontiert. Sie erhalten zu wenig Unterstützung im System Schule, um den »schwierigen Kindern« gerecht werden zu können (Reiser 1997).

In dieser Situation kommen auf der institutionellen Ebene zwei Maßnahmen, die Abhilfe schaffen sollen, zum Tragen, mit denen aber wiederum eigene Problematiken einhergehen. »Schwierigen Kindern« stehen außerschulische Maßnahmen der Jungendhilfe zu, die aber, wenn sie zur Anwendung kommen, wenig Stabilität in die Situation bringen, weil sich ein großer Kreis verschiedener Personen unabhängig voneinander punktuell dem Kind zuwendet, ohne dass eine verbindliche, verlässliche und kontinuierliche Beziehung zu einer Person wachsen könnte. Aus dieser ungelösten, extrem schwierigen und belastenden Situation wird häufig der zwingend erscheinende Schluss gezogen, dass ein als schwierig eingeschätztes Kind in einer Grundschule untragbar sei und dass es an eine andere Institution abgegeben werden müsse, zum

Beispiel an eine andere Grundschule, an eine Sonderschule, an die Kinder- und Jugendpsychiatrie oder an eine stationäre Einrichtung der Jugendhilfe. Da Kinder mit Verhaltensstörungen Gefahr laufen, auch in der nächsten Institution als nicht minder untragbar empfunden zu werden, kommt es leicht zum wiederholten Wechsel und zum Wandern zwischen verschiedenen Einrichtungen. Die Bindungsforschung (Gahleitner 2009) hat umfassend belegt, was auf der Hand liegt: »Schwierige Kinder« können sich in solchen inkonsistenten wechselnden institutionellen Strukturen und in fragmentierten Beziehungsverhältnissen nicht ändern. Sie brauchen verlässliche institutionelle Strukturen, damit sich vertrauensvolle Beziehungen als Voraussetzung für ihre persönliche Entwicklung herausbilden können.

In den letzten Jahren sind pädagogische Vorhaben entstanden, in denen Alternativen zu den dargestellten, für die Kinder äußerst unsicheren Situationen entwickelt wurden: Dazu gehören unter anderem das schulenübergreifende Berliner »Projekt Übergang« und die Münsteraner »Inklusive Grundschule Berg Fidel«. Beide Ansätze wurden langjährig erprobt und weiterentwickelt. Beide Vorhaben zeichnen sich dadurch aus, dass die Gestaltung des institutionellen Settings, also des vereinbarten kontinuierlich gültigen institutionellen Arrangements, die Grundlage für alle weiteren Schritte auf der Beziehungsebene und auf der didaktischen Ebene bildet, die indirekt wirksam wird. Im folgenden Beitrag wird das Projekt »Übergang« mit seinen wesentlichen Elementen vorgestellt. Abschließend wird es ergänzt um einen kurzen Einblick in den Projektbericht der »Inklusiven Grundschule Berg Fidel« in Münster (Stähling 2006). Ziel des Beitrags ist es, zu zeigen, dass Halt gebenden institutionellen Strukturen große Bedeutung für die Entwicklungs- und Lernmöglichkeiten von »schwierigen Kindern« zukommt.

Das Projekt »Übergang« – ein Förderansatz für »schwierige Kinder« in Grundschulen

Der Begriff Projekt »Übergang« bezeichnet einen durch eine der Autorinnen dieses Beitrags, Ulrike Becker, für Kinder mit erheblichen Beeinträchtigungen in der emotionalen und sozialen Entwicklung konzipierten und evaluierten inklusiven Förderansatz. Das Projekt ist 1997 in Berlin-Schöneberg in der Werbellinsee-Grundschule entstanden und wurde als ein Gemeinschaftsprojekt dieser Schule mit der Berliner Senatsverwaltung für Schule, Jugend und Sport, mit dem Institut für Interkulturelle Erziehung der FU Berlin, mit dem Schulpsychologischen Dienst in Berlin-Tempelhof-Schöneberg sowie mit dem Förderzentrum Prignitz-Schule implementiert (Becker 2007, 2008). Das Landesinstitut für Schule und Medien (LISUM) in Berlin bietet seit 1999 Fortbildungen zum Förderansatz Projekt »Übergang« an, bisher haben ca. 450 Lehrkräfte daran teilgenommen. Seit 2005 ermöglicht die Berliner Senatsverwaltung für Schule, Jugend und Sport die Einrichtung temporärer Lerngruppen (Senatsverwaltung für Schule, Jugend und Sport 2004). Im Schuljahr 2009/2010 stehen an elf Berliner Schulen 78 Plätze im Projekt »Übergang« zur Verfügung: Werbellinsee-Grundschule, Peter-Paul-Rubens-Grundschule, Havelland-Grundschule, Kolibri-Grundschule, Bücherwurm-Grundschule, Schule am Fennpfuhl, Klinikschule der Comenius Schule im DRK Krankenhaus Westend, Havelmüller-Grundschule, Mendel-Grundschule, Mercator-Grundschule und die Phoenix-Schule (Becker 2008, S. 161 ff.).

Das Projekt »Übergang« fördert an diesen Schulen zwei Gruppen von als schwierig eingeschätzten Kindern:

- Kinder, die bereits in der Kindertagesstätte einen besonderen Hilfebedarf haben und bei denen Kinder- und Jugendpsychiater schon vor der Einschulung eine Unterrichtung in einer Grundschulklasse als prognostisch ungünstig einstufen und
- Schülerinnen und Schüler, die von Lehrern, Erziehern und psychosozialen Fachdiensten als besonders hilfebedürftig und für die Klassengemeinschaft als nicht mehr tragbar beschrieben werden, da sie sich selbst oder andere massiv gefährden.

Ziele und theoretische Grundlagen des Projekts »Übergang«

Ziele des Projekts »Übergang« sind die Unterstützung und die soziale Teilhabe der Schülerinnen und Schüler in der Grundschule im Sinne der UN-Behindertenrechtskonvention. »Schwierigen Kindern« und ihren Eltern soll der Zugang zum sozialen und kulturellen Raum Schule eröffnet werden. Lehrkräfte sollen Unterstützung erhalten, die ihnen Entlastung und einen Zugang zu »schwierigen Kindern« ermöglicht.

Das Projekt Übergang beruht auf grundlegenden theoretischen Prämissen (Becker 2008), von denen zwei in aller Kürze hier erläutert werden sollen:

Theorie des Zugangs: Der britische Ökonom Jeremy Rifkin und der französische Soziologe Pierre Bourdieu haben den *Zugang* zu sozial und kulturell relevanten Kreisen als das Hauptkriterium für soziale Teilhabe herausgearbeitet. Sie gehen davon aus, dass sich Armut im Zeitalter der Postmoderne oft weniger durch materiellen Mangel wie Hunger nach Nahrung oder Wohnungsnot auszeichnet, als durch das Fehlen eines Zugangs zu sozialer Anerkennung, zu relevanten Handlungsmustern, zum kulturellen Leben oder zu gesellschaftlichen Kreisen wie Peer Groups im Jugendalter (Bourdieu 1997; Rifkin 2000). Unterschiede werden im Zeitalter der Postmoderne zunehmend durch Zugang, seltener durch Eigentum gesetzt (Rifkin 2000, S. 252).

»Zusammenfassend kann der Begriff Zugang als ein Eingang zu einem komplexen zeitlichen, räumlichen, geistigen, sozialen oder kulturellen Raum verstanden werden, der sich dem Subjekt nur unter dem Raum selbst immanenten Bedingungen erschließt« (Becker 2004, S. 389).

Psychoanalytische Theorie: Die Theorie des *Übergangsobjekts* und des *Übergangsraums* nach Donald W. Winnicott (1969) beruhen auf der Erkenntnis, dass Übergangsobjekte in der kindlichen Vorstellung eine signifikante Bezugsperson vertreten können und so schrittweise den Prozess des Selbstständigwerdens unterstützen. Für das Selbstständigwerden muss sich dem Kind ein Halt gebender Übergangsraum eröffnen, in dem es Freiheitsspielräume erproben kann.

Auf dem Hintergrund dieser theoretischen Grundlagen wurde das Projekt »Übergang« so konzipiert, dass die innovativen Maßnahmen sich auf die Gestaltung des Settings, also auf den institutionellen Rahmen, als Übergangsraum, der Lernzugänge für Kinder eröffnet, und nicht auf direkte Einwirkungen auf die Kinder selbst beziehen. Dieses Gesamtkonzept konkretisiert sich in einem pädagogischen Setting mit fünf einzelnen konkreten Lernzugängen.

Lernzugänge im Projekt »Übergang«

Der Förderansatz Projekt »Übergang« arbeitet mit Lernzugängen, die synergetisch zusammenwirken und dadurch die soziale Integration und die Förderung »schwieriger Kinder« im Klassenverband ermöglichen. Diese fünf Lernzugänge, die den »schwierigen Kindern« Brücken zum schulischen Geschehen bauen sollen, sind: Lehrerberatungen, Elternberatungen, Integration in den Klassenverband, temporäre Arbeit in kleinen Lerngruppen (»Übergangsklasse«) sowie Kooperation zwischen Schule und Jugendhilfe (Becker 2007, 2008). Auf diese Weise erhalten »schwierige Schüler« eine verlässliche äußere Strukturierung des Schulalltags, die ihnen Halt gibt und Grenzen setzt, was eine starke Reduktion der Verhaltenssymptomatik zur Folge hat. Die Eltern werden so einbezogen, dass sie konstruktiv mit der Schule kooperieren und ihre Kinder im Hinblick auf die soziale Kompetenz in der Schule stärken lernen. Die Bezugspersonen Lehrer und Erzieher erhalten so viel Unterstützung im System Schule, dass sie die Schüler mit dieser Unterstützung unterrichten können. Die außerschulischen Hilferessourcen werden konsequent mit dem schulischen Handeln vernetzt. Im Folgenden werden konkrete Handlungsschritte des Modells erläutert.

Die *Aufnahme* von Kindern in das Projekt »Übergang« wird an den einzelnen Grundschulen durch eine Integrationsfachkonferenz beschlossen. Die Verweildauer der Kinder im Projekt »Übergang« beträgt in der Regel ein bis drei Jahre.

Die Arbeit mit den ins Projekt »Übergang« aufgenommenen Kindern beinhaltet eine inklusiv orientierte *Kombination aus gemeinsamem und getrenntem Unterricht*. Diese Kombination erfüllt einen doppelten Zweck, sie ermöglicht den schwer beeinträchtigten Kindern und ihren Peers und Lehrpersonen zeitweilig Entlastung und trägt zugleich Sorge für den Zusammenhalt und die Zugehörigkeit zur Klassengemeinschaft. Die Kinder sind Mitglieder einer Grundschulklasse, an deren Unterricht sie in der Mehrzahl der Stunden teilnehmen; in einem kleineren Teil der Unterrichtszeit, nämlich viermal wöchentlich von 10 bis 11.30 Uhr verlassen diese Kinder ihren Klassenverband, um in einem anderen Raum an der temporären Lerngruppe, ihrer »Übergangsklasse«, teilzunehmen, in der sie in einer Vierergruppe aus Schülern mit erheblichen Beeinträchtigungen in der emotionalen Entwicklung Förderung durch eine Sonderpädagogin oder einen Sonderpädagogen erfahren. Die Zugehörigkeit der Teilnehmer der Übergangsklasse wird durch eine konzeptionell verankerte *Verknüpfung* zwischen Regelunterricht und temporärer Lerngruppe gepflegt: Die beeinträchtigten Kinder bringen einmal wöchentlich ein Gastkind aus ihrer Grundschulklasse in die temporäre Lerngruppe mit und stellen einmal monatlich ein Experiment aus dem Lernbereich »forschendes Lernen«, das sie in der temporären Lerngruppe erarbeiten, in ihrer Grundschulklasse vor. Darüber hinaus ist es an einem Teil der Grundschulen, so z. B. an der Werbellinseeschule, an der das Projekt »Übergang« entstand, üblich, dass zahlreiche Schülerinnen und Schüler an Kleingruppen aller Art in Form von Arbeitsgemeinschaften und Neigungsgruppen aller Art teilnehmen, so dass die temporäre Lerngruppe gar nicht als etwas Besonderes ins Auge fällt.

In der viermal wöchentlich stattfindenden jeweils 90-minütigen Arbeit der Übergangsklasse bietet ein verbindlich ritualisierter Ablauf den Kindern Halt und Orientierung. Der Raum und die Angebote sind so gestaltet, dass sie den emotionalen Bedürfnissen und den Interessen der »schwierigen Kinder« entsprechen (aber zugleich nicht etwa den Neid anderer Kinder und Erwachsener auf sich ziehen).

Zum *Raum- und Materialangebot* gehören folgende drei Elemente:

- Der relativ kleine und durchaus unscheinbare Raum enthält einen großen Gemeinschaftstisch, an dem vier Kinder der temporären Übergangsklasse und evtl. Gastkinder gemeinsam lernen.
- Jedes Kind verfügt über ein eigenes Schülerbüro, das es selbst einrichten darf. Jedes Büro ist auf dem Fußboden durch einen farbigen Tesakreppstreifen abgetrennt. Es gelten »Büroregeln«, die von allen Kindern und Lehrern eingehalten werden müssen. Diese besagen, dass jedes Kind selbst darüber bestimmen darf, wer sein Büro betreten darf. Somit wird

das Schülerbüro zum »individuellen Raum« jedes Kindes und kann als individueller Rückzugsort jederzeit genutzt werden (Dolto 1991).

- Verschiedene Ateliers (»Werken«, »Forschen und Experimentieren«, »Wasserspiele« usw.) ermöglichen attraktive und Interesse weckende Aktivitäten wie das Bauen eines Holzschwertes oder das forschende Lernen anhand von naturwissenschaftlichen Experimenten. Der Lernbereich »forschendes Lernen« wird in der Grundschule normalerweise nicht unterrichtet, kann aber eine Stärke von Kindern mit emotionalen Beeinträchtigungen darstellen und weckt häufig ein großes Interesse bei den meisten Grundschulkindern (Becker / Hansen 2004). Hier werden Kinder mit Beeinträchtigungen in einem Bereich gefördert, der ihnen hohe Anerkennung bei den anderen Kindern verschafft (Becker 2008).

Zum *ritualisierten zeitlichen Ablauf der temporären Lerngruppe im Kontext des Tagesrhythmus'* der Kinder gehören folgende Elemente:

- In der Regel haben alle Kinder zwei Unterrichtsstunden in ihrer Grundschulklasse und eine gemeinsame Pause hinter sich, wenn sie in den Raum der temporären Lerngruppe kommen.
- Der Unterricht in der temporären Lerngruppe folgt einem ritualisierten Ablauf und gliedert sich in fünf Phasen. Diese sind: Basale Förderung Mathematik, Wahrnehmung und Konzentration, Wochenplan, Arbeit an eigenen Themen und Spiele zum sozialen Lernen.
- Im Anschluss an die Arbeit in der temporären Lerngruppe wechseln die Kinder wieder in ihre Klasse oder in den Hort. In Fällen, in denen die Eltern nicht in der Lage sind, für ihre Kinder zu sorgen, hat sich der Besuch eines Tagesheims als sehr hilfreiche Maßnahme erwiesen. Diese Kinder gehen dann nach dem Abendessen recht gut versorgt nach Hause zu ihren Eltern. Eine stationäre Unterbringung kann damit in vielen Fällen vermieden werden.

Verbindliche und kontinuierliche Kooperationsstrukturen zwischen den beteiligten Erwachsenen sind integraler Bestandteil des Projektes »Übergang«. Dazu gehören die folgenden Elemente:

- Kooperationsgespräche zwischen Schule und außerschulischen Helfern der Jugendhilfe: Diese finden mindestens 14-tägig mit dem Ziel statt, gemeinsame Ziele für die Arbeit mit dem Kind und den Eltern zu entwickeln sowie Absprachen zur Umsetzung zu treffen.
- Elternberatung: Es erfolgt mindestens 14-tägig ein Beratungsgespräch mit den Eltern. Es geht darum, mit den Eltern in einen regelmäßigen Dialog zu treten, ihnen positive Rückmeldungen über ihr Kind geben zu können, gemeinsame Vereinbarungen zu treffen und minimale Einstellungsveränderungen zur Schule bei bildungsfernen Eltern zu erreichen.

- Beratung mit den Pädagogenteams: Die Entwicklung von Einstellungsänderungen der Pädagogen gegenüber einem »schwierigen Kind«, deren Eltern und außerschulischen Helfern ist ein zentrales Ziel der Beratung mit dem Pädagogenteam. Um dies leisten zu können, arbeitet die Lehrkraft, die das Projekt »Übergang« leitet, einmal in der Woche eine Stunde im Unterricht mit. In der Beratung erfolgt ein Austausch über den Verlauf der vergangenen Woche, die Planung der Differenzierungen für das »schwierige Kind« in der darauffolgenden Woche sowie Absprachen zur Elternberatung und der Kooperation mit außerschulischen Helfern.

Evaluation zum Projekt »Übergang«

An fünf Berliner Schulen wurde von 2004 – 2006 eine Evaluation des Projekts »Übergang« durch Ulrike Becker durchgeführt (Becker 2007, 2008). Die Untersuchung erfolgte durch eine schriftliche Befragung von 16 Klassenlehrern der Grundschule mit einem halb standardisierten Fragebogen sowie durch eine Auswertung der Zeugnisse der »schwierigen Schülerinnen und Schüler« im Hinblick auf Schulleistungen sowie die Regelmäßigkeit des Schulbesuches.

Der Fragebogen ermittelt das subjektive Erleben der Klassenlehrer im Hinblick auf die Veränderung der Lehrer-Schüler-Beziehung während der Förderung im Projekt »Übergang« sowie die Entwicklung der »schwierigen Schüler und Schülerinnen« im Hinblick auf ihr Sozial- und Konfliktlösungsverhalten. Mit der Fragebogenerhebung wird auch untersucht, welche Bausteine des Projekts die Grundschullehrerinnen subjektiv als besonders hilfreich erleben. Mit der Auswertung der Zeugnisse werden die Schulleistungen in Deutsch und Mathematik in den Jahren 2004 und 2006 sowie die Fehlzeiten ermittelt.

Die wichtigsten Ergebnisse der Erhebungen sind: 100 % der geförderten Kinder konnten den Platz an ihrer Grundschule behalten und verbesserten ihre individuellen Schulleistungen. Die Beziehungen zwischen Lehrern, Eltern und Schülern verbesserten sich erheblich im Verlauf der Förderung. Alle Schüler konnten im untersuchten Zeitraum die Lernziele ihrer Klassenstufe erreichen. Trotz ungünstiger Prognose wurde keiner der im Projekt »Übergang« geförderten Schüler in dem untersuchten Zeitraum zum Schulschwänzer. Die Zufriedenheit von Lehrern, Eltern und Schülern mit diesem Förderansatz ist hoch. Als besonders hilfreich erlebten die Lehrer den Besuch der temporären Lerngruppe »Übergangsklasse«, die Elternberatung sowie die Kooperation mit dem Sonderpädagogen bzw. der Sonderpädagogin der temporären Lerngruppe »Übergangsklasse«. 25 % der Kinder hatten nach der sechsjährigen Grundschule zum Zeitpunkt ihres Wechsels an die Oberschule keinen sonderpädagogischen Förderbedarf mehr. 75 % benötig-

ten auch an der Oberschule sonderpädagogische Förderung. Der Besuch der Oberschule fand bei 90 % regelmäßig statt, während 10 % der Schüler im Verlauf des Besuchs der Oberschule aus familiären Gründen, wie elterliche Gewalt, in eine Heimeinrichtung aufgenommen wurden.

Die Ergebnisse der Evaluation lassen folgende Schlüsse zu: Im Projekt »Übergang« scheint durch Kooperation, Vernetzung und Beratung etwas zu gelingen, was den Kindern mit erheblichen Beeinträchtigungen in der emotionalen und sozialen Entwicklung, die in der Regel von Einrichtung zu Einrichtung weitergereicht werden, die Teilhabe am Unterricht einer Grundschule ermöglicht (Becker 2007, 2008). Die Befragung der Klassenlehrerinnen und -lehrer zeigt, dass dies vorrangig auf den institutionalisierten Halt zurückzuführen ist, den sowohl die Kinder als auch die professionell in der Schule tätigen Erwachsenen im Projekt »Übergang« bei der Unterrichtung dieser Schüler erfahren. Durch diese Unterstützung sowie die Förderung in einer temporären Lerngruppe und die Einbindung von Eltern in einen Beratungsprozess können auch Schüler mit Beeinträchtigungen in der emotionalen Entwicklung den Zugang zum schulischen Lernen finden und von offenen Unterrichtsformen im Verband einer Grundschulklasse profitieren (Becker 2007, S. 500 f.).

Pierre und Vera: zwei Kinder im Projekt »Übergang«

Pierre

Pierre ist ein Schüler französischer Herkunft, der mit seiner alleinerziehenden Mutter zusammen lebt. Der Vater wohnt in Süddeutschland. Es besteht kein Kontakt. Pierre kennt seinen Vater nur aus den Erzählungen der Mutter. Pierre hat vorher eine andere Schule besucht, in der er nie schriftliche Arbeiten erledigt hatte. Bei derartigen Anforderungen verkroch er sich immer unter dem Tisch, sprach mit niemandem mehr oder drohte an, sich aus dem Fenster zu stürzen. Er zeigte ein autoaggressives Rückzugsverhalten. Da er dort die Mitarbeit jahrelang verweigerte, meldete seine Mutter ihn ohne sein Wissen an einer anderen Schule an und teilte ihm am Tag der Umschulung den Schulwechsel mit.

An der neuen Schule stellt sich Pierres Mutter zunächst als sehr engagiert und zur Überbehütung neigend dar. Die Lehrerinnen können sich zunächst die Ursachen seines Rückzugsverhaltens, das er auch an der neuen Schule zeigt, nicht erklären. Die Mutter berichtet, dass er zu Hause auch sehr schwierig sei. Wenn sie kocht, weigere er sich mit ihr in einem Raum zu essen. Außerdem schlafe er nie mit ihr in der Wohnung in seinem Kinderzimmer, sondern auch in kalten Winternächten nur auf einer Matratze auf dem Balkon.

Nach einigen Wochen nimmt Pierres Mutter wieder ihre übliche Berufstätigkeit als Versicherungskauffrau auf, die damit einhergeht, dass sie sehr häufig für mehrere Tage im gesamten Bundesgebiet unterwegs ist. Sie kündigt diese Reisen den Lehrerinnen nicht an und kümmert sich auch nicht um eine Betreuung von Pierre während ihrer Abwesenheit. Vielmehr geht sie davon aus, dass er als »großer Junge« sich selbst versorgen könnte. Pierre kennt seinen Vater nicht und erlebt seine Mutter als eine einerseits übergriffige und andererseits ihn vernachlässigende Bezugsperson. Er wurde in das Projekt »Übergang« aufgenommen. Vom ersten Tag an kommt Pierre regelmäßig sehr pünktlich in die temporäre Lerngruppe »Übergangsklasse« und fehlt in zwei Jahren nie.

In der temporären Lerngruppe »Übergangsklasse« wählt er das Aussägen von Holztieren als eigenes Thema aus. Pierre ist ein feinmotorisch äußerst geschickter Junge. Seine Schwierigkeit, mit Frustrationen umzugehen, die er im Unterricht zeigt, wiederholt sich bei den Laubsägearbeiten: Er ist zunächst hochmotiviert, sucht sich Holz, eine Laubsäge und beginnt zu arbeiten. Als jedoch das erste Sägeblatt nach einigen Minuten reißt, ist er nicht mehr zum Weitermachen zu bewegen. Er setzt sich unter den Tisch und redet mit niemandem. Er nimmt keinen Blickkontakt auf, sondern starrt vor sich hin. Pierre ist ein Junge mit einem sehr geringen Selbstwertgefühl, der Schwierigkeiten, die sich beim Sägen ergeben, auf seine eigene Schwäche und Unzulänglichkeit bezieht.

Das Reißen des Sägeblattes, das handwerkliche Problem, kommt mit seinem Selbstwertgefühl zur Deckung, was zum Abbruch der Tätigkeit führt. Hier ist es wichtig, diesen Zusammenhang zu entkoppeln und das Reißen des Sägeblattes als ein diesem Handwerk immanentes Problem zu deklarieren. Das Vorhaben und sein feinmotorisches Geschick stellen seine Stärken dar, die aber nur im Keim erkennbar sind. Hier kann ich als Lehrerin in einem ersten Schritt die Lösung des handwerklichen Problems übernehmen, indem ein Mitschüler oder ich selbst das Sägeblatt ersetzen und ihm so das Weiterarbeiten ermöglichen. Erst in einem zweiten Schritt kann der Schüler, z. B. durch Gespräche in der temporären Lerngruppe lernen, dass er mich oder eine/n Mitschüler/in selbst bittet, dies für ihn zu übernehmen. In einem dritten Schritt kann er sich über das Reißen des Sägeblattes ärgern, es selbst reparieren und dann weiterarbeiten. Hier wird ein schulischer Teufelskreis durchbrochen, und der Schüler findet sich langfristig in einem durch Unterstützung seiner individuellen Stärken geprägten Unterricht wieder. Hier kann Pierre, der seine Aggressionen zunächst gegen sich selbst richtet, zu einem Jungen wachsen, der seine Aggressionen konstruktiv im Umgang mit Werkzeug und Material bei der Umsetzung von Arbeitsvorhaben gebrauchen kann. Diese Lernschritte werden begünstigt, wenn der Schüler weiß, dass er seine Produkte in seiner Grundschulklasse präsentieren wird und regelmäßig ein Gastkind aus seiner Klasse in die temporäre Lerngruppe mitbringen kann. Das hier Gelernte überträgt Pierre zunehmend auf den Klassenunterricht und beginnt im Unterricht aktiv mündlich mitzuarbeiten und zu schreiben. Pierre kann so trotz seiner Schwierigkeiten an der Lernkultur der Klassen- und Schulgemeinschaft aktiv teilnehmen und sich positiv entwickeln. Pierre wechselt zwei Jahre später mit einer Realschulempfehlung an die Oberschule. Sonderpädagogische Förderung ist nicht mehr notwendig.

Pierres Entwicklung wäre nicht möglich gewesen ohne eine Psychotherapie sowie eine regelmäßige Beratung der Mutter durch die Sonderpädagogin. Die Analyse der Übertragungs-Gegenübertragungsbeziehung zeigt, dass sich Pierre von seinem Vater abgelehnt fühlt. Seine Mutter und ihn verbindet eine symbiotische Beziehung, in der er sich von ihr verschlungen fühlt. Er kann sich nur selbst empfinden, wenn er von ihr flieht, in dem er auf dem Balkon schläft, nicht die von ihr zubereitete Nahrung isst und nicht mit ihr spricht. Es ist fast so, als ob der Kontakt mit ihr ihn vergiftet. Pierre reinszeniert unbewusst die Aspekte elterlicher Beziehungen auf seine Lehrerinnen. Wenn er sich unter dem Tisch in der Klasse verkriecht, vom Fenster springen will und nicht redet, flieht er vor der Lehrerin wie durch das Schlafen auf dem Balkon vor seiner Mutter. Ich als Lehrerin der Übergangsklasse nehme durch die Angebote, als Hilfs-Ich zur Verfügung zu stehen und durch mein Angebot, ihm individuelle Rückzugsräume durch das Schülerbüro anzubieten, eher Anteile eines Vaters an, der ihn vor der von ihm als übergriffig erlebten Mutter schützt. In diesem Schutzraum kann er sich selbst erfahren und in einer distanzierten Beziehung zu mir, in der der Unterrichtsgegenstand zu einem »Übergangsobjekt« wird, lernen. Er muss sich auch nicht mehr unter dem Tisch verkriechen, da er das Schülerbüro als individuellen Rückzugsort nutzen darf.

Vera

Die Klassenlehrerin der dritten Klasse einer Berliner Grundschule wünscht die Aufnahme der Schülerin Vera in das Projekt »Übergang«. Vera wirke unglücklich und traurig im Unterricht, arbeite in Mathematik nie mit und zeige ein mehrjähriges Schulleistungsversagen, das der Lehrerin in ihrer emotionalen Situation begründet scheint. Dies wird durch eine psychologische Diagnostik bestätigt: Eine psychosoziale Einrichtung stellt eine massive emotionale Störung fest, die mit einer Leistungsverweigerung in Mathematik einhergeht.

Als ich in der dritten Klasse hospitiere, um Vera kennenzulernen, entwickele ich als Gegenübertragungsreaktion sofort das Gefühl »Ich muss mich um sie kümmern«, einen Impuls, sie versorgen zu müssen. Vera erscheint in ihrer Schulklasse als ein sehr trauriges und unglückliches Kind. Laut den Schilderungen ihrer Lehrerin, ihrer Mutter und ihren Mitschülern ändert sich dies schlagartig, sobald Vera mit ihren Freundinnen die Schule verlässt oder sich außerhalb des Unterrichts mit ihnen trifft. Offenbar verbringt Vera ihre gesamte freie Zeit mit Schulfreundinnen aus der Klasse und scheint in ihrer Peer Group sehr anerkannt zu sein. Während ich hospitiere, versucht Vera den Anschein zu erwecken, wie die anderen zu arbeiten, indem sie Stifte und Hefte herausholt und schreibt. Manchmal schaut sie bei ihren Mitschülern ab, manchmal krickelt sie nur Linien auf das Papier. Ihre Mitschüler verstehen, dass sie keine Lust hat, Mathematikaufgaben zu rechnen. So lassen sie Vera abschreiben und sind bereit, alles zu tun, damit die Lehrerinnen dies nicht bemerken.

Vera möchte darüber hinwegtäuschen, dass sie die Rechenaufgaben nicht rechnet, nicht etwa, weil sie gute Noten haben möchte, sondern um zu vermeiden, dass ein Lehrer großzügig seine Hilfe anbietet, indem er ihr alles noch einmal langsam Schritt für Schritt erklärt und sie letztendlich auf diese Weise doch zur Auseinandersetzung mit Rechenaufgaben bringen könnte. Wie ich im anschließenden Gespräch mit ihr erfahre, stellt dies für sie eine »Horrorvorstellung« dar. Schließlich hat sie ja schon zu Hause ihre Mutter, die ständig mit ihr üben möchte, und eine von der Mutter bezahlte Nachhilfelehrerin, die sie in Einzelstunden mit ihrer freundlichen Art so einwickle, dass sie dann doch oft bereit sei, sich mit Zahlen zu beschäftigen. Sie ärgert sich dann rückwirkend über sich selbst, denn eigentlich will sie auf keinen Fall rechnen. Wenn ihr dann auch noch die Lehrerin im Unterricht ihre Hilfe anbieten würde, wäre ihr dies endgültig zuviel.

Vera hat seit der ersten Klasse erfolgreich ihre Strategie verfolgt, bis im letzten Schuljahr ihre Mathematiklehrerin darauf aufmerksam wurde. Als diese wohlgemeint versucht, im oben beschrieben Sinne zu unterstützen, wird Vera aggressiv.

Die Lehrerin erzählt in unserem Erstgespräch, wie sie im Rahmen von Binnendifferenzierung im Unterricht aufgrund der Diagnostik einer Rechenschwäche versucht, Vera sehr einfache Aufgaben im Zahlenraum bis 10 zu geben. Sie spricht mich nun als Beraterin an, da Vera auch nicht bereit sei, diese Aufgaben zu bearbeiten und sie nicht mehr wisse, wie sie mit Vera umgehen solle. Aufgrund der Diagnostik hätte Vera nun einen Sonderstatus und einen anerkannten Grund, die Rechenaufgaben der Klasse nicht bearbeiten zu müssen. Bei der Lehrerin verbleibt aber das Gefühl, Vera würde dies zum Anlass nehmen, um sich grundsätzlich nicht mehr mit Mathematik beschäftigen zu müssen. Aus der Sorge heraus, etwas falsch machen zu können, traut sich die Lehrerin nun gar nicht mehr, Forderungen an Vera zu stellen.

In diesem Moment kehren sich die Rollen zwischen Vera und ihrer Lehrerin um. Vera, die sich einsam und verlassen und somit ohnmächtig im Unterricht fühlt, wird durch ihren Sonderstatus zur mächtigen Person; die Lehrerin fühlt sich dagegen hilflos. Hier wird die Lehrerin zur ohnmächtigen Schülerin, die subjektiv das Gefühl hat, durch falsches Verhalten Vera so zu schaden, dass Vera entweder wieder zum aggressiven »Monster« wird oder aber sich ihr Widerstand gegenüber schulischem Lernen weiter manifestiert. Im Gespräch mit der Lehrerin stellt sich heraus, dass sie befürchtet, die Psychologin der psychosozialen Einrichtung sowie die Mutter würden sie dann dafür verantwortlich machen.

Als ich ein erstes Gespräch mit der Mutter führe, beginnt sie zu berichten, wie schwierig sich für sie die Hausaufgabensituation darstellt. Vera weigere sich meist, die Mathematikarbeitsbögen, die die Lehrerin entlang der Empfehlung der Psychologin mit Aufgaben im Zahlenraum bis 10 gestaltet, aus der Schultasche zu holen. Dann käme es fast täglich zu massiven Machtkämpfen zwischen ihr und ihrer Tochter, die dann meist damit enden, dass Vera die Arbeitsbögen zerknüllt, zerreißt und in den Mülleimer wirft. Vera führt massive Machtkämpfe mit ihrer Mutter über die Frage, ob sie Mathematik macht oder nicht. Auf Wunsch der unterrichtenden Lehrerinnen sowie der Mutter wird Vera wegen ihrer emotionalen Störung in das Projekt »Übergang« aufgenommen. Die Lehrkräfte erhoffen sich, dass Vera ihre Leistungsverweigerung überwinden kann.

In der temporären Lerngruppe verfahren wir in der Phase »Arbeit am Wochenplan« so, dass Vera ihren Wochenplan mitbringt und sie mit meiner Unterstützung auswählt, welche Aufgaben sie nicht machen möchte. Wir nehmen dann eine Schere und schneiden diese Aufgaben ab, wobei ich verlange, dass sie von jedem Mathematikbogen zumindest eine Aufgabe für sich übrig behält. Die Aufgaben, die wir abschneiden, nehmen wir dann mit zu einer Feuerstelle auf dem Schulgelände und verbrennen sie dort im Rahmen eines Feuerrituals. Dabei stellt sich heraus, dass Vera zunächst große

Angst vor dem Feuer hat und sich nicht traut, ein Streichholz anzuzünden. Trotzdem ist sie begeistert von der Idee, einen Großteil der Mathematikaufgaben zu verbrennen. In der ersten Woche übernimmt ein Mitschüler das Verbrennen der von ihr ausgewählten Matheaufgaben für sie. Bereits in der zweiten Woche will sie dann doch selbst das Streichholz anzünden. In der dritten Woche zündet sie selbst die Aufgaben an und wacht über das Feuer. Sie möchte die Feuerstelle gar nicht mehr verlassen und am liebsten den ganzen Tag dort verbringen. Das Verbrennen des Großteiles der Mathematikaufgaben führt bei Vera dazu, dass sie bereit ist, die wenigen verbliebenen Aufgaben zügig zu bearbeiten. Dabei handelt es sich um Aufgaben im Zahlenraum bis 5 und bereits nach sechs Wochen auch um Aufgaben ihrer Klassenstufe, die so in Teilaufgaben zerlegt werden, dass sie sie mit Rechenmaterialien bearbeiten kann.

Nach einigen Wochen schlägt Vera den anderen Kindern der temporären Lerngruppe ein Rollenspiel vor. Dabei übernimmt sie die Rolle der Lehrerin. Alle sollen von ihr diktierte Aufgaben ins Heft schreiben und sie rechnen. Vera formuliert dabei zur Überraschung aller Beteiligten Additions-, Subtraktions- und Multiplikationsaufgaben im Zahlenraum bis 100. Vera kontrolliert alle Aufgaben mit einem Rotstift, obwohl dies an ihrer Schule nicht üblich ist. Bei ihrer Kontrolle ist sie sehr streng. Ziffern, die für sie unleserlich geschrieben sind, gelten als Fehler. Vera ist stolz auf ihre Rolle. Sie rechnet zunehmend motivierter ihre eigenen Aufgaben aus ihrem Wochenplan. Im Rahmen der temporären Lerngruppe ist ihre Schulunlust völlig verschwunden. Diese Lernmotivation überträgt sie sukzessive auf den Klassenunterricht:

Bereits nach einigen Wochen berichtet die Lehrerin, wie sich Vera im Unterricht verändert habe. Vera hole nun immer von sich aus die Mathematikbögen aus der Schultasche und rechne sehr langsam und mit Hilfe von Rechenmaterialien, wie dem Rechenzug, sicher Aufgaben im Zahlenraum bis 100. Sie würde auf diese Weise die Hälfte des Arbeitspensums ihrer Klassenkameraden schaffen. Die Lehrerin ist aber offenbar enttäuscht, dass sie sich immer noch nicht von ihr helfen und unterstützen lässt, sondern dies nach wie vor aggressiv ablehnt. Wir erarbeiten gemeinsam, dass Vera sie unbewusst als Lehrerin genauso behandele wie ihre Mutter und sie deshalb in einen ähnlichen Machtkampf mit ihr gerate. Veras subjektives Erleben im Mathematikunterricht könne sich nur verändern, wenn sich in Veras Wahrnehmung der Machtkampf in einen Dialog verwandele. Das Gespräch mit der Lehrerin ermöglicht ihr, sich auf Veras subjektives Erleben einzulassen, was die Grundlage für die Entwicklung von neuen Ideen zur Gestaltung des Unterrichts darstellt.

Das Beispiel der inklusiven Grundschule »Berg-Fidel« in Münster

Die dem Berliner Projekt »Übergang« zugrundeliegenden Einsichten in die Bedeutung des institutionellen Halts kommen auch an anderen Orten zum Tragen. In Münster hat der Schulleiter Reinhard Stähling (2006) in einem theoretisch und empirisch fundierten Schulporträt am Beispiel einer Einzelschule vor allem im Hinblick auf die integrative Arbeit mit »schwierigen« ökonomisch und psychosozial benachteiligten Kindern das Konzept einer Halt gebenden Schule dargestellt. Er zeigt eindrucksvoll am Beispiel von Kinderbiografien, dass Kinder nicht unter einem Mangel an Ressourcen für Hilfe überhaupt leiden, sondern unter einem Mangel an verlässlichen Beziehungen, weil die Hilfen ihnen allzu oft von verschiedenen Stellen aus zerstückelt und unkoordiniert gegeben werden. Stähling zeigt auch, dass Kinder, die Verhaltensweisen an den Tag legen, die von ihren Mitmenschen als unerträglich empfunden werden, von einer Schule in die andere und von einer Einrichtung in die andere weitergereicht werden, weil sie letztlich nirgendwo als tragbar gelten. Das haltlose Durcheinander und die Brüche, die oft genug die Lebensläufe von Kindern in Not prägen, spiegeln sich dann noch einmal wider im Durcheinander zusammenhangloser und wechselnder Hilfen.

Die Bindungsforschung hat, wie bereits erwähnt, belegt, dass Kinder ein existentielles Bedürfnis nach einer verlässlichen und feinfühligen Bezugsperson haben, darin liegt eine zentrale Voraussetzung für ihre Entwicklung. Um überhaupt in gelingende Bildungsprozesse hineinfinden zu können, brauchen Kinder mit Verhaltensstörungen eine langfristig verlässliche Bindung an einen Menschen in einem langfristig Halt gebenden Setting. Die Arbeit der Münsteraner Schule »Berg Fidel« beruht auf der Einsicht, dass den Kindern nur wirklich geholfen werden kann, wenn der Kreislauf des Chaos' in ihrem Leben durchbrochen wird. Die Schule hat sich entschieden, Kinder nicht mehr weiterzugeben an andere Institutionen, sondern zu gewährleisten, dass sie an ihrer Grundschule bleiben. Der entscheidende Schritt, der diese Inklusion der verhaltensauffälligen Kinder erst möglich macht, ist die Etablierung von Strukturen zur dauerhaften intensiven Kooperation sowohl der Erwachsenen aus verschiedenen Berufen innerhalb der Schule als auch der Schule mit den zuständigen außerschulischen Stellen.

Schluss: Menschenrechte für Kinder mit und ohne Behinderungen

Halt gebende pädagogische Settings wurden beispielhaft im schulenübergreifenden Projekt »Übergang« und an der Einzelschule »Berg Fidel« entwickelt und erprobt. Die beiden Beispiele belegen, dass Grundschullehrkräfte, SonderpädagogInnen und ErzieherInnen sich gegenseitig die Unterstützung geben können, die sie brauchen, um ihrerseits die »schwierigen Kinder« so stützen und halten zu können, dass sie eine Chance auf grundlegende Bildung gemeinsam mit den gleichaltrigen Kindern haben. Damit gelingen ihnen Schritte der Annäherung an eine inklusive Schule als Ort der Teilhabe für alle im Sinne der UN-Behindertenrechtskonvention und im Sinne der Kinderrechtskonvention.

Literatur

Becker, U. (2004): Über Schüler, die am Zugang zur Schule scheitern: Hyperaktivität als Konglomerat der Probleme kindlicher und jugendlicher Sozialisation. In: Sonderpädagogische Förderung, 49. Jg., H. 4, S. 385 – 402.

Becker, U. (2006): ADHS – Wo bleibt das Kind? In: Ahrbeck, B.: Der Fall des schwierigen Kindes. Weinheim: Beltz, S. 160 – 180.

Becker, U. (2007): Evaluation des Förderansatzes Projekt »Übergang«. In: Zeitschrift für Heilpädagogik, 58. Jg., H. 12, S. 497 – 501.

Becker, U. (2008): Lernzugänge. Integrative Pädagogik mit benachteiligten Schülern. Wiesbaden: VS-Verlag.

Becker, U. / Hansen, E. (2004): Die »Übergangsklasse«. In: Friedrich Jahresheft »Heterogenität«, Jahresheft XXIII, 23. Jg., S. 124.

Bourdieu, P. (1997): Das Elend der Welt. Konstanz: UVK.

Dolto, F. (1991): Dix ans après. Quel avenir? Paris: Fondation de France.

Gahleitner, S. B. (2009): Persönliche Beziehungen aus bindungstheoretischer Sicht. In: Lenz, K. / Nestmann, F. (Hrsg.): Handbuch persönliche Beziehungen. Weinheim: Juventa, S. 145 – 169.

Garlichs, A. (1990): Alltag im offenen Unterricht. Das Beispiel Lohfelden Vollmarshausen. Beiträge zur Reform der Grundschule. Frankfurt / M.: Arbeitskreis Grundschule e. V.

Heinzel, F. (2004): Traktat vom »schwierigen Kind« oder pädagogischer Optimismus? In: Heinzel, F. / Geiling, U. (Hrsg.): Demokratische Perspektiven in der Pädagogik. Wiesbaden: VS-Verlag, S. 114 – 126.

Oswald, H. (2009): Persönliche Beziehung in der Kindheit. In: Lenz, K. / Nestmann, F. (Hrsg.): Handbuch persönliche Beziehungen. Weinheim: Juventa, S. 491 – 512.

Reiser, H. (1997): Lern- und Verhaltensstörungen als gemeinsame Aufgabe von Grundschul- und Sonderpädagogen unter dem Aspekt der pädagogischen Selektion. In: Zeitschrift für Heilpädagogik, 8. Jg., H. 7, S. 266 – 275.

Rifkin, J. (2000): Access. Das Verschwinden des Eigentum. Warum wir weniger besitzen und mehr ausgeben werden. Frankfurt / M. u. a.: Campus-Verlag.

Senatsverwaltung für Schule, Jugend und Sport (2005): Das Schulgesetz für das Land Berlin vom 26.1.2004, geändert durch Artikel III des Gesetzes vom 23.6.2005.

Stähling, R. (2006): »Du gehörst zu uns« – Inklusive Grundschule. Ein Praxisbuch für den Umbau der Schule. Baltmannsweiler: Schneider Hohengehren.

Winnicott, D. W. (1969): Übergangsobjekte und Übergangsphänomene. Eine Studie über den ersten, nicht zum Selbst gehörenden Besitz. In: Psyche, H. 23, S. 666 – 682.

Claudia Lohrenscheit

Kinderrechte in der Grundschule

»Stell Dir einen ganz normalen Tag vor. Du stehst auf – in Deiner Familie oder Wohngruppe. Werden Deine Rechte hier geachtet?« So beginnt der Fragebogen zur Vorbereitung des ersten Kinder- und Jugendreports zur Berichterstattung an den Kinderrechtsausschuss der Vereinten Nationen. Er wird im Folgenden als Beispiel dafür dienen, wie Kinderrechte in die Praxis umgesetzt werden können. Zur Einleitung wird aufgezeigt, in welchem Rahmen Kinderrechte in der Grundschule und ihrem weiteren sozialen und (bildungs-)politischen Umfeld Berücksichtigung finden. Den übergeordneten Rahmen stellt die UN-Kinderrechtskonvention dar, die in ihren Grundzügen kurz skizziert wird.

Einleitung: Kinderrechte sind die »ganz normalen« Menschenrechte – auch in der Schule!

Kinderrechte sind nicht losgelöst von Menschenrechten zu betrachten. Sie sind vielmehr die allgemeinen Menschenrechte aus der spezifischen Perspektive des Kindes definiert – genauso wie etwa Frauenrechte die allgemeinen Menschenrechte aus der spezifischen Perspektive der Frau betrachten. Für Kinderrechte gelten daher die gleichen strukturellen Merkmale wie für alle Menschenrechte: Sie sind diejenigen Rechte, die wir allein aufgrund der Tatsache haben, dass wir Menschen sind. Sie sind nicht gebunden an einen bestimmten Status, den eine Person haben kann – etwa als Staatsbürger/in, und sie sind auch nicht gebunden an das Lebensalter oder bestimmte Rollen, die Menschen innerhalb einer Gesellschaft einnehmen oder zugewiesen bekommen, wie etwa das Geschlecht oder die Geschlechterrollen. Die universelle Gültigkeit der Menschenrechte knüpft allein an die Kategorie »Mensch« an, und als Menschen sind wir, so ist es in Artikel 1 der Allgemeinen Erklärung der Menschenrechte verankert, mit gleicher Würde und gleichen Rechten ausgestattet. 2008 wurde überall auf der Welt der 60. Geburtstag der Allgemeinen Erklärung der Menschenrechte gefeiert. Sie gilt allgemein als »Mutterdokument« aller folgenden internationalen Menschenrechtsverträge und ist auch eine zentrale Grundlage für die Kinderrechtskonvention.

Die Einbeziehung von Menschen- und Kinderrechten in die (Grund-)Schule ist spätestens seit der Ratifizierung der UN-Kinderrechtskonvention (UN-KRK) in Deutschland 1992 geboten. Zahlreiche Organisationen und Projekte stellen hierzu Filme, Spiele, Plakate und weitere Unterrichtsmate-

rialien zur Verfügung, häufig auch in kindgerechter Sprache. Exemplarisch sei hier auf den »Kinderrechtekoffer«, den Projekttag »Kinderrechte machen Schule« und auf das jüngst in deutscher Sprache erschienen Handbuch »Compasito« verwiesen, weil sie alle drei vielfältige Anregungen sowie weiterführende Links und Hinweise enthalten.

Der »Kinderrechtekoffer« (vgl. Deutsches Kinderhilfswerk) ist eine Sammlung von Materialien, die sich an Kinder oder an Erwachsene richten und zum Teil auf spielerische Art mit den Kinderrechten vertraut machen. Darin enthalten ist z. B. die Broschüre »Wenn ich Königin oder König wäre«, in der Kinder die – zugegeben – komplizierten Formulierungen der UN-Kinderrechtskonvention in ihre eigene Sprache übersetzt haben und dazu Wünsche und Träume formulieren.

Die Materialien zum Projekttag »Kinderrechte machen Schule« wurden anlässlich des 18. Geburtstags der UN-Kinderrechtskonvention am 20. November 2007 herausgegeben (vgl. Macht Kinder stark für Demokratie e. V.). Sie enthalten vielfältige konkrete Tipps und Anregungen, die zum Teil direkt in die Praxis umgesetzt werden können. Dabei werden Kinderrechte sowohl als Unterrichtsthema vorgestellt, als auch in Bezug auf organisatorische und strukturelle Verfahren wie z. B. im Rahmen eines Klassenrats oder auf Mädchen- und Jungenkonferenzen oder als Bestandteil des Leitbilds oder Schulprogramms. In den Materialien finden sich auch Hinweise auf die UNICEF Junior Botschafter für Kinderrechte. Unter dem Motto »Wenn du etwas verändern willst, musst du etwas tun« ruft UNICEF jedes Jahr Kinder und Jugendliche bundesweit auf, sich als Juniorbotschafter für die Rechte der Kinder zu engagieren. Die Ausschreibung 2010 wird übrigens prominent begleitet: Die Juniorbotschafter/innen aus dem Jahr 2009 rufen gemeinsam mit Sir Roger Moore, dem dienstältesten UNICEF-Botschafter, zur »Mission Kinderrechte« auf (vgl. http://www.unicef.de / 7189.html).

»Compasito« ist das erste deutschsprachige Handbuch zur Menschenrechtsbildung mit Kindern im Grundschulalter (6 bis 14 Jahre). Es wurde vom Europarat entwickelt und vom Deutschen Institut für Menschenrechte in Kooperation mit der Bundeszentrale für politische Bildung in deutscher Sprache veröffentlicht (vgl. Deutsches Institut für Menschenrechte 2009). Das Handbuch bietet einen Überblick über Menschen- und Kinderrechte sowie eine Einführung in die Menschenrechtsbildung. Dazu kommen Hintergrundinformationen und methodische Anregungen zu insgesamt 13 Themen wie beispielsweise Demokratie, Diskriminierung, Geschlechtergerechtigkeit oder Gewalt. Im Mittelpunkt des Handbuchs stehen aber die 40 Übungen und Aktivitäten, die Kinder inspirieren sollen, anhand ihrer eigenen Erfahrungen Positionen und Argumente zu entwickeln. Die Kinder lernen, wie sie durch konkretes Handeln ihre Schule oder Gemeinschaft positiv verändern können. Für Pädagoginnen und Pädagogen gibt es zahlreiche Informationen und praktische Anregungen zum Einsatz des Handbuchs in verschiedenen schulischen und außerschulischen Lernumgebungen.

Die Fülle und Vielfalt der Materialien zum Thema Kinderrechte belegt das große Interesse von Schulen und Lehrer/inne/n. Um einen Projekttag zu organisieren oder das Thema im Unterricht zu behandeln, stehen ausreichende Ressourcen zur Verfügung. Doch wie steht es mit den grundlegenden bildungspolitischen Voraussetzungen wie etwa den Rahmenlehrplänen für die Grundschule oder den Vorgaben für die Lehrer/innen/ausbildung?

2006 verabschiedete die Kultusministerkonferenz (KMK) eine eigene »Erklärung zur Umsetzung des Übereinkommens der Vereinten Nationen über die Rechte des Kindes«. Mit dieser Erklärung bekennt sich die KMK ausdrücklich zu den Kinderrechten und insbesondere zu den Bildungsrechten: (KMK 2006): »[…] Die KMK spricht sich dafür aus, dass die Subjektstellung des Kindes und dessen allseitiger Entfaltungsanspruch in allen Schulstufen und -arten zu respektieren sind und Maßnahmen zur Förderung von Begabungsvielfalt sowie zur Vermeidung von sozialer Ausgrenzung verstärkt werden müssen. […] Die KMK spricht sich dafür aus, dass die altersgerechte Berücksichtigung der Rechte des Kindes auf Schutz und Fürsorge sowie auf Partizipation essentiell für die Schulkultur ist. […] Sie wird bei der Erarbeitung bzw. Überarbeitung einschlägiger Empfehlungen die Grundsätze der Kinderrechtskonvention in Zukunft in besonderer Weise berücksichtigen.«

Für die pädagogische Praxis lassen sich aus der KMK-Empfehlung bereits einige entscheidende Hinweise ableiten. Sollen Kinderrechte in der Grundschule eine Rolle spielen, so können diese nicht als bloßes Unterrichtsthema implementiert werden. Die KMK spricht daher vom »allseitigen Entfaltungsanspruch« und betont nicht nur das Recht der Kinder auf Schutz und Fürsorge, sondern auch auf eine umfassende Beteiligung. Im Mittelpunkt steht die Schulkultur als Ganzes, d. h. es geht um einen umfassenden Ansatz, der

Menschen- und Kinderrechte in der Organisation des gesamten Schullebens und aller Beteiligten ernst nimmt. Einer Lehrerin wird es unter Umständen sonst vielleicht schwer fallen, Kinder in ihren Rechten zu stärken, wenn sie selbst das Gefühl hat, in ihren Rechten nicht wahrgenommen zu werden. Inklusion und die prinzipielle Zugehörigkeit *aller* zu den Menschenrechten sind deshalb entscheidende Voraussetzungen für die Realisierung einer Menschenrechtskultur in der (Grund-)Schule.

Kinderrechte in den Grundschulrahmenlehrplänen

In Bezug auf die Verankerung von Kinderrechten als Thema in den Grundschulrahmenlehrplänen sind die notwendigen Voraussetzungen für eine schulische Menschen- und Kinderrechtsbildung gegeben. Die Rahmenlehrpläne für die Grundschule von Berlin, Brandenburg, Bremen und Mecklenburg-Vorpommern beispielsweise, die von den vier Bundesländern gemeinsam erarbeitet wurden, weisen vor allem für die Fächer Sachunterricht und Politische Bildung Kinder- und Menschenrechte als Thema aus. Für den Sachunterricht heißt es (vgl. Rahmenlehrplan Sachunterricht, S. 17 f.): »Der Sachunterricht ermöglicht den Schülerinnen und Schülern in den Jahrgangsstufen 1 bis 4 zunehmend, sich ihre Welt selbstständig zu erschließen, [...] und sich aktiv an ihrer Veränderung zu beteiligen. [...] Die Schülerinnen und Schüler kennen ausgewählte Prinzipien von Demokratie und Recht sowie die Ideen der Menschenrechte und orientieren ihr Handeln daran.« Die Standards, in denen die Kompetenzen beschrieben werden, die im Fach Sachunterricht am Ende der Grundschulzeit abgedeckt sein sollen, definieren, dass Grundschulkinder die Kinderrechte und ihre Bedeutung kennen, die Inhalte der UN-KRK behandelt haben und sich auch mit der Verletzung von Kinderrechten (am Beispiel der Kinderarbeit) beschäftigt haben.

Für das Fach Politische Bildung, das zum Teil an die Vorerfahrungen aus dem Sachunterricht anknüpfen kann, werden die Vorgaben zum Unterricht über Kinder- und Menschenrechte detaillierter formuliert. In den Jahrgangsstufen 5 und 6 sind die Themenfelder Demokratie, Kinderrechte und Friedenssicherung verbindlich zu bearbeiten (vgl. Rahmenlehrplan politische Bildung, S. 23). Dabei wird ausdrücklich auf menschenrechtliche Grundwerte eines demokratischen Zusammenlebens verwiesen wie z. B. die Unantastbarkeit der Würde des Menschen, Toleranz, Freiheit, Gleichheit und Solidarität. Weiter heißt es: »Die Schülerinnen und Schüler sollen sich ihrer Rechte bewusst werden. Dazu gehören u. a. das Recht auf Leben, das Recht auf Bildung, die Achtung des Wohls des Kindes und der Schutz vor Gewaltanwendung und Verwahrlosung« (Rahmenlehrplan politische Bildung, S. 26). Diese Auswahl zeigt bereits eine gewisse Begrenztheit der Möglichkeiten. Der Rahmenlehrplan weist folglich darauf hin, dass nicht alle in der Kinderrechtskonvention aufgeführten Rechte gleichermaßen behandelt werden können und empfiehlt Schwerpunktsetzungen entsprechend dem Lebensumfeld der Schülerinnen und Schüler. Als Kompetenz wird definiert, dass die Kinder beschreiben können, wie die UN-KRK alle Kinder als eigenständige Persönlichkeiten anerkennt, und dass sie erläutern können, wie Kinder sich aktiv um ihre Rechte kümmern können. Auch verschiedene Kinderrechtsorganisationen wie z.B. terres des hommes sollen vorgestellt werden.

Über die Vermittlung von Kompetenzen zu Kinderrechten und zur Menschenrechtsbildung in der Lehrerausbildung lassen sich aufgrund der vielfältigen Ansätze und Unterschiede im föderalen System kaum verallgemeinernde Aussagen treffen. Letztlich ist es nicht nur davon abhängig, in welchem Bundesland das Studium aufgenommen wird, sondern auch an welcher Hochschule, mit welchen Schwerpunkten und welcher Fächerkombination. Auch die betreuenden Hochschullehrenden nehmen eine zentrale Rolle ein. Weiterhin kommt es darauf an, wie weit oder eng der Begriff von Kinder- und Menschenrechten gefasst wird. Bei einem weiten Verständnis können Kinder- und Menschenrechte in verschiedensten Bereichen des demokratischen Lernens implizit thematisiert werden. Bei einem engeren Verständnis kommt es hingegen darauf an, eine Menschenrechtsperspektive explizit herauszustellen und auf der Grundlage von Menschenrechtsdokumenten zu arbeiten.

Das UN-Übereinkommen über die Rechte des Kindes (1989)

Die Notwendigkeit, Kindern und Jugendlichen besonderen Schutz zu gewähren, fand ihren Niederschlag erstmals in der Genfer Erklärung von 1924. Die Verfasserin dieser ersten Erklärung für Kinderrechte, so schreibt Kittel (2008, S. 17), war eine »pfiffige Lobbyistin für Kinder, Eglantyne Jebb, geboren 1876 in Großbritannien«. Sie hatte nach Ende des ersten Weltkriegs eine Kinderhilfsorganisation gegründet (»Save the Children«), die auch heute noch eine der aktivsten Kinderrechtsorganisationen weltweit ist. Ziel der Gründung von »Save the Children« (»Rettet die Kinder«) war es vor allem, den zahllosen Kindern überall in Europa zu helfen, die der Krieg zu Waisen und Kriegsgeschädigten gemacht hatte. »Ich bin davon überzeugt«, so Eglantyne Jebb, »dass wir auf bestimmte Rechte der Kinder Anspruch erheben und für die allumfassende Anerkennung dieser Rechte arbeiten sollten« (Jebb, zit. n. Kittel 2008, S. 17). Eglantyne Jebb war übrigens eine Zeitgenossin von Janusz Korczak, der als Vordenker der Kinderrechte gilt und als erster Menschenrechtspädagoge (vgl. Kerber-Ganse 2009). Er nimmt jedoch eine grundlegend andere Perspektive ein, die er aus seiner eigenen Praxis als Arzt, Pädagoge und Heimleiter entwickelt hat. »Er hat mit ganzer Kraft für Kinder geschrieben und für Erwachsene ausbuchstabiert, bis in welche Facetten des Lebens und Zusammenlebens die Achtung vor der Würde des Kindes reicht« (Kerber-Ganse 2009, S. 42).

Die Idee, dass Kinder besonderen Schutzes bedürfen, gerade in Not-, Kriegs- und Krisensituationen, war zu Beginn des 20. Jahrhunderts noch relativ neu, fand aber ihren Niederschlag bereits an unterschiedlichen Stellen und Institutionen. Dennoch war es, von diesen ersten Schritten ausgehend, noch ein weiter Weg bis 1989 das Übereinkommen über die Rechte des Kindes von den Vereinten Nationen verabschiedet wurde. Als erstes rechtsverbindliches Dokument auf diesem Gebiet gilt es als Meilenstein in der Entwicklung der Kinderrechte. Es soll im Folgenden kurz in seinen Kernelementen skizziert werden.

Ein Kind ist nach Artikel 1 der UN-Kinderrechtskonvention (UN-KRK) jeder Mensch, der das 18. Lebensjahr noch nicht vollendet hat. Streng genommen müsste die Konvention also eher als »Übereinkommen über die Rechte von Kindern und Jugendlichen« benannt werden, damit sich alle jungen Menschen gleichermaßen davon angesprochen fühlen können. Genauso wie allen Menschenrechte liegen den Kinderrechten drei Kernprinzipien zugrunde: Sie sind universell, d. h. sie gelten für alle Menschen ohne Unterschied weltweit. Sie sind unteilbar, d. h. sie stehen in keinem hierarchischen Verhältnis zueinander; und sie sind interdependent, d. h. sie bedingen sich gegenseitig und können nur als Ganzes vollständig verwirklicht werden.

Die Kinderrechtskonvention definiert insgesamt 54 Artikel, mit denen bürgerliche, politische, wirtschaftliche, soziale und kulturelle Rechte erfasst werden. Sie ist in drei Teile gegliedert: nach der Präambel umfasst der erste Teil (Artikel 1–41) die konkreten materiellen Bestimmungen für Kinder, deren Lebenssituation umfassend in den Blick genommen wird. Hierzu gehören, um nur einige Beispiele zu nennen, die Rechte auf Bildung, Gesundheit und ausreichende Ernährung, die Meinungs- und Religionsfreiheit sowie das Recht auf eine eigene Identität, auf Mitsprache, auf Kontakt zu den Eltern und den Schutz vor Missbrauch, Gewalt und Ausbeutung jeglicher Art. Der zweite Teil (Artikel 42–45) bezieht sich auf die Umsetzung der Kinderrechtskonvention auf nationaler und internationaler Ebene. Er erläutert die Zusammensetzung und Arbeitsweise des Ausschusses zur Überwachung der Konvention (UN-Kinderrechtsausschuss), die Berichtspflichten der Vertragsstaaten sowie die Zusammenarbeit mit anderen Organen der Vereinten Nationen wie etwa dem Kinderhilfswerk UNICEF. Hervorzuheben ist hierbei die besondere Betonung der Pflicht der Staaten, »durch geeignete und wirksame Maßnahmen« die Grundsätze und Bestimmungen der Kinderrechtskonvention »bei Erwachsenen und auch bei Kindern allgemein bekannt zu machen« (Artikel 42).

Im dritten Teil (Artikel 46–54) werden die Schlussbestimmungen zur Unterzeichnung, Ratifizierung und zum Inkrafttreten der KRK näher bestimmt. Hierbei wird den Vertragsstaaten auch die Möglichkeit eingeräumt, Vorbehalte zu definieren, die allerdings nicht dem Ziel und Zweck des Übereinkommens widersprechen dürfen (Artikel 51). Die Praxis hierzu zeigt jedoch, dass solche Vorbehalte dazu führen können, bestimmte Kinder (z. B. Flüchtlingskinder) aus dem umfassenden Schutzbereich der UN-KRK partiell auszuschließen, weil nationale rechtliche Regelungen wie etwa Bestimmungen im Ausländer- und Asylrecht höher gewertet werden (zur Bildungssituation der Flüchtlingskinder vgl. Krappmann u. a. 2009).

Grundprinzipien der Kinderrechtskonvention

Kinder benötigen nicht nur besonderen Schutz, Fürsorge und Unterstützung, sondern sie sind grundsätzlich Träger eigener Rechte. Dieser Grundsatz der Kinderrechtskonvention, Kinder als eigenständige Rechtssubjekte zu achten, gilt als maßgeblicher Paradigmenwechsel. Die Achtung und der Schutz ihrer unveräußerlichen Würde soll die zentrale Leitlinie sein für alle, die mit Kindern und Jugendlichen arbeiten. Sie sind somit nicht nur die Objekte von Schutz und Fürsorge durch Erwachsene, sondern sie sind auch Subjekte ihrer eigenen Entwicklung, die sie selbst mit bestimmen sollen und können.

Die einzelnen Bestimmungen der UN-KRK werden durch vier Grundprinzipien erläutert (Artikel 2, 3, 6 und 12), die allen Rechten zugrunde liegende Standards formulieren. Das erste Prinzip (Artikel 6, Recht auf Leben) erscheint als so selbstverständliche Voraussetzung, dass es kaum der Erwähnung bedarf: Die Vertragsstaaten verpflichten sich, das Recht auf Leben des Kindes zu achten und zu gewährleisten, dass »im größtmöglichen Umfang das Überleben und die Entwicklung des Kindes« gesichert ist.

Das zweite Prinzip und grundlegender Leitgedanke der Kinderrechtskonvention ist das in Artikel 3 festgelegte Wohl des Kindes (engl.: best interest of the child). Das beste Interesse des Kindes soll vorrangig bei allen Entscheidungen, die Kinder betreffen, Berücksichtigung finden (z. B. in öffentlichen und privaten Einrichtungen der sozialen Fürsorge, in Gerichten, in Verwaltungsbehörden, bei der Gesetzgebung etc.).

Im direkten Zusammenhang mit Artikel 3 steht Artikel 12 der UN-KRK, der als drittes Prinzip die Grundlage für die Beteiligungsrechte von Kindern und Jugendlichen formuliert: »Die Vertragsstaaten sichern dem Kind, das fähig ist, sich eine eigene Meinung zu bilden, das Recht zu, diese Meinung in allen das Kind berührenden Angelegenheiten frei zu äußern, und berücksichtigen die Meinung des Kindes angemessen und entsprechend seinem Alter und seiner Reife.«

Die beste Basis, das Wohl des Kindes zu ermitteln, besteht darin, den Kindern die Möglichkeit zu geben, ihre Meinung frei zu äußern und Gehör zu finden. Keinem Kind kann das Recht abgesprochen werden, über das eigene Wohl mitzubestimmen – auch nicht aufgrund einer Beeinträchtigung oder Behinderung. Der Grundgedanke in Artikel 12 ist, dass jedes Kind entsprechend seiner Fähigkeiten einbezogen werden kann. Hierzu braucht es Erwachsene, die bereit sind, die Meinung von Kindern und Jugendlichen anzuhören und zu berücksichtigen. Dabei können auch Mimik, Gestik und kreative Methoden wie z.B. das Anfertigen von Zeichnungen mit einbezogen werden. Wichtig ist, dass dem Kind ein sicherer Rahmen zur Verfügung gestellt wird, in dem es die eigene Meinung äußern kann, frei von Angst oder Beeinflussung durch bestimmte Erwachsene und Erziehungsberechtigte.

Viertes Grundprinzip der UN-KRK ist Artikel 2 über die Achtungs- und Gewährleistungspflicht der gleichen Rechte aller Kinder durch die der Vertragsstaaten. Kinderrechte gelten für alle Kinder frei von Diskriminierung und ohne Ausnahmen:

(1) »Die Vertragsstaaten achten die in diesem Übereinkommen festgelegten Rechte und gewährleisten sie jedem ihrer Hoheitsgewalt unterstehendem Kind ohne jede Diskriminierung […].«

Der Grundsatz gleicher Rechte und der Schutz vor Diskriminierung ist ein Grundprinzip aller internationaler Menschenrechtsverträge. Hieran wird klar, dass Menschenrechte keine Partikularinteressen oder Privilegien einzelner Gruppen formulieren. Sie machen als Rechte aller Menschen und aller Kinder überhaupt nur dann Sinn, wenn sie allein ans Menschsein anknüpfen und keine besonderen Merkmale für ihre Erfüllung verlangen. Menschen- und Kinderrechte schützen vor rassistischer Diskriminierung; Diskriminierung aufgrund des Geschlechts, der nationalen, ethnischen oder sozialen Herkunft; aufgrund der politischen oder sonstigen Anschauung, des Vermögens, einer Behinderung, der Geburt usw. Diese Aufzählung von Merkmalen zur genaueren Bestimmung des Diskriminierungsverbots ist hierbei grundsätzlich nicht als abgeschlossene Liste zu verstehen. Sie reflektiert lediglich den Erkenntnisstand zum jeweiligen Zeitpunkt der Verabschiedung eines Menschenrechtsvertrags.

Die Überwachung der Einhaltung der Kinderrechte erfolgt bei den Vereinten Nationen über Staatenberichte, die jeder Mitgliedsstaat in einem Zeitraum von fünf Jahren bei den Vereinten Nationen einzureichen hat. Deutschland hat das Übereinkommen bereits 1990 unterzeichnet und 2005 den zweiten Staatenbericht eingereicht. Der dritte Staatenbericht, der federführend vom Bundesministerium für Familie, Senioren, Frauen und Jugend verantwortet wird, ist jedoch bereits seit einem Jahr überfällig. Die Staatenberichte werden durch den Kinderrechtsausschuss der Vereinten Nationen geprüft, der dazu die sog. Abschließenden Bemerkungen vorlegt. Diese enthalten Lob und Kritik, Informationsanfragen sowie konkrete Empfehlungen an den Vertragsstaat zur besseren Umsetzung der Kinderrechte.

Dabei werden auch Parallel- oder Alternativberichte ausgewertet, die nicht von Regierungsstellen, sondern von Nichtregierungsorganisationen und der Zivilgesellschaft beim Ausschuss eingereicht werden. Alle Dokumente zur UN-KRK können auf der Homepage des Deutschen Instituts für Menschenrechte heruntergeladen werden (vgl. Deutsches Institut für Menschenrechte).

In Deutschland werden diese Parallelberichte von der National Coalition koordiniert und erstellt. Der National Coalition für die Umsetzung der Kinderrechte in Deutschland gehören derzeit mehr als neunzig Organisationen und Institutionen an (u. a. auch der Grundschulverband), die sich für die Rechte von Kindern und Jugendlichen in Deutschland und international stark machen.

Ein Zeugnis für die Kinderrechte in Deutschland: Der Kinder- und Jugendreport zur UN-Berichterstattung

Zum ersten Mal seit der Ratifizierung der UN-KRK in Deutschland haben Kinder und Jugendliche selbst die Möglichkeit, bei der Berichterstattung Gehör zu finden. Möglich gemacht wird dies durch ein Projekt der National Coalition mit dem treffenden Titel: »Ein Zeugnis für Kinderrechte in Deutschland« (vgl. www.national-coalition.de) – nur dieses Mal sind es die Kinder, die die Noten ausstellen und nicht die Erwachsenen. Die Praxis solcher Kinder- und Jugendreports ist bereits in einigen Ländern in Europa, aber auch auf dem afrikanischen Kontinent und in Indien erprobt worden. Auch auf nationaler Ebene hat es bereits Befragungen von Kindern und Jugendlichen zu ihrer Lebensrealität gegeben. Ein bekanntes Beispiel dafür ist der »Nationale Aktionsplan für ein kindergerechtes Deutschland 2005 – 2010« (vgl. www.bmfsfj.de – Kinder und Jugend).

Verantwortlich für die Erstellung des Kinder- und Jugendreports zur UN-Berichterstattung ist die Referentin Rebecca Bendig. Sie wertet die Daten der Kinder und Jugendlichen aus, die in einem Zeitrahmen von ca. acht Monaten gesammelt werden. Diese Daten setzen sich aus unterschiedlichen Quellen zusammen: Es wurde, erstens, ein Fragebogen entwickelt, mit dem Kinder und Jugendliche aus dem gesamten Bundesgebiet zu ihren persönlichen Erfahrungen befragt wurden. Der Bogen wurde mit 10.000 Exemplaren gedruckt und verteilt und konnte zusätzlich von der Internetseite heruntergeladen werden. Allein über 3.500 Kinder nutzen die Gelegenheit zur schriftlichen Beantwortung der Fragen. Ein zweiter Baustein des Berichts waren so genannte peer-to-peer Projekte. An zwei Arbeitstreffen kamen in diesem Rahmen 27 Kinder zwischen 11 – 18 Jahren zusammen. Mehr als doppelt so viele hatten sich für die Teilnahme beworben, was deutlich zeigt, dass Kinder und Jugendliche sich beteiligen und ihre Meinung äußern wollen. Zwischen den beiden Arbeitstreffen entwickelten die Teilnehmenden eigene Projekte, z. B. über Interviews, Photos und eigene Fragebögen, um verschiedene Sichtweisen und Erfahrungen zu Kinderrechten zu sammeln, gemeinsam auszuwerten und auf dieser Grundlage Empfehlungen zu formulieren. Damit die Bestandsaufnahme des Kinder- und Jugendreports keine Momentaufnahme darstellt, setzt sich der dritte Baustein des Berichts aus den zahlreichen Erfahrungen und Ergebnissen von Kinderrechtsprojekten aus den vergangenen Jahren zusammen. Hierzu waren Verbände, Kinder- und Jugendbeauftragte und Schulen gleichermaßen aufgefordert, ihre praktischen Erfahrungen mitzuteilen.

Der erste Baustein des Kinder- und Jugendreports ist der Fragebogen, der sich direkt an Kinder und Jugendliche richtet. Er ist in fünf Bereiche aufgeteilt, die die Lebenssituation von Kindern widerspiegeln. Einige Fragen aus dem Fragebogen werden exemplarisch unten genannt, weil sie zeigen, dass allein schon durch ihre Bearbeitung z. B. im Unterricht wichtige Anregungen für die Integration einer Kinderrechtsperspektive angeregt werden können. Der vollständige Bogen ist abrufbar unter www.kinder-jugendreport.de:

1. *Kinderrechte in der Familie*, z. B.: Welche Schulnote würdest du der Umsetzung der Kinderrechte in deiner Familie geben? Darfst du mitbestimmen, was in der Familie gemacht wird? Haben Jungen und Mädchen in deiner Familie die gleichen Rechte und Pflichten z. B. im Haushalt?
2. *Kinderrechte in meinem Wohnort*, z. B.: Dein Wohnort – werden da eigentlich Kinderrechte beachtet? Ist dein Schulweg sicher? Gibt es geheime, aufregende, schöne Orte? Gibt es Spiel- und Sportplätze? Kennst du die Möglichkeiten der Mitbestimmung in deinem Ort?
3. *Kinderrechte in meiner Schule/Ausbildungsstelle*, z. B.: Macht deine Schule Lust aufs Lernen? Kannst du mitbestimmen, was und wie du lernen möchtest? Gibt es genügend Bewegung, frische Luft und gesundes Essen?
4. *Kinderrechte in meiner Freizeit,* z. B.: Wie viel Stunden am Tag hast du, über die du ganz allein bestimmen darfst? Wie viel Stunden in der Woche arbeitest du z. B. indem du in der Familie hilfst, Taschengeld verdienst, Hausaufgaben machst oder dich freiwillig engagierst?
5. *Mein Recht auf gute Lebensbedingungen und Gesundheit*, z. B.: Fällt dir ein bestimmtes Erlebnis oder eine Situation ein, in der gute Lebensbedingungen oder die Gesundheit verletzt worden sind z. B. in Bezug auf ausreichendes Geld für Kleidung, Nahrung, Spiel- und Schulsachen oder um an Klassenfahrten teilzunehmen? Wie ergeht es dir in Bezug auf psychische Belastungen wie Stress, Angst und Druck? Was sollte sich deiner Meinung nach verändern?

Die beiden letzten Teile des Fragebogens eröffnen die Möglichkeit für Kinder und Jugendliche, noch weitere Fragen anzusprechen, die in den fünf Kernbereichen nicht widergespiegelt werden, und setzen den Impuls, auch die Rechte anderer Kinder zu kommentieren. Der Fragebogen fordert hier ausdrücklich dazu auf, nicht nur die eigene persönliche Situation in den Blick zu nehmen, sondern auch die Situation anderer Kinder und Jugendlicher in der Schule, bei Freund/inn/en, auf der Straße oder im Jugendclub. Zum Schluss können Kinder auch noch direkte Empfehlungen aussprechen, z.B.: »Wenn du die Bundeskanzlerin beraten solltest, was sie tun könnte, damit es allen Kindern und Jugendlichen gut geht, was würdest du empfehlen?« Es bleibt zu wünschen, dass die Erfahrungen, Empfehlungen und Forderungen der Kinder in Politik, Schule und Gesellschaft ernst genommen werden. Damit kann jedes Kind und jeder Erwachsene sofort beginnen!

Literatur

Bundesministerium für Familie, Senioren, Frauen und Jugend (Hrsg.) (2009): **Ein Kinder- und Jugendreport zum Nationalen Aktionsplan (NAP) »Für ein kindergerechtes Deutschland 2005–2010« Online: http://www.bmfsfj.de/BMFSFJ/kinder-und-jugend,did=31372.html (23.08.2010).**

Deutsches Institut für Menschenrechte: Basisdokumente. Online: www.institut-fuer-menschenrechte.de/de/links/vereinte-nationen/basisdokumente.html (18.08.2010).

Deutsches Institut für Menschenrechte / Bundeszentrale für politische Bildung (Hrsg.) (2009): Compasito: Handbuch zur Menschenrechtsbildung mit Kindern.

Deutsches Kinderhilfswerk (Hrsg.) (2010): Der Kinderrechtekoffer; einzusehen und zu bestellen. Online: www.kinderpolitik.de/aktuell/kinderrechtekoffer.php (23.08.2010).

Kerber-Ganse, W. (2009): Die Menschenrechte des Kindes. Die UN-Kinderrechtskonvention und die Pädagogik von Janusz Korczak – Versuch einer Perspektivenverschränkung. Opladen: Barbara Budrich.

Kittel, C. (2008): Kinderrechte. Ein Praxisbuch für Kindertageseinrichtungen. München: Kösel.

Krappmann, L. / Lob-Hüdepohl, A. / Bomeyer, A. / Kurzke-Maasmeier, S. (Hrsg.) (2009): Bildung für junge Flüchtlinge – ein Menschenrecht. Bielefeld: Bertelsmann.

KMK (Hrsg.) (2006): Erklärung der Kultusministerkonferenz vom 03.03.2006 zur Umsetzung des Übereinkommens der Vereinten Nationen über die Rechte des Kindes. Online: http://www.kmk.org/fileadmin/veroeffentlichungen_beschluesse/2006/2006_03_03-Rechte-des-Kindes-UN.pdf (06.09.2010).

Macht Kinder stark für Demokratie e. V. (Hrsg.) (2010): Kinderrechte machen Schule. Materialien zur Durchführung eines Projekttages: www.younicef.de/fileadmin/Medien/PDF/Kinderrechte_machen_Schule.pdf (23.08.2010).

Ministerium für Bildung, Jugend und Sport des Landes Brandenburg / Senatsverwaltung für Bildung, Jugend und Sport Berlin / Ministerium für Bildung, Wissenschaft und Kultur des Landes Mecklenburg-Vorpommern (Hrsg.) (2004): Rahmenlehrplan Grundschule Sachunterricht.

Ministerium für Bildung, Jugend und Sport des Landes Brandenburg, Senatsverwaltung für Bildung, Jugend und Sport Berlin (Hrsg.) (2004): Rahmenlehrplan Grundschule Politische Bildung.

Ilka Hutschenreuter

»Ja, aber so bei uns mitbestimmen, eigentlich nicht, oder?« Partizipation von Kindern in der Grundschule

Interviewerin: »Und wisst ihr noch andere Sachen, wo ihr mitbestimmen könnt, oder so?«
Sara: »Also ich will jetzt nicht sagen, das wir nicht mitbestimmen, aber irgendwie bei uns ist das nicht so, dass wir irgendwo mitbestimmen dürfen, oder Mia? Nee, oder?«
Mia: »Doch! Wir dürfen, im Unterricht dürfen wir entscheiden, ob wir zuerst Mathe oder zuerst Deutsch machen müssen.«
Sara: »Aber nur wenn wir Tagesplan machen.«
Interviewerin: »Wenn ihr was macht?«
Sara: »Tagesplan.«
Interviewerin: »Ach, Tagesplan, mhm mhm.«
Mia: (*leise*) »Sonst wüsst ich jetzt auch nix.«
Sara: »Aber sonst dürfen wir nicht.«
Mia: »Na doch, was wir in der Pause spielen (*lacht dabei*).«
Sara: »Ja, aber so bei uns mitbestimmen, eigentlich nicht, oder?«

Die in einem Interview von mir befragten zehnjährigen Schülerinnen einer Grundschule scheinen die Frage nach der Möglichkeit zur Mitbestimmung in ihrer Schule nicht so einfach beantworten zu können. Sie überlegen gemeinsam und können sich relativ schnell auf ein Angebot des offenen Unterrichts (»Tagesplan«) und auf die Spiele in der Pause einigen. Sie beschreiben sehr differenziert ihre Wahrnehmung der Struktur des Schulalltages: was sie im Unterricht zuerst machen »müssen« und dass es ein *freies* Spiel in der Pause gibt. Weiterhin haben sie ohne weitere Erläuterungen durch die Interviewerin eine klare Vorstellung davon, was »mitbestimmen« ist: dass es darum geht, etwas »entscheiden« zu dürfen, was sie selbst betrifft. Letztendlich kommen sie bei der gemeinsamen Suche nach Entscheidungsmöglichkeiten in ihrer Schule zu dem Schluss: mitbestimmen dürfen sie »eigentlich nicht, oder?«.

Wie Kinder ihre Interessen und Rechte in die Schulgemeinschaft einbringen können, wird unter anderem mit dem Stichwort *Partizipation* thematisiert. Der vorliegende Beitrag beschäftigt sich mit der Frage nach Partizipation und ihren Formen und skizziert den Forschungsstand zur Umsetzung von Partizipation im Grundschulbereich. Im Anschluss wird das Rollenverständnis von Lehrer/innen in partizipativen Arrangements genauer in den Blick genommen und in Auszügen die Handlungspraxis einer beteiligungsorientierten Grundschule beschrieben.

Partizipation

Partizipation bedeutet entsprechend seiner Übersetzung aus dem Lateinischen (»particeps«) so viel wie »teilnehmen«. Mehr lässt sich dem Begriff zunächst nicht entnehmen; der Begriff Partizipation hat eher den Charakter eines Schlagwortes. Erst durch Zuschreibungen erhält er Bedeutung, die in den jeweiligen Kontexten zu lesen sind.

Für die Frage nach Partizipation in der Grundschule lässt sich der Begriff durch zwei Aspekte füllen. Zum einen beschreibt Partizipation eine Form von *Teilhabe*, das heißt die Art und Weise, in der Menschen Zugang zu den Prozessen, Institutionen und Leistungen einer Gesellschaft haben. In dieser Rahmung stehen vor allem Selektionsprozesse innerhalb der Grundschule im Vordergrund: Wer hat Zugang zur Grundschule als der ersten (in der Regel) staatlichen Schule? Inwieweit ist es gerechtfertigt, Kinder auf der Grundlage bestimmter Kriterien (z. B. Entwicklungsstand, Sprachkenntnisse oder geistiger/körperlicher Behinderung) von dem Besuch der Grundschule auszuschließen?

Der zweite Aspekt beschreibt Partizipation als eine Form von *Teilnahme*, das heißt die Art und Weise, in der Einzelne oder Gruppen ihren Willen zum Ausdruck bringen, Entscheidungen treffen oder Entscheidungen beeinflussen können: Wer darf was, wann, wo und wie äußern? Wer darf bestimmen, was in der Pause gemacht werden darf? Wer legt fest, neben wem Khaled sitzt? Wird Ninas Vorschlag, »Muscheln« zum Unterrichtsthema zu machen, berücksichtigt? Dieser Aspekt von Partizipation umfasst jedes aktive Handeln bei allen denkbaren Gelegenheiten: im alltäglichen Umgang aller Mitglieder in der Schule (z. B. Kommunikation, körperlicher Umgang), in der Organisation des außerunterrichtlichen Geschehens innerhalb der Schulgemeinschaft (z. B. Pausengestaltung, Schulfeste) und dem Unterricht selbst (z. B. Unterrichtsinhalte, Sitzplatzordnung). Der zweite Aspekt, *Partizipation als eine Form von Teilnahme*, soll in den weiteren Ausführungen im Vordergrund stehen.

Partizipationsformen und Partizipationsmethoden

Die Möglichkeiten, Kindern die Teilnahme an den Prozessen in der Schule zu ermöglichen, sind vielfältig. Der folgende Überblick fasst die wichtigsten Formen und Methoden zusammen.

Partizipation gilt als unabdingbarer Teilbereich von Demokratie, die als Herrschaftsform voraussetzt, dass ihre Bürger mit demokratischen Grundprinzipien vertraut sind, sowohl bezogen auf das Leben jedes Einzelnen als auch auf das gesellschaftliche Zusammenleben (vgl. Himmelmann 2001). Insofern orientiert sich ein Teil der Partizipationsformen an den direkten Entscheidungsgremien demokratischer Gesellschaften, als Beispiel kann hier das Vorgehen bei einem Bürgerbegehren zum Erhalt eines Schwimmbades auf kommunaler Ebene dienen. Daneben wird Partizipation in repräsentativen Entscheidungsgremien realisiert, beispielhaft seien hier Bundestag oder Bundesrat genannt.

Repräsentative Partizipationsformen orientieren sich an einem Demokratiekonzept, in denen gewählte Vertreter die Interessen einer Gruppe in einem Gremium vertreten. In der Grundschule wird dieses Vertretermodell in Form von *Schülerparlamenten* (oder dem Schülerrat) umgesetzt. Die einzelnen Klassen wählen hier einen oder zwei Vertreter/innen, die bei wöchentlich oder monatlich stattfindenden Parlamentssitzungen selbst eingebrachte Themen diskutieren und gemeinsam Beschlüsse fassen (vgl. ausführlich zu Struktur und Umsetzung eines Schülerparlamentes Diemer 2007, S. 93 ff.). Neben den Schülerparlamenten gibt es auch sogenannte *Kinderparlamente*, deren konkrete Ausgestaltung unterschiedlich eingeordnet werden kann. Zum einen beschreibt die Bezeichnung Kinderparlament ebenfalls ein Gremium, in welchem gewählte Vertreter (sowohl delegierte Erwachsene als auch delegierte Kinder) die Interessen von Kindern wahrnehmen. Diese sind jedoch in der Regel auf der Ebene der Gemeinde angesiedelt, werden von Kommune und der Verwaltung initiiert, organisiert und beschäftigen sich vor allem mit Themen, die die jeweilige Lebensumwelt der Kinder (z. B. den Fahrplan des Schulbusses, die Ausgestaltung von Spielplätzen oder die Sicherheit von Kindern auf dem Schulweg) betreffen.

Zum anderen werden Gremien als Kinderparlamente bezeichnet, die zu den *direkten Partizipationsformen* gehören. Direkte Formen von Partizipation zeichnen sich dadurch aus, dass Wünsche und Bedürfnisse von jedem einzelnen Kind eingebracht werden können und die Beteiligung aller Kinder an der Erarbeitung eines Beschlusses oder einer Lösung ermöglichen soll. Bei einem *direkten Kinderparlament* auf der Ebene der Gemeinde werden alle Kinder einer Stadt durch Plakate und Bekanntmachungen zur Teilnahme am Kinderparlament aufgerufen, in dem Themen von den anwesenden Kindern diskutiert und Beschlüsse gefasst werden. Kinderparlamente (zum Teil auch als *Kinderkonferenzen* oder *Vollversammlungen* bezeichnet) sind teilweise auch an Grundschulen etabliert: alle Kinder der Schule versammeln sich gemeinsam mit den Lehrer/innen und besprechen in diesem Rahmen Anliegen und verabschieden Lösungen (zur konkreten Umsetzung siehe Reinhardt 2003, S. 132 ff.). Die wahrscheinlich bekannteste direkte

Form ist der Klassenrat in der Beschreibung durch Cèlestin Freinet, an dem alle Angehörigen einer Klasse teilnehmen, Anliegen und Probleme besprechen und gemeinsam Lösungen erarbeiten (siehe zur Umsetzung Göb 2003, S. 208 ff.). Eine weitere Form kann der *Morgenkreis* sein, der in manchen Klassen ebenfalls partizipatorische Elemente enthält. Neben einer Erzählphase enthält er oft eine Phase, in der eine gemeinsame Beratung über Vorhaben der Klasse oder über Konflikte ermöglicht wird. Auch die Leitung dieser Kreisgespräche wird teilweise von Kindern übernommen (vgl. Heinzel 2004, S. 101 ff.).

Projektbezogene Formen dagegen orientieren sich an einem stärker handlungs- und praxisorientierten pädagogischen Ansatz und greifen dabei oft zurück auf Methoden der Organisationsentwicklung. Projektmethoden wie *Wir-Werkstatt, Zukunftswerkstatt* oder *Ideenwerkstatt* haben ihren Ursprung in der Organisationsentwicklung von Institutionen und Unternehmen und werden in diesem Bereich auch weiterhin vielfach verwendet. Mittels Anpassung an die Kompetenzen und Bedürfnisse von Schüler/innen fanden sie auch Eingang in die Grundschule. Initiiert werden zum Beispiel über diese Formen die Findung einer Klasse zu einer Klassengemeinschaft, z.B. Wir-Werkstatt (vgl. Wedekind u.a. 2007), die Beteiligung von Kindern an der Veränderung der eigenen Schule zu einer kinderfreundlichen Schule, z.B. Zukunftswerkstatt (vgl. Wedekind / Brückner 2007) oder die gemeinsame Gestaltung eines Projektes, z.B. Ideenwerkstatt (vgl. Wedekind / Kessemeier 2006). Eine ähnliche methodische Umsetzung weisen Projekte wie das sogenannte *Service-Learning* auf, mithilfe derer die Kooperation zwischen Schule und Gemeinde weiterentwickelt werden soll. Dabei verlassen die Projektarbeiten das Wirkungsfeld der Schule und lassen den Erwerb von sozialem Kompetenzen im regionalen Umfeld zu: beispielsweise die Zusammenarbeit mit einem Seniorenheim (Kinder und Senioren gestalten gemeinsam Nachmittage) oder die Kooperation mit anderen Schulen, um Lernpatenschaften zwischen älteren und jüngeren Schülern zu gründen (zu den verschiedenen Methoden siehe die Herausgaben des Deutschen Kinderhilfswerkes; Frank / Sliwka 2007, S. 42 ff.).

Partizipationsfördernde *didaktische Ansätze* werden unter anderem mit Unterrichtsformen wie *Offener Unterricht* oder *Freiarbeit* verbunden oder mit Lernarrangements wie dem *Kooperativen Lernen* initiiert. Im Vordergrund steht dabei der Gedanke, durch die Übernahme von Verantwortung für das eigene Lernen Selbstorganisationsprozesse zu begleiten und als festen Bestandteil schulischen Lernens einzuüben.

Umsetzung von schulischer Partizipation – Forschungsstand

Bei Betrachtung der Forschungsbefunde zu der Umsetzung der oben skizzierten Partizipationsformen zeichnet sich folgendes Bild zu Mitbestimmungsmöglichkeiten von Kindern in der Grundschule ab:

In der 1. World Vision Kinderstudie (2007) wurden 1592 Kinder im Alter von acht bis elf Jahren danach befragt, bei welchen Themen sie in der Schule mitbestimmen können. Gefragt wurde nach der Gestaltung des Klassenzimmers, der Mitbestimmung bei der Ausgestaltung von Ausflügen, Schulfesten, den Themen im Projektunterricht und den Pausenregeln. Zusammenfassend kamen die Forscher/innen zu dem Ergebnis, das Grundschulkinder über vergleichsweise wenig Mitwirkungsmöglichkeiten verfügen. Die Mehrheit der Kinder darf über Schulausflugsziele oder Projektthemen »nie« mitbestimmen, auch bei der Gestaltung von Schulfesten wird jedes zweite Grundschulkind von einer Mitgestaltung ausgeschlossen. Ein Drittel der Kinder kann sich selbst zur Gestaltung des Klassenzimmers nicht äußern. Kinder ab der fünften Klasse berichten über etwas mehr Mitwirkungsmöglichkeiten in der Schule, jedoch wählte auch hier nur eine Minderheit der Kinder die Antwortmöglichkeit »oft«. Die Mitwirkungsmöglichkeiten in der Schule wurden in der zweiten World Vision Kinderstudie 2010 nicht nochmals erhoben, da die Forscher/innengemeinschaft davon ausging, dass sich im Vergleich zu 2007 wenig geändert habe.

Innerhalb der zweiten Welle des DJI-Kinderpanels (Alt 2007) wurden Kinder im Alter von neun bis zehn Jahren (722 Kinder insgesamt) befragt, wie sie die Mitbestimmungsmöglichkeiten in ihrer Familie und Schule einschätzen. Hier wurde nach Klassenzimmergestaltung, Mitbestimmung in der Schulstunde, Pausenregelung und der Möglichkeit gefragt, über die Dinge zu sprechen, die einem selbst wichtig sind. Orientiert man sich an den höchsten Prozentwerten in den Fragefeldern, können annähernd 34 Prozent bei der Gestaltung des Klassenzimmers »häufig« mitbestimmen. 55 Prozent der Kinder können nur »selten« über die Gestaltung der Schulstunde mitbestimmen und 36 Prozent können »nie« bei der Regelung der Pausen mit abstimmen. Über Themen, die den Kindern wichtig sind, können annähernd 34 Prozent in der Schule »häufig« sprechen.

Zusammenfassend lässt sich die Tendenz festhalten, dass Grundschulkinder geringe bis gar keine Mitbestimmungsmöglichkeiten beschreiben, umso stärker die Fragen der Forscher/innen in Richtung der Gestaltung des Unterrichts oder der Organisation des Schulalltags gehen. Lediglich bei Fragen nach der Gestaltung des Klassenzimmers oder Schulaktionen wie Klassenfahrten dürfen die Kinder mit den Lehrerinnen und Lehrern zum Teil gemeinsam abstimmen und bei der Äußerung eigener wichtiger Themen fühlen sich eine Vielzahl der Kinder »gehört« (vgl. zu weiteren empirischen Befunden Bacher u. a. 2007, S. 271 ff.; Bosenius / Wedekind

2004, S. 300 f.; Partizipationsformen wie den Klassenrat haben Kiper u.a. 1997 und de Boer 2006 in qualitativen Studien untersucht). Auch die Aussagen der beiden Mädchen am Anfang dieses Beitrags weisen auf diese Probleme hin.

Mit der Einführung von ganztätigen Schulen wird die Hoffnung auf eine Erweiterung von Partizipationsmöglichkeiten verbunden. Insbesondere durch den Wechsel von Lern- und Erholungsphasen soll ein stärkerer Einbezug der Bedürfnisse von Kindern und damit auch mehr von Partizipation erreicht werden. Diese Vermutung wurde in der oben genannten Studie des Deutschen Jugendinstituts teilweise überprüft und konnte nicht bestätigt werden. Zu einem ähnlichen Ergebnis kommt die noch laufende Studie von Wagner an der Universität Siegen (Dissertation im Erscheinen). Im Forschungsprojekt »Partizipation an ganztätigen Grundschulen« (PagGs) wurden 2500 Kinder und 135 Pädagogen befragt. Sowohl im unterrichtlichen als auch außerunterrichtlichen Bereich schätzten die Kinder ihre Mitwirkungsmöglichkeiten als recht gering ein. Die befragten Erwachsenen hingegen schätzten die Möglichkeiten für Schüler/innen zur Mitbestimmung – besonders im Ganztag – eher hoch ein. Coelen (2010) fasst diese Befunde folgendermaßen zusammen: »Das Motto Zeit für mehr scheint sich bisher selten partizipativ zu äußern«.

Herausforderungen an das Lehrerhandeln in partizipativen Arrangements

Partizipation ist ein komplexer Prozess, der mit vielen Herausforderungen, Widersprüchen und Schwierigkeiten in Bezug auf das Lehrerhandeln verbunden ist. Helsper (2001, S. 4) macht auf das grundlegende Problem aufmerksam, dass Partizipation in der Schule lediglich simuliert wird und spricht von der »paradoxen Negation der Partizipation bei gleichzeitiger Partizipationsaufforderung«, also der Schwierigkeit, Beteiligung unter Zwang zu kultivieren.

Nicht selten wird Partizipation verwechselt mit methodischer Kompetenz: so wird schon die Einführung und Durchführung von Partizipationsformen (z.B. dem Klassenrat) als ein partizipatives Schulleben verstanden. Doch auch wenn diese Formen etabliert sind, kann es sein, dass sie von Kindern nicht als Möglichkeit zu Mitbestimmung wahrgenommen werden, da sie beispielsweise von Lehrer/innen dominiert werden oder so stark ritualisiert ablaufen, dass sie inhaltsleer werden. Außerdem wird Partizipation oft als Lernanlass konzipiert und von den Schülerinnen und Schülern auch so verstanden. Damit wird sie zum Unterrichtgegenstand und ist dem Gedanken der Wahrnehmung von eigenen Rechten nur noch beschränkt verpflichtet.

Die Beteiligung von Kindern erfordert von Lehrkräften zudem eine Haltung, sich selbst als Lehrer/in aus der Führungsrolle herauszubegeben und sie den Kindern zu übergeben. Für den Klassenrat würde dies voraussetzen, dass sich die Lehrer/in nur die Rechte und Pflichten eines Schülers zugesteht. Dies ist nicht einfach umzusetzen, da an anderer Stelle im Schulalltag gerade diese Führungsrolle gefordert und gewünscht ist, um beispielsweise Abläufe einzuhalten oder Lernziele zu erreichen.

Weiter wäre eine kritische Distanz zum eigenen Verständnis von Partizipation notwendig. Das ist dann schwierig, wenn Partizipation als etwas grundsätzlich Positives eingeordnet wird, das wichtig und wünschenswert ist. Dass es sich dabei um ein verändertes Rollenverständnis handelt, das in erster Linie ein selbstreflexives Handeln hinsichtlich der eigenen Machtposition voraussetzt, damit kompliziert und in der Regel unbequem ist, darf nicht außen vor bleiben und erfordert eine Thematisierung.

Daneben sollte auch die Institution Grundschule nicht ausgeblendet werden. Grundschule ist ein Ort, in dem Generationenverhältnisse unter staatlicher Reglementierung bestehen, die ausgehandelt werden müssen. Dies birgt Widersprüche in sich, die Lehrer/innen immer wieder aushalten und ausbalancieren müssen. Partizipation muss zunächst gelernt werden, z.B. wie in einer Versammlung gesprochen wird, was Abstimmungen sind und wie diese ablaufen und wie Entscheidungen verantwortet und ausgehalten werden. Hier ist die Lehrer/in in ihrer Rolle als *Erfahrene* gefragt, die ihr Wissen weitergibt, hier brauchen Kinder Unterstützung und Anleitung, um demokratische Grundprinzipien wie gegenseitige Anerkennung, Fairness oder Solidarität zu verinnerlichen.

Sind jedoch die Grundlagen für die Aushandlungen im Klassenrat oder Schülerparlament gelegt, verändert sich die Rolle der Lehrperson: jetzt wird sie zur *Zuhörer/in* und *Beobachter/in* und muss die – oft mühsamen – Aushandlungsprozesse aushalten, möglichst ohne einzugreifen und auch ihr unliebsame Entscheidungen akzeptieren und mit umsetzen. Wann diese Stadien erreicht sind und wann welches Kind welche Unterstützung braucht, entscheidet sich in der genauen Beobachtung und Reflexion der Aushandlungsprozesse.

Zusätzlich werden Lehrer/innen nicht selten mit den Widersprüchen zwischen ihren pädagogischen Zielsetzungen und staatlicher Reglementierung konfrontiert. Die Wünsche und Bedürfnisse von Kindern scheitern oft an gesetzlichen Vorgaben, Finanzierungsfragen, Verwaltungsabläufen und einem starken Bedürfnis, sich als Schule und Lehrer/in gegen jede Art von Risiko abzusichern. Fragt man zum Beispiel Kinder nach ihren Wünschen zur Gestaltung des Schulhofes, kann schnell der Vorschlag kommen, ein Schwimmbad zu bauen, im Sommer zum Baden und im Winter zum Rutschen. Wie kann man mit solchen Vorschlägen umgehen? Im wünschenswertesten Fall nehmen Lehrer/innen hier eine *Vermittlungsrolle* zwischen Grundschule als reglementierender Institution und den Interessen und Rechten von Kindern ein, die viel Kreativität, Pragmatismus und vor allem Mut erfordert. Was spricht gegen einen Rasensprenger auf dem Schulhof, um den Kinder herumlaufen können oder aufblasbare Planschbecken, die für Abkühlung sorgen? Und was gegen eine selbstgelegte Rutschbahn, auf der Kinder schlittern können?

Einblick in die Handlungspraxis eines Schülerparlamentes

Viele Schulen lassen sich von den Schwierigkeiten nicht entmutigen, erproben den Umgang mit verschiedenen partizipativen Formen und reflektieren ihre Arbeit. Der folgende Abschnitt soll nun einen Einblick in die Arbeit eines Schülerparlamentes einer Grundschule geben.

Das Schülerparlament wurde von dem Schulleiter der Schule initiiert und wird auch von ihm betreut. Es findet jeden Montag in der großen Pause (10 Uhr bis 10.20 Uhr) statt. Die Kinder treffen sich in einem Raum der Schule, der nicht als Klassenraum, sondern für verschiedene Projekte und Gruppenarbeiten genutzt wird. Die Teilnahme am Parlament ist grundsätzlich freiwillig und steht jedem offen. In der Regel kommen zwei Kinder als Vertreter/innen für eine Klasse, das sind oft der Klassensprecher/in der Klasse und ein weiteres Kind. Dadurch ist die Gruppe der teilnehmenden Kinder eher heterogen und wechselt auch von Woche zu Woche. Die Alterspanne der beteiligten Kinder kann von sechs Jahren bis zehn Jahre reichen. Nahezu bei jeder Sitzung ist der Schulleiter anwesend; selten nimmt zusätzlich auch eine Referendarin an einer Sitzung teil. Es gibt keine feste Sitzordnung, jeder setzt sich dahin, wo er möchte. Der Ablauf des Parlamentes wird hergestellt über festgelegte Sätze, die die einzelnen Abschnitte im Ablauf einführen. Bei jeder Sitzung wird zunächst vereinbart, wer die Sitzung leitet und wer das Protokoll schreibt. Anschließend eröffnet das leitende Kind mit dem Satz: »Ich eröffne das Schülerparlament« die Versammlung. Danach schließt sich sofort an: »Was wollen wir besprechen?« und mit Beendigung der Aufnahme aller Besprechungspunkte geht es weiter mit »Wer hat was dazu zu sagen?«. Im Anschluss an die Diskussion werden die Ergebnisse von dem protokollführenden Kind unter dem Punkt »Unser Ergebnis« vorgelesen. Zum Abschluss wird als letzter Satz gesprochen: »Ich schließe das Schülerparlament.« Das Protokoll ist ein vorgedrucktes A4-Blatt, auf dem die Anwesenheit der Kinder, die Besprechungspunkte und Ergebnisse vermerkt werden. Die Atmosphäre war bei allen beobachteten Sitzungen freundlich und ich hatte als Beobachterin den Eindruck, dass die Kinder gern zum Schülerparlament kommen. Das Sitzungsgeschehen wird von den Kindern interessiert und – trotz der gerade stattfindenden Pause – sehr aufmerksam verfolgt.

Der Auszug aus dem nachfolgenden Protokoll beginnt bei der Sammlung der Besprechungspunkte. Julian (dritte Klasse) schreibt das Protokoll, während Chris (ebenfalls dritte Klasse) die Leitung übernommen hat. Beide haben sich dafür gemeldet, diese Funktionen übernehmen zu dürfen. Frau Birkner ist Referendarin an der Schule, die den Schulleiter bei dieser Sitzung vertritt.

Frau Birkner: »Der zweite Punkt war jetzt was?« Julian erklärt: »Der zweite Punkt: Tischtennisplatte.« Frau Birkner antwortet: »Genau.« Sie wartet einen Moment, daraufhin schaut sie Chris an und sagt: »Du bist die Leitung.« Er antwortet genervt: »Jaja.« Frau Birkner schaut in die Runde und fragt den ihr ein Blatt reichenden Patrick: »Patrick?« Sie flüstert leise: »Dankeschön!« und wendet sich dann wieder an Chris und flüstert ihm zu: »Frag nochmal, Chris! Gibt es noch was zu besprechen?« Chris fragt laut in die Runde: »Gibt's noch was zu besprechen?« Luisa meldet sich und Chris nimmt sie dran: »Ja, Luisa.« Luisa erklärt: »Also ich find's doof da hinten am Klettergerüst, weil wir spielen da immer und da werfen die Kinder sich immer gegenseitig mit den Steinen ab.« Ein Kind spricht bekräftigend dazwischen: »Steinen!«. Luisa erklärt unbeirrt weiter: »und und das ist immer öfters und deswegen weinen auch viele Kinder und ich finde die Steine sollten gegen was anderes ersetzt werden.« Die Erklärung von Luisa wird von verschiedenen Kindern kommentiert: »Ja, sonst kriegense Sand in den Augen.« »Ja, das hatten wir schon mal vorgeschlagen, aber nein …«. Julian setzt an: »Trotzdem, mhm, von …« Frau Birkner unterbricht ihn: »Mhm! Du bist gar nicht dran, Julian.« Sie wendet sich wieder an Chris: »Chris.« Julian ergänzt seinen Satzanfang: »Vielleicht solche Watte.« Frau Birkner spricht nochmal Chris an: »Chris, guck mal, da sind noch Meldungen.« Chris zeigt auf Klara: »Du da.« Klara merkt an: »Aber wir besprechen das schon drei Wochen lang, was wir dagegen machen können.« Frau Birkner unterbricht: »Michelle, äh, Klara, lass uns mal gucken, wenn wir nachher den Punkt aufrufen, ja?« Chris kommentiert: »Toll! Jetzt hab ich ja noch 'n Namen mehr. Gleich explodiert mein Gehirn. Gibt's noch was?« Es entsteht eine kurze Pause. Patrick bringt ein: »Mhm, vielleicht die Fußballwiese, ähh, wieder aufmachen …« »Mitbekommen, Julian? Willst du's aufschreiben?«, fragt Frau Birkner den Protokollschreiber. Julian schreibt; das Kind neben ihm kommentiert sein Schreiben: »Man kann's aber auch mit ss schreiben.« Frau Birkner sagt leise: »Dann wäre jetzt Punkt eins dran, Chris.« Julian fragt laut: »Was?« Daraufhin ordnet Frau Birkner ein: »Chris lernt hier gerade die Leitung. Wenn du das jetzt fertig hast, dann können wir Punkt eins aufrufen.« Chris sagt: »Punkt eins.«

Zunächst klärt hier Frau Birkner noch mal, welche Punkte die Kinder besprechen wollen, es sind bis jetzt zwei und der zweite Punkt wird vom Protokollschreiber Julian nochmal genannt: »Tischtennisplatte« und von Frau Birkner bestätigt: »Genau«. Im Ablauf der Sitzung würde ein erfahrenes leitendes Kind jetzt mehrmals nachfragen, ob es noch weitere Besprechungspunkte gibt. Viele Kinder brauchen eine gewisse Zeit, bis sie ihre Anliegen vorbringen können. Deshalb scheint die Referendarin auf die Frage von Chris zu warten. Als sie merkt, dass Chris nicht reagiert, erinnert sie ihn noch mal daran, dass er die Leitung inne hat. Dabei sagt sie ihm nicht, was er zu tun hat und was als nächstes kommen soll, sondern sie benennt nur noch einmal seine Funktion: »die Leitung«. Damit stellt sie zwischen sich und Chris ein gleichberechtigtes Verhältnis her, in dem sie ihm fast freundschaftlich lediglich einen Hinweis gibt. Chris scheint dieses Angebot nicht annehmen zu können, er antwortet genervt: »Jaja.« Frau Birkner nimmt seine Unzufriedenheit wahr und interpretiert sie als Hilflosigkeit. Zumindest erklärt sie ihm jetzt doch, was er zu tun hat, aber auch das macht sie flüsternd und wahrt damit wiederum seine Rolle als leitendes Kind. Jetzt meldet sich Luisa, die – von Chris zum Sprechen aufgerufen – von dem Problem mit den Steinen auf dem Spielplatz erzählt. Dieses Thema scheint mehrere Kinder zu beschäftigen, sie bekräftigen das Anliegen von Luisa mit der Schilderung ihrer eigenen Wahrnehmung der Probleme mit den Steinen. Auch hier greift Frau Birkner zunächst nicht ein, sie scheint zu wissen, dass es für die Kinder schwer ist, sich an den Ablauf (erst Besprechungspunkte sammeln und erst nach der Sammlung darüber diskutieren) zu halten. Erst bei Julius, der das Protokoll führt, unterbricht sie die Wortmeldung und lenkt mit der Ansprache an »Chris« die Aufmerksamkeit auf das leitende Kind. Chris reagiert nicht, aber er erhält wiederum Unterstützung, Frau Birkner fordert ihn auf, auf die Wortmeldungen der Kinder zu reagieren. Chris zeigt durch »Du da!« für Klara an, dass sie sprechen kann und sie kommentiert den Vorschlag von Luisa, dass der schon lange besprochen wird, anscheinend ohne Lösung. Auch hier verweist Frau Birkner freundlich auf die Diskussionsrunde im Anschluss. Jetzt meldet sich Chris von selbst zu Wort und beschreibt dabei seine Schwierigkeiten beim Leiten des Parlamentes. Er weiß die Namen der anderen Kinder nicht und war deshalb schon gezwungen, ein Kind durch Zeigen aufzurufen. Jetzt verspricht sich Frau Birkner und nennt Klara bei einem falschen Namen, das verwirrt Chris noch mehr: »Gleich explodiert mein Gehirn.« Er scheint sich nun sicherer zu fühlen, er fragt selbst und unaufgefordert weitere Besprechungspunkte der Kinder nach.

Es kommt noch ein vierter Besprechungspunkt von Patrick, die Wiedereröffnung der Fußballwiese. Jetzt kommt die nächste Hürde auf Chris zu: der Wechsel von der Aufnahme der Besprechungspunkte zur Eröffnung der Diskussion der einzelnen vorgetragenen Anliegen. Vier Besprechungspunkte sind völlig ausreichend und in der kurzen Zeit kaum zu bewältigen. Chris scheint sich nicht mehr an den weiteren Ablauf zu erinnern, er sagt nichts. Frau Birkner versucht wieder, ihm den weiteren Ablauf in Erinnerung zu rufen, sie gibt ihn leise vor. Nun funktioniert das Zusammenspiel zwischen Chris und Frau Birkner nicht mehr, Chris scheint sie nicht zu hören beziehungsweise scheint nicht einordnen zu können, was sie von ihm will. Dafür fragt Julian nach, was sie gesagt hat. Jetzt übernimmt Frau Birkner die Leitung, sie erklärt Julian, dass, wenn er fertig ist, sie den ersten Punkt aufrufen könnten. Sie wechselt von der Ansprache: »Du (gemeint ist Chris)« zu »wir« und setzt damit Chris und sich selbst in die Funktion der Leitung des Parlamentes. Auch hier wertet sie die Bemühungen von Chris, dass Parlament zu leiten, nicht ab, sondern stellt für alle Anwesenden klar: »Chris lernt hier gerade die Leitung«. Damit beschränkt sie sich mit ihrer Äußerung auf einen sachlichen Aspekt: Leitung ist etwas, was man lernen muss und Chris ist gerade dabei.

Der nächste Ausschnitt aus einem Protokoll zeigt eine andere Phase in der Durchführung eines Schülerparlamentes. Diesmal ist der Schulleiter anwesend und Julian hat die Leitung des Schülerparlamentes inne. Der Auszug aus dem Protokoll setzt mitten in der Diskussionsrunde an. Die Besprechungspunkte wurden schon gesammelt und es wurde Punkt eins: »Pausenausleihe« aufgerufen. Bei der Pausenausleihe handelt es sich um ein Projekt der Schule, in der (meist drei) Kinder die Ausleihe von Spielsachen in der Pause übernehmen. Die Regelung, welche Klasse als nächstes die Ausleihe übernimmt, war Julian nicht klar, deshalb hat er diesen Besprechungspunkt genannt.

Julian entgegnet: »Ich muss mich aber selber drannehmen, weil ich das den Punkt dazu hatte. Na gut, dann nehm ich erst dich.« Er zeigt auf die sich meldende Sophie. »Ähm, mir wurde gesagt, dass die drei b erst, na, im nächstes Schuljahr kommen soll. So wurde mir, glaube, von der Frau Birkner oder Frau Stitz es bestätigt.« Julian: »Ja gut, dazu will ich (stockt) aber na gut, dann wär das ja eigentlich geklärt.« Nach einer kurzen Pause: »Aber Herr Dipold, könnten Sie nochmal im Lehrerzimmer nachfragen, wann die drei b dran ist und dann könnten Sie es ja nächstes Mal im Schülerparlament sagen.« Herr Dipold antwortet darauf: »Kann ich machen. (bestätigend) Mhm.«

Julian ist in der dritten Klasse und ein erfahrener Leiter des Schülerparlamentes. Er weiß, wann die einzelnen Schritte in der Abfolge des Schülerparlamentes von ihm eingeleitet werden müssen. Er merkt an, dass er sich selbst dran nehmen muss, da er selbst den »Punkt eins: Pausenausleihe« in die Sitzung des Parlamentes eingebracht hat. Trotzdem verzichtet er auf sein Rederecht und gibt es weiter an Sophie, die zur Regelung der Pausenausleihe andere Lehrerinnen wohl gefragt hat: die drei b übernimmt erst im nächsten Schuljahr die Pausenausleihe. Julian will eigentlich etwas dazu sagen, aber er stockt. Gleichzeitig stellt er dann laut auch für alle Anderen fest: »aber na gut, dann wär das ja eigentlich geklärt«. Trotz der Klärung (seiner eigenen Gedanken) reagiert er nochmal auf die Äußerung von Sophie. Sie hatte zwar gesagt, dass sie von »Frau Birkner oder Frau Stitz es bestätigt« bekommen hat, aber sie formulierte es vorsichtig. Dies nimmt Julian wohl als Anlass, Herrn Dipold aufzutragen, im Lehrerzimmer nachzufragen, »wann die drei b dran ist«. Außerdem fordert er den Schulleiter auf, das Ergebnis der Nachfrage in der nächsten Sitzung im Schülerparlament mitzuteilen.

Julian fordert hier eine gleichberechtigte Position gegenüber dem Schulleiter ein: er weiß, dass diese Dinge hier an der Schule von den Erwachsenen entschieden werden und er weiß auch, wo solche Dinge zwischen den Erwachsenen geklärt werden – im Lehrerzimmer. Weiterhin nimmt Julian hier eine Form der Arbeitsteilung vor: da er weiß, dass Herr Dipold dort eher anzutreffen ist und schneller seine Kolleg/innen dazu befragen kann, wäre es doch gut, wenn er dies tun könnte. Damit verweist er Herrn Dipold in die Rolle eines zuarbeitenden Teilnehmers, der sich an der Umsetzung von Anliegen aus dem Schülerparlament beteiligen soll.

Herr Dipold reagiert nicht weiter auf die besondere Art der Anfrage, sondern er bestätigt die Idee der Arbeitsteilung. Er antwortet kurz und knapp: »Kann ich machen« und bestätigt das Ganze nochmal mit einem »Mhm«. Damit nimmt er einen ähnlichen Platz wie die an der Sitzung teilnehmenden Kinder ein und stellt seine besondere Rolle als einziger (handelnder) Erwachsener nicht in den Mittelpunkt.

Partizipation? Partizipation!

Dieser kurze Einblick in die Praxis zeigt, dass Partizipationsprozesse nicht einfach, jedoch zu bewältigen sind. Aber stellt sich überhaupt die Frage, ob Partizipation in der Grundschule umgesetzt werden soll und kann? Entsprechend des zwölften Artikels der UN-Kinderrechtskonvention – »Berücksichtigung des Kinderwillens« – müssen Kinder bei allen Entscheidungen, die sie betreffen, nach ihrer Meinung gefragt werden und diese muss dann auch berücksichtigt werden (vgl. Lohrenscheit in diesem Band). Seit 1992 verpflichtet damit die Konvention Deutschland als einen der unterzeichnenden Vertragsstaaten zur Schaffung von beteiligungsorientierten Rahmenbedingungen für Kinder.

Gerade Lehrerinnen und Lehrer können dabei eine positive Rolle aufgrund ihrer pädagogischen Kompetenz, ihrer Erfahrung im Umgang mit Kindern und der Möglichkeit zur Gestaltung eines wichtigen kindlichen Lebensraumes – der Grundschule – einnehmen.

Literaturverzeichnis

Alt, C. (2007): Kinderleben – Start in die Grundschule. Band 3: Ergebnisse aus der zweiten Welle. Wiesbaden: VS-Verlag.

Bacher, J. / Winklhofer, U. / Teubner, M. (2007): Partizipation von Kindern in der Grundschule. In: Alt, C. (Hrsg.): Kinderleben – Start in die Grundschule. Band 3: Ergebnisse aus der zweiten Welle. Wiesbaden: VS-Verlag, S. 271 – 298.

Bosenius, J. / Wedekind, H. (2004): »Mitpestümmen«. In: Deutsches Kinderhilfswerk e. V. (Hrsg.): Kinderreport Deutschland 2004. Daten, Fakten, Hintergründe. München: kopaed, S. 287 – 309.
Coelen, T. W. (2010): Partizipation und Demokratiebildung in pädagogischen Institutionen. In: Zeitschrift für Pädagogik, 56. Jg., H. 1, S. 37 – 52.
Diemer, T. (2007): Das Schülerparlament – ein Modell der Erweiterung innerschulischer Partizipation. In: Eikel, A. / de Haan, G. (Hrsg.): Demokratische Partizipation in der Schule. Ermöglichen, fördern, umsetzen. Schwalbach: Wochenschau Verlag, S. 93 – 108.
de Boer, H. (2006): Klassenrat als interaktive Praxis. Auseinandersetzung – Kooperation – Imagepflege. Univ., Diss. Wiesbaden: VS-Verlag.
Frank, S. / Sliwka, A. (2007): Service Learning und Partizipation. In: Eikel, A. / de Haan, G. (Hrsg.): Demokratische Partizipation in der Schule. Ermöglichen, fördern, umsetzen. Schwalbach: Wochenschau Verlag, S. 42 – 59.
Göb, M. (2003): Der Klassenrat: Unbequem, aber klasse! In: Burk, K. / Speck-Hamdan, A. / Wedekind, H. (Hrsg.): Kinder beteiligen – Demokratie lernen. Frankfurt / M.: Grundschulverband – Arbeitskreis Grundschule e. V. (Beiträge zur Reform der Grundschule, Band 116), S. 208 – 214.
Heinzel, F. (2004): Kreisgespräche – Versammlungen, die herausfordern. In: Bosse, D.: Unterricht, der Schülerinnen und Schüler herausfordert. Bad Heilbrunn: Klinkhardt, S. 101 – 121.
Helsper, W. (2001): Schülerpartizipation und Schulkultur – Bestimmungen im Horizont schulischer Anerkennungsverhältnisse. In: Böhme, J. / Kramer, R.-T. (2001): Partizipation in der Schule. Theoretische Perspektiven und empirische Analysen. Opladen: Leske+Budrich, S. 37 – 48.
Herausgaben des Kinderhilfswerkes (zu beziehen unter www.dkhw.de).
Himmelmann, G. (2001): Demokratie Lernen: als Lebens-, Gesellschafts- und Herrschaftsform. Ein Lehr- und Studienbuch. Schwalbach: Wochenschau-Verlag.
Kiper, H. / Pozar, T.-S. / Piper, H. (1997): Selbst- und Mitbestimmung in der Schule. Das Beispiel Klassenrat (Grundlagen der Schulpädagogik 20). Baltmannsweiler: Schneider Hohengehren.
Reinhardt, B. (2003): Schulalltag gemeinsam gestalten. In: Burk, K. / Speck-Hamdan, A. / Wedekind, H. (Hrsg.): Kinder beteiligen – Demokratie lernen (Beiträge zur Reform der Grundschule 116). Frankfurt / M.: Grundschulverband – Arbeitskreis Grundschule e. V., S. 122 – 141.
Wagner, A. L. (Dissertation im Erscheinen): Das Projekt »PagGs« (unter der Leitung von Hans Brügelmann und Thomas Coelen) wird durchgeführt an der Universität Siegen im Auftrag der Deutschen Kinder- und Jugendstiftung.
Wedekind, H. / Brückner, H.-R. (2007): Zukunftswerkstatt Kinderfreundliche Schule. Ein Arbeitsmaterial für Kinder, die ihre Schule verändern möchten. Methodenreihe, Heft 1.
Wedekind, H. / Kessemeier, A. / Seitz, A. (2007): Wir-Werkstatt. Für Kinder, die sich auf ihre Stärken besinnen. Methodenreihe, Heft 2.
Wedekind, H. / Kessemeier, A. (2006): Ideen-Werkstatt. Ein Arbeitsmaterial für Kinder, die ihre Lernwege selbst bestimmen und selbstständig ein Projekt gestalten wollen. Methodenreihe, Heft 3.
World Vision e. V. (Hrsg.) (2007): Kinder in Deutschland 2007. 1. World Vision Kinderstudie. Bonn: Bundeszentrale für politische Bildung.
World Vision e. V. (Hrsg.) (2010): Kinder in Deutschland 2010. 2. World Vision Kinderstudie. Frankfurt / M.: Fischer-Verlag.

Martina Nieswandt

Hausaufgaben als Freizeitaktivität von Kindern?

Kinder haben nach dem Unterricht oft Hausaufgaben zu bearbeiten. Doch handelt es sich hierbei wirklich um effektive Wiederholungs- und Übungsmaßnahmen, wie vielfach angenommen? Im Folgenden werden zunächst Fakten zu Schulzeiten und Freizeitaktivitäten von Kindern aufgeführt. Forschungsergebnisse weisen darauf hin, dass insbesondere die elterliche Beteiligung bei den Hausaufgaben problematisch ist. In diesem Beitrag richte ich den Fokus auf »Hausaufgabensituationen in Familien mit türkischem Migrationshintergrund«. Ich stelle Szenen aus dem Hausaufgabenalltag von zwei Familien vor. Abschließend folgen Hinweise für Lehrkräfte, die auf eine veränderte Hausaufgabenpraxis abzielen.

Daten und Fakten

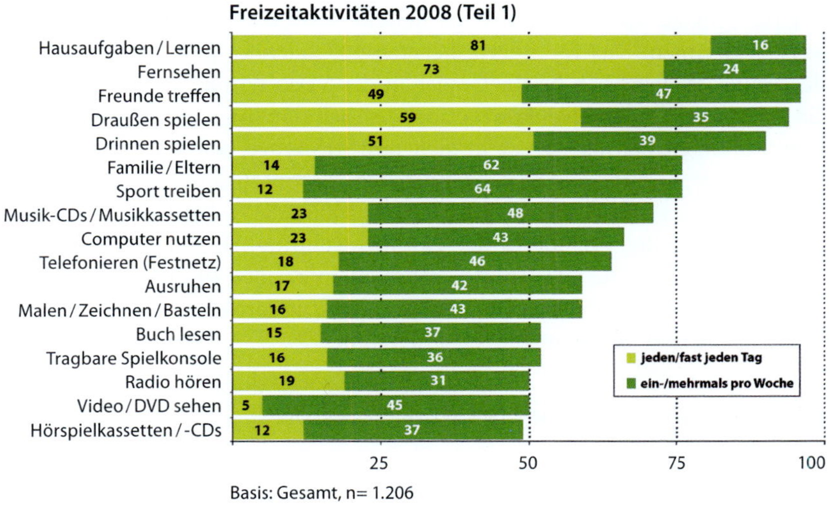

Quelle: Medienpädagogischer Forschungsverbund Südwest (2008)

Hausaufgaben nehmen einen Großteil der täglichen Freizeitaktivitäten von Kindern ein, wie aus der oben stehenden Grafik der Studie zu Kindern und Medien (KIM-Studie 2008) eindrücklich zu entnehmen ist. Auch die Studie des Deutschen Jugendinstituts (1992) mit dem Titel »Was tun Kinder am Nachmittag?« kommt zu einem solchen Ergebnis. 80 % aller befragten Kinder geben an, sofort nach der Schule ihre Hausaufgaben zu erledigen, ob zu Hause oder im Hort. Insgesamt benötigen 64 % der Kinder weniger als eine Stunde täglich für die Hausaufgaben, aber 36 % sitzen mehr als eine Stunde an den Hausaufgaben, manche sogar noch länger (vgl. Elskemper-Mader 1992, S. 227). Viel Zeit für Hausaufgaben bedeutet dabei nicht gleichzeitig weniger Freizeitaktivitäten. Im Gegenteil. Kinder, die viel Zeit in Hausaufgaben investieren, nehmen gleichzeitig auch viele andere Termine wahr (vgl. Elskemper-Mader 1992, S. 231). Es sind insbesondere bildungsorientierte Eltern, die Verabredungen für ihre Kinder treffen oder diese an außerschulischen Bildungsveranstaltungen teilnehmen lassen (vgl. Zeiher 2008 b, S. 35). Solche milieuspezifischen Unterschiede zeigen sich auch bei der Unterstützung der Hausaufgaben, denn bei Kindern aus Milieus mit geringeren Kapitalressourcen, d. h. bei Kindern aus bildungsfernen Familien, Kindern von Alleinerziehenden oder Kindern aus kinderreichen Familien fällt die Kontrolle der Hausaufgaben deutlich geringer aus (vgl. Betz 2007, S. 177 und World Vision 2010). Angesichts der Tatsache, dass Einstellungschancen auf dem Arbeitsmarkt vom Bildungsabschluss abhängen, ist das große Engagement der Eltern durchaus nachvollziehbar.

In den vergangenen Jahren hat zudem der Faktor Zeit bzw. Lernzeit in der pädagogischen und politischen Schuldebatte einen wichtigen Stellenwert bekommen. Das veränderte Lerntempo, welches die Schule den Kindern zuweist, zeigt sich beispielsweise in der Verkürzung der Schulzeit auf G8 oder auch in der Neukonzeption des Schulanfangs, der zu früheren Einschulungen beiträgt. Es stellt sich nun die Frage, wie die schulischen Zeitstrukturen mit den außerschulischen Lebenszusammenhängen der Schulkinder zusammenpassen (vgl. Zeiher 2008 a, S. 7). Bezogen auf Hausaufgaben, also der »Schule in der Familie« (Fölling-Albers / Heinzel 2007, S. 316), sind Konflikte zu vermuten. Zum einen können Interessenkonflikte zwischen Freizeit und Lernzeit auftreten. Zum anderen prallen Erwartungen beider Sozialisationsinstanzen aufeinander.

Zum Stand der Hausaufgabenforschung

Das Thema Hausaufgaben – als Schnittstelle zwischen schulischen und häuslichen Lernbedingungen – ist sehr komplex, so dass in Studien immer nur ein Aspekt der Hausaufgaben analysiert werden kann. Als gesichert gilt, dass es keinen Zusammenhang zwischen langer Lernzeit und der Effektivität des Lernens bzw. der Leistungsentwicklung gibt. Es besteht vielmehr sogar ein negativer Zusammenhang, denn »wer lange lernt, lernt noch lange nicht viel mehr« (Schnyder u. a. 2006, S. 20). Die Debatte um ein Pro und Contra und die Effektivität in Bezug auf Hausaufgaben lässt sich auf die Durchführung der Hausaufgaben zuspitzen, denn es kommt vor allem auf die Qualität

an: »auf die Qualität der Aufgaben, auf die Qualität der Bearbeitung und auf die Qualität der Unterstützung durch die Eltern« (Lipowsky 2007, S. 9).

Die Beteiligung der Eltern wurde bereits in den 1980er Jahren als problematisch eingeschätzt und die elterliche Hilfe mit Privatunterricht verglichen (vgl. Tietze / Roßbach / Mader 1987, S. 315). Dabei wird die elterliche Beteiligung in Anregung, Instruktion und Kontrolle unterschieden. Intensive Formen der Kontrolle und Beaufsichtigung der Hausaufgaben gehen mit schlechteren Schulnoten einhergehen, ebenso häufiges Üben, zusätzliches Arbeiten und Wiederholen unordentlich erledigter Hausaufgaben (vgl. Trudewind / Wegge 1989, S. 141). Zu ähnlichen Ergebnissen kommen Grolnick und Ryan (1997) für den amerikanischen Sprachraum. Sie unterscheiden in drei Bereiche elterlicher Beteiligung: Autonomie unterstützend, direkte Beteiligung und die Bereitstellung von strukturierenden Hilfen bzw. das Ausblenden von Störfaktoren (vgl. Grolnick / Ryan, S. 144). Vermutet und bestätigt wird, dass ein positiver Zusammenhang zwischen der Unterstützung der Autonomie und guten Leistungen besteht. Eine vierte Komponente sind die »mentoring skills« (vgl. Cooper u. a. 2000, S. 468). Damit ist die Fähigkeit gemeint, den Hausaufgabenprozess zu begleiten. Die amerikanische Literatur zur elterlichen Beteiligung wird von Hoover-Dempsey und Battiato (2001) zusammengefasst. Demnach glauben die meisten Eltern, ihre Hausaufgabenhilfe würde von Lehrern erwartet und sei auch nützlich (vgl. Hoover-Dempsey / Battiato 2001, S. 201). In einer Studie zur Quantität und Qualität der elterlichen Hausaufgabenbetreuung von Drittklässlern in Mathematik wird die Hilfe der Eltern zu 84,3 % als suboptimal eingeschätzt (vgl. Wild / Remy 2002, S. 283), und das bei Probanden, die zu 34 % aus der mittleren und zu 63 % aus der oberen

Mittelschicht stammen (vgl. Wild / Remy 2002, S. 281). Die Mikroprozesse dieser Hilfsstrukturen im Alltag sind weitestgehend unerforscht. Deshalb gilt mein Interesse den Hausaufgabensituationen im familiären Alltag, der sich der Beobachtung durch Lehrerinnen und Lehrer sonst eigentlich verschließt.

Hausaufgabenalltag

Im Fokus meiner laufenden Studie stehen die Mikrostrukturen der Hausaufgabensituationen: Kommunikation, Handlungen und Interaktionen. *Wie* gestalten sich Hausaufgabensituationen, an denen unterschiedliche Personen (Schulkinder, Elternteile und Geschwister) beteiligt sind und in denen auch Arbeitsmaterialien eine wichtige Rolle spielen? Ich gehe davon aus, dass beobachtbare Hausaufgabensituationen dadurch entstehen, dass die Beteiligten sich aufeinander und auf die Sache Hausaufgaben beziehen (vgl. Wiesemann / Amann 2002).

Bisher wurden in einigen Familien und auch in einem Hort nach teilnehmender Beobachtung umfangreiche Feldprotokolle über Hausaufgabensituationen angefertigt. Pro Familie wurde jeweils drei Mal je eine Woche die Hausaufgabenzeit beobachtet. In allen bisher beobachteten Familien haben die Eltern einen türkischen Migrationshintergrund und eine hohe Bildungsaspiration in Bezug auf ihre Kinder. Die einzelnen Elternteile besuchten unterschiedliche Schulformen: Hauptschule, Realschule, Gymnasium. Die Wohnungen aller Familien sind klein, so dass sich die zwei bzw. drei Kinder das Kinderzimmer teilen. Angefertigt werden die Hausaufgaben am Esszimmertisch im Wohnzimmer. Gerahmt sind die Hausaufgabensituationen von der Vorbereitung des Esszimmertisches, der zunächst gesäubert und dann als Schultisch »eingedeckt« wird. Zum Bearbeiten der Aufgabe sind Aufgabenwissen und Aufgabenlösungswissen vonnöten. Letzteres kann mitunter einen längeren Aushandlungsprozess auslösen, bei dem verschiedene Beteiligte mit unterschiedlichen Rollen interagieren. Dabei treffen verschiedene Vorstellungen von Schule aufeinander, die untereinander ausgehandelt werden. Aus Elternsicht spielt die Kontrolle der Hausaufgaben eine entscheidende Rolle. Den Eltern geht es meistens um das Anfertigen eines fehlerfreien Produktes.

Im Folgenden stelle ich zunächst einen Auszug aus dem Hausaufgabenalltag der Familie Ay vor (der Auszug aus dem Feldprotokoll ist blau hinterlegt). Familie Ay hat drei schulpflichtige Kinder. Das Mädchen Zennur besucht die dritte Klasse der Grundschule. Zennur und ihre Mutter sitzen während der gesamten Hausaufgabenzeit zusammen am Wohnzimmertisch. Als Hausaufgabe ist ein Arbeitsblatt mit der Überschrift »Minusaufgaben durch Ergänzen lösen« gegeben. Zennur beginnt mit der ersten Aufgabe:

504 – 486 =
486 + _ = 504

Zennur erklärt, dass sie nicht weiß, wie die Aufgaben zu lösen sind. Mutter und Tochter unterhalten sich kurz auf Türkisch. Zennur: »Guck, wir sollen die (sie zeigt auf Aufgabe Nr. 1, acht zweigeteilte Aufgaben zum Ergänzen). Ich weiß gar nicht, wie das hier geht. Ergänzen. Und das (zeigt auf die Aufgabe 4) machen wir, glaube ich, in der Schule.« (Pause) [...] Die Mutter hat den Hefter zu sich gedreht, um sich den Aufgabentyp genauer anzusehen. Sie erklärt etwas auf Türkisch, »und dann muss das da herauskommen.« [...] Zennur fragt auf Türkisch nach. Beide tauschen sich in zwei Sprachen – Deutsch und Türkisch aus – wobei die Tochter tendenziell häufiger Deutsch spricht. Bei der ersten Aufgabe stehen bereits die ersten Zahlen. Zennur kommentiert: »Ergänzen sind keine normalen Rechenaufgaben.« Frau Ay fragt, warum. »Weil, ich hab das in der Schule auch erst so gerechnet, aber dann hat sie gesagt, dass wir es anders machen sollen.«

Zennur sagt zunächst, dass sie nicht über das notwendige Aufgabenlösungswissen verfügt und appelliert somit an eine Unterstützung durch ihre Mutter. Im zweiten Schritt schränkt sie ihr Nichtwissen ein. Sie kann die Rechenoperation *Ergänzen* nicht ausführen. Die Mutter startet daraufhin einen ersten Erklärungsversuch und übernimmt die Rolle der Helfenden und Wissenden. Eine türkische Passage schließt mit den Worten *und dann muss das da herauskommen*. Aber mit dieser Erklärung ist das Aufgabenlösungswissen noch nicht vermittelt. Denn Zennur scheint in ihrem Aufgabenlösungswissen in Bezug auf Ergänzen am Vormittag in der Schule irritiert worden zu sein. Die Lehrerin hat einen Rechenweg für gut geheißen, der *anders* war als ihr Rechenweg und auch anders als der Rechenweg der Mutter. Zennurs Konsequenz daraus ist die Aussage, dass Ergänzen *keine normalen Rechenaufgaben* sind. Es handelt sich also nicht um eine Aufgabenstellung, die sie ohne Weiteres selbstständig als den Unterricht nach- oder vorbereitende Übung durchführen kann. Auch der Erklärungsversuch der Mutter entspricht nicht dem aktuellen Schulwissen und scheitert.

Auch in der folgenden Situation lässt sich zeigen, dass das Schulwissen des Kindes nicht zum Wissen der Erwachsenen passt. Das Mädchen Öbek besucht ebenfalls die dritte Klasse der Grundschule. Öbek hat noch zwei ältere Schwestern, die meistens erst während der Hausaufgabenzeit nach Hause kommen. Ihre Hausaufgaben erledigt Öbek alleine am Esszimmertisch. Die Mutter arbeitet im Haushalt und fragt gelegentlich an, ob sie ihre Tochter unterstützen kann. Nach Beendigung eines Aufgabenbereiches kontrolliert sie zudem die Hausaufgaben. Öbek soll Multiplikationsaufgaben aus dem Rechenbuch ins Rechenheft übertragen und ausrechnen.

Öbek beginnt, die Aufgaben sorgfältig in ihr Heft zu schreiben. Frau Kanat stellt sich neben Öbek, blickt kurz auf die Aufgaben und fragt in einem freundlichen Ton: »Darf ich dir was sagen, Öbek?« – »Mmmhh.« – »Guck mal, die Drei kannst du auch hinten hin (sie zeigt auf eine Ziffer im Rechenbuch), bei Mal ist es egal, wo. So rum geht's besser, ne?« – »Ich rechne das aus dem Kopf.« – »Na, ist auch gut.« Die Mutter verlässt das Wohnzimmer in Richtung Balkon. Dort steht ihr Tee. Ich sehe, dass sie Wäsche vom Ständer abnimmt und zusammenlegt.

Hier fordert das Kind keine Hilfe bei den Hausaufgaben, sondern bearbeitet diese selbstständig. Die Mutter fragt höflich an, ob sie etwas mitteilen darf. Sie erinnert aus ihrer eigenen Schulzeit einen anderen Lösungsweg, den sie für *besser* hält. Frau Kanat erwartet eine Bestätigung für diese Einschätzung, doch Öbek weist den Hinweis der Mutter zurück und betont ihren Lernweg, das Kopfrechnen. Die Mutter akzeptiert dies vorläufig. Sie benennt Öbeks Verfahren als *auch gut*, verlässt den Raum und kümmert sich um den Haushalt. Doch ihre Zurückhaltung ist nicht von Dauer. Nach einer Weile betritt die Mutter wieder das Wohnzimmer und blickt auf die Hausaufgaben. Öbek ist nicht so schnell vorangekommen.

Frau Kanat sagt: »Nein, Schatz, du fängst hier vorne an, ein Mal sieben ist?« Öbek fällt ihr ins Wort: »Nein, Anne, yapmior.« (»Nein, Mama, das mache ich nicht.«) Die Mutter fragt nach: »Wie hast du gelernt?« –»Aus dem Ko-hopf.« – »Aus dem Kopf?« – »Jaha.« – »Aus dem Kopf, dann sieben mal zehn? Erst Mal oder was? Sind siebzig?« – Öbek antwortet noch genervter: »Nein.« Die Mutter sagt: »Mach mal alleine, ich gehe.« Und mit Blick auf mich: »Irgendwann erklär' ich es auch falsch.«

Jetzt schließt die Mutter das Rechenverfahren der Tochter aus und versucht, ihr einen anderen Rechenweg vorzuschreiben. Dabei gibt sie noch einen Teil der Aufgabe als Fragestellung vor. Aber Öbek wehrt diesen Eingriff ab, indem sie der Mutter auf türkisch antwortet, dass sie nicht so arbeiten wird, wie von ihr vorgeschlagen. Mit der türkischen Antwort versucht sie vermutlich, der Beobachterin die Auseinandersetzung vorzuenthalten. Die Ablehnung der Tochter führt jedoch nicht zu einem Machtkampf, bei dem die Mutter ihre favorisierte Rechenweise durchzusetzen versucht. Vielmehr möchte die Mutter in Erfahrung bringen, wie die Rechenweise geht. *Wie hast du gelernt?* Die Tochter beantwortet die Frage sachlich, wenn auch in einem etwas genervten Tonfall. Die Aufgaben sind Kopfrechenaufgaben. Die Mutter scheint dieses Verfahren anzuzweifeln, denn sie vergewissert sich noch einmal. *Aus dem Kopf?* Die Tochter bejaht die Nachfrage, wiederum genervt. Schließlich entscheidet sich die Mutter dafür, sich nicht weiter einzumischen. Die Erfahrung, auch schon Sachverhalte falsch erklärt zu haben, mag diese Zurückhaltung erklären.

Die beiden Szenen geben einen kurzen Einblick in den Hausaufgabenalltag von zwei Familien. Die Vorstellung davon, dass Kinder die Hausaufgaben zu Hause selbstständig bearbeiten, wird von vielen Lehrkräften wider besseres Wissen vorausgesetzt, denn schließlich haben Kinder ja am Unterrichtsvormittag teilgenommen.

Zennur kann nicht alle Aufgaben selbstständig lösen. Sie kann aber eingrenzen, wo genau sie Hilfe benötigt. Doch diese Unterstützung kann ihr die Mutter nicht geben. An die beschriebene Sequenz schließt sich ein langer Aushandlungsprozess mit mehreren Beteiligten an, auch die beiden Geschwister werden hinzugezogen. Es wird gemeinsam überlegt, wie die Aufgaben zu lösen sind, wobei Zennur einen zunehmend unbeteiligten Eindruck macht.

Öbek verfügt über das Aufgabenlösungswissen. Sie soll ein Kopfrechenverfahren anwenden. Hier ist es die Mutter, die Hilfe anbietet und es zunächst auch aushält, dass diese abgewehrt wird. Im Anschluss an die Szene bzw. nach Beendigung der Hausaufgabe bringt die Mutter ihrer Tochter dann allerdings doch noch »ihr Rechenverfahren«, die schriftliche Multiplikation bei.

In Hausaufgabensituationen, so ein wesentlicher Eindruck der Beobachtungen, zeigen Schulkinder zu Hause, »wie Schule machen geht«, also wie Aufgaben zu lösen sind. Dabei prallt das aktuelle schulische Handeln auf Vorstellungen von Eltern, wie Schule funktioniert und wie Aufgaben zu lösen sind. Die Lösungsverfahren der Eltern können sich mitunter von aktuellen Verfahren unterscheiden und mehr Verwirrung stiften als Probleme klären. Zennur kann nicht zeigen, wie das Rechenverfahren geht und die eingeschaltete Familie kann das Problem auch nicht wirklich lösen. Öbek muss gegenüber der Mutter ihr schulisches Verfahren durchsetzen und diese ist zunächst zurückhaltend, um nichts falsch zu erklären.

Statt der didaktischen Intention von Hausaufgaben, selbstständiges Üben am Nachmittag zu initiieren, scheinen hier Aushandlungsprozesse zwischen Kindern und Eltern darüber stattzufinden, wie Aufgaben richtig zu lösen sind und wer dabei welche Rolle hat. Es fällt auf, dass die Hausaufgabensituationen zunächst durch solche Aushandlungen zwischen Kindern und ihren Müttern (oder beteiligten Geschwistern) bestimmt sind. Hinzu kommt, dass die Aufgabenstellung und Arbeitsanweisungen bei Eltern mit Migrationshintergrund, die Deutsch als Zweitsprache erlernt haben, weitere Unsicherheiten und strengere Hausaufgabenkontrollen auslösen können (vgl. Nieswandt 2010).

Hinweise für die Gestaltung von Hausaufgaben

Die elterliche Beteiligung bei den Hausaufgaben ist angesichts der Studienlage größtenteils als problematisch einzustufen. Der Ratschlag des Hausaufgabenforschers Ulrich Trautwein, »Die beste Hilfe ist gar keine Hilfe« (DIE ZEIT 2005), wird sich aber nicht so einfach umsetzen lassen angesichts der Tatsache, dass Hausaufgaben in vielen Bundesländern für die Noten relevant sind. Somit ist das Problem der Hausaufgabenzeiten am Nachmittag auf elterlicher Seite sicher nicht einfach zu lösen. Gerade in Familien mit Migrationshintergrund und hoher Bildungsaspiration kann in Hausaufgaben die Chance gesehen werden, die Kinder zu unterstützen, um deren Bildungsbenachteiligung zu mindern. Eltern benötigen Informationen über Hausaufgaben, beispielsweise über zeitliche Vorgaben, die das jeweilige Kultusministerium vorsieht. Lehrkräfte hingegen können sich in Form von Hausbesuchen (vgl. Dietrich 2008) über die häuslichen Rahmenbedingungen der Kinder informieren. Unter dem Titel »Hilfen für Aygül« wird eine Förderstunde für eine türkische Erstklässlerin in häuslicher Umgebung beschrieben (vgl. Dietrich 2003). Hier werden verschiedene Schwierigkeiten bei der Bewältigung von Aufgaben sichtbar. So richten sich klein gedruckte Arbeitsanweisungen auf den Arbeitsblättern an fachkundige Eltern – in der Regel Mütter. Die Erstklässlerin benötigt für das Erlesen von Wörtern (da sie keine Sinnerwartungen hat) viel Zeit und für die anderen Arbeiten müssen erst die Materialien organisiert werden, die in bildungsnahen Familien selbstverständlich vorhanden sind.

Ohne Veränderung der Schule – und der Hausaufgabenpraxis – wird es nicht gelingen, die unterschiedlichen Kinder zum Lernen zu motivieren. Lehrkräfte sollten ihre Hausaufgabenpraxis deshalb überdenken und verändern. Auch für Lehrer gibt es auf der Grundlage von Studien eine Empfehlung: Lieber oft als viel (vgl. Trautwein u.a. 2001). Tägliches Üben qualitativ guter Aufgaben und die regelmäßige Kontrolle im Unterricht wirkt sich auf das Fachinteresse von Kindern aus. »Hausaufgaben sind oftmals methodisch und didaktisch mangelhaft vorbereitet, sie sind eher ein Anhängsel an den Unterricht und haben den Charakter von Verlegenheitsaufgaben. Es überwiegen mechanisch-reproduktive Arbeiten gegenüber abwechslungsreichen und produktiven« (Roßbach 1995, S. 105).

Auf solche »Verlegenheitsaufgaben« wird mitunter viel Zeit ver(sch)wendet. Wichtig ist deshalb auch, die zeitliche Begrenzung einzuhalten, die von den Kultusministerien bereits vorgegeben ist. Zu viele Hausaufgaben, vor allem unproduktive und unverstandene Hausaufgaben, dürfen nicht zur Freizeitbeschäftigung am Nachmittag werden. »Jedes Kind hat das Recht, nach Überschreiten vereinbarter Zeitgrenzen Hausaufgabenteile unbearbeitet zu lassen« lautet eine Vereinbarung aus einem Hausaufgaben-Vertrag

(2004), der als Vereinbarung zwischen allen Beteiligten aufgesetzt werden kann: Kindern, Eltern und Lehrkräften. Letztere können Hausaufgaben zur Kindersache werden lassen, indem sie im Klassenrat darüber sprechen (vgl. Resch 2004). So können Kinder ihre Perspektive auf Hausaufgaben darstellen und Änderungsvorschläge benennen. Auch die Einführung von selbstgestellten Hausaufgaben (vgl. Daschke / Nieswandt 2004) ist ein Versuch, Kindern mehr Freiraum in Bezug auf Hausaufgaben zu geben. Einmal wöchentlich bekommen die Kinder die Aufgabe, sich selbst eine Aufgabe zu stellen. Lediglich der zeitliche Rahmen ist vorgegeben, nicht aber der Inhalt. Eine »Kontrolle« kann im Gespräch über Hausaufgaben am folgenden Tag im Unterricht stattfinden. Besonders am Schulanfang sind gestufte Hausaufgaben (vgl. Kohler 2000, S. 18) eine gute Alternative zur herkömmlichen Hausaufgabenpraxis. Bis zu den Herbstferien werden keine Hausaufgaben erteilt, so dass sich Lehrkräfte zunächst ein Bild über den Lernentwicklungsstand der Kinder verschaffen können. Dann werden nach und nach differenzierte Aufgaben eingeführt, freiwilliger und verpflichtender Art. So hat das Kind mehr Zeit, sich an das Schulkinddasein zu gewöhnen und in der Schule Arbeitstechniken für selbstständiges Arbeiten zu erlernen. Wochenhausaufgaben, also Wochenpläne (vgl. Bodenbender 2004), können mitunter besser in die Freizeitgestaltung der Kinder und Familien integriert werden. Mit einer Spalte zur Selbsteinschätzung des Schwierigkeitsgrades kann die Lehrkraft die Aufgabenformate zugleich evaluieren und modifizieren. Hausaufgaben dürfen sich nicht im Päckchen-Rechnen erschöpfen. Sie können vielmehr als echte Aufgaben zum Lernen anregen.

Literatur

Betz, T. (2007): Formale Bildung als »Weiter-Bildung« oder »Dekulturation« familialer Bildung? In: Alt, C. (Hrsg.): Start in die Grundschule. Schriften des Deutschen Jugendinstituts: Kinderpanel, Band 3. Wiesbaden: VS-Verlag, S. 163 – 187.

Bodenbender, T. (2004) : Auf dem Weg zu alternativen Hausaufgaben. In: Die Grundschulzeitschrift, 18. Jg., H. 179, S. 16 – 18.

Cooper, H. / Lindsay, J. / Nye, B. (2000): Homework in the Home: How Student, Family, and Parenting-Style Differences Relate to the Homework Process. Contemporary Educational Psychology 25, S. 464 – 487.

Daschke, T. / Nieswandt, M. (2004): Selbstgestelllte Hausaufgaben. In: Die Grundschulzeitschrift 18. Jg. H. 179, S. 12 – 15.

Dietrich, A. (2008): Wo machst du deine Hausaufgaben? Online: www.zeit.de/2008/03/C-Hausbesuche (26.08.2010).

Dietrich, I. (2003): Hilfen für Aygül. In: Aufgaben. Lernen fördern – Selbständigkeit entwickeln. Jahresheft 2003, S. 43 – 45.

Deutsches Jugendinstitut (Hrsg.) (1992): Was tun Kinder am Nachmittag? Ergebnisse einer empirischen Studie zur mittleren Kindheit. München: DJI-Verlag.

Elskemper-Mader, H. (1992): Zum Verhältnis von Schule und Freizeit: 8- bis 12jährige zwischen Anforderungen und Freiräumen – Anregungen für die schulische und außerschulische Praxis. In: Deutsches Jugendinstitut (Hrsg.): Was tun Kinder am Nachmittag? Ergebnisse einer empirischen Studie zur mittleren Kindheit. München: Verlag Deutsches Jugendinstitut, S. 217 – 261.
Fölling-Albers, M. / Heinzel, F. (2007): Familie und Grundschule. In: Ecarius, J. (Hrsg.): Handbuch Familie. Wiesbaden: VS-Verlag, S. 300 – 321.
Grolnick, W. S. / Ryan, R. M. (1989): Parent styles associated with children's self-regulation and competence in school. Journal of Educational Psychology, H. 81, S. 143 – 154.
Hausaufgaben-Vertrag (2004). In: Die Grundschulzeitschrift, 18. Jg., H. 179, S. 10.
Hoover-Dempsey, K. / Battiato, A. (2001): Parental Involvement in Homework. Educational Psychologist, 36. Jg., H. 3, S. 195 – 209.
Kohler, B. (2000): Schulanfang ohne Hausaufgaben. In: Grundschulunterricht, H. 5, S. 17 – 18.
Lipowsky, F. (2007): Hausaufgaben: auf die Qualität kommt es an! Ein Überblick über den Forschungsstand. In: Lernende Schule, H. 39, S. 7 – 9.
Nieswandt, M. (2010): Hausaufgabensituationen in Familien mit türkischem Migrationshintergrund. In: Arnold, K.-H. / Hauenschild, K. / Schmidt, B. / Ziegenmeyer, B. (Hrsg.): Zwischen Fachdidaktik und Primardidaktik: Perspektiven für die Grundschulpädagogik. Wiesbaden: VS-Verlag, S. 85 – 88.
Medienpädagogischer Forschungsverbund Südwest (Hrsg.) (2008): KIM-Studie 2008. Kinder und Medien, Computer und Internet. Basisuntersuchung zum Medienumgang 6- bis 13-Jähriger in Deutschland. Online: www.mpfs.de/fileadmin/KIM-pdf08/KIM2008.pdf (08.09.2010).
Resch, U. (2004): Hausaufgaben zum Thema machen. In: Die Grundschulzeitschrift, 18. Jg., H. 179, S. 28 – 29.
Roßbach, H.-G. (1995): Hausaufgaben in der Grundschule. In: Die deutsche Schule, 87. Jg., H. 1, S. 103 – 112.
Schnyder, I. / Nigli, A. / Cathomas, R. / Trautwein, U. / Lüdtke, O. (2006): Wer lange lernt, lernt noch lange nicht mehr: Korrelate der Hausaufgabenzeit im Fach Französisch und Effekte auf die Leistungsentwicklung. In: Psychologie in Erziehung und Unterricht 53, S. 107 – 121.
Tietze, W. / Rossbach, H.-G. / Mader, J. (1987): Zur Hausaufgabensituation bei Grundschülern. In: Empirische Pädagogik, 1. Jg., H. 4, S. 309 – 329.
Trautwein, U. (2005): Die beste Hilfe ist gar keine Hilfe. Online: www. Zeit. de / 2005 / 43 / B-EuS-Trautwein-Interview (26.08.2010).
Trautwein, U. / Köller, O. / Baumert, J. (2001): Lieber oft als viel: Hausaufgaben und die Entwicklung von Leistung und Interesse im Mathematik-Unterricht der 7. Jahrgangsstufe. In: Zeitschrift für Pädagogik, 47. Jg., H. 5, S. 703 – 724.
Trudewind, C. / Wegge, J. (1989): Anregung – Instruktion – Kontrolle: Die verschiedenen Rollen der Eltern als Lehrer. In: Unterrichtswissenschaft, 17. Jg., H. 2, S. 135 – 155.
Wiesemann, J. / Amann, K. (2002): Situationistische Unterrichtsforschung. In: Breidenstein, G. / Combe, A. / Helsper, W. / Stelmaszyk, B. (Hrsg.): Forum qualitative Schulforschung 2. Interpretative Unterrichts- und Schulbegleitforschung. Opladen: Leske+Budrich, S. 133 – 158.
Wild, E. / Remy, K. (2002): Quantität und Qualität der elterlichen Hausaufgabenbetreuung von Drittklässlern in Mathematik. In: Zeitschrift für Pädagogik, 45. Jg., S. 276 – 290.

World Vision Deutschland e. V. (Hrsg.) (2010) : Kinder in Deutschland 2010. 2. World Vision Kinderstudie. Frankfurt / M.: Fischer.

Zeiher, H. (2008 a): Bildungspolitik ist Zeitpolitik. In: Zeiher, H. / Schroeder, S. (Hrsg.): Schulzeiten, Lernzeiten. Lebenszeiten. Pädagogische Konsequenzen und zeitpolitische Perspektiven schulischer Zeitordnungen. München u. Weinheim: Juventa Verlag, S. 7 – 19.

Zeiher, H. (2008 b): Für eine ungewisse Zukunft lernen. In: Zeiher, H. / Schroeder, S. (Hrsg.): Schulzeiten, Lernzeiten. Lebenszeiten. Pädagogische Konsequenzen und zeitpolitische Perspektiven schulischer Zeitordnungen. München u. Weinheim: Juventa Verlag, S. 31 – 40.

Rita Fürstenau

Zur Differenz von Kindern und Erwachsenen aus Kindersicht

Kinder und Erwachsene voneinander zu unterscheiden, erscheint zunächst natürlich und selbstverständlich. Generationenbezogene Unterscheidungen bilden die Grundlage für alltägliche Handlungszusammenhänge, ebenso wie beispielsweise für politische und wirtschaftliche Entscheidungen. Auch in Bezug auf die Gestaltung pädagogischer Arrangements und schulischer Institutionen kommt der Unterscheidung eine zentrale Rolle zu. Doch was macht die Mitglieder einer Gesellschaft zu Kindern und Erwachsenen? Und wie nehmen Kinder die Differenzen zwischen Kindern und Erwachsenen wahr? Der Frage nach der Herstellung der generationalen Kategorien *Kind* und *Erwachsener* wird im Folgenden auf der Grundlage von Kindertexten nachgegangen.

Kindheit als gesellschaftliche Konstruktion

Zentraler Ausgangspunkt ist in diesem Zusammenhang ein Verständnis von Kindheit als gesellschaftlicher Konstruktion. Historisch vergleichende Perspektiven (Ariès 1960 / 1985; de Mause 1977) und auch kulturvergleichende Sichtweisen (Mead 1928) verdeutlichen – indem sie die Aufmerksamkeit auf die Unterschiede in der Gestaltung des Lebens und Aufwachsens von Kindern in Gesellschaften zu verschiedenen Zeiten oder in unterschiedlichen Kulturen richten –, dass Kindheit nicht als naturgegebene Tatsache verstanden werden kann, sondern gesellschaftlich hergestellt wird. Besonders deutlich wird dies mit Blick auf die gesellschaftlichen und politischen Entwicklungen im 17. Jahrhundert hervorgehoben (vgl. Ariès 1960 / 1985): Während es im Mittelalter Kindheit als eigenständige Lebensphase nicht gegeben habe, da eine übergangslose Aufnahme der Kinder in die Lebenswelt der Erwachsenen stattgefunden hätte, sei mit dem Aufkommen der bürgerlichen Familie eine zunehmende Zentrierung um das Kind eingetreten. Erst die Herausbildung von intensiven Gefühlsbeziehungen zwischen Eltern und Kindern und der wachsende Einfluss schulischer Institutionen habe zu einer Herauslösung der Kinder aus der Gesellschaft der Erwachsenen und damit zur *Entdeckung der Kindheit* geführt.

Vor diesem Hintergrund stellt sich die Frage, wie Kindheit gesellschaftlich konstruiert wird. Für die Betrachtung der Herstellungsprozesse von Kindheit kommt dem Konzept der *generationalen Ordnung* eine zentrale

Bedeutung zu. Generation wird hier als Beziehungszusammenhang verstanden und die gegenseitige Bedingtheit der Positionen von Kindern und Erwachsenen hervorgehoben (vgl. Alanen 1997, S. 74 f.). Kindheit erklärt sich damit im Zusammenhang mit Erwachsenheit und umgekehrt. Dabei geht es vordergründig jedoch nicht darum, Kinder und Erwachsene in ihrer Unterschiedlichkeit einander gegenüber zu stellen, sondern vielmehr um die Frage, wie Unterscheidungen zwischen Kindern und Erwachsenen vorgenommen werden (vgl. Honig 2009, S. 49).

Damit lässt sich der Blick darauf richten, von wem durch die Erzeugung von Gemeinsamkeiten und Differenzen zwischen Kindern und Erwachsenen ganz bestimmte Vorstellungen von Kindheit und Erwachsenheit ausgedrückt werden und wie diese in gesellschaftliche und kulturelle Kontexte eingebunden sind. Akteure können dabei einzelne Individuen oder auch gesellschaftliche Gruppen sein, die durch ihre Aussagen und Handlungen Zugehörigkeiten und Abgrenzungen zwischen Kindern und Erwachsenen festlegen und auf diese Weise generationale Ordnungen herstellen.

An diesen Herstellungsprozessen sind Kinder und Erwachsene gleichermaßen beteiligt. Bislang wurden jedoch vor allem die Sichtweisen und Konstruktionsprozesse von Erwachsenen in den Blick genommen (beispielsweise Bühler-Niederberger 2005; Richter 1987). In den nachfolgenden Überlegungen wird es nun darum gehen, darzustellen, wie Kinder die Verhältnisse zwischen den Generationen beschreiben und wie sie Kindsein und Erwachsensein voneinander unterscheiden.

Entstehungszusammenhang der Kindertexte

Als Grundlage für die Erschließung der kindlichen Perspektiven dienen Texte, die von Kindern in Aufsatzform formuliert wurden. Diese entstanden in zehn dritten und vierten Klassen an drei Grundschulen. Während die eine Schule in einem sogenannten sozialen Brennpunktgebiet liegt, befinden sich die beiden anderen Schulen in einem mittel- und oberschichtzentrierten Wohngebiet, eine davon ist eine Privatschule. Die Wahl der Schulen orientierte sich an deren Einzugsgebieten, um Kinder mit unterschiedlichen sozialen Lebenslagen erfassen zu können. Insgesamt nahmen 173 Dritt- und Viertklässler an der Untersuchung teil. Die Kinder wurden dazu aufgefordert, zu den vorgegebenen Satzanfängen »Ich bin gerne ein Kind, weil …« und »Ich bin nicht gerne ein Kind, weil …« Texte zu verfassen. Dabei war es möglich, einen der beiden Satzanfänge zu wählen oder beide zu bearbeiten.

Insgesamt entstanden auf diese Weise 250 Texte. Nahezu die Hälfte der Kinder verfasste jeweils beide Texte. Zwölf Kinder entschieden sich dazu, einen Text darüber zu schreiben, warum sie nicht gerne ein Kind sind. Die übrigen Kinder stellten in ihren Texten dar, warum sie gerne ein Kind sind.

Auswertung der Kindertexte

Vor dem Hintergrund der vorgegebenen positiven oder negativen Bewertung in den Satzanfängen formulierten die Kinder in ihren Texten Begründungen dafür, gerne oder nicht gerne ein Kind zu sein und ergänzten diese teilweise mit beispielhaften Beschreibungen von Situationen und Ereignissen. Die Texte sind durch die Vorgaben in den Satzanfängen zum einen schon wertend gerahmt (gerne / nicht gerne) und zielen auf die Darstellung von Begründungen. Zum anderen wird mit dem Blick auf das *Kind*sein bereits eine Eingrenzung vorgenommen, die eine Unterscheidung entlang der Generationenzugehörigkeit enthält. Das zentrale Anliegen der Auswertung bezieht sich daher auf die Frage, wie die Kinder in ihren Texten mit dieser Rahmung umgehen.

Die Auswertung gliedert sich in drei Teile: Nachdem es zunächst um die Betrachtung der Positionierungen der Kinder in Bezug auf die Auswahl des Satzanfangs gehen wird, werden anschließend die thematischen Schwerpunktsetzungen in den Blick genommen und herausgearbeitet, welche Vorstellungen von Kindsein auf inhaltlicher Ebene deutlich werden. In einem nächsten Schritt wird es um die Frage gehen, wie in den Kindertexten Begründungen abgeleitet und Bewertungen vorgenommen werden und inwieweit dabei Bezug auf das Generationenverhältnis genommen wird. Die Darstellungen der Kinder lassen sich in diesem Zusammenhang als eine bestimmte Form der Situationsbewältigung verstehen und die Strukturen der Darstellungen als Beziehungsgefüge zwischen ihren Äußerungen (vgl. Kopperschmidt 1989, S. 13). Die Frage nach den Vorgehensweisen in den Unterscheidungen zwischen Kindern und Erwachsenen wird dementsprechend im Zusammenhang mit dem formalen Aufbau und den verwendeten argumentativen Mustern betrachtet.

Name: ____________ Klasse: ___

Ich bin nicht gerne ein Kind, weil...

Die Texte der Kinder wurden zur besseren Verständlichkeit auf ihre orthografische und grammatikalische Richtigkeit hin überarbeitet. Ein Viertklässler entschied sich dazu, einen Text darüber zu schreiben, warum er gerne ein Kind ist: »*Ich bin gerne ein Kind, weil man mehr Zeit zum Spielen hat und man zu seinem Geburtstag mehr Geschenke bekommt. Ich bin gerne ein Kind, weil ich an Ostern immer Ostereier suchen kann. Ich bin gerne ein Kind, weil man in die Schule kann und was lernen kann. Ich bin gerne ein Kind, weil man sich mit Freunden verabreden kann.*«

Ein Mädchen einer dritten Klasse hingegen verfasste einen Text darüber, warum sie nicht gerne ein Kind ist: »*Ich bin nicht gerne ein Kind, weil ich arbeiten mag und weil Erwachsene mehr bestimmen dürfen. Zum Beispiel, weil es nur für Erwachsene Politiker gibt und es gibt auch keine Wahl, wo Kinder wählen dürfen. Erwachsene dürfen viel mehr als Kinder.*«

Eine Viertklässlerin wiederum entschied sich dazu, zwei Texte zu verfassen und formulierte: »*Ich bin nicht gerne ein Kind, weil ich nicht ein Auto fahren darf und nicht alles machen darf, was ich möchte. Ich muss immer fragen, ob ich mit meiner Freundin in die Stadt darf und ich muss immer auf Erwachsene hören. Dann habe ich immer so viele Hausaufgaben. Ich kann mir nicht alles kaufen, was ich will.*

Ich bin gerne ein Kind, weil ich nicht so viel Stress habe. Ich habe Versorgung, wenn ich krank bin, dann hilft mir meine Mama immer. Ich habe eine tolle Mama, die mir immer was kocht. Ich kann bei meiner Freundin übernachten. Wir können viel mehr tagsüber schlafen, wir haben Ferien, wir müssen noch nicht arbeiten. Ich kann immer mit meinem Bruder spielen. Wir haben immer nicht so lange Schule. Wir müssen nicht so lange arbeiten.«

Im Rahmen der Bearbeitung der vorgegebenen Satzanfänge ergab sich für die Kinder die Möglichkeit, keinen, einen oder zwei Texte zu verfassen. Die Entscheidung für einen der beiden Texte beinhaltet die Festlegung auf eine Betrachtungsweise und es erfolgt meist die genauere Ausführung und Erläuterung der positiven beziehungsweise negativen Einschätzung. In Bezug auf die eigene Wahrnehmung des Kindseins wird damit eine eindeutige Bewertung vorgenommen und der eigene Standpunkt fixiert.

Im Gegensatz dazu drückt sich in der Entscheidung, beide Texte zu bearbeiten, eine abwägende und vergleichende Haltung aus. Die Begründungen sind dabei meist so angelegt, dass sie einander ergänzen und insgesamt zu einer differenzierten Betrachtung des Kindseins führen. Die Gegenüberstellungen von Vor- und Nachteilen des Lebens als Kind werden dementsprechend so vorgenommen, dass beide Perspektiven gleichberechtigt nebeneinander stehen. Einige Kinder betonen jedoch auch hier, dass sie eine Beurteilungsrichtung bevorzugen, indem sie die zuvor formulierten Argumente entkräften:

»Ich bin nicht gerne ein Kind, weil man zu früh aufstehen muss. Weil man für Dinge, die man nicht kann, ausgelacht wird. Man hat zu viele Hausaufgaben. Weil wir nicht soviel Geld kriegen. Und wenn man eine vier, fünf oder sechs schreibt, kriegen manche Kinder gleich Hausarrest und sehr viel Ärger, manchmal eine harte Strafe. Aber damit muss man leben können. Ich liebe es einfach, ein Kind zu sein.« (Mädchen, 4. Klasse)

Kindsein aus Kindersicht

Auch bei dem Verfassen der Texte gingen die Kinder unterschiedlich vor und es lassen sich auf inhaltlicher Ebene unterschiedliche Themen identifizieren, die einen zentralen Stellenwert in den Texten der Kinder einnehmen:

»Ich bin gerne ein Kind, weil ich immer meiner Mama und Papa helfen kann und Spiele spielen kann und Sachen machen kann, wie DS und Wii und weil ich nicht arbeiten muss und mit meinem Bruder immer spiele. In die Schule gehe und gute Noten schreibe und so weiter und auch Fernseher gucken kann und mit meinen Freunden spielen kann in der Schule, also im Schulhof. Und immer mit meiner Mama einkaufen muss und immer meiner Mama die Tüten tragen muss. Und meine Mama muss immer die Hausarbeit machen und immer Staub nehmen und mein Zimmer aufräumen und immer Brot kaufen und immer die Zeitung nehmen, das macht mir Spaß. Und in der Hausarbeit mach ich fast immer mit und immer spülen oder waschen, aber mir macht immer irgendetwas Spaß.« (Mädchen, 3. Klasse)

»Ich bin nicht gerne ein Kind, weil immer wenn Schule ist, muss ich früh aufstehen. Und wenn die Schule aus ist, haben wir meistens Hausaufgaben. Es ist nicht so schlimm Hausaufgaben zu machen, aber nachher habe ich dann für meine Freunde keine Zeit. Ich streite mich öfter mit meiner Schwester und das ist nicht schön. Oder ich streite mich meistens mit meiner Freundin. Und wenn einer nicht meine Freundin ist, dann ist keiner meine Freundin. Und in diesem Moment wünschte ich, dass ich nie geboren wäre.« (Mädchen, 4. Klasse)

Insgesamt zeigt sich, dass Spielen von vielen Kindern als grundlegendes Merkmal des Kindseins beschrieben und Schule als selbstverständlicher Bestandteil von Kindheit dargestellt wird. Darüber hinaus werden die Verfügbarkeit von Zeit und die Übernahme von Verantwortung thematisiert, ebenso wie das Verhältnis von Kind und Gesellschaft (vgl. Fürstenau 2009). Auch die Wahrnehmung körperlicher Unterschiede zwischen Kindern und Erwachsenen wird zum Thema gemacht und es werden Kinder und Erwachsene in Bezug auf ihre Pflichten und Freiräume voneinander abgegrenzt (vgl. dazu auch Fölling-Albers / Wandelt 1989 / 1997). Darüber hinaus wird in einigen Texten die Beurteilung des Kindseins im Zusammenhang mit Aussagen zu den eigenen Eltern oder Beziehungen zwischen Kindern und Eltern im Allgemeinen vorgenommen und dabei sowohl das Erhalten von

Schutz, Fürsorge und Unterstützung, als auch von Missachtung und Bestrafung sowie der Ausschluss von Gesprächen und Entscheidungsprozessen dargestellt.

Zusammenfassend wird zudem deutlich, dass die gewählten Themen mit den jeweiligen Erfahrungswirklichkeiten der Kinder in Verbindung stehen. Dabei spielen in den Texten sowohl Erfahrungen mit anderen Kindern als auch mit Erwachsenen eine Rolle. Als Erfahrungskontexte werden von den Kindern insbesondere die eigene Familie, die Grundschule und die Freundesgruppe sowie Erfahrungen im öffentlichen Raum, in sportbezogenen Situationen und im Umgang mit Medien benannt. Insgesamt zeichnet sich in den Texten dabei ein Bild vielfältiger und unterschiedlicher Lebenswirklichkeiten von Kindern ab.

Verhältnisse zwischen Kindern und Erwachsenen

Unabhängig davon, ob in den Texten eine positive oder negative Bewertung des Kindseins vorgenommen wird oder welche Aussagen in Bezug auf für Kinder wichtige Themen getroffen werden, lassen sich in den Argumentationen der Kinder Muster erkennen, welche die Gesamtheit der Texte umfassen. Diese beziehen sich vordergründig auf formale Aspekte der Bezugnahme und es ist durchaus möglich, dass in einem Text verschiedene Muster enthalten sind. Mit Blick auf die Frage nach der Herstellung von generationaler Ordnung können in der Art und Weise der dargestellten Begründungszusammenhänge auch Hinweise in Bezug auf die Beziehungen zwischen Kindern und Erwachsenen gefunden werden.

So leitet sich ein großer Teil der Begründungen dafür, gerne oder nicht gerne ein Kind zu sein, aus einem direkten Bezug auf das Leben von Erwachsenen ab:

»Ich bin nicht gerne ein Kind, weil Erwachsene viel länger aufbleiben dürfen. Und wenn man ganz dolle Angst hat, dann soll man sich mal was trauen und ich wär soso gerne erwachsen! Eltern dürfen auch viel mehr als Kinder bestimmen. Eltern dürfen so lange Fernsehen gucken, wie sie wollen, Süßes essen wie sie wollen, so ist es mit den Eltern. Erwachsene dürfen sich viel mehr kaufen als Kinder und haben mehr Geld. Sie dürfen mehr ins Kino und Theater gehen. Dürfen Essen gehen wann sie wollen. Dürfen wählen, Kinder dürfen das nicht. Dürfen Autofahren und einen Führerschien machen. Sie dürfen einfach viel mehr als die Kinder!« (Mädchen, 3. Klasse)

In der Kontrastierung des eigenen Lebens als Kind beziehungsweise des Kindseins im Allgemeinen mit einem Leben als Erwachsener werden Unterschiede zwischen den Generationen beschrieben. Dabei ergibt sich zum einen die Möglichkeit, Beziehungen zwischen Kindern und Erwachsenen herzustellen und zum anderen, Kindsein und Erwachsensein in gegenseitiger Bedingtheit darzustellen: Kind ist, wer nicht Erwachsener ist und umgekehrt. Die positiven beziehungsweise negativen Bewertungen des Kindseins ergeben sich hier als Ergebnis eines direkten Vergleichs zwischen den Möglichkeiten der Lebensgestaltung als Kind und den Möglichkeiten der Lebensgestaltung als Erwachsener sowie in Abhängigkeit davon, inwieweit bezüglich der Zugehörigkeit eine ablehnende Haltung eingenommen oder diese als wünschenswert eingeordnet wird. Deutlich wird zudem, dass es hierbei nicht um die Gegenüberstellung einzelner Personen geht. Die unterschiedlichen Zuschreibungen von Tätigkeiten und Eigenschaften können vielmehr als Bestandteile einer kollektiven Wirklichkeit angesehen und damit als Differenzierung zwischen einer Kinderwelt und einer Erwachsenenwelt eingeordnet werden. Das Vorhandensein dieser beiden Welten wird teilweise als so grundlegend vorausgesetzt, so dass sie nicht unbedingt als solche benannt werden:

»Ich bin gerne ein Kind, weil ich nicht arbeiten muss. Ich bin gerne ein Kind, weil ich nicht die Wäsche machen muss. Ich bin gerne ein Kind, weil ich nicht kochen muss. Ich bin gerne ein Kind, weil ich mich mit Freunden treffen kann. Ich bin gerne ein Kind, weil ich nicht alles besorgen muss.« (Mädchen, 4. Klasse)

Verhältnisse zwischen Kindern und Kindsein

Im Unterschied dazu lassen sich Bearbeitungsstrategien erkennen, die durch indirekte Verweise auf das Generationenverhältnis gekennzeichnet sind:

»Ich bin gerne ein Kind, weil man sich austoben kann. Wenn man besorgt oder krank ist, kriegt man immer was man will. Weil man als Kind die Zeiten nicht ernst nehmen muss. Ich glaube, es gibt eine Sprache zwischen Kindern. Man hat immer Spaß als Kind.« (Junge, 4. Klasse)

Hier bildet die Unterscheidung von Kindern und Erwachsenen den Rahmen für die Ausformulierung einer Kinderwelt, als eine Welt von Kindern und für Kinder. Dabei geht es vordergründig nicht um einen Vergleich zwischen Kindern und Erwachsenen, sondern um die Darstellung von Merkmalen und Eigenarten eines Lebens als Kind. In der indirekten Abgrenzung zum Erwachsensein ist es möglich, kinderkulturelle Praktiken zu beschreiben, Besonderheiten des Kindseins hervorzuheben oder Vergleiche innerhalb der Kindergruppen durchzuführen:

»[…] Viele Kinder machen auch mehr Quatsch. Ich habe neulich mal eine Frau und ein Kind gesehen. Das Kind, es war ein Mädchen, machte Quatsch mit ihrer Freundin. Da sagte die Mutter »Hey, hört auf!!!« und ich dachte »Wie streng können Erwachsene doch sein.« Gottseidank hab ich nicht so Eltern. Das ist auch schön: nette Eltern.« (Mädchen, 3. Klasse)

Bewertungen werden hier zum einen in der Kontrastierung mit der Lebenswirklichkeit anderer Kinder oder Kindergruppen vorgenommen. Zum anderen werden auch Aussagen darüber gemacht, wie ein Leben als

Kind sein sollte und die Wertungen werden mit Bezug auf das Passungsverhältnis zwischen den Vorstellungen vom Kindsein und der Wahrnehmung der eigenen Lebenswirklichkeit formuliert. Darüber hinaus ergibt sich für Kinder auch die Möglichkeit, die eigenen Erfahrungen im Kontext des Kindseins darzustellen und zu beurteilen:

»Ich bin nicht gerne ein Kind, weil ich von Größeren geärgert werde. Ich nicht so viel Freizeit habe. Und keine Eltern, die mir helfen.« (Junge, 4. Klasse)

»Ich bin nicht gerne ein Kind, weil man Schläge von den Eltern kriegt. Und man muss das Zimmer aufräumen. Man muss Hausaufgaben machen. Und man muss den ganzen Tag lernen, lernen, lernen, lernen, lernen. Man darf nicht laut sein. Man darf nicht an den PC gehen. Man darf nicht rausgehen.« (Mädchen, 4. Klasse)

Herstellung von Ungleichheiten zwischen Kindern und Erwachsenen

In den Bezugnahmen auf die Verhältnisse zwischen Kindern und Erwachsenen wird die gegenseitige Bedingtheit von Kindsein und Erwachsensein deutlich und auch, wie verschiedene Zuordnungen in Bezug auf eine Welt der Kinder oder der Erwachsenen vorgenommen werden können. Vor diesem Hintergrund lässt sich der Blick auch auf die Differenzen richten, welche die Verhältnisse begründen und zu der Herstellung von Ungleichheitsbeziehungen zwischen Kindern und Erwachsenen führen. Die Erzeugungen von Ungleichheit begründen sich deutlich in der Verwendung von Modalverben,

welche Satzsubjekt und Satzaussage in eine Beziehung setzen. Die Strukturierung der Verhältnisse findet hier über Zuschreibungen statt, die sich darauf beziehen, welche Fähigkeiten, Wünsche, Zwänge oder Möglichkeiten für Kinder beziehungsweise für Erwachsene eine Gültigkeit haben:

»Ich bin gerne ein Kind, weil ich spielen kann. Ich muss nicht arbeiten. Ich kann Fußball spielen. Ich kann X-Box spielen. Ich kann rausgehen. Ich kann mit meiner Mama spielen. Ich kann Computer spielen. Ich kann Nintendo DS spielen. Ich kann Fernsehen gucken. Ich kann in den Hort gehen. Ich kann auf die Messe gehen. Ich kann Nintendo Wii spielen und zu meinen Freunden gehen.« (Junge, 4. Klasse)

»Ich bin nicht gerne ein Kind, weil wir nicht Auto fahren dürfen. Weil wir nicht kochen dürfen. Weil wir nicht arbeiten dürfen bevor wir 18 Jahre alt sind. Weil wir nicht lange aufbleiben dürfen.« (Junge, 3. Klasse)

In Abhängigkeit davon, was wer kann, will, mag, muss, darf oder soll, werden die Verhältnisse zwischen Kindern und Erwachsenen beschrieben. Dadurch, dass die Zuschreibungen unterschiedlich erfolgen, werden Differenzen hergestellt und generationale Ordnung über Ungleichheiten beschrieben.

Mit Blick auf den Geltungshorizont lassen sich dabei drei Formen der Unterscheidung voneinander abgrenzen: Zum einen finden Grenzziehungen statt, die als grundsätzlich eingeordnet werden und durch die Betonung von Exklusivität hervorgehoben werden können: *»Ich bin gern ein Kind, weil es Spielplätze nur für uns gibt und nicht für die Erwachsenen. Und weil wir Lebensfreude haben. Es gibt auch nur Spielsachen für uns.«* (Mädchen, 4. Klasse)

Bei einer weiteren Form der Unterscheidung handelt es sich um die Formulierung von graduellen Unterschieden: *»[…] Kinder haben auch viel mehr Ferien als Erwachsene. Wir Kinder haben auch viel mehr Zeit für Freizeit. Erwachsene müssen dagegen viel arbeiten. Kinder haben mehr Zeit um zu lernen. Erwachsene haben wenig Zeit um zu lernen, sie müssen sehr schnell lernen und verstehen.«* (Mädchen, 4. Klasse)

Die hier vorgenommenen Bezugnahmen (etwa zum Zeithaben) können sowohl Kindern als auch Erwachsenen zugeordnet werden. Inwieweit diese jedoch eine Rolle spielen und wie viel Raum sie in der Lebenswirklichkeit eines Menschen einnehmen, wird davon abhängig gemacht, ob es sich um Kinder oder Erwachsene handelt.

Letztlich werden zudem Unterscheidungen vorgenommen, die auf Veränderungsprozesse verweisen: *»Ich bin gerne ein Kind, weil man noch nicht so viel kennt und wenn man wo hin geht, was man noch nicht kennt, ist das viel interessanter, als wenn man es schon kennt. Man noch Eltern hat, die auf Einen aufpassen und Einen beschützen. Man viel mehr Spaß beim Spielen hat, als wenn man erwachsen ist. Weil wenn man älter wird, werden auch* *die Knochen ungelenkiger und man kann nicht so schnell rennen oder andere Sachen nicht mehr so gut wie früher.«* (Mädchen, 3. Klasse)

Die Darstellungen werden hier um den Aspekt der Entwicklung erweitert: Kinder werden, was Erwachsene sind und Erwachsene waren, was Kinder sind. In der Unterscheidung werden Kinder damit in einem Status des »noch« oder »noch nicht« und Erwachsene in dem eines »schon« oder »nicht mehr« verortet. Die Differenz zwischen Kindern und Erwachsenen wird damit als eine beschrieben, die sich im Laufe des Lebens eines Menschen verändert. Entwicklung kann vor diesem Hintergrund auch als Veränderungsprozess beschrieben werden, dessen Ergebnis aus Kindersicht einen Wechsel bezüglich der generationalen Zugehörigkeit umfasst und damit einen Ausblick auf das spätere Leben ermöglicht: *»Ich bin nicht gerne ein Kind, weil ich erwachsen sein will, dann kann ich endlich Naturforscher werden.«* (Junge, 4. Klasse)

Fazit

Zusammenfassend zeigt sich, dass die Kinder in ihren Texten differenzierte Aussagen zu Beziehungen zwischen Kindern und Erwachsenen formulieren und das eigene Leben als Kind im Kontext der gesellschaftlichen Position von Kindern reflektieren. Nahezu die Hälfte der Kinder entschied sich außerdem dazu, zwei Texte zu verfassen und der Frage nach dem Kindsein in der Gegenüberstellung zweier Perspektiven zu begegnen. Zudem wird ersichtlich, dass die Mehrheit der Kinder gerne ein Kind ist und das Leben als Kind in unserer heutigen Gesellschaft positiv beurteilt (vgl. dazu auch World Vision Deutschland e. V. 2007, 2010). Allerdings finden sich in den Kinderaussagen auch Hinweise auf problematische Bedingungen des Aufwachsens und einige wenige Kinder drücken ihr Unwohlsein in einer grundsätzlich negativen Beurteilung des Kindseins aus.

Auch in der Vielfalt der beschriebenen Themen und den Unterschieden der sprachlichen Begründungsmuster wird deutlich, dass die Wahrnehmungen und Darstellungen der Kinder mit jeweils spezifischen Erfahrungen in konkreten Lebenswirklichkeiten verknüpft sind (vgl. auch Bock 2010). Dabei zeigt sich, dass sich der Alltag von Kindern in Teilen ganz unterschiedlich gestaltet und Kinder diese Unterschiede wahrnehmen und teilweise in die Beschreibungen der eigenen Situation einbeziehen. Ebenso wird ersichtlich, dass das Leben von Kindern an vielen Stellen durch Erfahrungen im Kontext von Generationenbeziehungen gekennzeichnet ist und neben den Erfahrungen mit Erwachsenen auch Vorstellungen von einem Leben als Erwachsener thematisiert werden.

In Bezug auf die Frage nach den Unterscheidungen zwischen Kindern und Erwachsenen wird deutlich, dass in den Texten anhand von Generationendifferenzen die gesellschaftlichen Positionen von Kindern und Erwachsenen thematisiert und beurteilt werden. Die *generationale Ordnung* fasst in diesem Zusammenhang ein Verhältnis, das sich auf eine Differenz bezieht und seinen Ausdruck in der Herstellung von Ungleichheitsbeziehungen zwischen Kindern und Erwachsenen finden kann. In einem Großteil der Kinderaussagen wird in diesem Sinne Bezug auf das Generationenverhältnis genommen und Kindsein in der Kontrastierung zum Erwachsensein dargestellt.

Zudem zeigt sich, dass Erfahrungen in schulischen Kontexten in vielen Kindertexten relevante Bezugspunkte zur Beurteilung des eigenen Kindseins und des Lebens als Kind bilden. Die Grundschule wird dabei als selbstverständlicher Bestandteil des Kinderalltags wahrgenommen und der Schulbesuch als eine Pflicht von Kindern dargestellt. In den positiven oder negativen Einschätzungen der Kinder wird deutlich, dass die Begründungen in Beziehung zu dem Erleben schulischer Anforderungen und schulbezogener Möglichkeiten sowie zu Erlebnissen mit anderen Schülerinnen bzw. Schülern und Lehrpersonen stehen. Dabei zeigt sich, dass für die persönlichen Perspektiven der Kinder auf ihr Leben als Kind Erfahrungen mit der Strukturierung des Kinderalltags durch die Institution Schule, ebenso wie Erfahrungen in der konkreten Ausgestaltung des Schulalltags und den Beziehungen zu anderen schulischen Akteuren bedeutsam sind.

Literatur

Alanen, L. (1997): Soziologie der Kindheit als Projekt: Perspektiven für die Forschung. In: Zeitschrift für Soziologie der Erziehung und Sozialisation (ZSE), 17. Jg., H. 2, S. 162 – 177.

Ariès, P. (1960 / 1985): Geschichte der Kindheit. München: dtv.

Bock, K. (2010): Kinderalltag – Kinderwelten. Rekonstruktive Analysen von Gruppendiskussionen mit Kindern aus Sachsen. Opladen u. Farmington Hills: Barbara Budrich.

Bühler-Niederberger, D. (2005): Kindheit und die Ordnung der Verhältnisse. Von der gesellschaftlichen Macht der Unschuld und dem kreativen Individuum. Weinheim u. München: Juventa.

Fölling-Albers, M. / Wandelt, M. (1989 / 1997): Kindsein – wie Kinder es sehen. In: Fölling-Albers, M. (Hrsg.): Veränderte Kindheit – Veränderte Grundschule. Frankfurt / M.: Arbeitskreis Grundschule e. V., S. 18 – 27.

Fürstenau, R. (2009): Was Kinder über Kindheit denken. In: Grundschule aktuell. Zeitschrift des Grundschulverbandes, H. 105, S. 12 – 14.

Honig, M.-S. (2009): Das Kind der Kindheitsforschung. Gegenstandskonstitution in den childhood studies. In: Honig, M.-S. (Hrsg.): Ordnungen der Kindheit. Problemstellungen und Perspektiven der Kindheitsforschung. Weinheim u. München: Juventa, S. 25 – 51.

Kopperschmidt, J. (1989): Methodik der Argumentationsanalyse. Stuttgart u. Bad Cannstatt: Frommann.

Mause, L. de (Hrsg.) (1977): Hört ihr die Kinder weinen. Eine psychogenetische Geschichte der Kindheit. Frankfurt / M.: Suhrkamp.

Mead, M. (1928): Coming of Age in Samoa. A Psychological Study of Primitive Youth for Western Civilization. New York: William Morrow.
Richter, D. (1987): Das fremde Kind. Zur Entstehung des Kindheitsbilder des bürgerlichen Zeitalters. Frankfurt/M.: Fischer.
World Vision Deutschland e. V. (Hrsg.) (2007): Kinder in Deutschland 2007. 1. World Vision Kinderstudie. Frankfurt/M.: Fischer.
World Vision Deutschland e. V. (Hrsg.) (2010): Kinder in Deutschland 2010. 2. World Vision Kinderstudie. Frankfurt/M.: Fischer.

Katrin Frey

Philosophieren mit Kindern

Was das Denken der Kinder uns lehren kann

Wer, wie, was – wieso, weshalb, warum ... wer nicht fragt, bleibt dumm! Schon seit den Achtzigerjahren ist das Motto einer bekannten Fernsehsendung Ohrwurm sämtlicher Generationen. Aber auch in der Schule denken oder sagen unzählige Kinder vermutlich Tag für Tag »*Was mache ich da eigentlich und warum tue ich es? Was ist das und warum ist das so?*« Diesen Frageansatz beherrscht jedes Kind dieser Welt gleichermaßen gut. Vor allem, wenn es in der Schule sitzt und lernen soll. Die Frage ist nur, wie oft ihm die Möglichkeit gegeben wird, diesen Fragen auch nachzugehen. Das Fragen nach Bedeutungen, nach Gründen und nach Folgen (Was ist ...?, Warum ist ...?, Was wäre, wenn ...?) ist Ausgangspunkt des Philosophierens ebenso wie die Suche nach Antworten – und das Begründen von Antworten. Beides – Fragen und Antworten – gehört zusammen. Beim Philosophieren findet ein Dialog zwischen beidem statt:

- Alle, die Unterricht planen und organisieren, wissen, dass nicht über die Köpfe der Kinder hinweg gelehrt werden darf und die Lebenswelt der Kinder im Unterricht berücksichtigt werden muss. Dazu gehört auch, Fragen der Kinder ernst zu nehmen.
- Beim Philosophieren mit Kindern können Kinder wie Erwachsene einiges lernen.

Legitimation: Alle Kinder können große Fragen stellen!

Alle Kinder können Erwachsenen große Fragen nach dem Wie und Warum stellen – wenn man sie nur lässt. Sie beherrschen die Fähigkeit in der Regel sogar besonders gut. Am Lernort Schule sollten wir uns weniger die Frage stellen, welches Defizit des Kindes behoben werden muss. Vielmehr sollten die Fähigkeiten eines jeden Kindes ernst genommen werden. Die Lehrkraft sollte dabei als eine Art Mentor hilfsbereit zur Seite stehen. Die Frage nach einer persönlichen Wahrheit steckt in jedem von uns – auch oder besonders in Kinderköpfen. Dieser Wahrheit muss oft nur Raum und Zeit gegeben werden, um auch zu Tage zu kommen. Wir Erwachsenen können dabei helfen.

Der Tagesablauf von Kindern ist vor allem in der Schule meist an klare Regeln und Rituale geknüpft und von Erwachsenen vorgegeben. Es gibt Normen, Lehrpläne und oft auch ein einfaches »Darum«. Aber auch wenn junge Menschen daran gewöhnt sind, dass manche Dinge einfach sind, wie sie sind und die eine oder andere Frage nicht beantwortet werden kann, sollten wir sie nicht daran gewöhnen, das Denken auf subjektiver Ebene abzulegen oder gar nicht erst zu versuchen. Ebenso wie ein Kind sich daran gewöhnen kann, dass ihm immer die Schuhe von jemand anderem gebunden werden, kann es sich daran gewöhnen, dass andere Menschen für es mitdenken.

Es gehört zu den Aufgaben jeder Grundschullehrerin und jedes Grundschullehrers, Kinder zu mündigen Bürgern zu erziehen, die verantwortungsbewusste Entscheidungen treffen können. Diese Aufgabe umfasst auch das Nachdenken über große Fragen: Nach dem Wie, Wohin und Warum. Bereits im Kindergarten interessieren sich Kinder nicht ausschließlich für die wahrnehmbaren Dinge der Technik oder ihres direkten Umfeldes. Auch philosophische Fragen über Freundschaft, Traurigkeit oder Angst beschäftigen sie Tag für Tag. Kinder bilden ihre Individualität aus, ihren eigenen Standpunkt und dessen Vernetzung mit ihrer Umwelt und genormten Wissenschaftsdarstellungen. Das Denkpotential der Kinder ist durch die bloße Vermittlung von Lerninhalten nicht ausgeschöpft und sie lernen immer neu, das eigene Denken so klar zu strukturieren, dass sie sich ganz souverän auf sich selbst verlassen können und mit ihrem Wissen auf dieser Denkebene auch weiterkommen können. Das gemeinsame Suchen nach Standpunkten, Bedeutungen von Zwischenmenschlichkeiten und der Austausch untereinander sind Ausgangspunkt für den Einstieg in das Fragenstellen und ein lebenslanges »Auf-die-Suche-Gehen«. Und das Schöne an dieser Aufgabe: Kinder haben unendlich viel Spaß daran. Sie wissen den Respekt vor ihren eigenen Gedanken zu schätzen und schaffen es, auch Lehrer wieder ganz neu zum Grübeln zu bringen. Aha-Erlebnisse sind vorprogrammiert.

Begründete Integration in die Schule: Kompetenzen der Kinder wahrnehmen und im Unterricht fördern

Das Philosophieren mit Kindern bezieht sich nicht vornehmlich auf das Vermitteln von grundlegenden philosophischen Theorien oder Ansätzen. Vielmehr geht es darum, dass Kinder sich argumentativ mit einer Sache auseinander setzen können und selbstaufgestellte logische Denkstränge vor anderen zu vertreten lernen. Diese Fähigkeit setzt das Üben verschiedener Kompetenzen, die auch im Rahmen der Bildungsstandards Aktualität aufweisen, voraus. Die Kultusministerkonferenz verweist darauf, dass Schule:

- zu selbstständigem kritischem Urteil, eigenverantwortlichem Handeln und schöpferischer Tätigkeit befähigen,
- zu Freiheit und Demokratie, zu Toleranz, Achtung vor der Würde des anderen Menschen und Respekt vor anderen Überzeugungen erziehen,

- friedliche Gesinnung im Geiste der Völkerverständigung wecken und ethische Normen sowie kulturelle und religiöse Werte verständlich machen,
- die Bereitschaft zu sozialem Handeln und zu politischer Verantwortlichkeit wecken und
- zur Wahrnehmung von Rechten und Pflichten in der Gesellschaft befähigen soll (KMK 2005, S. 9).

Diese Kompetenzen sind ohne eine Integration philosophischer Arbeit in der Schule kaum denkbar, da sie wichtige philosophische und ethisch-moralische Themenfelder widerspiegeln.

Denn nur wer *selber denkt* und sich mit den Gedanken der Anderen auseinandersetzt, wird sich und der Welt Bedeutung zukommen lassen können. Wird dieses selbsttätige Denken in die Schule eingeflochten, macht es Sinn, in der Gemeinschaft kooperativ daran zu arbeiten und die einzelnen Gedanken miteinander zu vernetzen. Somit kann durch das soziale Miteinander und die Verantwortung in der Gruppe demokratisches Denken gefördert werden. Der Austausch mit Gleichaltrigen lässt einen Austausch eventuell differenter Meinung zu und gibt die Möglichkeit, sich auf die Perspektiven der Mitschüler einzulassen. Dieses Vorgehen beinhaltet die Notwendigkeit von *Respekt* und baut *Achtung* gegenüber Mitmenschen auf. *Ethische Normen und kulturelle beziehungsweise religiöse Werte* sind und bleiben oft Hauptbestandteil kindlicher Philosophie, da eben gerade junge Menschen sich einen Eindruck über das Leben mit Normen verschaffen wollen und sie Werte aktiv entdecken. Moralische Entwicklung im Grundschulalter ist noch nicht abgeschlossen und Kinder müssen lernen, nicht nur auf konventioneller Ebene den Anforderungen der Gesellschaft gerecht zu werden. Sie stellen sich durch philosophische Fragestellungen der Aufgabe, ein eigenes Wertesystem zu verinnerlichen und darauf mit freier Entscheidung zurückzugreifen. Dadurch erfahren sie die Möglichkeit, bewusst *sozial* zu *handeln*, sich selbst und den *Nächsten* zu *achten* und etwaige gesellschaftliche *Rechte* und *Pflichten* ernst zu nehmen. Somit wird durch die Integration der Philosophie in den Schulalltag ein wichtiger Beitrag dazu geleistet, dass Kinder sich in gesellschaftlichen Zusammenhängen erfahren und »Ich und Welt« in Beziehung setzen können.

Rahmenbedingungen und Methodenauswahl

Das Philosophieren mit Kindern kann auf unzählige Arten und mit einer Vielzahl von Methoden angebahnt und umgesetzt werden. Es kann sich stets durch einen aktuellen Anlass in der Klasse eine wichtige Frage ergeben und schnell deutlich werden, dass diese tiefgründiger hinterfragt werden muss. So kann in einem Morgenkreis vom üblichen Wochenenderzählen abgelenkt und ein tiefgründiges Gespräch mit Meinungsaustausch angeleitet werden. Doch in der Regel sind ungeübte Kinder in der Großgruppe nicht in der Lage, spontan zu argumentieren und sich vor den Mitschülern wohlüberlegt zu rechtfertigen. Deshalb empfiehlt sich ein erstes Vertrautmachen mit dem Nachdenken über sich selbst und über eigene Standpunkte. Ich schildere im Folgenden meine eigenen Erfahrungswerte und daraus resultierende Umsetzungen.

Örtliche Rahmenbedingungen

Um ein Herantasten an das Philosophieren möglich zu machen, müssen die richtigen Rahmenbedingungen geschaffen werden. Hierbei sind Ruhe und ein schöner Ort sehr förderlich. Die Kinder sollen spüren, dass nicht in Eile schnell etwas abgehandelt werden soll und dass es um eine andere Art des Denkens geht, als beim Lernen des Einmaleins. Ich persönlich habe mich für das Sitzen auf dem Boden entschieden und für jedes Kind ein kleines Sitzkissen angeschafft. Das Sitzen im Schneidersitz auf dem Boden sorgt in meinen Augen für eine rasche Erdung der Kinder und bereits das Auslegen der Kissen zum Beginn der Philosophierrunde schafft eine besondere Stimmung im Raum. Es ist schnell zu beobachten, mit welcher Hingabe und Freude jedes einzelne Kissen positioniert wird. Um die Möglichkeit des Philosophierens im kreativen Kontext mit einzubinden, sollten Tische zur Verfügung stehen, an denen die Kinder Gedichte oder Texte verfassen können, beziehungsweise ihre Gedanken unterstützende Bilder malen können. Wer die Möglichkeit hat, in einem Raum auch mit Gipsbinden, Ton, Pappmaché oder anderen gestalterischen Stoffen zu arbeiten, sollte diese Möglichkeit unbedingt in die Vorüberlegungen der räumlichen Rahmenbedingungen einfließen lassen. Denn kreativ-handwerkliches Schaffen zahlt sich bei fast jedem Thema aus und fördert das logisch argumentative Denken der Kinder nachhaltig. Bei der Wahl des Raumes ist Ruhe und die Vermeidung von Störungen meines Erachtens unabdingbar, da die Kinder oft große Energie aufbringen, um angestrengt nachzudenken und diese Gedanken dann auch noch in Worte zu fassen.

Zeitliche Rahmenbedingungen

Denken braucht Zeit. Kann im Morgenkreis oder im Unterricht zwar gelegentlich ein imposanter Gedanke angerissen werden, ist es doch so, dass das Sich-einlassen auf eine Frage viel mehr Zeit braucht. Kinder brauchen eine Phase, in der sie sich erst einmal auf eine Sache einlassen und eventuell bei einem ersten Gedankensammeln abschweifen können. Diese Zeit sollte einkalkuliert und jede Form des Hetzens vermieden werden. Dass Kinder sich gegenseitig beim Philosophieren ernst nehmen, kann nur gelingen, wenn jeder genug Zeit hat auszureden. Eine Schulstunde reicht oft nicht aus. Daher ist zu überlegen, das Philosophieren nicht in eine 45-Minuten-Taktung zu zwängen. Hierbei kann das fächerübergreifende Arbeiten (Gedicht in Deutsch als Einstieg, kreative Umsetzung in Kunst, wissenschaftliche Befunde im Sachunterricht etc.) an einer philosophischen Frage durchaus genutzt werden.

Gruppenzusammensetzung als Rahmenbedingung

Bei spontanen Fragen der Schüler kann im Sitzkreis mit der ganzen Klasse im Unterrichtsgespräch philosophiert werden. Allerdings gilt – wie bei fast allen schulischen Organisationsformen – auch für das Philosophieren, dass es sich in einer kleinen Gruppe meist effektiver denken, sprechen und somit arbeiten lässt. Es hat sich gezeigt, dass mehr als zehn Kinder den Rahmen sprengen. Denken wird durch Ablenkungen erschwert und es kommt nicht mehr jeder gleichermaßen zu Wort. So kann das gewünschte Gruppenresultat nicht erzielt werden. Daher sollte sich die Lehrperson Möglichkeiten überlegen, wie eine Kleingruppe aus der Klasse zum Philosophieren ausgegliedert werden kann, während sich die anderen mit Freiarbeitsmaterial oder Arbeitsplänen beschäftigen. Bei geübten Philosophier-Gruppen kann nach Festlegung des Themenkomplexes in Kleingruppen nach den bekannten Regeln und mit den geübten Methoden in eigener Regie philosophiert werden. Am Ende einer Einheit kann dann jede Gruppe den anderen Kindern ihr Thema und die eigenen Ergebnisse präsentieren. Dies gelingt nach einigem gemeinsamen Üben auch schon Erstklässlern.

Die Altersmischung spielt für das Philosophieren mit Schülern der Grundschule keine besondere Rolle. Auch gibt es grundsätzlich kein Mindestalter. Dies wird durch Praxisberichte aus Kindergärten belegt. Die Kleinen lernen recht schnell, dass das Wissen der Großen oft eigene Lücken schließen kann, rhetorische Feinheiten können adaptiert werden, und es erfolgt unmittelbar ein Lernen von Gleichgesinnten, da die Rolle anderer Kinder immer eine natürlichere Lehrfunktion mit sich bringt als die des Erwachsenen. Die Großen der Gruppe merken schnell, dass die Jüngeren auf positive Art und Weise zu ihnen aufsehen, sie Verantwortung übernehmen können und ihr bisher erlangtes Wissen einen Sinn ergibt.

Methodenauswahl

Kinder sind uns oft mit ihren Fragen einen Schritt voraus und stellen diese, ohne dass wir in irgendeiner Weise darauf vorbereitet sind. Diese spontanen philosophischen Fragen der Kinder bieten uns einen optimalen Einstieg in das Philosophieren.

Allerdings ist das spontane philosophische Gespräch im schulischen Rahmen nicht immer möglich. In solchen Fällen kann die Lehrperson philosophische Fragestellungen durch verschiedene Einstiege in den Raum stellen:

- Das Erfühlen eines konkreten Gegenstandes in einer nichteinsichtigen Schatzkiste bringt eine Fülle von Spannung mit sich und leitet im Plenum sehr schnell die Phantasie der Kinder und somit ihre Freude am Denken an.

- Das Betrachten eines Bildes führt ebenso schnell zu regem Austausch über das dargestellte Objekt und leitet so in ein Unterrichtsgespräch über. Hierbei sollte je nach Thematik oder Fragestellung auf das genaue Anschauen einzelner Bildteile geachtet werden. Dies kann durch die Schlüssellochmethode oder das Verdecken einzelner Bildteile nacheinander gewährleistet werden. Ebenso eigenen sich Gedichte oder Sinnsprüche für das Philosophieren mit Kindern.

Ist ein passender Einstieg gefunden, kann im Folgenden auf die passende Methode für den weiteren Verlauf zurückgegriffen werden:

- Bei dem Hinterfragen alltäglicher und bekannter Dinge, eignet sich die Phänomenologie besonders.
- Wenn Dinge oder Begrifflichkeiten noch unbekannt sind, sollte man die analytische Methode in Betracht ziehen.
- Wird rund um einen Text oder ein Bild philosophiert, steht die hermeneutische Methode im Vordergrund.
- Geht es darum, etwas kontrovers zu diskutieren, greift man am besten auf die Dialektik zurück.

Erprobte Regeln

Das Thema Regeln empfinde ich beim Philosophieren mit Kindern viel weniger leidlich als in regulären Unterrichtssituationen. Beim Philosophieren wird den Kindern recht schnell bewusst, dass ihre Fragen im Zentrum stehen, dass sie ernst genommen werden und ihre eigene Weltanschauung im Mittelpunkt der Diskussion steht. Allein deswegen sind Kinder beim Philosophieren fast automatisch darauf bedacht, Regeln einzuhalten. Die Regeln unterscheiden sich eigentlich nicht von den standardisierten Gesprächsregeln. Sie sollten für alle transparent sein, können im jeweiligen Raum gut sichtbar aufgehängt und dann bei Beginn der Stunde oder bei Verstößen schnell wieder nachgelesen werden. Sie variieren natürlich von Gruppe zu Gruppe und hängen stark vom Altersdurchschnitt und anderen Faktoren ab.

Wir haben folgende Regeln aufgestellt:

1. Nur einer spricht!
2. Ich höre zu!
3. Wenn ich etwas sagen möchte, melde ich mich!
4. Ich lasse den Anderen ausreden!
5. Wenn ich etwas nicht verstehe, frage ich nach!
6. Ich richte mich an meinen Gesprächspartner und schaue ihn an!

Ein Praxisbeispiel

Die Thematik »Engel« war bei einer Fördermaßnahme der Akademie Hochbegabung im Saarland Inhalt einer eintägigen Veranstaltung. Der Einstieg lief hier über einen stillen Impuls, bei dem die Schüler einen Engel uneinsehbar erfühlen sollten. Danach erstellten die Schüler ein Cluster, in dem ihre Vorstellungen der verschiedenen Arten von Engeln (Schutzengel, Liebesengel, Engel bei Gott, Todesengel usw.) und ihre Eigenschaften (hilft, beschützt, existiert nur in der Phantasie, lebt im Himmel, ist auf der Erde unsichtbar, reine Fiktion etc.) zusammengetragen wurden. Bereits in dieser Phase entfachten sich erste Diskussionen über unterschiedliche Aspekte (Gibt es Engel nun oder nicht? Was ist ihre Aufgabe, wenn es sie gibt?), die zunächst sortiert wurden. In einer weiteren Phase konnten die Schüler dann je nach Vorwissen und Interessenslage einzelne Bereiche genauer beleuchten und untersuchen. Von besonderem Interesse für die Kinder war vornehmlich die Frage, warum Menschen davon ausgehen, dass es Engel gibt. So ergab sich schnell der argumentative Gesprächsansatz, dass Menschen Dinge brauchen, an die sie glauben können. In Kleingruppen ergaben sich in der Folge interessante Gespräche, bei denen die Kinder der eigenen Wahrheit verschiedener Aspekte gemeinsam näher zu kommen versuchten. In einem folgenden Praxisteil wurden den Schülern Gipsbinden und Draht zur Verfügung gestellt. Der Arbeitsauftrag wurde schnell erkannt: Jeder durfte seine eigene Vorstellung eines Engels kreativ umsetzen. So konnten die Kinder ihren Eindrücken und Erkenntnissen zum Thema Engel in einer Plastik aus Draht und Gipsbinden Ausdruck verleihen. Auch in dieser Phase nahmen die Gespräche und Diskussionen über wissenschaftliche Befunde, eigene Erfahrungen und Hoffnungen viel Raum ein. Dieser Studientag motivierte mich, die Thematik weiter zu verfolgen und mit unterschiedlichen Altersstufen daran zu arbeiten. Jede einzelne Durchführung zeigte jeweils einen völlig neuen Verlauf, der nie an Spannung einbüßte und oft ganz neue Fragen zum Vorschein brachte. Die kreative Gestaltungskomponente setzte sich als Abschluss jedes Mal positiv durch.

Exemplarische Themenauswahl

Dem Philosophieren sind keine Grenzen gesetzt. Es gilt allerdings darauf zu achten, dass weder nur analytische Philosophie betrieben wird, noch dass das Philosophieren zur lästigen Routine verkommt.

Wichtig erscheint mir, dass die Kinder auf demokratische Art ihre eigenen Interessen und Fragen einbringen können und diese auch ernst genommen werden. Das Philosophieren soll den eigenen Standpunkt ermitteln und die Fragen jedes Einzelnen zulassen. Dies kann nur durch Mitspracherecht – vor allem bei der Themenauswahl – gewährleistet werden.

Folgende Themen erfreuen sich – so meine Erfahrung – großer Beliebtheit:

- Wer bin ich?
- Gibt es Gott?
- Was sind Engel und gibt es sie wirklich?
- Was ist Freundschaft?
- Was ist schon gerecht?
- Ist das Leben nach dem Tod ein Leben?
- Warum sterben wir?
- Haben Tiere eine Seele?
- Kann uns die Zeit davonrennen? Und warum läuft die Zeit nicht rückwärts?

Die aufgeführten Themen können je nach Anlass und Aktualität (Konflikte zwischen Schülern, Weihnachten, Sterbefälle, Verknüpfung mit Unterrichtsthemen) zum Thema gemacht werden. Da Kinder meist sehr offen an ihre eigenen Gedanken herangehen, ist gewährleistet, dass die Fragestellungen nie ausgehen werden.

Fazit

Wenn man sich der Möglichkeit stellt, mit Kindern zu philosophieren, profitieren alle Beteiligten von den Erkenntnissen: Alle Kinder sind kompetente Denker! Denn alle Kinder sind voller Fragen, nur können sie sich im Rahmen der Schule zu selten auf den Weg machen, diesen Fragen auch nachzugehen. Gerade im Bereich der Philosophie sollte die Schule die sehr heterogenen Kinderwelten aufgreifen. Kinder – mit ihren Vorstellungen von der Welt, dem Ich und dem Zwischendrin – müssen die Möglichkeit erhalten, ihre Sicht auf die Dinge mitteilen und mit anderen darüber in einen Dialog treten zu können. Mit der richtigen Unterstützung werden ihre Argumente immer logischer strukturiert, sie lernen ihren eigenen Standpunkt präzise und fair zu vertreten und dem Gegenüber ebenfalls Gehör zu schenken. Diese Fähigkeit wird sich, davon bin ich überzeugt, auch auf andere Felder der Schule und auf das Leben von Kindern in der Gesellschaft positiv auswirken.

Literatur

Kultusministerkonferenz (Hrsg.) (2004): Bildungsstandards der Kultusministerkonferenz. Bonn.

Sarah Alexi

Generationenprojekte in der Grundschule

Jegliches gesellschaftliches Leben muss immer auch als das Zusammenleben von Angehörigen verschiedener Generationen verstanden werden. Dabei kommt es nicht selten zu Konflikten oder Missverständnissen, die sich auf die unterschiedlichen biographischen Prägungen der verschiedenen Generationen zurückführen lassen. Vergessen wird dabei aber oft, dass jede Generation aufgrund ihrer differenten Lebenserfahrungen über jeweils spezifische Kompetenzen verfügt, die oftmals ungenutzt bleiben und die es verstärkt in das gesellschaftliche Zusammenleben einzubringen gilt.

Insbesondere im Diskurs um »Lebenslanges Lernen« (vgl. u.a. Alheit/Felden 2009) wird der Blick sowohl auf die vorhandenen als auch auf die noch ausbaufähigen Kompetenzen von Menschen unterschiedlichen Alters gerichtet, denn in der heutigen Gesellschaft hören Prozesse des Lernens und sich Weiterentwickelns für alle Menschen gleichermaßen niemals auf. Ausgehend von einem unterschiedlichen Wissen und Können der verschiedenen Generationen darf es also nicht mehr nur darum gehen, wer zu welchem Lebenszeitpunkt bestimmte Tätigkeiten nicht mehr oder noch nicht ausüben kann oder darf, sondern dass sowohl jüngere als auch ältere Menschen über bestimmte Kompetenzen verfügen, die es im gemeinsamen Austausch weiterzuentwickeln gilt.

Auch die höhere Lebenserwartung älterer Menschen und der damit einhergehende demographische Wandel machen eine neue Form der Generationensensibilität erforderlich. Diese muss ein verständnisvolles Miteinander der Generationen zum Ziel haben, was durch gemeinsame Bildungsprozesse erreicht werden kann. Intergenerationelle Bildung wird vor allem in der Erwachsenenbildung und dort insbesondere im Bereich der Geragogik (Altenbildung) breit diskutiert, was sich anhand zahlreicher Initiativen und Veröffentlichungen belegen lässt (vgl. bspw. Franz u.a. 2009; Karl 2009; Ganß/Narr 2010). Hierbei liegt der Schwerpunkt jedoch zumeist auf den verschiedenen Perspektiven der sozialen Integration von älteren Menschen, beispielsweise indem ein »Netzwerk der Generationen« (Eder 2006) angestrebt wird.

Menschen unterschiedlichen Alters haben zudem jeweils andere Lebensaufgaben zu bewältigen. Hurrelmann und Bründel unterscheiden im Anschluss an Havighurst (1981) zwischen verschiedenen Entwicklungsaufgaben von Kindern, Jugendlichen, Erwachsenen und Senioren (vgl. Hurrel-

mann / Bründel 2003, S. 73 f.). Dabei können die einzelnen Entwicklungsaufgaben insbesondere im Gegenüber von Menschen, die sich zu dieser Zeit in anderen Lebensabschnitten befinden, erfolgreich bewältigt werden. Bewusst inszenierte Zusammentreffen verschiedener Generationen können dazu einen wesentlichen Beitrag leisten.

Doch welche Bedeutung und welchen Nutzen können intergenerationelle Bildungsprozesse und Generationenprojekte konkret für die Grundschule haben? Diese Frage lässt sich aus zweierlei Perspektiven beantworten. Zum einen handelt es sich bei der Grundschule um eine *Sozialisationsinstanz*, in welcher Erwachsene auf Kinder treffen, mit der Aufgabe diese zu erziehen und zu unterrichten. Damit findet nicht nur in der Familie sondern auch in den jeweiligen Aushandlungsprozessen zwischen den schulischen Akteuren eine »generative Sozialisation« statt. Liegle und Lüscher verdeutlichen mit diesem Konzept die Tragweite der Generationenbeziehungen für die Entwicklung des Einzelnen und des sozialen Zusammenlebens (vgl. Liegle / Lüscher 2008, S. 141). Zum anderen handelt es sich bei der Grundschule um eine *Bildungsinstitution*, in der es darum geht, Lern- und Bildungsprozesse zu initiieren und zu gestalten und »[…] in schulischen Vermittlungs- und Aneignungsprozessen geht es um die Bedeutung und Gestaltung generativer Differenz bei der Fortschreibung von Kulturalität« (Heinzel / Alexi 2006, S. 191). **Dementsprechend findet der demographische**

Wandel mittlerweile auch in den Bildungsplänen Berücksichtigung, denn die gesellschaftlichen Entwicklungen »[...] fordern auch die Bildungssysteme heraus, die Begegnung, den Dialog und das Miteinander der Generationen bewusst und gezielt zu gestalten. Insofern hat Bildung heute einen zentralen Beitrag zum Zusammenhalt zwischen den Generationen zu leisten« (Hessisches Ministerium für Arbeit, Familie und Gesundheit / Hessisches Kultusministerium 2007, S. 17).

Der vorliegende Beitrag versucht, das Konzept des Generationenlernens für die Grundschule fruchtbar zu machen. Im Folgenden werden deshalb zuerst kurz die verschiedenen Generationenbegriffe geklärt, um daran anschließend ein für die Grundschule nutz- und handhabbares Modell intergenerationellen Lernens vorzustellen. Es folgt die Beschreibung wesentlicher Rahmenbedingungen, die für eine gelungene Implementierung notwendig erscheinen, anhand dreier gegenwärtig existierender Generationenprojekte. Der Beitrag endet mit einigen Überlegungen zum allgemeinen Nutzen von Generationenprojekten und einem kurzen Ausblick.

Generationenbegriffe

Der Generationenbegriff erfreut sich gerade im pädagogischen Feld großer Beliebtheit und wird aber auch in sehr verschiedenen Disziplinen und Kontexten recht unterschiedlich verwendet (Überblick bei Jureit 2006). Im Wesentlichen kann zwischen drei unterschiedlichen Generationenkonzepten unterschieden werden: dem genealogisch-familialen, dem pädagogisch-anthropologischen und dem gesellschaftlich-historischen.

Beim *genealogisch-familialen* Konzept wird zwischen den einzelnen Generationsangehörigen einer Familie unterschieden. Dieses Konzept bezieht sich also auf die verwandtschaftlichen Abstammungsrelationen und die Festlegung von bestimmten Rollen innerhalb der Familie.

Im Sinne des *pädagogisch-anthropologischen* Generationenbegriffs wird zwischen vermittelnder und aneignender Generation differenziert (vgl. Schleiermacher 1959). Mit Hilfe dieses Konzepts werden vor allem pädagogische Rollen und Erziehungsverhältnisse (sowohl in der Familie als auch der Schule) beschrieben.

Der *gesellschaftlich-historische* Begriff bezeichnet die Gesamtheit der ungefähr Gleichaltrigen, die sich aufgrund gemeinsamer prägender Erfahrungen in ihrer Art des Denkens und Fühlens ähneln, da sie durch ihre spezifische Lagerung im historischen Raum auf einen bestimmten Spielraum möglichen Geschehens beschränkt waren (Mannheim 1964). Hier kann also von einer bestimmten biographischen Prägung gesprochen werden, die die Angehörigen einer gesellschaftlich-historischen Generation gemeinsam haben.

Sowohl für die intergenerationelle Bildungsdebatte in der Erwachsenenbildung als auch für die Generationenarbeit in der Grundschule sind das pädagogisch-anthropologische sowie das gesellschaftlich-historische Konzept bedeutsam. Auch in der Familie kommen diese beiden Generationenkonzepte zum Tragen, denn Menschen gehören in unterschiedlichen Kontexten und Interaktionssituationen immer auch mehreren Generationen gleichzeitig an.

Ein Modell intergenerationellen Lernens

Die intergenerationelle Bildungsarbeit gewann vor dem Hintergrund des demographischen Wandels vor allem in den Bereichen Geragogik und Andragogik mehr und mehr an Bedeutung. Erste Ansätze der Integration immer älter werdender Menschen spiegeln sich in der Einrichtung von Seniorenstudiengängen an deutschen Hochschulen wider. Jedoch wurde in ersten Evaluationen schnell klar, dass hier zwar ein »Nebeneinander-Lernen«, günstigstenfalls ein »Miteinander-Lernen« von Seniorinnen und Senioren gemeinsam mit den Studierenden stattfand, die wirklichen Potentiale intergenerationeller Bildung aber ungenutzt blieben. Es wurde gefordert, intergenerationelle Bildungsprozesse stärker didaktisch zu planen und »Spielregeln« für eine solche Auseinandersetzung zu formulieren (vgl. Seidel / Siebert 1990).

Andreas Meese (2005) hat einige Jahre später diese Ansätze didaktischer Bemühungen aufgegriffen und vor allem für den Bereich der Erwachsenenbildung zu einer »generationenübergreifenden Didaktik« weiterentwickelt. Dabei differenziert er zwischen drei unterschiedlichen intergenerationellen Lernsituationen: *Miteinander-*, *Voneinander-* und *Übereinander-*Lernen. Diese Unterscheidung trifft er vor dem Hintergrund, dass die jeweilige Wissensquelle sowie die Vermittlungsprozesse jeweils verschieden sind.

Beim *Miteinander-Lernen* liegt das Wissen außerhalb der teilnehmenden Generationen, d.h. es wird von einem Dritten vorgegeben oder gemeinsam be- bzw. erarbeitet. Prozesse des *Voneinander-Lernens* finden überall dort statt, wo Menschen einer Generation als Experten auftreten und ihr Wissen der jeweils anderen Generation zu vermitteln versuchen. Das *Übereinander-Lernen* schließlich zielt auf einen egalitären Austausch der Generationen ab, wobei zumeist auf die differenten biographischen Erfahrungen als Wissensgrundlage zurückgegriffen wird.

Für die in schulischen Zusammenhängen verankerten Generationenprojekte erscheint eine darüber hinaus gehende Differenzierung zwischen den jeweiligen Lernorten angebracht. So können intergenerationelle Lernprozesse sowohl direkt in der Schule als auch außerschulisch in anderen

Institutionen (z. B. Altenheime) stattfinden. Daraus ergibt sich folgende Tabelle:

Wissens-Quelle	Das Expertenwissen liegt außerhalb oder wird gemeinsam erarbeitet.	Das Expertenwissen liegt bei einer Generation und wird an die andere vermittelt.	Gegenseitiger Austausch zu generationsspezifischen Lebenserfahrungen.
Lern-Modus	Miteinander-Lernen	Voneinander-Lernen	Übereinander-Lernen
Schulische Beispiele	Computerkurse (GS Petershagen / Frille)	Mentoren-programme (Lutherschule Waltrop)	Erzählcafés (GS Eppertshausen)
Außerschulische Lernorte	Mehrgenerationen-häuser	Umweltzentren	Altenheim

Tabelle weitergeführt in Anlehnung an Meese (2005, S. 40)

Die außerschulischen Lernorte liegen zumeist in schulischer Nähe bzw. in der Gemeinde oder im Nachbarort. Es handelt sich dabei oftmals um Einrichtungen, in denen die ältere Generation das »Hausrecht« hat (z. B. Alten- und Pflegeheime) oder um Bildungsstätten, die sich aber wiederum explizit auf die Arbeit mit älteren Menschen spezialisiert haben (z. B. Mehrgenerationenhäuser). Hier spielt neben den intergenerationellen Bildungsprozessen auch die Integration der Schule in die Ortschaft eine Rolle.

Eine Ausnahme bilden hier Generationenprojekte, wie sie im Ökologischen Schullandheim Licherode stattfinden, wo Seniorinnen und Senioren im Rahmen eines Zertifikatslehrgangs zu Umwelttrainerinnen und -trainern ausgebildet werden (vgl. Adamaschek 2006). Unter dem Motto »Mit Lebenserfahrung Kinder begeistern« geben ältere Menschen nach erfolgreicher didaktischer Schulung und bestens ausgestattet mit pädagogischem und methodischem Rüstzeug ihr Wissen und ihre Erfahrungen im Umweltbereich an die jüngere Generation weiter. Die Einbindung der ausgebildeten Seniorinnen und Senioren in die schulische Bildungsarbeit erfolgt dabei über eine Senioren-Referenten-Kartei, die zur Vermittlung der Umwelttrainerinnen und -trainer genutzt wird (siehe auch http://www.schullandheim-licherode.de/senioren-als-umwelt-trainer.html).

Welche Möglichkeiten bietet demgegenüber der Lernort Schule und welche besonderen Punkte gilt es bei der Planung und Implementierung von Generationenprojekten zu berücksichtigen? Am Anfang steht, wie bei anderen Projekten auch, eine gute Idee, ein konkreter Plan oder zumindest der Wunsch nach einer neuen Form der Begegnung der Generationen. Zur konkreten Umsetzung benötigt es dann interessierte und engagierte Menschen, die bereit sind im Sinne dieser Idee mitzudenken und gemeinsam daran (weiter)zuarbeiten.

Mittlerweile liegen zahlreiche methodische Bücher aus dem intergenerationellen Bildungsbereich vor, die sowohl im Altenpflegekontext (z.B. Greger 2001), in der Kirchengemeindearbeit (z.B. Riewesell 2005) oder im Bereich der Erwachsenenbildung (z.B. Marquard u.a. 2008; Antz u.a. 2009) entstanden sind. Abgesehen von einigen vereinzelten Projektbeschreibungen (z.B. Meendermann 1994) existieren für den pädagogischen bzw. schulischen Kontext noch keine derartigen Werke. Jedoch lassen sich zahlreiche Methoden aus der Erwachsenenbildung in leicht abgewandelter Form auch auf den schulischen Bereich übertragen, was vereinzelt auch schon gemacht wurde.

Beispielhafte Projekte

Bislang haben sich noch nicht viele Grundschulen intergenerationelle Bildungsarbeit zur dauerhaften Aufgabe gemacht. Im Folgenden werden einige gelungene Beispiele schulischer intergenerationeller Arbeit vorgestellt, wobei auf die Unterscheidung des Voneinander-, Miteinander- und Übereinander-Lernens zurückgegriffen wird, indem zu jedem generationellen Lernkonzept ein bereits laufendes Projekt verschiedener Grundschulen vorgestellt wird.

Voneinander-Lernen in Mentorenprogrammen

Die Mitarbeit von älteren Menschen an Schulen als Mentorinnen und Mentoren ist die am weitesten verbreitete Form intergenerationeller Bildungsarbeit. Hierbei geht man davon aus, dass die Seniorinnen und Senioren über Wissen und Können verfügen, das es an die jüngere Generation weiterzugeben gilt. Julia Franz grenzt den Begriff des *intergenerationellen Engagements* von dem Konzept des *intergenerationellen Lernens* ab, da ihrer Argumentation zufolge der Schwerpunkt hier weniger auf dem Generationen-Austausch und -Lernen als auf der gesellschaftspolitischen Verpflichtung der älteren Generation gegenüber der jüngeren Generation liegt (vgl. Franz 2006, S. 13). Im schulischen Bereich lassen sich die beiden Konzepte jedoch nicht immer klar voneinander trennen, da es hier mit Hilfe einer langfristigen Integration in das Schulkonzept und einer entsprechenden didaktischen Aufbereitung durch die Lehrerinnen und Lehrer auch beim bloßen *intergenerationellen Engagement* der Seniorinnen und Senioren zu *intergenerationellen Lernprozessen* zwischen allen beteiligten Generationen kommt. Ein häufig anzutreffendes Beispiel für die Weitergabe von historischem Wissen älterer

Menschen an Jüngere ist die sogenannte Zeitzeugenarbeit, in deren Rahmen Seniorinnen und Senioren insbesondere über ihre persönlichen Erfahrungen während der NS-Zeit berichten.

An der Lutherschule in Waltrop wurden gleich mehrere Generationenprojekte initiiert, bei denen ältere Menschen als Mentorinnen und Mentoren in verschiedensten Gebieten mit den Kindern zusammenarbeiten. Ausgangspunkt war der »spontane« Besuch eines älteren Herrn, der der Grundschule seine freie Zeit als Lesetrainer zur Verfügung stellen wollte. Kurze Zeit später kam es zur Gründung einer Volkslieder-AG, in welcher ältere Frauen zusammen mit den Kindern Lieder einstudierten und sangen. Zum nächsten Halbjahr entstand dann ein Handarbeitskurs, der von einigen Seniorinnen betreut wird und hier näher beschrieben werden soll.

Unter dem Motto »Gut eingefädelt« geben wöchentlich vier Frauen im Alter zwischen 61 und 71 Jahren ihr handarbeitliches Know-how an achtzehn Viertklässlerinnen und Viertklässler weiter. Durch den erhöhten Anteil von Erwachsenen im Verhältnis zu den teilnehmenden Kindern werden intensivere Vermittlungsformen möglich und die handarbeitstypischen Techniken (Nähen, Stricken, Häkeln) können auf diese Weise allen Kindern gleichermaßen gezeigt werden, wodurch auch individuelle Hilfestellungen leichter umgesetzt werden können und entsprechend intensiv und effektiv wirken.

Der große Gewinn für die Schülerinnen und Schüler besteht bei diesem intergenerationellen Mentorenprogramm darin, dass ihnen lebenspraktisches Wissen authentisch und praktisch vermittelt wird. Hinzu kommt, dass die Freude der älteren Frauen an ihrem Hobby und dessen Vermittlung auch für die Kinder wahrnehmbar ist und sich positiv auf ihr Interesse und Lernen auswirkt.

Miteinander-Lernen in Computerkursen (Grundschule Frille)

Das Miteinander-Lernen der verschiedenen Generationen als ein von außen inszeniertes Lernen findet im Bereich der Schule besonders selten statt. Dies scheint zuerst einmal verwunderlich, handelt es sich hierbei doch um die Form des didaktisch am besten aufbereiteten intergenerationellen Lernens. Ein Erklärungsansatz könnte sein, dass Lehrerinnen und Lehrer sich als ausgebildete Pädagogen zwar in der Arbeit mit Kindern kompetent fühlen, jedoch die Initiierung von Lernprozessen bei älteren Menschen eher befremdlich erscheint und sie sich davor scheuen.

In Generationenprojekten des Miteinander-Lernens geht es für die Initiatorinnen und Initiatoren also um die Vermittlung von Wissen in zwei unterschiedliche Richtungen. Denn in den Planungen und Vorbereitungen müssen sowohl die Kinder als auch die älteren Menschen in den Blick genommen werden. Die Unterschiedlichkeit in den Fähigkeiten und Fertigkeiten der beiden Generationen hängt dabei allerdings stark vom (Lern)Gegenstand ab, an dem oder mit dem gemeinsam gearbeitet und gelernt werden soll.

An der Grundschule Frille entstand ein Generationenprojekt, welches den Computer zum Lerngegenstand des Miteinander-Lernens hat. Die wöchentlich jahrgangsübergreifend stattfindende Arbeitsgemeinschaft der 3. und 4. Klassen wird von insgesamt zehn Tandems, die jeweils aus einer älteren Person und einem Kind gebildet werden, besucht. Der Zugang zur älteren Generation wurde anfangs über den Seniorenkreis der ansässigen Kirchengemeinde ermöglicht. Mittlerweile handelt es sich bei den teilnehmenden Seniorinnen und Senioren um die eigenen Großeltern der Kinder, was zu einer höheren Verbindlichkeit bei der Teilnahme führt.

Die Kinder werden vor der Bildung der Tandems in die Arbeit mit dem Computer eingeführt, sodass die erste Phase eines Projektdurchgangs immer darin besteht, dass die Kinder zu Experten ausgebildet werden, um im Anschluss den Seniorinnen und Senioren den grundlegenden Umgang mit dem neuen Medium erklären zu können. Es folgt die Phase des gemeinsamen Arbeitens an einem Projekt (z. B. Schule früher und heute), an dessen Ende immer ein gemeinsames Produkt (z. B. ein Flyer, ein Plakat oder ein Heft) steht.

Im Rahmen dieser gemeinsamen Projekt-Lernprozesse kommt es insbesondere zur Ausbildung und Stärkung sozialer Kompetenzen (z. B. geduldig sein, sich unterstützen, zusammen arbeiten). Sowohl die Seniorinnen und Senioren als auch die Kinder werden in der gegenseitigen Wahrnehmung ihrer doch recht unterschiedlichen Fähigkeiten und Fertigkeiten geschult. Durch den »Zwang zur Kooperation« in den gemeinsamen Lernsituationen kommt es zu neuen Wahrnehmungs- und Umgangsweisen der verschiedenen Generationen miteinander.

Übereinander-Lernen im Erzählcafé (Stephan-Gruber-Schule in Eppertshausen)

Beim Erzählcafé handelt es sich um ein moderiertes Rundgespräch, an welchem Angehörige unterschiedlicher Generationen teilnehmen. Der Ursprung liegt hierbei in der bereits zuvor erwähnten Zeitzeugenarbeit, bei der es um die Weitergabe von historischem Wissen durch ältere Menschen an zumeist Jugendliche ging. Diese ursprüngliche Form des Erzählcafés wurde im Rahmen eines Lehrforschungsprojekts an der Universität Kassel weiterentwickelt und konzeptionell umgeändert, sodass es nicht mehr um eine einseitige Wissensvermittlung von der älteren Generation an die jüngere ging, sondern auf ein wechselseitiges biographisches Lernen *übereinander* abgezielt wurde.

In einer möglichst angenehmen Atmosphäre, die durch die Darbietung von Getränken und Gebäck einem »gemütlichen Kaffeeklatsch« ähnelt, tauschen sich hierbei alle Teilnehmenden als Experten ihrer Zeit über ein kindheitsspezifisches Thema (z. B. Schule, Freizeit, Familie, Freunde, etc.) aus. Durch die konzeptionelle Nähe zum Morgenkreis lassen sich Erzählcafés ohne größere Schwierigkeiten im schulischen Bereich anwenden (vgl. Alexi 2009). Sie können als ein Ort des Generationenaustausches dazu beitragen, die verschiedenen generationsspezifischen Erfahrungen und ihre damit einhergehenden Betrachtungs- und Ansichtsweisen der heutigen und früheren Kindheiten kennenzulernen und die anderen Generationen besser zu verstehen (vgl. Alexi / Ludwig 2007).

Die Implementierung eines Erzählcafés fand in der Stephan-Gruber-Grundschule in Eppertshausen statt. Die dort tätige Lehramtsanwärterin entwickelte im Rahmen ihres Vorbereitungsdienstes ein Erzählcafé-Konzept, welches sie für das Modul »Schule mitgestalten und entwickeln« durchführte und auswertete. Zu Beginn mussten ältere Menschen gefunden werden, die sich zur Teilnahme an den Gesprächskreisen bereit erklärten. Hier wurden unterschiedliche Wege beschritten, da die ersten Reaktionen eher verhalten waren. Nachdem ein Brief an die Familien der Kinder nur wenig Resonanz zeigte, erfolgte eine Kontaktaufnahme zu den Seniorenkreisen der ansässigen Kirchengemeinden. Doch auch hier war das Interesse nicht so groß wie erhofft, sodass auf Gemeindebrief und Zeitung als Werbemittel zurückgegriffen wurde. Letztendlich kam es aber vor allem durch Mundpropaganda zum erwünschten Erfolg und es fanden sich genügend Seniorinnen und Senioren, die bereit waren, am Generationenprojekt »Erzählcafé« teilzunehmen.

Die Erzählcafés fanden sowohl in einer ersten als auch einer vierten Klasse statt und waren entsprechend der verschiedenen Altersstufen auch thematisch und konzeptionell leicht unterschiedlich. So wurde bei den jüngeren Schülerinnen und Schülern darauf geachtet, dass vor allem anschauliches Material vorhanden war und handlungsorientierte Phasen beim Thema »Spielen« eingebaut wurden. Die Erzählcafés der vierten Klasse waren mehr auf reine Erzählungen ausgerichtet und auch thematisch anders gelagert (z. B. Krieg). Um hier alle Anwesenden auch wirklich zu Wort kommen lassen zu können, gab es nach einer Großgruppenphase noch ein vertiefendes Gespräch in Kleingruppen.

Die Auswertung der intergenerationellen Treffen in Form von Erzählcafés fiel von allen Seiten sehr positiv aus. Als ein wichtiger Punkt, der in der Planung und Durchführung bedacht werden sollte, muss jedoch festgehalten werden, dass insbesondere schwierige oder sensible Themen bei den Seniorinnen und Senioren eher einer Vorbereitung bedürfen, während für die teilnehmenden Kinder die Nachbereitung eine wichtigere Rolle spielt.

Nutzen

Die Lernchancen und -möglichkeiten in intergenerationellen Bildungsprozessen sind vielfältig und können aber auch entsprechend des dahinter stehenden Lernkonzepts sowie hinsichtlich der beteiligten Menschen oder angebotenen Themen recht unterschiedlich sein. An dieser Stelle können deshalb nur erste Überlegungen zum grundsätzlichen Nutzen von Generationenprojekten für die schulischen Akteure erfolgen.

Projekte, die Menschen unterschiedlichen Alters zusammenbringen, miteinander in Austausch treten lassen und die dabei bewusst auf Wertschätzung und Anerkennung des Anderen abzielen, setzen am Konzept einer »Pädagogik der Vielfalt« (Prengel 2006) an. In inszenierten Begegnungen verschiedener Generationen besteht die Möglichkeit, die differenten Lebensweisen und Ansichten darzustellen und miteinander in Beziehung zu setzen, um auf diese Weise bestehende Sichtweisen und Vorurteile der Beteiligten aufbrechen und revidieren zu können. Das Kennenlernen von zeithistorisch anders geprägten Welten und Vorstellungen führt im Idealfall zu der Erkenntnis, dass die Bedürfnisse, Wünsche und Verhaltensweisen heutiger und früherer Kinder sich zwar sehr maßgeblich voneinander unterscheiden, aber beide in ihrer Verschiedenheit berechtigt sind, denn alle Menschen sind Kinder ihrer Zeit.

Für die beteiligten Schülerinnen und Schüler ergeben sich in der Teilnahme an Generationenprojekten darüber hinaus Lernanlässe, die auch in fachlicher und sozialer Hinsicht von Belang sind; so werden insbesondere Empathie- und Toleranzfähigkeit ausgebildet und trainiert. Des Weiteren findet in Generationenprojekten (und hier insbesondere in Projekten des Übereinander-Lernens) eine Form des authentischen historischen Lernens statt, die es ermöglicht, Geschichtswissen mit Hilfe von erzählten Geschichten lebendig werden zu lassen und damit leichter nachvollziehbar zu machen.

Heinzel verdeutlicht den Nutzen für die beteiligten Kinder auch im Hinblick auf den Austausch überindividueller Erfahrungen und die darin enthaltenen Möglichkeiten der Wahrnehmung als eigenständige Generation. Darüber hinaus bieten Generationenprojekte für die Kinder die Chance, ihre möglicherweise beteiligten Lehrerinnen und Lehrer – unabhängig von den institutionell vorgegebenen Rollen – als Personen mit eigener Vergangenheit wahrzunehmen (vgl. Heinzel 2006, S. 250).

Ausblick

Die Grundschule sollte als ein Ort verstanden werden, an welchem die biographischen Prägungen von Lehrerinnen und Lehrern sowie Schülerinnen und Schülern gegenseitig anerkannt werden. Dieser Forderung lässt sich insbesondere im Rahmen von Generationenprojekten nachkommen, die neben den in der Schule handelnden Akteuren eine dritte Generation hinzuholen und damit einen gleichberechtigten Austausch von Lehrerinnen und Lehrern mit ihren Schülerinnen und Schülern – losgelöst von den schulischen Rollen als Angehörige unterschiedlicher Generationen – ermöglichen.

Die auch im schulischen Alltag stets vorhandene Generationendifferenz, die es zu gestalten und zu reflektieren gilt, macht deutlich, dass eine nur am Kind orientierte Grundschule nicht weit genug greift. So fordert Heinzel den Wandel vom Prinzip der Kindgemäßheit hin zur generationenvermittelnden Grundschule (Heinzel 2010), die ihrer doppelten Verpflichtung sowohl gegenüber dem Kind als auch der Gesellschaft gerecht werden kann. Dazu gehört auch, dass Lehrerinnen und Lehrer im Rahmen einer demokratischen und für Heterogenität aufmerksamen Pädagogik die Geschichten über die ihnen anvertrauten Kinder so erzählen, dass sie von Anerkennung und Wertschätzung geprägt sind (vgl. Heinzel 2004, S. 123). Generationenprojekte können durch ihr reflexives Potential hierzu einen wesentlichen Beitrag leisten.

Literaturverzeichnis

Adamaschek, K. (2006): Ökologisches Schullandheim Licherode. In: Olejniczak, C./Geißler, C. (Hrsg.): Alt und Jung. Generationen in der Umweltbildung und Naturschutzarbeit. Hannover: Institut für Entwicklungsplanung und Strukturforschung, S. 124–141.

Alexi, S. (2009): Das Erzählcafé. Generationenvermittlung in der Grundschule. In: Grundschule aktuell – Zeitschrift des Grundschulverbandes, H. 105, S. 15–17.

Alexi, S./Ludwig, M. (2007): Erinnern und Erleben im Erzählcafé. Spannung zwischen den Generationen. In: Grundschule, 39. Jg., H. 5, S. 24–26.

Alheit, P./Felden, H. von (2009): Lebenslanges Lernen und erziehungswissenschaftliche Biographieforschung. Konzepte und Forschung im europäischen Diskurs. Wiesbaden: VS-Verlag.

Antz, E.-M./Franz, J./Frieters, N./Scheunpflug, A. (2009): Generationen lernen gemeinsam. Methoden für die intergenerationelle Bildungsarbeit. Bielefeld: Bertelsmann.

Eder, R. (2006): Netzwerk der Generationen. Gemeinsam statt einsam. Freiburg i. Br.: Herder.

Franz, J. (2006): Die ältere Generation als Mentorengeneration. Intergenerationelles Lernen und intergenerationelles Engagement. In: Bildungsforschung, 3. Jg., H. 2, S. 1–18. Online: http://www.bildungsforschung.org/Archiv/2006-02/intergenerationelles/ (07.07.2010).

Franz, J./Frieters, N./Scheunpflug, A./Tolksdorf, M./Antz, E.-M. (2009): Generationen lernen gemeinsam. Theorie und Praxis intergenerationeller Bildung. Bielefeld: Bertelsmann.

Ganß, M./Narr, B. (Hrsg.) (2010): Alt und Jung im Pflegeheim. Intergenerative Projekte mit Malen, Werken und Theater. Frankfurt/M.: Mabuse-Verlag.

Greger, B. R. (2001): Generationenarbeit. München: Urban und Fischer.

Havighurst, R. J. (1981): Developmental tasks and education. New York: Longman.

Heinzel, F. (2004): Traktat vom »schwierigen Kind« oder pädagogischer Optimismus? In: Heinzel, F. / Geiling, U. (Hrsg.): Demokratische Perspektiven in der Pädagogik. Wiesbaden: VS-Verlag, S. 114 – 125.

Heinzel, F. (2006): »…ich sitze hier eigentlich nicht als Schulleiter, sondern als jemand, der irgendwann mal in die Schule gekommen ist.« In: Hinz, R. / Schumacher, B. (Hrsg.): Auf den Anfang kommt es an. Kompetenzen entwickeln – Kompetenzen stärken. Wiesbaden: VS-Verlag, S. 243 – 252.

Heinzel, F. (2010): Kindheit und Grundschule. In: Krüger, H.-H. / Grunert, C. (Hrsg.): Handbuch Kindheits- und Jugendforschung. Wiesbaden: VS-Verlag, S. 595 – 618.

Heinzel, F. / Alexi, S. (2006): Generationendifferenz als Anlass pädagogischer Selbstreflexion. In: Dauber, H. / Zwiebel, R. (Hrsg.): Professionelle Selbstreflexion aus pädagogischer und psychoanalytischer Sicht. Bad Heilbrunn: Klinkhardt, S. 191 – 202.

Hessisches Ministerium für Arbeit, Familie und Gesundheit / Hessisches Kultusministerium (Hrsg.) (2007): Bildung von Anfang an. Bildungs- und Erziehungsplan für Kinder von 0 bis 10 Jahren in Hessen. Online: http://www.bep.hessen.de / (07.07.2010).

Hurrelmann, K. / Bründel, H. (2003): Einführung in die Kindheitsforschung. Weinheim, Basel u. Berlin: Beltz.

Jureit, U. (2006): Generationenforschung. Göttingen: Vandenhoeck & Ruprecht.

Karl, F. (2009): Einführung in die Generationen- und Altenarbeit. Opladen u. Farmington Hills: Barbara Budrich.

Liegle, L. / Lüscher, K. (2008): Generative Sozialisation. In: Hurrelmann, K. / Grundmann, M. / Walper, S. (Hrsg.): Handbuch Sozialisationsforschung. Weinheim: Beltz, S. 141 – 156.

Mannheim, K. (1964): Wissenssoziologie. Auswahl aus dem Werk. Neuwied u. Berlin: Luchterhand.

Marquard, M. / Schabacker-Bock, M. / Stadelhofer, C. (2008): Alt und Jung im Lernaustausch. Eine Arbeitshilfe für intergenerationelle Lernprojekte. Weinheim: Juventa.

Meendermann, K. (1994): Dialog zwischen den Generationen. Grundschulunterricht im Altenheim. Münster u. New York: Waxmann.

Meese, A. (2005): Lernen im Austausch der Generationen. Praxissondierung und theoretische Reflexion zu Versuchen intergenerationeller Didaktik. In: DIE Magazin, 18. Jg., H. 2, S. 39 – 41.

Prengel, A. (2006): Pädagogik der Vielfalt. Verschiedenheit und Gleichberechtigung in Interkultureller, Feministischer und Integrativer Pädagogik. Wiesbaden: VS-Verlag.

Riewesell, T. (Hrsg.) (2005): Miteinander – voneinander. Leben, lernen, handeln. Kassel: Born-Verlag.

Schleiermacher, F. E. D. (1959): Ausgewählte pädagogische Schriften. Paderborn: Ferdinand Schöningh.

Seidel, E. / Siebert, H. (1990): SeniorInnen studieren. Eine Zwischenbilanz des Seniorenstudiums an der Universität Hannover. Hannover: ZEW.

Ingvelde Scholz / Angela Berkenhoff / Edda Hogh

Wie Kinder ihre Talente entfalten können. Kinder- und Jugendakademien als Möglichkeit der Begabtenförderung

Kinder und Jugendliche können im Unterricht in der Regel nicht all ihre Fähigkeiten zur vollen Entfaltung bringen, weil die Zeit oder auch das Expertenwissen der Lehrerinnen und Lehrer fehlen und der Unterricht in der Regel an verbindlichen Inhalten ausgerichtet ist und meist nicht an den Interessen der Schülerinnen und Schüler. Eine Möglichkeit der Begabtenförderung sind Kinder- und Jugendakademien, in denen besonders interessierte und motivierte junge Menschen individuell und ganzheitlich gefördert und gefordert werden können. Der vorliegende Beitrag zeigt, wie eine Schule Schritt für Schritt eine Kinder- und Jugendakademie aufbauen kann.

Stärken stärken – Schwächen schwächen

Selbstverständlich galt und gilt für uns in der Schule die Maxime, alle Schülerinnen und Schüler mit ihren Stärken und Schwächen wahrzunehmen und begabungsorientiert zu fördern und zu fordern. Deshalb werden die Kinder mit ihren Lernproblemen nicht allein gelassen, sondern können mithilfe verschiedener Unterstützungsangebote ihre Lernrückstände gezielt abbauen.

Doch wir möchten auch die besonders begabten und motivierten Kinder und Jugendlichen zusätzlich mit vielfältigen Angeboten fördern und fordern. Deshalb finden an vier Wochenenden im Schuljahr Kinder- und Jugendakademien mit sechs bis zwölf Kursangeboten statt, die der individuellen Förderung und ganzheitlichen Persönlichkeitsentwicklung dienen. Bei den Kursangeboten steht das entdeckende, forschende und soziale Lernen im Mittelpunkt.

Experten von der Universität, dem Museum sowie anderen Institutionen bieten Kurse zu einem breit gefächerten Themenspektrum an.

Damit wollen wir besonders talentierten Kindern und Jugendlichen aus Kindergarten, Grundschule und weiterführenden Schulen die Möglichkeit geben, ihr Potenzial auszuschöpfen und über die schulischen Unterrichtsinhalte hinaus neue Themenbereiche zu erforschen. Die Akademien sind mit über 100 Teilnehmern pro Wochenende gut besucht und heiß begehrt.

Kursangebote und Kursleiter

Der Erfolg einer Kinder- und Jugendakademie hängt vor allem von den Kursangeboten und den Kursleitern ab.

Elemente einer begabungsorientierten Didaktik und Methodik

Bei der didaktischen Konzeption der Kursangebote sollten folgende Aspekte berücksichtigt werden:

- Handlungsorientierung: Vor allem Teilnehmer aus dem Kindergarten, der Grundschule sowie aus der Sekundarstufe 1 schätzen es, wenn sie selbst aktiv werden können (z. B. Bau eines Modells, Gestaltung einer Spielszene, naturwissenschaftliches Experiment etc.).
- Problemorientierung: Besonders begabte Kinder und Jugendliche werden vor allem von Aufgaben gefesselt, bei denen sie selbst vielfältige Fragestellungen entwickeln und verschiedene Lösungswege beschreiten können.
- Teamorientierung: Besonders befähigte Schüler freuen sich, wenn sie mit ähnlich befähigten und motivierten jungen Menschen zusammen sein sowie in kleinen altersgemischten Gruppen miteinander und voneinan-

Aus der Zeitung

Warum schweben mit heißer Luft gefüllte Papiertüten? Das haben sich die Chinesen schon vor 2000 Jahren und später auch Leonardo da Vinci und die Brüder Montgolfier gefragt. Chris dagegen kennt die Antwort. Der Neunjährige sitzt in einem Klassenzimmer der Klösterleschule Schwäbisch Gmünd und malt eine Skizze von einem Ballon. »Ich checke, wie das geht«, sagt der Junge im Karohemd selbstbewusst. Mit dem Bleistift im Mund berechnet er konzentriert den Auftrieb einer mit heißer Luft gefüllten blauen Mülltüte. »Wir stellen hier Prognosen auf, wie es richtige Wissenschaftler machen«, sagt der Kursleiter und Diplom-Designer Jost Schmidt. Und die Probe aufs Exempel mit dem Haarföhn bestätigt Chris' Rechenergebnis: Der blaue Ballon hebt nicht ab; er ist einfach zu schwer.

Chris ist eins von weit mehr als 100 Kindern, die am Wochenende an der Kinder- und Jugendakademie in der Klösterleschule Schwäbisch Gmünd teilnehmen. Die Resonanz ist inzwischen so groß, dass sich oft über 150 Kinder bewerben, so dass am Ende das Los entscheiden muss. Wer bei der Auslosung kein Glück hat, bekommt als Trost bei der nächsten Akademie einen Vorzugsplatz.

Das Kursangebot ist breit gefächert: Mathematische Spiele, Kreativwerkstatt, Astronomie für junge Sternengucker, Mäusebeobachtungen, Chemiewerkstatt, die Welt der Römer, Meeresbiologie, Schreibwerkstatt für junge Autoren, Physikwerkstatt, experimentelles Tanztheater oder Abenteuer Landkarte stehen auf dem Programm. Veranstaltet wird die Kinder- und Jugendakademie vom Verein Helle Köpfe e. V., dem daran liegt, die Lust am Experimentieren und die individuelle Persönlichkeitsentwicklung besonders begabter und motivierter Kinder zu fördern.

Auch die achtjährige Jessica – Teilnehmerin der Kreativwerkstatt – ist von dem Programm begeistert. Sie sei froh, dass es dieses Angebot gebe, und freue sich schon auf die nächste Kinder- und Jugendakademie. »Mein Hobby ist Lernen«, fügt sie lachend hinzu.

Die Begeisterung der jungen Forscher und Entdecker bestätigt unsere Überzeugung, dass sich die Einrichtung der Kinder- und Jugendakademie gelohnt hat!

der lernen können – eine Erfahrung, die ihnen im Unterrichtsalltag nur selten vergönnt ist.

- Interdisziplinärer Ansatz: Kurse, in denen eine höhere Komplexität und vernetztes Denken verlangt werden, sind besonders beliebt.
- Prozess- und Produktorientierung: Kurse, die nach einem intensiven Arbeitsprozess in ein Produkt münden, das die Teilnehmer am Ende vorstellen und / oder mit nach Hause nehmen können, stärken das Selbstvertrauen und fördern die Motivation.

Bei den Kursangeboten gilt es, verschiedene Altersgruppen und Themengebiete abzudecken, z.B. aus dem naturwissenschaftlichen, sprachlichen, musischen und künstlerischen Bereich.

Vielfältige Themenangebote

In der Kinder- und Jugendakademie arbeiten wir bewusst vornehmlich an außerunterrichtlichen Themenbereichen, um unterrichtliche Inhalte nicht vorweg zu nehmen und Interessen der Kinder zu beantworten, die nicht unbedingt in der Schule bearbeitet werden. In den vergangenen Kinder- und Jugendakademien wurden an unserer Schule u. a. folgende Kurse angeboten: Abenteuer Technik, Chemiewerkstatt, Zirkusakrobatik, Schreibwerkstatt, Kreativwerkstatt, Aikido, Mathematische Spiele, Astronomie, Meeresbiologie, Theaterwerkstatt und Mäusebeobachtungen.

Die Kursgröße sollte bewusst klein gehalten werden, um der Eigentätigkeit und der individuellen Betreuung durch den Kursleiter genug Raum zu geben.

Bei unserer Kinder- und Jugendakademie haben wir die Kursangebote bewusst alters- und schulartübergreifend ausgerichtet. Auf diese Weise können Grenzen zwischen Klassen, Schulen und Schularten überwunden und Brücken gebaut werden.

Kursleiter

Bei der Auswahl der in Frage kommenden Kursleiter gilt es, im Vorfeld abzuwägen ob sowohl fachliche als auch pädagogische Kompetenzen vorhanden sind. Anschließend kann man die entsprechenden Personengruppen gezielt ansprechen bzw. anschreiben.

- Eltern bieten einen Kurs zu Problem- und Fragestellungen aus ihrem Beruf an.
- Lehrer oder Oberstufenschüler bieten den Kursteilnehmern praxisorientierte Einblicke in ihr Fachgebiet oder in ihr Hobby.
- Studenten, Doktoranden oder Experten einschlägiger Institutionen (z.B. Deutsches Luft- und Raumfahrtzentrum) machen die Kursteilnehmer mit ihrem Forschungsgebiet und ihren Forschungsmethoden vertraut.
- Museumspädagogen stellen in ihrem Kurs einzelne Exponate vor, die unter verschiedenen Blickwinkeln analysiert werden.
- Künstler ermöglichen den Kursteilnehmern einen authentischen Einblick in ihr Schaffen und gestalten mit ihnen ein Kunstwerk, ein Musikstück etc.

Persönlichkeitsprofil der Kursleiter

Als Kursleiter haben sich Experten bewährt, die umfassende Fachkenntnisse haben und eine große Begeisterung und Neugier mitbringen, die sich rasch auf die jungen Forscher und Entdecker übertragen. Zudem sollten sie geistig sehr beweglich und offen sein, da die besonders befähigten Kinder unzählige Fragen stellen und mitunter sehr ungewöhnliche Lösungswege beschreiten. Schließlich ist es gut, wenn die Kursleiter ein gesundes Selbstvertrauen haben, da Begabte in der Regel hartnäckiger nachfragen und kritischer urteilen als ihre Altersgenossen. Es hat sich auch gezeigt, dass die pädagogischen Fähigkeiten der Kursleiter immer wieder herausgefordert werden. Großer Beliebtheit bei den Teilnehmern erfreuen sich Fachleute von der Universität, Museumspädagogen sowie Experten anderer Institutionen.

Werbung und Information

Eine Kinder- und Jugendakademie ist kein Selbstläufer. Deshalb ist man gut beraten, wenn man von Anfang an verschiedene Möglichkeiten der Werbung und Information ins Auge fasst, um potentielle Teilnehmer darauf aufmerksam zu machen.

Tue Gutes und rede davon!

Möglichkeiten der Werbung und Information:

- Informationsveranstaltungen für Erzieher, Eltern und Lehrer: Wenn man zum ersten Mal eine Kinder- und Jugendakademie veranstaltet, sollte man bereits im Vorfeld die Kindergärten, Schulen und Eltern zu einer Informationsveranstaltung einladen, um den inhaltlichen und organisatorischen Rahmen vorzustellen und ggf. zu modifizieren.
- Örtliche Presse: Es hat sich bewährt, in der Presse regelmäßig über vergangene Akademien zu berichten und auf künftige Akademien hinzuweisen.
- Elternbrief: Eine kurze Information in einem Elternbrief garantiert, dass die Informationen breit gestreut werden.
- Website der Schule: Hier kann man aktuelle Informationen samt Bewerbungsunterlagen einstellen, die jederzeit abgerufen werden können.
- E-Mail-Verteiler: Um einen kontinuierlichen und unbürokratischen Informationsfluss zu gewährleisten, sollte man von Eltern, deren Kinder bereits an einer Akademie teilgenommen haben, einen E-Mail-Verteiler anlegen, der sukzessive ergänzt werden kann.

Damit sich die Eltern und Kinder ein detailliertes Bild von der Kinder- und Jugendakademie machen können, benötigen sie schriftliche Informationen über den örtlichen, zeitlichen und inhaltlichen Rahmen sowie über das Aufnahmeverfahren. Das Anschreiben im Anhang (Anlage 1, siehe S. 275) kann als Vorlage dienen und je nach Kontext modifiziert werden.

Schließlich brauchen die Adressaten der Akademie detaillierte Informationen über die vorgesehene Altersgruppe, die Themen und den ungefähren Ablauf der verschiedenen Kurse. Darüber hinaus sollte man ihnen rechtzeitig mitteilen, was sie zum Kurs mitbringen sollen (siehe S. 278).

Auswahl der Kinder und Jugendlichen

Um möglichst viele junge Talente zu erreichen, sollten beim Aufnahmeverfahren viele Wege eröffnet werden. Bei unserer Akademie kann die Bewerbung der Kinder auf Vorschlag der Erzieherin, des Klassenlehrers und / oder der Eltern erfolgen.

Erfahrungen der Erzieher/innen und Lehrer/innen mit den Kindern einbeziehen

Bei der Auswahl der Teilnehmer ist es uns ein großes Anliegen, die Erfahrungen der Erzieherinnen wie auch der Lehrerinnen und Lehrer mit den Kindern einzubeziehen. Daher bitten wir die Eltern darum, den im Anhang befindlichen Fragebogen (Anlage 3) vom Erzieher oder Klassenlehrer ausfüllen und an die Auswahlkommission schicken zu lassen. Da viele besonders begabte junge Menschen nicht erkannt werden – man vermutet eine Dunkelziffer von 50 % nicht erkannter Hochbegabter – sind viele Erzieherinnen und Lehrkräfte für diesen Fragebogen dankbar, der sie für besonders begabte und interessierte Kinder sensibilisiert.

Unser Fragebogen endet mit einer offenen Fragestellung an die Erzieher und Lehrer: »Geben Sie bitte an, warum Sie diese Schülerin / diesen Schüler, dieses Kind für die Teilnahme an einer Kinder- und Jugendakademie empfehlen.« Exemplarisch seien im Folgenden einige Antworten aufgeführt, die einmal mehr deutlich machen, dass dieses Angebot für die Persönlichkeitsentwicklung der Kinder sehr wichtig ist und die Lehrer und Eltern in ihrem Anliegen unterstützt und bei ihrer Arbeit entlastet.

Warum Kinder für die Teilnahme an der Kinderakademie vorgeschlagen werden

- »Vivien verhält sich vorbildlich gegenüber ihren Mitschülern und Lehrern. Ihre soziale Kompetenz und ihr kooperatives Verhalten wirken sich positiv und ausgleichend auf die Klasse aus. Im Unterricht möchte sie oft viel mehr Fragen stellen, nimmt sich aber aus Rücksicht zurück und macht dann einen sehr traurigen Eindruck; manchmal weint sie nach dem Unterricht, wenn ihre Klassenkameraden schon gegangen sind. Die Mutter ist alleinerziehend und kann den Wissensdurst ihrer Tochter nicht stillen. Die Akademie macht auf Vivien einen tollen Eindruck; sie würde sich riesig freuen, wenn sie daran teilnehmen könnte.«

- »Kevin ist seinen Klassenkameraden weit voraus und zeigt an naturwissenschaftlichen Themen großes Interesse, das im Unterricht nur selten gestillt werden kann. Dann fängt er manchmal an, den Unterricht zu stören und seine Klassenkameraden abzulenken. Deshalb ist für ihn ein zusätzliches Angebot sehr wichtig.«
- »Michael hat eine unglaublich schnelle Auffassungsgabe und bohrt sehr dicke Bretter. Am Anfang hat er noch versucht, sich in die Klassengemeinschaft einzubringen. Doch da seine Klassenkameraden seine anspruchsvollen Fragen und Beiträge im Unterricht nicht verstehen, stößt er auf Unverständnis und wird zunehmend ausgegrenzt. Er zieht sich in letzter Zeit immer mehr zurück und hat das Gefühl, dass die anderen Kinder ihn nicht mögen, weil er so komisch ist. Es wäre für sein Selbstwertgefühl und seine Persönlichkeitsentwicklung ungeheuer wichtig, dass er auf Jugendliche stößt, die auf seiner Wellenlänge liegen.«

Sorgfältige Auswahl

Die aufgeführten Beispiele spiegeln unsere Erfahrung wider, dass die Erzieherinnen und Kollegen diesen Fragebogen mit großer Sorgfalt ausfüllen und in aller Regel nur Kinder vorschlagen, die für die Teilnahme an der Kinder- und Jugendakademie sehr gut geeignet sind.

Sollte es deutlich mehr Bewerber als Plätze geben, empfehlen wir, die Auswahl der Teilnehmer über ein Losverfahren vorzunehmen.

Räume, Zeitrahmen und Finanzierung

Für die Durchführung einer Kinder- und Jugendakademie bieten die Klassenzimmer einer Schule optimale Voraussetzungen.

Um den organisatorischen Aufwand für alle Beteiligten möglichst gering zu halten, sollte man die Räume außerhalb der Unterrichtszeit nutzen. Deshalb führen wir die Kinder- und Jugendakademien an vier Wochenenden im Jahr jeweils am Freitagnachmittag von 14 bis 18 Uhr und am Samstagvormittag von 9 bis 13 Uhr durch.

Akademien, die sich über mehrere Termine erstrecken, werden von unseren Kindern und Jugendlichen wie auch den Eltern nicht gewünscht, da sich die Familien nicht über einen so großen Zeitraum binden möchten.

Kosten und Teilnahmegebühren

Im Rahmen der Kinder- und Jugendakademie fallen verschiedene Kosten an, wie z. B. für die Honorare (pro Kursleiter 250 Euro) sowie die Erstattung der Fahrt-, Material- und ggf. Übernachtungskosten für die Kursleiter.

Um diese Kosten zu decken, erheben wir für die Teilnahme an einem achtstündigen Kurs (Freitag 14 bis 18 Uhr, Samstag 9 bis 13 Uhr) eine Gebühr von 35 Euro. Für soziale Härtefälle sind selbstverständlich Ausnahmeregelungen (Ermäßigungen oder Freiplätze) möglich.

»Käpseles Day«

Die jeweils letzte Kinder- und Jugendakademie im Schuljahr mündet am Samstagnachmittag von 14 bis 16 Uhr in den sogenannten Käpseles Day, zu dem wir Eltern, Erzieher und Kollegen einladen. Die Kinder können an diesem Tag dem interessierten Publikum Einblicke in ihr Können vermitteln und ihren Lernzuwachs vorstellen. Darüber hinaus gibt es die Möglichkeit, sich bei Kaffee und Kuchen auszutauschen und sich zu informieren.

Rückblick und Ausblick

Die Kinder und Jugendlichen wissen es sehr zu schätzen, dass sie ihre Talente dank der zusätzlichen Herausforderungen durch die Kinder- und Jugendakademie weiterentwickeln können. Für viele von ihnen ist es sehr wichtig, immer wieder einmal auf Gleichgesinnte zu stoßen, die ihre Interessen und ihre Entdeckerfreude teilen und mit denen sie Tiefen ausloten und Höhen erklimmen können. Auch für besonders interessierte Kinder im letzten Kindergartenjahr bedeutet die Teilnahme an der Akademie eine wichtige Erfahrung, da sie erleben, dass sie ihre Interessen mit anderen teilen können.

Rückmeldungen der Kinder und Jugendlichen

- *»Hier fühle ich mich von den anderen Jugendlichen akzeptiert, kann endlich meine vielen Fragen loswerden und ungebremst meine Fähigkeiten einbringen. Ich habe zum ersten Mal das Gefühl dazuzugehören und weiß jetzt, dass ich sozial kompatibel bin. Eine tolle Erfahrung, die ich nicht mehr missen möchte!«* (Anna, 13 Jahre)
- *»In meiner Klasse bin ich oft allein; in der Kinder- und Jugendakademie habe ich hingegen die Erfahrung gemacht, dass ich mit anderen gut und vor allem richtig gerne zusammenarbeite, dass ich dazugehöre und etwas mit anderen entdecken und erforschen kann. Das hat mir ungeheuer viel Selbstvertrauen gegeben.«* (Yannick, 8 Jahre)

Entlastung und Unterstützung für die Familien und Lehrkräfte

Die Rückmeldungen der Eltern und Lehrkräfte sind ähnlich positiv; viele berichten uns, dass die Kinder danach ausgeglichener und zufriedener sind. Außerdem seien sie eher bereit, sich im normalen Familien- und Schulalltag zurückzunehmen. Denn die hellen Köpfe hätten nun die Gewissheit, dass es mit der Kinder- und Jugendakademie auch für sie Freiräume und Spielwiesen gebe, auf denen sie sich »so richtig austoben« könnten.

Unser Fazit: Die Einrichtung der Kinder- und Jugendakademie ist ein großer Erfolg. Schulen, die sich auf den »Akademie-Weg« begeben wollen, sind gut beraten, wenn sie folgende Empfehlungen berücksichtigen.

So gelingen die ersten Schritte

- Suchen Sie sich zunächst Teamkollegen, mit denen Sie sich die Arbeit teilen und mit denen Sie sich regelmäßig austauschen können.
- Wenn Sie eine Akademie einrichten wollen, sind Sie gut beraten, zunächst »kleine Brötchen zu backen«. Zu Beginn reichen drei bis fünf Kursangebote.
- Versuchen Sie, schon zu Beginn Kurse aus mindestens zwei verschiedenen Fachbereichen anzubieten, also z. B. naturwissenschaftlicher und sprachlicher oder kultureller Bereich.
- Vor allem am Anfang sollten Sie alle Möglichkeiten der Werbung und Information ausschöpfen und ihr Kollegium und die kooperierenden Kindertagesstätten und andere Schulen immer wieder um Weitergabe der Information bitten.

Nach unserer Erfahrung hat die Einrichtung einer Akademie nach zwei bis maximal drei Veranstaltungen ihre »Feuerprobe« bestanden und stößt bei allen Beteiligten auf positive Resonanz.

Anmerkung

Weitere Infos zu den Akademien unter: www.ingvelde-scholz.de

Helle Köpfe e.V.
Eichenweg 10/2
73525 Schwäbisch Gmünd
Telefon: 0170/3850474
Internet: www.helle-koepfe-ev.de
E-Mail: ritterburg@t-online.de

18. Januar 2010

Wochenendakademie am 12./13. März 2010

Liebe Erzieherinnen und Erzieher, liebe Kolleginnen und Kollegen, liebe Eltern,

wir freuen uns, dass wir Ihnen mit der Wochenendakademie für besonders begabte und motivierte Kinder und Jugendliche am 12./13. März 2010 wieder vielfältige Kursangebote machen können. Die Kurse finden in den Räumen der Klösterleschule in Schwäbisch Gmünd statt am
Freitag, 12. März 2010, 14.00 bis 18.00 Uhr und
Samstag, 13. März 2010, 9.00 bis 13.00 Uhr
Mit dem vielfältigen Kursangebot wollen wir besonders begabten und motivierten Kindern und Jugendlichen die Möglichkeit eröffnen, ihr Potenzial auszuschöpfen und über die schulischen Unterrichtsinhalte hinaus neue Themenbereiche zu erkunden und zu erforschen. Für die Kurse haben wir Expertinnen und Experten gewonnen, die im Umgang mit besonders begabten Kindern und Jugendlichen geschult und erfahren sind. Die Gruppen sind bewusst klein gehalten, um genug Raum für Eigenarbeit zu ermöglichen.
Wir bitten Sie als Erzieher/Erzieherin bzw. Klassenlehrer/Klassenlehrerin **bis spätestens zum 12. Februar 2010 geeignete Kinder und Jugendliche** aus Ihrer Klasse/Kindergartengruppe **vorzuschlagen**. Dazu können Sie den beiliegenden Fragebogen ausfüllen und an die Klösterleschule Schwäbisch Gmünd, Schulstraße 1, 73525 Schwäbisch Gmünd schicken.
Wenn Sie die Fragen nicht beantworten können oder möchten, reicht es durchaus, wenn Sie lediglich das obere Datenfeld ausfüllen.
Bitte denken Sie unbedingt daran, auf dem Fragebogen die **Klasse/das Alter des Kindes**, die komplette Anschrift inkl. **E-Mail-Adresse und drei Wunschkurse des Bewerbers anzugeben**. Sie ersparen uns damit das bisweilen sehr umständliche Nachfragen.
Kinder, die bereits an einer der vergangenen Wochenend- und/oder Ferienakademien teilgenommen haben, brauchen das Aufnahmeverfahren selbstverständlich nicht noch einmal zu durchlaufen, sondern können direkt bei Frau Scholz (ritterburg@t-online.de) angemeldet werden.
Die Auswahlkommission wird den Eltern bis spätestens zum 22. Februar 2010 möglichst per E-Mail mitteilen, ob und in welchem Kurs ihr Kind teilnehmen kann.
Für die **Teilnahme an einem Kurs** wird eine **Gebühr von 35,- Euro** erhoben, Mitglieder des Vereins Helle Köpfe zahlen 30,- Euro pro Kurs. Für soziale Härtefälle sind Ausnahmeregelungen möglich. Informationen zum Verein „Helle Köpfe" finden Sie unter www.helle-koepfe-ev.de oder www.ingvelde-scholz.de (Link „Helle Köpfe"). Ein Kurs dauert zwei Halbtage (Freitagnachmittag und Samstagvormittag), so dass jedes Kind nur an einem Kurs teilnehmen kann.

Mit herzlichen Grüßen und guten Wünschen

Ihre
Ingvelde Scholz und Edda Hogh

Anlagen: Kursangebote und Fragebogen

Fragebogen zum Aufnahmeverfahren

für die Wochenendakademie am 12. und 13. März 2010

in der Klösterleschule Schwäbisch Gmünd

Name und Klasse/Alter des Schülers/der Schülerin/des Kindes: ....

Name und Telefon der Schule/des Kindergartens: ....

E-Mail-Anschrift des Bewerbers/der Bewerberin: ....

Telefonnummer des Bewerbers: ....

Name des Lehrers/der Lehrerin/der Erzieherin/des Erziehers: ....

Die nachfolgenden Fragen sollen uns helfen, die Eignung des Schülers/der Schülerin/des Kindes zur Aufnahme in die Wochenendakademie aufgrund seines/ihres Verhaltens im Unterricht einzuschätzen. Bitte kreuzen Sie die Ihrer Meinung nach zutreffenden Antworten an.

Der Schüler/die Schülerin/das Kind ...	trifft nicht zu	trifft eher nicht zu	weder noch	trifft eher zu	trifft voll zu	weiß ich nicht
1. kann sich sprachlich sehr gut ausdrücken						
2. benutzt in Aufsätzen bzw. Erzählungen ungewöhnliche Wörter mit schwierigen Bedeutungen						
3. zeigt eine außergewöhnliche Konzentrationsfähigkeit wobei?..						
4. verwendet für sein Alter ungewöhnliche Fremdwörter						
5. hat ein sehr gutes Gedächtnis für Lieder, Gedichte und Ereignisse						
6. begreift schwierige Sachverhalte sehr schnell						
7. Kann gut mit Symbolen und Tabellen umgehen (Legenden von Landkarten, Stadtplänen)						
8. macht häufig Flüchtigkeitsfehler						
9. wird von komplizierten Aufgaben so gefesselt, dass er/sie nur schwer davon abzubringen ist						
10. beherrscht Rechenoperationen, die im Unterricht noch nicht behandelt wurden						
11. lernt leicht und schnell und bedarf kaum einer Wiederholung von Anleitungen und Erklärungen						
12. ist sehr stark an folgenden Büchern interessiert ○ Geschichten ○ Sachbüchern ○ Schulbüchern ○ Comics ○ Zeitschriften/Zeitungen						
13. wirkt bei Routineaufgaben gelangweilt						

Der Schüler/die Schülerin/das Kind ...	trifft nicht zu	trifft eher nicht zu	weder noch	trifft eher zu	trifft voll zu	weiß ich nicht
14. kann Gemeinsamkeiten und Unterschiede zwischen Ereignissen oder Begriffen präzise erkennen						
15. schaut erst nach, wie andere Kinder die Aufgaben machen, bevor sie /er selbst anfängt						
16. verfügt über Spezialwissen, das außerhalb des alterstypischen Wissens liegt (z.B. Astronomie, Dinosaurier, Vulkane, Computer)						
17. verwendet von sich aus richtig Oberbegriffe (z.B. „Eine Geige ist ein Saiteninstrument")						
18. geht bei schwierigen Aufgaben planvoll vor						
19. leistet im Unterricht bereichernde Beiträge						
20. zeigt z.B. in Mathematik eigene Problemlösungen, die zu korrekten Ergebnissen führen						
21. unterschätzt eher seine/ihre Fähigkeiten						
22. redet dazwischen und unterbricht andere						
23. besitzt im Vergleich zu anderen gleichaltrigen Kindern ein breites Allgemeinwissen						

24. Bitte führen Sie aus, was Ihnen sonst noch im Hinblick auf das Verhalten der Schülerin/des Schülers/des Kindes im Unterricht oder in der Schule/im Kindergarten wichtig erscheint:

25. Geben Sie bitte an, warum Sie bei dieser Schülerin / diesem Schüler/diesem Kind die Teilnahme an einer Wochenendakademie empfehlen:

26. **An welchen Kursen möchte der Bewerber/die Bewerberin gerne teilnehmen?**
Bitte mindestens drei Wunschkurse unterstreichen oder einkreisen.

1. Abenteuer Technik **2.** Mäusebeobachtungen **3.** Mitmachlabor

4. Foto-Schreibwerkstatt **5.** Römerwerkstatt **6.** Astronomie

Vielen Dank für Ihre Mitarbeit

Die Fragen zu diesem Bogen wurden dem **TÜL** (Tübinger Lehrerfragebogen, Version Dipl.-Psych. Julia Schiefer, Tübinger Arbeitsgruppe Hochbegabung) entnommen und von Ingvelde Scholz geringfügig modifiziert.
Wir danken für die freundliche Unterstützung und Genehmigung.

Wochenendakademie in der Klösterleschule Schwäbisch Gmünd

am 12.März 2010 (14.00 bis 18.00 Uhr) und am 13. März 2010 (9.00 bis 13.00 Uhr)

1. Abenteuer Technik für technisch interessierte Mädchen und Jungen der 3. und 4. Klasse (max. 12 Teilnehmer/-innen)

Wir werden mit dem Computer programmieren, Computerbefehle kennen lernen, sie in Programmen anwenden und damit ein Modell steuern.

Mit dem von der Firma Lego entwickelten „Mindstorm Edu NXT" werden wir, unter Verwendung verschiedener Sensoren, einen Roboter bauen und ihn mit der Lego–Software entsprechend programmieren.

Kursleiter: Adolf Hogh

2. Auf den Spuren der Mäuse für Kinder von 5 bis 10 Jahren (max. 15 Teilnehmer/-innen)

Viele Menschen mögen Mäuse überhaupt nicht. Dabei sind Mäuse äußerst faszinierende Tiere. Wir werden lebende Mäuse beobachten, ihre Lebensweise kennen lernen und dabei sehen, dass sie gerne spielen, klettern, nagen und streiten. Am Ende werden wir sie vielleicht richtig mögen. Bitte mitbringen: Schreibzeug, Farbstifte und Papier sowie Vesper und Getränk.

Kursleiterin: Angela Berkenhoff, Lehrerin

3. Der kleine Chemikus – Mitmachlabor für 4. bis 7. Klasse (max. 15 Teilnehmer/-innen)

Nach einer kurzen Einführung, die für das sichere Experimentieren von richtigen kleinen Chemikern notwendig ist, werden wir uns mit der Frage beschäftigen

Was ist eigentlich Chemie? Eigentlich nicht nur „Experimentieren". Eigentlich nicht nur „Explodieren", was wir möglichst vermeiden wollen….

Eigentlich ist es eine Möglichkeit die Welt (die Welt??? das ganze Universum!) zu verstehen. Sei es die Farbe der Sterne, das Wachstum der Pflanzen, der Aufbau der Knochen, die Umformung von Gesteinen oder die Herstellung eines Flummis – überall und nicht nur da spielt die „Chemie" eine Rolle.

Durch die Versuche, die wir in diesem Kurs machen, lernen wir einige Begriffe und Techniken kennen, die auf eurem weiteren Weg zu neuen Entdeckungen sicherlich nützlich sind.

Leiterin: Diplom-Chemikerin Dr. Natascha Aristov

4. Foto-Schreibwerkstatt für 4. bis 6. Klasse (max. 12 Teilnehmer/-innen)

Wer spricht denn da? Oder: Was steckt in einem Foto? Menschen auf Fotos unterhalten sich und drücken viel aus, ohne dass wir es hören können. Sei es morgens im Schlafsack an einem Bach oder in einem stickigen Zugabteil, auf einer Radtour oder auf dem Pausenhof. Wir legen diesen Menschen Worte, ja ganze Unterhaltungen in den Mund.

In unserer Schreibwerkstatt fabulieren wir weiter und verpacken diese Unterhaltungen durch spontane Eingebungen, durch Ideen, Empfindungen und eigene Erfahrungen in Geschichten. Die Stuttgarter Jugendbuchautorin Iris Lemanczyk wird uns dabei wertvolle Tipps und Tricks verraten, wie wir unsere Texte lebendig und spannend gestalten können. Als junge Autorinnen und Autoren stellen wir am Samstag von 12 bis 13 Uhr unsere Geschichten in einer Lesung vor. Dazu sind alle Eltern und weitere interessierte Gäste herzlich eingeladen.

Mitzubringen sind: Papier und Stift

Kursleiterin: Jugendbuchautorin Iris Lemanczyk (www.IrisLemanczyk.de)

5. Römerwerkstatt für 2. bis 4. Klasse (max. 15 Teilnehmer)

Im Mittelpunkt dieses Kurses steht die Alltagswelt der Römer: Kleidung, Schmuck, Wohnen, Essen und Anderes. Dabei werden wir vor allem selbst aktiv: Wir fertigen römischen Schmuck an, den ihr mit nach Hause nehmen könnt, lernen römische Spiele kennen, erhalten eine Einführung in die römische Sprache und spielen erste kleine Theaterstücke – natürlich als echte Römer verkleidet.

Kursleiterin: Museumspädagogin vom Limes-Museum Aalen Ermelinde Wudy

6. Astronomie für junge Sternengucker der 4.-6. Klasse (max. 15 Teilnehmer/-innen)

In diesem Kurs wollen wir als junge Astronomen mit Bildern, Spielen und Basteln unser Sonnensystem kennen lernen und eine erste Orientierung am Sternenhimmel bekommen

Autorinnen und Autoren

Sarah Alexi, Grundschullehrerin, Wissenschaftliche Mitarbeiterin, Universität Kassel, Fachbereich 01, Institut für Erziehungswissenschaft, Nora-Platiel-Str. 1, 34109 Kassel.

Prof. Dr. Sabine Andresen, Professorin für Allgemeine Erziehungswissenschaft, Universität Bielefeld, Fakultät für Erziehungswissenschaft, Postfach 10 01 30, 33501 Bielefeld.

PD Dr. phil. habil. Ulrike Becker, Sonderschulrektorin an der Prignitz-Schule Berlin, Leitende Wissenschaftlerin der Forschungsstelle Inklusive Pädagogik INA gGmbH / FU Berlin, Privatdozentin am Institut für Grundschulpädagogik in der Humanwissenschaftlichen Fakultät der Universität Potsdam. Prignitz-Schule, Pöppelmannstr. 2, 12157 Berlin.

Angela Berkenhoff, Seminarschulrätin i. R., Schwerpunkt Anfangsunterricht, Rehgebirgsstr. 1, 73529 Schwäbisch Gmünd.

Prof. Dr. Hans Brügelmann, Professor für Grundschulpädagogik und -didaktik, Universität Siegen, Fachbereich 2 – Erziehungswissenschaften und Psychologie, Adolf-Reichwein-Str. 2, 57068 Siegen.

Prof. Dr. Heike de Boer, Professorin für Grundschulpädagogik, Universität Koblenz-Landau, Standort Koblenz, Fachbereich 1 – Bildungswissenschaften, Institut für Grundschulpädagogik, Universitätsstraße 1, 56070 Koblenz.

Prof. Dr. Maria Fölling-Albers (i. R.), Lehrstuhl für Grundschulpädagogik und -didaktik, Philosophische Fakultät II, Institut für Pädagogik, Universitätsstr. 31, 93053 Regensburg.

Katrin Frey, Grundschullehrerin, Grundschule Am Ordensgut, Moltkestr. 31, 66117 Saarbrücken.

Rita Fürstenau, Promovendin im von der Hans-Böckler-Stiftung geförderten Promotionskolleg »Kinder und Kindheiten«, Universität Kassel, Fachbereich 01, Arnold-Bode-Straße 10, 34125 Kassel

Dr. Peter Gansen, Wissenschaftlicher Mitarbeiter, Justus-Liebig-Universität Gießen, Fachbereich 03, Institut für Schulpädagogik und Didaktik der Sozialwissenschaften, Karl-Glöckner-Str. 21B, 35394 Gießen.

Prof. Dr. Hartmut Giest, Professor für Grundschulpädagogik / Sachunterricht – naturwissenschaftlich-technischer Schwerpunkt, Universität Potsdam, Department Erziehungswissenschaft, Karl-Liebknecht-Str. 24–25, 14476 Potsdam.

Dr. Herbert Hagstedt, Geschäftsführer des Referats Interdisziplinäre Grundschulpädagogik, Leiter der Grundschulwerkstatt, Universität Kassel, Fachbereich 01, Institut für Erziehungswissenschaft, Henschelstr. 6, 34109 Kassel.

Prof. Dr. Friederike Heinzel, Professorin für Erziehungswissenschaft mit dem Schwerpunkt Grundschulpädagogik, Universität Kassel, Fachbereich 01, Institut für Erziehungswissenschaft, Nora-Platiel-Str. 1, 34109 Kassel.

Ilka Hutschenreuter, Promovendin im von der Hans-Böckler-Stiftung geförderten Promotionskolleg »Kinder und Kindheiten«, Universität Kassel, Fachbereich 01, Arnold-Bode-Straße 10, 34125 Kassel.

Edda Hogh, Schulleiterin Klösterleschule, Schulstraße 1, 73525 Schwäbisch Gmünd.

Prof. Dr. a. D. Marianne Krüger-Potratz, Professorin für Interkulturelle Pädagogik, Westfälische Wilhelms-Universität Münster, Fachbereich 06, Institut für Erziehungswissenschaft, Georgskommende 33, 48143 Münster.

Prof. Dr. Andreas Lange, Grundsatzreferent der Abteilung Familie und Familienpolitik, Deutsches Jugendinstitut, Nockherstr. 2, 81541 München.

Dr. Claudia Lohrenscheit, Wissenschaftliche Mitarbeiterin, Arbeitsbereichsleiterin Deutsches Institut für Menschenrechte, Arbeitsbereich Menschenrechtsbildung, Zimmerstraße 26 / 27, 10969 Berlin.

Dr. Ruth Michalek, Wissenschaftliche Mitarbeiterin, Pädagogische Hochschule Freiburg, Fakultät für Erziehungswissenschaften, Institut für Erziehungswissenschaft, Kunzenweg 21, 79117 Freiburg.

Prof. Dr. Johanna Mierendorff, Professorin für Sozialpädagogik mit dem Schwerpunkt Pädagogik der frühen Kindheit, Martin-Luther-Universität Halle-Wittenberg, Philosophische Fakultät III, Institut für Pädagogik, Franckeplatz 1, 06110 Halle (Saale).

Martina Nieswandt, Grundschullehrerin, Pädagogische Mitarbeiterin, Universität Kassel, Fachbereich 01, Institut für Erziehungswissenschaft, Nora-Platiel-Str. 1, 34109 Kassel.

Prof. Dr. Bernd Overwien, Professor für Politikwissenschaften mit dem Schwerpunkt Didaktik der politischen Bildung, Universität Kassel, Fachbereich 05 Politikwissenschaften, Nora-Platiel-Str. 1, 34109 Kassel.

Prof. Dr. em. Annedore Prengel, Professorin für Grundschulpädagogik / Anfangsunterricht unter Berücksichtigung sozialen Lernens und Integration Behinderter, Universität Potsdam, Department Erziehungswissenschaft, Karl-Liebknecht-Str. 24 – 25, 14476 Potsdam.

Ingvelde Scholz, Studiendirektorin, Fachleiterin für Latein und pädagogische Psychologie sowie Leiterin der Profilgruppe »Umgang mit Heterogenität« und »Begabtenförderung« am Seminar Stuttgart, Hospitalstraße 22 – 24, 70174 Stuttgart. Lehrerin am Friedrich-Schiller-Gymnasium Marbach, Schulstraße 34, 71672 Marbach am Neckar. Initiatorin und Projektleiterin der schulartübergreifenden Kinder- und Jugendakademien in Schwäbisch Gmünd und Marbach.

Prof. Dr. Gudrun Schönknecht, Professorin für Grundschulpädagogik, Pädagogische Hochschule Freiburg, Fakultät für Erziehungswissenschaften, Institut für Erziehungswissenschaft, Kunzenweg 21, 79117 Freiburg.

Anna Lena Wagener, Mitarbeiterin in der Arbeitsgruppe Primarstufe der Universität Siegen, Universität Siegen, Adolf-Reichwein-Str. 2, 57068 Siegen.

Prof. Dr. Gerald Wittmann, Professor für Mathematik und ihre Didaktik, Pädagogische Hochschule Freiburg, Kunzenweg 21, 79117 Freiburg.

Claudia Zerle, Wissenschaftliche Referentin in der Abteilung Familie und Familienpolitik, Deutsches Jugendinstitut, Nockherstr. 2, 81541 München.

Die Grundschule ist eine reformbewusste Schulform

- Welchen Leitideen folgt sie?
- Welche Probleme hat sie zu bewältigen?
- Wie ist der aktuelle Forschungsstand z. B. zu Fragen der Kindheit, zur Heterogenität, zum Lernkonzept, zu Leistung und Evaluation?
- Wie ist der didaktische Entwicklungsstand in den Fächern und Lernbereichen?
- Wie kann fortschrittlicher Unterricht realisiert werden?

Kursbuch Grundschule – übersichtlich, kompakt, anschaulich

ISBN 978-3-930024-99-5
Bestell-Nr. 1085

Beiträge zur Reform der Grundschule

Herausgeber: Der Vorstand des Grundschulverbandes e. V.

Mitgliederbände

60 Kinder finden zu sich selbst
61/62 Frauen machen Schule
67/68 Schreiben ist wichtig
69 Ästhetische Erziehung in der Grundschule
71 Umwelterziehung
74 Interkulturelles Lernen
75 Veränderte Kindheit – veränderte Grundschule
76 Lyrik für Kinder – gestalten und aneignen
78 Alltag im offenen Unterricht
81 Theater macht Schule – Schule macht Theater
85 Bewegung, Spiel und Sport in der Grundschule
87 Leistung der Schule – Leistung der Kinder
88/89 Wohnortnahe Integration
92/93 Religion in der Grundschule
97 Sexualerziehung von Anfang an!
98 Die Zukunft beginnt in der Grundschule
99 Kunst in der Grundschule
100 Sozialpädagogik in der Grundschule
101 Sachunterricht in der Grundschule
102 Musik in der Grundschule
104 Schatzkiste Sprache 1
106 Spielen in der Grundschule
107 Literarisches Lernen
108 Mit Eltern die Grundschule kindgerecht entwickeln
109 Rechtschreiben lernen in den Klassen 1–6
111 Schulanfang ohne Umwege
112 Grundlegende Bildung in und für Europa
113 Schatzkiste Sprache 2
114 Freiarbeit in der Grundschule – offener Unterricht in Theorie und Praxis
115 Länger gemeinsam lernen. Positionen, Forschungsergebnisse, Beispiele
116 Kinder beteiligen – Demokratie lernen?
117 Mathematik für Kinder – Mathematik von Kindern
118 Leistungen von Kindern wahrnehmen – würdigen – fördern
119 Pädagogische Leistungskultur: Materialien für Klasse 1 und 2
120 Deutsch als Zweitsprache lernen
121 Pädagogische Leistungskultur: Materialien für Klasse 3 und 4
122 Auf dem Weg zur Ganztagsgrundschule
123 Leben und Lernen in jahrgangsgemischten Klassen
124 Pädagogische Leistungskultur: Ästhetik, Sport, Englisch, Arbeits-/Sozialverhalten
125 Schule außerhalb der Schule. Lehren und Lernen an außerschulischen Orten
126 Fremdsprachen in der Grundschule. Auf dem Weg zu einer neuen Lern- und Leistungskultur
127/128 Kursbuch Grundschule
129 Allen Kindern gerecht werden. Aufgabe und Wege
130 Aktuelle Kindheiten
131 Grundschule entwickeln – Gestaltungsspielräume nutzen (2011)
132 Grundschrift – damit Kinder besser schreiben lernen (2011)
133 Kompetenzen stärken – individuell fördern (2012)

Sonderbände

S 43 Schulleben und Schulgemeinde
S 45 Entlastungsstrategien für Schulleiter
S 52 Die Ganze Halbtagsschule
S 53 Fremdsprachen i. d. Grundschule
S 54 Grundschule u. Bibliothek
S 56 Teamarbeit in der Grundschule
S 57 Jahrgangsübergreifendes Lernen
S 58 Jahrbuch Grundschule ‹98 Themen: »Offener Unterricht«, »Mathematik«
S 59 Grundschulen planen, bauen, neu gestalten
S 60 Jahrbuch Grundschule ‹99 Themen: »Schulfähigkeit«, »Sprachdidaktik«
S 61 Kooperierende Grundschulen
S 62 Jahrbuch Grundschule ‹00/‹01 »Kindheitsforschung, Forschung zum Sachunterricht«
S 63 Video zum Thema Zukunftswerkstatt
S 64 Jahrbuch Grundschule IV 2002/2003

Projekt »Eine Welt in der Schule«

Sammelband (orange): Dritte Welt in der Grundschule
Sammelband (blau): Eine Welt in der Schule
Sammelband (grün): Eine Welt in der Schule
Aminatas Entdeckung (Kinderbuch)
Material-CD zu Aminatas Entdeckung

Besonderes

Sind Noten nützlich und nötig?
Eine wissenschaftliche Expertise
Lesekompetenz
Ein Lese- und Arbeitsbuch
Schreibkompetenz und Schreibkultur (2011)
Ein Lese- und Arbeitsbuch

Landesgruppen des Grundschulverbandes

Baden-Württemberg
Kontakt: Prof. Dr. Erika Brinkmann
E-Mail: brinkmann@erz-wiss.uni-siegen.de
www.gsv-bw.de
Vorstand: Prof. Dr. Erika. Brinkmann (Vorsitz/Delegierte), Prof. Dr. Christiane Benz, Angela Berkenhoff, Edgar Bohn, Gabriele Doderer, Prof. Dr. Hans Joachim Fischer, Magdalene Haug, Dipl.-Päd. Adolf Messer, Annette Pohl, Gerlinde Straub

---

Bayern
Kontakt: Prof. Dr. Gudrun Schönknecht
E-Mail: gudrun.schoenknecht@grundschulverband-bayern.de
www.grundschulverband-bayern.de
Vorstand: Dr. Gudrun Schönknecht (Vorsitz), Katharina Dübgen, Bianca Eder, Renate Eggert-Vockerodt, Petra Hiebl, Gabriele Klenk (Delegierte) Dr. Christin Mahrhofer-Bernt, Manfred Völker

---

Berlin
Kontakt: Inge Hirschmann
E-Mail: inge.hirschmann@gmx.de
www.gsv-berlin.de
Vorstand: Inge Hirschmann (Vorsitz/Delegierte), Cornelia Schaffert, Lydia Sebold, Gerti Sinzinger

---

Brandenburg
Kontakt: Denise Sommer
E-Mail: denisomm@aol.com
www.gsv-brandenburg.de
Vorstand: Denise Sommer (Vorsitz), Marion Gutzmann (Delegierte), Dr. Elvira Waldmann, Sabine Wendt

---

Bremen
Kontakt: Nina Bode-Kirchhoff, nina.bode-kirchhoff@gmx.de
Ilona Rother, ilonarother@web.de
E-Mail: post@grundschulverband-bremen.de
www.grundschulverband-bremen.de
Vorstand: Nina Bode-Kirchhoff, Ilona Rother, (Vorsitz/Delegierten-Team) Prof. Dr. Petra Milhoffer, Ingeborg Tietjen
Beisitz: Roswitha Kremin, Karin Sanders

Hamburg
Kontakt: Susanne Peters
E-Mail: susanne.peters@gsvhh.de
www.gsvhh.de
Vorstand: Susanne Peters (Vorsitz), Stefan Kauder (Delegierter), Maik Becker, Christof Jantzen, Karin Jessen, Johannes Lagemann, Marion Lindner, Martina Reider

---

Landesgruppen des Grundschulverbandes

Hessen

Kontakt: Ilse Marie Krauth
E-Mail: krauth.hanau@t-online.de
www.gsv-hessen.de
Vorstand: Ilse Marie Krauth (Vorsitz), Barbara Eisenkolb, Christiane Herbert, Linda Himmelmann (Delegierte), Achim Kessemeier, Jasmin Kurpiers, Silke Lerch

---

Mecklenburg-Vorpommern

Kontakt: Ralph Grothe
E-Mail: Ralphgrothe@aol.com
Vorstand: Ralph Grothe (Vorsitz/Delegierter), Manuela Bölk, Cornelia Danz, Christine Faltis, Minette Volkwardt

---

Niedersachsen

Kontakt: Christiane Töller-Weingart
E-Mail: christiane.toeller-weingart@web.de
www.gsv-nds.de
Vorstand: Christiane Töller-Weingart (Vorsitz/Delegierte), Marthe Blanck, Prof. Dr. Eva Gläser, Thyra Graff, Susanne Grahn, Brigitte Kollmar, Sigrid Rakow

---

Nordrhein-Westfalen

Kontakt: Gisela Cappel
E-Mail: gisela.cappel@gmx.de
www.grundschulverband-nrw.de
Vorstand: Gisela Cappel (Vorsitz), Kirsten Bartnitzky-Burg, Baldur Bertling (Delegierter), Gisela Gravelaar, Helga Poensgen, Christiane Mika, Rosemarie Möhle-Buschmeyer, Ute Rohrlack, Beate Schweitzer

---

Rheinland-Pfalz

Kontakt: Werner Lang
E-Mail: lang-hinzweiler@web.de
www.wl-lang.de
Vorstand: Werner Lang (Vorsitz/Delegierter), Monika Bäumer-Spahl, Ulrich Dittrich, Mandy Höh, Carmen Lang, Martina Lummel-Deutschle, Heike Markens, Konstanze Rosinus, Sabina Stommel, Julia Treiber
Beisitz: Stefan Berzel, Rainer Mies

Saarland

Kontakt: Lilo Groll
E-Mail: lagroll@t-online.de
Vorstand: Lilo Groll (Vorsitzende/Delegierte), Sandra Behrend, Carolin Eifler, Ulla Huberich, Katrin Jungfleisch

---

Landesgruppen des Grundschulverbandes

Sachsen

Kontakt: Sibylle Jaszovics
E-Mail: jas.sib@t-online.de
Vorstand: Sibylle Jaszovics, Karin Liebing

Sachsen-Anhalt

Kontakt: Petra Uhlig
E-Mail: petra.katrin.uhlig@googlemail.com
www.gsv-lsa.de
Vorstand: Petra Uhlig (Vorsitz), Dagmar Günther, Susanne Horn, Gisela Schmidt (Delegierte), Dr. Michael Ritter, Ralph Thielbeer

---

Schleswig-Holstein

Kontakt: Dr. Beate Blaseio
E-Mail: beateblaseio@grundschulverband-sh.de
www.grundschulverband-sh.de
Vorstand: Dr. Beate Blaseio (Vorsitz), Ute Hirschelmann, Sabine Jesumann, Andrea Keyser, Jörg Keyser, Andrea Klimmek, Michael Lorbeer-Andresen (Delegierter), Gudrun Schröder, Jutta Schweitzer

---

Thüringen

Kontakt: Steffi Jünemann
E-Mail: SJuenemannStS@web.de
Vorstand: Steffi Jünemann (Vorsitz/Delegierte), Beate Albrecht, Antje Allendorf, Martina Dubiel, Heike Eckstein, Katrin Heckert

---

Grundschulverband e.V.
Niddastraße 52, 60329 Frankfurt/Main
Tel.: 069/776006, Fax: 069/7074780
E-Mail: info@grundschulverband.de

Der Grundschulverband im Internet: www.grundschulverband.de
Sie finden hier u.a. Pressemitteilungen, Stellungnahmen, Diskussionsforen zu aktuellen bildungspolitischen und pädagogischen Themen, Termine, Veröffentlichungen und Formulare für Bestellungen und Beitritt.

Als Mitglied im Grundschulverband

... unterstützen Sie z.Z. mit weiteren 10.000 Mitgliedern die satzungsmäßigen (§2,1) Kernaufgaben des Grundschulverbandes: „Die pädagogisch begründeten Ansprüche der Kinder dieser Schulstufe zu vertreten, die Grundschulpädagogik weiter zu entwickeln und die Stellung der Grundschule im öffentlichen Bildungswesen zu verbessern."

... erhalten Sie jährlich zwei Bände der Buchreihe „Beiträge zur Reform der Grundschule".

... erhalten Sie viermal jährlich die 32-seitige Mitgliederzeitschrift „Grundschule aktuell" mit Bildungspolitik, Forschung und Praxis.

Jahresmitgliedsbeitrag	**66,- €**
Ermäßigter Beitrag	**39,- €**
Förderbeitrag	**39,- €**

Beitrittserklärung

Einsenden an: Grundschulverband e.V. · Niddastraße 52 · 60329 Frankfurt/Main

Ich beantrage die Mitgliedschaft im Grundschulverband e.V.

Als Mitglied erhalte ich jährlich zwei neue Mitgliedsbände aus der Reihe „Beiträge zur Reform der Grundschule" sowie die 32-seitige Vierteljahreszeitschrift „Grundschule aktuell" jeweils nach Fertigstellung kostenfrei zugesandt.

Den angekreuzten Betrag (gültig ab 2011)

☐ **Jahresmitgliedsbeitrag** **66,- €**

☐ **Ermäßigter Beitrag** (bitte belegen!) **39,- €**
(für Studierende, Arbeitslose, LehramtsanwärterInnen)

☐ **Förderbeitrag,** mindestens **39,- €**
(keine Mitgliedsbände – nur Zeitschrift)
(für Pensionäre, die weiterhin aktuell informiert werden wollen und andere Förderer, die die Arbeit des Grundschulverbandes unterstützen möchten.)

☐ zahle ich nach Erhalt der Jahresrechnung

☐ zahle ich per Bankeinzug vom Konto

Nr. ______________________ Blz ______________________

bei ____

Name

Straße und Hausnummer

PLZ und Ort

E-Mail Telefon

Datum und Unterschrift

Für Ihren Beitritt zum Grundschulverband e.V.
halten wir folgendes Werbeangebot für Sie bereit:
(Bitte nur eine der beiden Möglichkeiten ankreuzen!)

☐ Als neues Mitglied im Grundschulverband e.V.
wünsche ich mir den Band ________ als Aufnahmegeschenk.

☐ Oben genanntes Mitglied habe ich für den Grundschulverband e.V.
geworben. Als Werbeprämie senden Sie mir bitte
den Band ________ an folgende Anschrift:

Name

Straße und Hausnummer

PLZ und Ort